शौर्य भूमि की सैर

शौर्य भूमि की सैर

राजस्थान यात्रा वृत्तांत

सुरेश पटवा

Sarvatra
An imprint of Manjul Publishing House

Sarvatra
An imprint of Manjul Publishing House

◆ द्वितीय तल, उषा प्रीत कॉम्प्लेक्स,
42 मालवीय नगर, भोपाल-462 003
◆ सी-16, सेक्टर 3, नोएडा, उत्तर प्रदेश, 201301
वेबसाइट : www.manjulindia.com

यह संस्करण 2026 में पहली बार प्रकाशित

शौर्य भूमि की सैर

ISBN 978-93-7317-235-4

सुरेश पटवा इस पुस्तक के
लेखक होने की नैतिक ज़िम्मेदारी वहन करते हैं

मुद्रण व जिल्दसाज़ी : रेप्रो इंडिया लिमिटेड

अनुक्रम

प्रस्तावना

‘शौर्य भूमि की सैर’ केवल यात्रा वृतांत नहीं अपितु राजस्थान के अतीत से वर्तमान तक का सिंहावलोकन है।

यह यात्रा-वृत्तांत राजस्थान के पर्यटन स्थलों का मात्र सतही विवरण नहीं, बल्कि इसके दुर्लभ, रोचक और रोमांचक इतिहास एवं अलबेली संस्कृति का संजीदा सिंहावलोकन भी है। लेखक के कथनानुसार, ‘ऐतिहासिक और भौगोलिक पृष्ठभूमि में पर्यटन का आनंद कई गुना बढ़ जाता है।’ पाठक इस पुस्तक के पृष्ठ दर पृष्ठ पलटते इस उक्ति को साकार होते देख सकता है।

एक अनुभवी गाइड और सम्मोहक सूत्रधार की भाँति, लेखक ने राजस्थान के पाँच संभागों के प्रमुख दर्शनीय स्थलों के माध्यम से इसकी आत्मा को समग्रता में छूने का सार्थक उद्यम किया है। विषयवस्तु के विस्तार और गहराई को देखते हुए, यदि इसे ‘शौर्य भूमि का सिंहावलोकन’ कहा जाए तो अतिशयोक्ति नहीं होगी।

इस पुस्तक में हम प्रदेश की अनेक विस्मृत जानकारियों से परिचित होते हैं- जैसे, नागौर को ‘जाटों का रोम’ कहा जाता है; बीकानेर का प्राचीन नाम ‘जांगल देश’ था; जयपुर को वर्ष 1876 में वेल्स के राजकुमार के स्वागत हेतु गुलाबी रंग में रंगा गया था। फलौदी का सट्टा बाज़ार चुनावी और मौसमी सट्टों के लिए कुख्यात है। हर साल काकेशिया से हजारों की संख्या में ‘कुरजां’ पक्षी फलौदी के खीचन गाँव में आते हैं। विश्वविख्यात हवा महल में 953 झरोखे हैं। झालावाड़-कोटा इलाके में सड़क किनारे ढाबों पर छह रोटियों के बराबर आकार का एक ‘रोटड़ा’ मिलता है।

यद्यपि किलों, परकोटों और प्राचीन मंदिरों के भित्तिचित्र, हथियार, शिलालेख, सिक्के, प्रतिमाएँ एवं स्थापत्य अपने समय के वास्तविक दस्तावेज माने जा सकते हैं, फिर भी लोकगीतों, किंवदंतियों, जनश्रुतियों और किस्से-कहानियों में निहित लोक मान्यताओं का भी अपना विशिष्ट महत्व है। तथापि, इतिहास की विवेचना करते समय लेखक ने तथ्यों और वैज्ञानिक दृष्टिकोण को अधिक महत्व प्रदान किया है; परिणामस्वरूप यह कृति एक प्रमाणिक शोधग्रंथ के समकक्ष जान पड़ती है।

राजपूतों की उत्पत्ति के संबंध में तीन प्रमुख मत प्रचलित हैं। पहले मत के अनुसार, वे कुषाण, शक और हूण जैसे विदेशी कबीलों के वंशज हैं; इस मत का समर्थन कर्नल जेम्स टॉड सहित अनेक विद्वानों ने किया है। दूसरे मत में उनका उद्भव भारतीय मूल के सूर्यवंशी और चंद्रवंशी क्षत्रियों से माना गया है। पौराणिक कथाओं पर आधारित तीसरे मत के अनुसार, आबू पर्वत पर ऋषि वशिष्ठ द्वारा संपन्न यज्ञ के परिणामस्वरूप अग्निकुंड से राजपूतों का प्रादुर्भाव हुआ।

इस वृत्तांत में लेखक ने राजपूतों के सूर्यवंश से जुड़ाव को 19वीं और 20वीं शताब्दी में गढ़ा गया जाति-उत्पत्ति का मिथक माना है, तथा उन्हें किसी जाति विशेष के रूप में नहीं, बल्कि शौर्य, स्वाभिमान और क्षत्रिय गुणों के प्रतीकात्मक 'ब्रांड' के रूप में व्याख्यायित किया है।

यात्राओं के अपने नैसर्गिक शौक को पटवा जी बड़े चाव से 'छापामार पर्यटन' का नाम देते हैं- न कोई तैयारी, न कोई तामझाम; बस मन हुआ और चल दिए। परिवहन के साधनों में रेलगाड़ी उनकी पहली पसंद है। खाने-पीने और ठहरने के मामले में वे साफ़-सफ़ाई से कभी समझौता नहीं करते, पर सादगी को हमेशा प्राथमिकता देते हैं।

इतिहास और भूगोल की गंभीर गलियों में विचरण करते हुए, लेखक बीच-बीच में हास्य और व्यंग्य की घंटी बजाते रहते हैं-ताकि यात्रा बोझिल न हो। कहीं एक कवि की संवेदनशीलता, कहीं आशिक़-मिज़ाज शायर की नफ़ासत, तो कहीं आध्यात्मिक दर्शन की गहराई का 'ब्रेक' लेकर वे पाठक की उत्सुकता को ताज़ा और जीवंत बनाए रखते हैं।

एक जगह वे लिखते हैं- 'आसमान में बादल है, बादल में बूंदें हैं, बूंदों में आसमान से विछोह का दर्द है, मन दर्द का समंदर है...।' एक अन्य प्रसंग में तंज कसते हैं कि जिस आदि मानव की रीढ़ सीधी हुई, वह दो पैरों पर चलने लगा, लेकिन मस्तिष्क के विकास के साथ-साथ नेता अपने आकाओं के सामने, अफसर सत्ता के आगे, और सौहर बीवी के समक्ष- रीढ़ विहीन होकर दोहरे होने लगे। जिन्होंने रीढ़ सीधी रखी, वे इस व्यवस्था में फिट न हो पाए और काबिल होते हुए भी हाशिए पर धकेल दिए गए।

चूँकि लेखक की प्रत्येक यात्रा की शुरुआत भोपाल से होती है, अतः रास्ते में पड़ने वाले मध्यप्रदेश के धार्मिक और ऐतिहासिक महत्व के पर्यटन स्थल, यथा- नरसिंहगढ़, उज्जैन, नर्मदा, सिहोर, हनुमंतिया टापू, माधांता पर्वत, आदि-शंकराचार्य, महाकाल, महाकालेश्वर आदि के भ्रमण का मनमोहक विवरण भी पाठक को बोनस स्वरूप प्राप्त हो जाता है।

पंडों, पुजारियों और पुलिस की मिलीभगत से पैसे लेकर अधिक भीड़ वाले मंदिरों में वीआईपी दर्शन कराने के गोरखधंधे पर लेखक ने कुछ इस प्रकार से तंज किया है- 'जय शंभु और जय श्रीराम का हुंकार लगाते इन वोट बैंक सांडों को कोई नियंत्रित नहीं कर सकता। ...लोक में भक्ति भाव है, प्रशासन में शक्ति-ताव है, भक्ति दर्शन में मग्न है, शक्ति अर्थ-पूजा में संलग्न है।'

लेखक ने जहाँ-जहाँ भी पड़ाव डाला, वहाँ बड़े धैर्य से रुककर उसके भूगोल और इतिहास को टटोलने की कोशिश की है। सूफ़ी संत ख्वाजा मोइनुद्दीन चिश्ती की कर्मस्थली और दरगाह- 'अजमेर शरीफ़', हिंदू और मुस्लिम, दोनों समुदायों के लिए श्रद्धा का विश्वविख्यात केंद्र है। अजमेर के पास ही पुष्कर स्थित है, जहाँ विश्व का एकमात्र ब्रह्मा मंदिर है।

हाड़ौती क्षेत्र में 'झीलों की नगरी' उदयपुर की विशाल फतहसागर और जयसमंद झीलें तथा माउंट आबू जैसा हिल स्टेशन देखकर यह विश्वास करना कठिन हो जाता है कि आप मरुभूमि में हैं। बीकानेर से लेकर जैसलमेर तक फैले विस्तृत थार मरुस्थल की अपेक्षाकृत ठहरी हुई शांत जिंदगी, सादा किन्तु

कठोर जीवन, ऊँट की विचित्र सवारी और स्थानीय लोकोक्तियों के चुटीले भावार्थ- पाठक को अनायास ही गुदगुदा जाते हैं।

'शरीर कीजे काठ का, पग कीजे पाषाण।
काया बख्तर कीजिये, तब पहुँचे जैसाण॥'

यद्यपि यह लोकोक्ति जैसलमेर किले के संदर्भ में प्रचलित हुई थी, किंतु यह प्रदेश के अनेक पहाड़ी किलों- जैसे चित्तौड़गढ़, मेहरानगढ़, आमेर और जयगढ़- पर भी पूर्णतया लागू होती है। इन किलों की पैदल चढ़ाई के बाद आपकी टांगे, इस दोहे के भावार्थ को भली भाँति समझ सकती हैं।

यात्रा-वृत्तांत पढ़ते-पढ़ते पाठक को ऐसा लगेगा मानो वह खुद ऊँचे-नीचे रास्तों पर गाड़ी के झटके खा रहा हो। घने जंगलों से गुजरते हुए, पेड़-पौधों की हरियाली और जीव-जंतुओं की गुपचुप नैसर्गिक हरकतें किसी अदृश्य कैमरे से लाइव प्रसारण की तरह जीवंत हो उठती हैं। सड़क किनारे ढाबों की कढ़ी, दाल और तंदूरी रोटी की ललचाती खुशबू आपको ब्रेक लगाने को मजबूर कर देगी। और हाँ- राजस्थान के शहरी रेस्तराँ में परोसी जाने वाली मशहूर दाल-बाटी-चूरमा... इसे न खाएँ, तो समझिए यात्रा अधूरी रह गई।

मरुभूमि में पानी भले ही एक चिरंतन समस्या हो, लेकिन मेवाड़ के विशाल भूभाग को हरियाली का चोला पहनाने वाली राजस्थान नहर परियोजना- जिसे इंदिरा नहर परियोजना भी कहते हैं- सुदूर 'हरिके बैराज' से सतलज और ब्यास की लहरों को अपने संग यहाँ तक खींच लाती है। हनुमानगढ़ से लेकर जैसलमेर तक फैली यह जीवनदायिनी नहर, दस जिलों की प्यास बुझाती है और सूखी ज़मीन पर अन्न, हरी फसलें और उम्मीद के रंग भरती है।

प्रदेश के किलों के निर्माण में राजपूताना और फ़ारसी- दोनों प्रकार की स्थापत्य कला का प्रभाव स्पष्ट रूप से देखा जा सकता है। प्राचीन इमारतों के झरोखे, मेहराब, दरवाजे, आकर्षक पच्चीकारी और बारीक नक्काशी देखते ही बनती है। प्रायः सभी पर्यटन स्थलों के आसपास राजस्थानी पगड़ी, जूतियां, शृंगार की वस्तुएँ, रंग-बिरंगे परिधान और हस्तशिल्प बहुतायत में मिलते

हैं। हल्के वजन वाली जयपुर की रजाई अधिकांश पर्यटकों का पसंदीदा उपहार है।

थार मरुस्थल में ताल ठोककर मर्दाना ताकत का दावा करते हुए शिलाजीत बेचते घुमंतू कबिलाई पुरुष, सौ चुन्नट वाले घेरदार लहंगे पर घूमर नृत्य, किले के गलियारों से प्रतिध्वनित 'केसरिया बालम पधारो म्हारे देश रे...' की दिलकश अनुगूँज- मन और मस्तिष्क को रस-विभोर कर देती है।

सिसोदिया वंश का गौरव-चित्तौड़गढ़, वीरता, स्वामीभक्ति, देशभक्ति, दानशीलता, बलिदान और शौर्य की अनगिनत अमिट गाथाओं को समेटे, सदियों से सीना ताने खड़ा है। यही वह भूमि है, जहाँ उदयपुर के संस्थापक महाराणा उदयसिंह को पन्नाधाय ने अपने पुत्र का बलिदान देकर हत्यारे बनवीर के हाथों से बचाया था। भक्त शिरोमणि मीरा भी इसी चित्तौड़गढ़ के किले में निवास करती थीं। माना जाता है कि महाराज रतन सिंह के मारे जाने के पश्चात रानी पद्मिनी ने इसी किले में जौहर किया था।

इस दुर्ग का भ्रमण करते समय, स्वाभिमान के प्रतीक महाराणा प्रताप, स्वामीभक्ति के प्रतिरूप चेतक, तथा वीरता और वफादारी के प्रतीक जयमल और फत्ता का स्मरण भर आपके हृदय को गर्व से भर देता है।

जयपुर के आमेर की 'पन्ना मीणा की बावड़ी' सत्ता हथियाने के धोखे की एक ऐसी मिसाल प्रस्तुत करती है, जिसने तत्कालीन कछवाहा राजपूतों पर कायरता का अमिट दाग लगा दिया। इन्हीं कछवाहों के राजा भारमल ने अकबर की अधीनता स्वीकार कर, शौर्य भूमि के इतिहास में मनसबदारी के समझौता वादी अध्याय की शुरुआत की- जो समय बीतने पर रोटी-बेटी-बोटी के नातों में परिणित हो गया। भले ही इसे उस समय मुग़लों के आगे झुकने का एक कूटनीतिक और समसामयिक निर्णय माना गया हो, लेकिन स्वाभिमान की कीमत पर किया गया यह समझौता इतिहास की वस्तुनिष्ठ कसौटी पर कभी सराहा नहीं जाएगा।

राजनैतिक पृष्ठभूमि के साथ-साथ, किंवदंतियों और पौराणिक कथाओं के रोचक संदर्भों सहित, स्थान-विशेष की धार्मिक मान्यताओं को भी हम इस वृत्तांत में अत्यंत सरल और भावपूर्ण अंदाज़ में जान सकते हैं।

नाथद्वारा, पुष्टिमार्गीय वैष्णव सम्प्रदाय की प्रमुख पीठ है। भक्ति के इस मार्ग की व्याख्या हमें तनुजा सेवा, वित्तजा सेवा, मानसी सेवा, सृष्टि की उत्पत्ति, रहस्य, आत्मकृति, वैकुण्ठ, प्रेम, आसक्ति, व्यसन और ब्रह्म के आनन्दांश और चैतन्यांश तक ले जाती है। लेखक ने आगे चलकर इस मार्ग के तीन प्रकारों तथा मोक्ष तक के गूढ़ दर्शन को सरल परंतु अर्थपूर्ण शब्दों में निरूपित किया गया है।

शौर्य-भूमि पर कभी कबीलों का, कभी राजपूतों का, कभी मुग़लों का और कभी अंग्रेजों का शासन रहा। भील और मीणा जैसी जनजातियों के भी यहाँ कभी समृद्ध साम्राज्य फले-फूले। ये दुर्ग, किले और महल- इनकी सीलन भरी कोठरियों में न जाने कितनी अनकही-अनसुनी कहानियाँ दफन हैं।

पाषाण की इन दीवारों ने इतिहास के सुनहरे क्षणों, बदलते-बिगड़ते राजवंशों, पायल की रुनझुन, ढोल-मृदंग की थाप और शहनाई व सारंगी की मधुर धुन पर थिरकती बालाओं के घूमर नृत्यों से लेकर खनकती तलवारों, दरबारी षड्यंत्र, न्याय और पराक्रम, विश्वास और विश्वासघात, रक्तपात, दया-धर्म और दमन- सब कुछ अपनी आँखों से देखा है। विलासिता में डूबे कायर सम्राटों से लेकर अदम्य साहस के धनी योद्धाओं के शौर्य प्रदर्शन, आत्मसम्मान की रक्षा में हुए सामूहिक जौहर, और राजनैतिक कैदियों की हृदय-विदारक चीखों- इन सबकी मूक साक्षी रही हैं ये दीवारें। ज़र, ज़ोरू और ज़मीन के लिए इंसान ने क्या-क्या नहीं किया!

लेखक के लिए यात्राएँ महज़ स्थलों का अवलोकन भर नहीं, बल्कि 'मन के भीतर की यात्रा' है- धर कूंचां धर मंजळां। कुल मिलाकर 'शौर्य भूमि की सैर' तटस्थ, विश्लेषणात्मक और भावनात्मक दृष्टिकोण से राजस्थान के इतिहास, संस्कृति और दर्शन का एक पठनीय एवं संग्रहणीय आख्यान है। मुझे विश्वास है कि साहित्य जगत इस महत्वपूर्ण यात्रा वृतांत का खुले दिल से स्वागत करेगा।

–दयाराम वर्मा,

जयपुर (राज.) 302026

दिनांक: 11.08.2025

भूमिका

जीवन एक यात्रा है। हम सब यात्रा पर हैं। हम सभी घूम रहे हैं, हम क्या? पृथ्वी, चंद्रमा और ग्रहों के स्वामी सूर्य भी तो अपनी धुरी पर घूम रहे हैं और साथ ही एक दूसरे के चक्कर लगाते भी घूम रहे हैं। इन्हीं से जीवन के रहस्य की गाँठों के ग्रहण लगते और खुलते हैं। जब जीवन रूपी माया की आख़िरी गाँठ खुलेगी तो जीवन नैया पार हो जाएगी। रक्तकण हमारी देह में घूम रहे हैं। उसी रक्तचाप से जीवन रथ चल रहा है। आख़िरी यात्रा तक अनवरत यात्रा ब्रह्मसत्य है।

'चरैवेति-चरैवेति' का मतलब है, चलते रहो-चलते रहो। जिंदगी में इंसान को प्रत्येक परिस्थितयों में आलस का परित्याग कर चलते रहना है। ईमानदार कमाई और सच्चाई के साथ जीवन में रोमांच और रोचकता के लिए साल में दो-तीन यात्राओं का लक्ष्य साधना ज़रूरी है, नहीं तो बोरियत का बोरा लाद कर चलना दूभर होता है।

भारत की इस्लामिक सभ्यता से मेल-मुलाक़ात तक मध्यभारत स्थित विन्ध्याचल-सतपुड़ा पर्वतों के बीच की नर्मदा घाटी बियाबान जंगल थी। हरियाली इतनी घनी थी कि सूरज की रोशनी ज़मीन तक पहुँच नहीं पाती थी। यदि ये पहाड़ पथरीले न होते तो भूमि दलदली हो चुकी होती। वहाँ आदिवासी तक नहीं बसते थे। आदिवासी राजस्थान की अरावली पर्वत श्रेणियों में फैले थे। आर्य, शक, हूण, मालव, क्षुद्रक लोगों के आने से आदिवासियों ने अरावली से विंध्याचल-सतपुड़ा की ओर खिसकना शुरू किया। अरावली की उपत्यकाओं में आर्यों ने भीलों को अधीन कर राज्य बसा लिए। नौवीं-

दसवीं सदी से पंद्रहवीं-सोलहवीं सदी तक मुसलमानी आक्रमण और दबाव से राजस्थानियों ने भी आदिवासियों का अनुकरण कर विंध्य-सतपुड़ा क्षेत्र की तरफ़ पलायन किया तो आदिवासी नर्मदा घाटी पार कर सतपुड़ा के घने जंगलों में फैल गए।

हमारी मातृभूमि यही नर्मदा घाटी है। हमारे पितामह बताते थे कि उनके पूर्वज राजस्थान से नर्मदा पार करके जिस जगह आकर बसे थे, उसे गौंडीखेड़ी कहा जाता था। इटारसी के नजदीक मालाखेड़ी क्षेत्र की सीमा तवा नदी पर समाप्त होती थी। उसके बाद दुधी नदी तक गौंडीखेड़ी क्षेत्र था, जिसके बाद बनखेड़ी क्षेत्र लगता था, जो शक्कर नदी पर समाप्त होता था। ये सभी फतेहपुर गौंडी रियासत के इलाके थे। फतेहपुर रियासत गौंड साम्राज्य के बावन गढ़ों में से एक गढ़ था। बनखेड़ी से सतपुड़ा तरफ़ दस किलोमीटर पर फतेहपुर किला खंडहर इस इतिहास का चश्मदीद गवाह है। हमने उनसे पूछा था कि हमारे पूर्वज राजस्थान में किस इलाके से यहाँ पहुँचे थे। उन्होंने मारवाड़ इलाक़े के नरवरगढ़ का नाम लिया था। जो हमारे पुरखों की जन्मभूमि थी। उनकी ये बात दिमाग़ में सालों अटकी रही। बैंक सेवा से निवृत्ति उपरांत यह तय किया कि राजस्थान का ब्योरेवार इतिहास और भूगोल का अध्ययन कर सम्पूर्ण राजस्थान को तरीक़े से घूमा जाए। यात्राएँ शुरू कीं, तो उन इलाक़ों का भूगोल, इतिहास और भी गंभीरता से पढ़ा। इसी प्रयास में पर्यटन की ललक और भी बलवती हुई और विभिन्न इलाक़ों की सघन यात्रा के दौरान यह किताब तैयार हो गई।

ऐतिहासिक और भौगोलिक पृष्ठभूमि में पर्यटन का आनंद कई गुना बढ़ जाता है। इस यात्रा वृतांत की यही ख़ूबी है कि यह आपको अतीत से वर्तमान के साथ शौर्यभूमि की सैर का आनंद देगा। भारतीय इतिहास को हिंदूकाल, मुस्लिम काल और आधुनिक काल के तीन भागों में विभक्त करके देखा जाता है। राजस्थान का इतिहास इन तीनों कालों में जीवंत रहा है।

कर्नल जेम्स टॉड (20 मार्च 1782 – 18 नवम्बर 1835) ने दो खंडों में राजस्थान का इतिहास लिखा है। जेम्स टॉड ब्रिटिश ईस्ट इण्डिया कम्पनी के सैनिक अधिकारी तथा भारतविद विद्वान थे। जेम्स टॉड 1806 ईस्वीं में

फौज की नौकरी के दौरान पहली बार उदयपुर पहुँचे। उन्होंने राजपूताना और आसपास के प्रदेशों के टोपोग्राफिकल नक़्शे तैयार करते हुए, स्थानीय इतिहास से संबंधित कई मौखिक जानकारी और अनगिनत लिखित अभिलेखों को संग्रहित किया और तय किया कि 'राजपूताना' का व्यवस्थित इतिहास लिखेंगे। जेम्स टॉड वर्ष 1817-18 में राजस्थानी रियासतों के पोलिटिकल एजेंट बन कर उदयपुर पहुँचे। उन्होंने अजमेर, पुष्कर, जयपुर, सीकर, झुंझनू, पाली, मेड़ता आदि स्थानों पर रह कर अपने ग्रन्थ के लिए आधार-सामग्री जुटाई। सन 1819 में अक्टूबर में जोधपुर पहुँचे। कर्नल टॉड ने वहाँ रह कर पुरातत्व पर गहन शोध-कार्य किया और कई मुद्राओं और अभिलेखों का संग्रहण किया, जो राजस्थान के इतिहास लेखन के लिये अत्यंत उपयोगी सिद्ध हुए।

उन्होंने 5 वर्ष तक राजस्थान की इतिहास-विषयक सामग्री एकत्र की। इंग्लैंड जा कर कड़ी अनथक मेहनत के बाद 14 जनवरी 1823 को मुम्बई से इनकी पहली यात्रा वृतांत पुस्तक 'ट्रेवल्स इन वेस्टर्न इण्डिया' प्रकाशित हुई। 1829 में इनकी कालजयी रचना 'एनल्स एंड एंटीक्विटीज़ ऑफ़ राजस्थान' का पहला खण्ड और 1834 में दूसरा खंड प्रकाशित हुआ। इन पुस्तकों में सर्वप्रथम 'राजस्थान' शब्द का प्रयोग हुआ। कर्नल जेम्स टॉड को राजस्थान के इतिहास-लेखन का पितामह माना जाता है। उनका नाम और काम, इतिहास और यात्रा-साहित्य अध्येताओं में बड़े सम्मान से याद किया जाता है। प्रख्यात इतिहासकार गौरीशंकर हीराचंद ओझा ने "टॉड साहब का जीवन-चरित्र" शीर्षक से एक लम्बा परिचयात्मक निबन्ध अंग्रेज़ी में लिखा था। जो पंडित गिरिधर शुक्ल द्वारा किये गए हिन्दी अनुवाद "कर्नल जेम्स टॉड के इतिहास" के रूप में प्रकाशित भी हुआ था।

कर्नल टॉड सर्वेक्षण के सिलसिले में अजमेर और उदयपुर के कई स्थानों पर रहे थे। उनमें भीम नामक कस्बे के निकट घने जंगलों और अरावली-पहाड़ों से घिरा एक छोटा सा गाँव बोरसवाड़ा भी था। पहाड़ी से कई किलोमीटर दूर तक विस्तारित भूभाग स्पष्ट दिखलाई देता है। उन्हें यह जगह पसंद आई तो उदयपुर के महाराजा भीम सिंह की सहमति से स्वयं के लिए

बोरसवाड़ा में एक छोटा सा किला बनवा लिया। महाराज भीम सिंह ने कर्नल की सेवाओं से प्रभावित हो कर गाँव का नाम टॉडगढ़ रख दिया, जो कालान्तर में टाडगढ़ कहलाने लगा। "टाडगढ़" आज अजमेर जिले की एक तहसील का मुख्यालय है। कर्नल टॉड के किले में आज एक सरकारी स्कूल चलता है।

कर्नल जेम्स टॉड ने राजस्थान का सिलसिलेवार इतिहास लिखा है। वे बताते हैं कि पूर्वी-दक्षिणी राजस्थान चंबल की सहायक नदियों से हराभरा रहता है। उत्तर-पश्चिमी राजस्थान अर्वाचीन काल में वैसा बीहड़ मरुस्थल नहीं था जैसा वह आज दिखता है। उन दिनों इस क्षेत्र में सरस्वती नदी बहती थी। कालीबंगा के पास हुई पुरातात्विक खुदाइयों में पांच हजार साल पुरानी एक विकसित नगर सभ्यता का पता चला है। राजस्थान के एक बहुत बड़े इलाके में हड़प्पा, 'ग्रे-वेयर' और रंगमहल संस्कृतियां उत्तर से कई किलोमीटर दक्षिण तक फैली हुई थीं।

इस बात के प्रमाण मौजूद हैं कि ईसा पूर्व चौथी सदी पहले पश्चिमी भारत का क्षेत्र कई छोटे-छोटे गणराज्यों में बंटा हुआ था। इनमें से दो गणराज्य मालव और शिवी इतने शक्तिशाली थे कि जिनके ख़ौफ़ ने सिकंदर की थकी सेना को यूनान लौटने के लिए बाध्य कर दिया था। इन गणराज्यों की राजस्थान में बसाहट पूर्व ये आप्रवासी प्रजातियाँ उत्तर-पूर्वी पंजाब में आबाद थीं। उस समय शिवी जनपद भील शासकों के आधिपत्य में था। पंजाब से सटे उत्तरी बीकानेर पर एक गणराज्यीय योद्धा कबीले यौधेयत का अधिकार था।

महाभारत में उल्लिखित मत्स्य महाजनपद पूर्वी राजस्थान और जयपुर के एक बड़े हिस्से पर शासन करता था। आज उन्हीं के वंशज मीणा जनजाति इस क्षेत्र में निवास करती है। जयपुर से 80 कि.मी. उत्तर में बैराठ उनकी राजधानी थी, जो तब विराटनगर कहलाता था। इस क्षेत्र की प्राचीनता का पता अशोक के दो शिलालेखों और चौथी-पांचवी सदी के बौद्ध मठ के भग्नावशेषों से भी चलता है।

भरतपुर, धौलपुर और करौली उस समय सूरसेन जनपद के अंश थे जिसकी राजधानी मथुरा थी। भरतपुर के नोह नामक स्थान पर खुदाई में अनेक उत्तर-मौर्यकालीन मूर्तियां और बर्तन मिले हैं। शिलालेखों से ज्ञात

होता है कि कुषाणकाल तथा कुषाणोत्तर तृतीय सदी में उत्तरी एवं मध्यवर्ती राजस्थान काफी समृद्ध इलाका था। थोड़ी अराजकता के उपरांत राजस्थान के प्राचीन गणराज्यों ने अपने को पुनर्स्थापित किया और वे मालव-क्षुद्रक द्वारा स्थापित मालवा गणराज्य के हिस्से बन गए। मालवा गणराज्य हूणों के आक्रमण के पहले स्वायत्त् और समृद्ध था। अंततः छठी सदी में तोरामण के नेतृत्व में हूणों ने इस क्षेत्र में काफी लूट-पाट मचाई और मालवा पर अधिकार कर मालव लोगों को चलता किया। वे उस क्षेत्र में पहुँचे जिसे अब हम मालवा-क्षेत्र बुलाते हैं। ये ऊँचे-गोरे हूण ही बाद में राजपूत छाप से प्रसिद्ध हुए।

इनसे प्रताड़ित होकर मालव लोग दक्षिण इंदौर, उज्जैन, धार, देवास सिहोर तरफ़ खिसक गए, जहाँ आज मालवा संस्कृति पल्लवित है, लेकिन फिर यशोधर्मन ने हूणों को परास्त कर दिया और दक्षिण पूर्वी राजस्थान में उन का प्रभाव फिर कायम हो गया। हर्षवर्धन के साम्राज्य (606-647) बिखराव के बाद सातवीं सदी उत्तरार्ध में उनके स्थानीय सरदार धीरे-धीरे स्वतंत्र राज्यों के रूप में स्थापित होने लगे। वे ही चालुक्य (सोलंकी), प्रतिहार, चहमान तथा परमार राजपूत कहलाये।

चंद्रवरदायी ने बारहवीं शताब्दी के अन्त में रचित ग्रन्थ 'पृथ्वीराज रासो' में चालुक्य (सोलंकी), प्रतिहार, चहमान तथा परमार राजपूतों की उत्पत्ति आबू पर्वत के अग्निकुण्ड से बतलाई है, किन्तु इसी ग्रन्थ में एक अन्य स्थल पर इन्हीं राजपूतों को "रवि-शशि जाधव वंशी" भी कहा है। चंद्रवरदायी होते तो उनसे पूछते, भाया सही क्या है।

जब आप मौलिक भारतीय इतिहासकार रमेश चंद्र मजूमदार के साक्ष्य देखते हैं तो एक नया दृष्टिकोण सामने आता है। जब चौथी शताब्दी से लेकर छठवीं शताब्दी तक राजधानी मगध से राज करने वाले गुप्त वंश का अन्त हुआ, तब देश के क्षितिज पर सम्राट हर्षवर्धन का उदय हुआ। उन्होंने कन्नौज को अपनी राजधानी बनाकर पूरे उत्तर भारत को एक सूत्र में बांधने में सफलता हासिल की। हर्षवर्धन (590-647 ई.) ने भारत में 606 ई से 647 ई तक राज्य किया। जब हर्ष का शासन अपने चरमोत्कर्ष पर था, तब उत्तरी और उत्तरी-पश्चिमी भारत का अधिकांश भाग उसके अधीन आता था।

उसका राज्य पूरब में कामरूप तक तथा दक्षिण में नर्मदा नदी तक फैला हुआ था। कन्नौज उसकी राजधानी थी, जो आजकल उत्तर प्रदेश में है। जब हर्ष ने भारत के दक्षिणी भाग में अपने राज्य का विस्तार करने की कोशिश की तो चालुक्य वंश के शासक पुलकेशिन द्वितीय ने नर्मदा के युद्ध में उसे पराजित किया। चीनी यात्री ह्वेनसांग ने हर्षवर्धन की बड़ी प्रशंसा की है। कन्नौज और प्रयाग के समारोहों में ह्वेनसांग उपस्थित था। हर्ष साहित्य और कला का पोषक था। कादंबरीकार बाणभट्ट उसका अनन्य मित्र था। हर्ष स्वयं पंडित था। वह वीणा बजाता था। उसकी लिखी तीन नाटिकाएँ नागानन्द, रत्नावली और प्रियदर्शिका संस्कृत साहित्य की अमूल्य निधियाँ हैं। हर्षवर्धन का कलम हस्ताक्षर प्रस्तर मिला है, जिससे उसका कलाप्रेम प्रगट होता है।

हर्षवर्धन साम्राज्य में चालुक्य, प्रतिहार, चहमान तथा परमार अधीनस्त सरदार थे। हर्षवर्धन साम्राज्य के पतन होने के साथ ही इन्होंने ख़ुदमुख़्त्यारी घोषित कर राज्यों की स्थापना कर ली। फिर राज्यों की सीमाओं को बढ़ाना आरम्भ किया। इन राजाओं के पुत्रों ने भी यह क्रम जारी रखा तो वे राजपुत्र कहलाने लगे। कालांतर में राजपुत्र शब्द राजपूत हो गया। गंगा-यमुना के मैदानों में कुछ समय तक तो हर्षवर्धन के उत्तराधिकारियों का आधिपत्य रहा। आठवीं सदी से राजस्थान के राजपूतों ने आगे बढ़कर दिल्ली और कन्नौज तक राज्य विस्तार कर लिया। पृथ्वीराज चौहान उन्हीं में से एक थे। चालुक्य, प्रतिहार, चहमान तथा परमार राजपूतों ने महमूद गजनवी, मुहम्मद गोरी और बाबर मुग़ल से टक्कर ली। रक्तसनी राजस्थान की वीरभूमि अनेकों वीरगाथाएँ समेटे है।

जब अंग्रेज आए, तब ये राजपूत मुग़लों, मराठों से त्रस्त थे। इन्होंने अंग्रेजों से सुरक्षा संधि करके अपनी रियासतों को सुरक्षित कर लिया। कर्नल जेम्स टॉड को राजपूताना के विभिन्न रियासतों के लिए राजनीतिक एजेंट नियुक्त किया गया था, जहाँ ब्रिटिश ईस्ट इंडिया कंपनी ने राजपूत शासकों के साथ सौहार्दपूर्ण व्यवस्था स्थापित की थी, जो कि 1947 में उनके भारत में विलीनीकरण तक चली। 1956 ई. में 19 रियासतों का एकीकरण होने के बाद राजस्थान राज्य बना। इन 19 रियासतों में 16 रियासतें राजपूतों की, 2 जाटों की और 1 मुस्लिम रियासत थी।

गुहिल वंशी राजपूतों की 5 रियासतें मेवाड़, डूंगरपुर, बांसवाड़ा, प्रतापगढ़ व शाहपुरा थीं। राठौड़ राजपूतों की 3 रियासतें मारवाड़, बीकानेर व किशनगढ़ थीं। चौहान राजपूतों की 3 रियासतों में सवाई माधोपुर, कोटा और बूंदी हाड़ा चौहानों की रियासतें थीं और सिरोही देवड़ा चौहानों की रियासत थी। यदुवंशी जादोन राजपूतों की 2 रियासत करौली व यदुवंशी, भाटी राजपूतों की 1 रियासत जैसलमेर थी। कछवाहा राजपूतों की 2 रियासत जयपुर व अलवर थी। झाला राजपूतों की रियासत झालावाड़ थी। इस तरह 16 राजपूत रियासतें थीं। जाटों की 2 रियासत भरतपुर व धौलपुर थी और एकमात्र मुस्लिम रियासत टोंक थी। इन रियासतों के अलावा राजपूतों के 3 ठिकाने लावा, कुशलगढ़ और नीमराना भी एकीकरण में शामिल हुए। इनका विस्तृत विवरण यात्राओं के दौरान आयेगा। राजस्थान को मेवाड़, मारवाड़, ढूंढार, वागड़, हाड़ौती, इलाक़ों में विभाजित किया जाता था। जो अपनी पृथक विरासत और इतिहास में स्थान के लिए जाने जाते रहे हैं।

मेवाड़

आप राजस्थान का नक्शा देखेंगे तो पाएँगे उत्तर-पूर्व से दक्षिण-पश्चिम की तरफ़ अलवर, अजमेर, भीलवाड़ा, राजसमंद, चित्तौड़गढ़, उदयपुर ज़िले राजपूताना का हृदय क्षेत्र बनाते हैं। यह अरावली पर्वत का भूल भुलैया वाला इलाक़ा है। पूर्व में चंबल के किनारे के क्षेत्र हैं और इनके पश्चिम में बाड़मेर, जोधपुर, जैसलमेर, बीकानेर का रेगिस्तान का इलाक़ा है।

मेवाड़ राजस्थान के दक्षिण मध्य में एक प्रसिद्ध रियासत थी। इसे उदयपुर राज्य के नाम से भी जाना जाता था। इसमें वर्तमान उदयपुर, भीलवाड़ा, राजसमंद तथा चित्तौड़गढ़ ज़िले सम्मिलित थे। गहलौत तथा सिसोदिया वंश के राजाओं ने 1200 साल तक मेवाड़ क्षेत्र पर शासन किया था।

मारवाड़

राजस्थान की अरावली पर्वतमाला के पश्चिमी भाग को 'मारवाड़' के नाम से जाना जाता है, जिसमें मुख्यतः जोधपुर, बीकानेर, जालौर, नागौर, पाली, एवं

आसपास के क्षेत्र शामिल होते हैं। भौगोलिक दृष्टिकोण से मारवाड़ इलाका उत्तर में बीकानेर, पूर्व में जयपुर, किशनगढ़ और अजमेर, दक्षिण-पूर्व में अजमेर व उदयपुर, दक्षिण में सिरोही व पालनपुर एवं उत्तर-पश्चिम में जैसलमेर से घिरा हुआ है।

ढुंढाड़

ढुंढाड़ अर्थात वर्तमान का जयपुर क्षेत्र, राजस्थान का एक ऐतिहासिक क्षेत्र रहा है। इसे समय-समय पर कछवाहा राज्य, आंबेर राज्य और जयपुर राज्य भी कहा गया है। इसमें आने वाले जिले हैं: जयपुर, दौसा, सवाई माधोपुर, टोंक, करौली जिला के उत्तरी भाग। दूल्हेराय नामक व्यक्ति ने सर्वप्रथम कछवाह वंश की स्थापना की, 1137 ई. में खोह राज्य के मीणाओं को हराकर ढूंढाड़ राज्य को बसाया, और खोह को इसकी राजधानी बनाया था। काकील देव ने आमेर राज्य के मीणाओं को पराजित कर अपनी राजधानी खोह से बदलकर आमेर कर दी। इस क्षेत्र को अरावली पर्वत माला उत्तर पश्चिम से घेरे है और अजमेर पश्चिम में, मेवाड़ दक्षिण पश्चिम में, हड़ौती दक्षिण में एवं अलवर, करौली तथा भरतपुर इसके पूर्व में स्थित हैं।

हाड़ौती

दक्षिण पूर्वी राजस्थान का हाड़ौती क्षेत्र पूर्व में मालवा पठार, पश्चिम में अरावली पर्वतमाला और पश्चिम में मारवाड़ पठार, मध्य प्रदेश की सीमा पर स्थित है। प्रमुख नदी चंबल है, जिसकी सहायक नदियाँ कालीसिंध, पार्वती, परवन और चापी हैं। मिट्टी जलोढ़ है। इसके पश्चिम में मेवाड़, उत्तर पश्चिम में अजमेर हैं। इसके दक्षिण में मालवा और पूर्व में गिर्द क्षेत्र हैं। इसके अंतर्गत बूंदी, कोटा, झालवाड़ और बारा पश्चिम में मेवाड़ से लगते हैं, पूर्वोत्तर में अजमेर क्षेत्र से लगते हैं, दक्षिण में मालवा से जुड़ते हैं और पूर्व में मध्य प्रदेश राज्य के गिर्द क्षेत्र से जुड़ते हैं। इस क्षेत्र का नाम हाड़ा चौहान राजपूतों से है जो विशाल चौहान राजपूतों के वंश की शाखा है। हाड़ा इस क्षेत्र में 12वीं शताब्दी में आकर बस गए थे और क्षेत्र पर कई सदियों तक अपना वर्चस्व

बनाए रखे थे। हाड़ा देव ने बूँदी पर 1242 में और कोटा पर 1264 में क़बज़ा जमाया। एक समय पर हाड़ा का संयुक्त राज्य वर्तमान ज़िलों बाराँ, बूँदी, कोटा और झालावड़ तक फैला हुआ था।

वागड

वागड राजस्थान के दक्षिणपूर्वी भाग में गुजरात और मध्य प्रदेश राज्यों से सटा मही नदी के ऊपरी जलसम्भर में स्थित एक क्षेत्र है। आधुनिक काल में यह बांसवाड़ा और डूंगरपुर जिलों में विस्तारित है।

शेखावाटी

शेखावाटी उत्तर-पूर्वी राजस्थान का एक अर्ध-शुष्क ऐतिहासिक क्षेत्र है। राजस्थान के वर्तमान सीकर और झुंझुनू जिले शेखावाटी के नाम से जाने जाते हैं। इस क्षेत्र पर आजादी से पहले शेखावत क्षत्रियों का शासन होने के कारण इस क्षेत्र का नाम शेखावाटी प्रचलन में आया। ऐतिहासिक दृष्टि से इसमें अमरसरवाटी, झुंझुनू वाटी, उदयपुर वाटी, खंडेला वाटी, नरहड़ वाटी, सिंघाना वाटी, सीकर वाटी, फतेहपुर वाटी, आदि कई भाग परिणीत होते रहे हैं। इनका सामूहिक नाम ही शेखावाटी प्रसिद्ध हुआ। जब शेखावाटी का अपना अलग राजनैतिक अस्तित्व था तब उसकी सीमाए इस प्रकार थी - उत्तर पश्चिम में भूतपूर्व बीकानेर राज्य, उत्तरपूर्व में लोहारू और झज्जर, दक्षिण पूर्व में तंवरावाटी और भूतपूर्व जयपुर राज्य तथा दक्षिण पश्चिम में भूतपूर्व जोधपुर राज्य। परन्तु इसकी भौगोलिक सीमाएँ सीकर और झुंझुनू दो जिलों तक ही सिमित मानी जाती रही है।

वर्तमान शेखावाटी क्षेत्र पर्यटन और शिक्षा के क्षेत्र में विश्व मानचित्र में तेजी से उभर रहा है। यहाँ पिलानी और लक्ष्मणगढ़ के भारत प्रसिद्ध शिक्षा केंद्र है। वही नवलगढ़, फतेहपुर, गंगियासर, अलसीसर, मलसीसर लक्ष्मणगढ, बलोदा, मंडावा आदि जगहों पर बनी प्राचीन बड़ी-बड़ी हवेलियाँ अपनी विशालता और भित्ति चित्रकारी के लिए विश्व प्रसिद्ध है, जिन्हें देखने देशी-विदेशी पर्यटकों का ताँता लगा रहता है।

पहाडों में सुरम्य जगहों पर बने जीण माता मंदिर, शाकम्बरीदेवी का मन्दिर, लोहार्गल के अलावा खाटू में बाबा खाटूश्यामजी का (बर्बरीक का मन्दिर), सालासर में हनुमान जी का मन्दिर, कंकडेऊ कलां में बाबा माननाथ की मेडी आदि स्थान धार्मिक आस्था के ऐसे केंद्र है जहाँ दूर-दूर से श्रद्धालु दर्शनार्थ आते हैं। भारतीय सेना को सबसे ज़्यादा सैनिक देने वाला झुंझुनू जिला शेखावाटी का ही भाग है।

इस पुस्तक में सन 2000 से 2024 के दौरान राजस्थान के विभिन्न स्थानों की गई यात्राओं का रोचक वर्णन पिरोया गया है। पुस्तक में वार्तालाप के माध्यम से महत्वपूर्ण जानकारी साझा की गई है, जिसमें साथी जिज्ञासु प्रश्न पूछते हैं और लेखक सूत्रधार है। इस पुस्तक में कर्नल जेम्स टॉड की पुस्तकों और इंटरनेट पर उपलब्ध सामग्री का पुस्तकों से साक्ष्य मिलाकर उपयोग किया गया है।

शौर्य भूमि राजस्थान के गाँव महराणा, जिला हनुमानगढ़ में 17 जुलाई, 1966 को जन्मे श्री दयाराम वर्मा पेशे से पहले वायु सैनिक फिर शौक़िया लेखक बने। वर्तमान लघुकथा शोध केंद्र समिति जयपुर में कोषाध्यक्ष हैं।

इनके उपन्यास "सियांग के उस पार" पर राजीव गांधी केन्द्रीय विश्वविद्यालय- दोईमुख, ईटानगर में शोध (एम्. फ़िल.) किया गया है। "ब्रह्मपुत्र से सांगपो" एक सफ़रनामा (यात्रा-वृत्तांत) को पंजाब नेशनल बैंक से राष्ट्रीय स्तर का पुरुस्कार मिला है। इन उत्कृष्ट कृतियाँ ओर इन्हें कई साहित्यिक संस्थाओं ने सम्मानित किया है। ब्लॉग-साहित्यिक गलियारा पर सक्रिय हैं। सबसे बड़ी बात वे अत्यंत विनम्र, सहज और साहसी मनुष्य हैं।

इस यात्रा वृतांत को अंतिम रूप देने के कुछ समय पूर्व जयपुर निवासी श्री दयाराम वर्मा जी से मुलाकात हुई। मैंने इनकी दोनों पुस्तकें पढ़ी थीं इसलिए इनकी क़ाबिलियत से वाक़िफ़ था। उन्होंने न सिर्फ पुस्तक का शीर्षक निर्धारण में सहायता की अपितु बहुत कम समय में पांडुलिपि पढ़कर प्रस्तावना भी लिख कर दी।

–सुरेश पटवा

शौर्य भूमि की सैर

1

शौर्यभूमि राजस्थान

राजस्थान, भारत के उत्तर-पश्चिमी भाग में स्थित है। यह उत्तर और उत्तर-पूर्व में पंजाब और हरियाणा राज्यों से, पूर्व और दक्षिण-पूर्व में उत्तर प्रदेश और मध्य प्रदेश राज्यों से, दक्षिण-पश्चिम में गुजरात राज्य से और पश्चिम और उत्तर-पश्चिम में पाकिस्तान में सिंध और पंजाब प्रांतों से घिरा है। राजधानी शहर जयपुर है, जो राज्य के पूर्व-मध्य भाग में है। राजस्थान, जिसका अर्थ है "राजाओं का निवास", पहले राजपूताना, "राजपूतों का देश" कहा जाता था। 1947 में भारत को स्वतंत्रता मिलने के बाद रियासतों और सरदारों को चार चरणों में एकीकृत कर भारतीय राष्ट्र का एक राजस्थान राज्य बनाया गया। इसने अपना वर्तमान स्वरूप 1 नवंबर, 1956 को ग्रहण किया, जब राज्य पुनर्गठन अधिनियम लागू हुआ। इसका क्षेत्रफल 342,239 वर्ग कि.मी., और 2011 में जनसंख्या 6,86,21,012। थी।

भूगोल

अरावली पर्वतमाला दक्षिण-पश्चिम में आबू शहर के पास 5,650 फीट ऊंचे माउंट आबू के गुरु शिखर से शुरू होकर उत्तर-पूर्व में खेतड़ी शहर तक एक आड़ी रेखा बनाती है। राज्य का लगभग तीन-पाँचवाँ भाग उस रेखा के उत्तर-पश्चिम में स्थित है, शेष दो-पाँचवाँ भाग दक्षिण-पूर्व में है। वे राजस्थान के दो

प्राकृतिक विभाग हैं। उत्तर-पश्चिमी क्षेत्र आम तौर पर शुष्क और अनुत्पादक है, हालाँकि इसका चरित्र धीरे-धीरे सुदूर पश्चिम और उत्तर-पश्चिम में रेगिस्तान से पूर्व की ओर तुलनात्मक रूप से उपजाऊ और रहने योग्य भूमि में बदल जाता है। इस क्षेत्र में थार रेगिस्तान भी शामिल है। दक्षिण-पूर्वी क्षेत्र अपने उत्तर-पश्चिमी समकक्ष की तुलना में 330 से 1,150 फीट की ऊँचाई पर स्थित है; यह अधिक उपजाऊ भी है और इसकी स्थलाकृति भी अधिक विविध है। मेवाड़ का पहाड़ी क्षेत्र दक्षिणी क्षेत्र में स्थित है, जबकि एक विस्तृत पठार दक्षिण-पूर्व में फैला हुआ है। उत्तर-पूर्व में एक बीहड़ बंजरभूमि क्षेत्र चंबल नदी की रेखा का अनुसरण करता है। उत्तर की ओर दूर, परिदृश्य समतल मैदानों में फैला हुआ है जो यमुना नदी के जलोढ़ बेसिन का हिस्सा हैं। अरावली राजस्थान का सबसे महत्वपूर्ण जलक्षेत्र है। रेंज के पूर्व में, चंबल नदी - राज्य की एकमात्र बड़ी और बारहमासी धारा - और अन्य नदियाँ आम तौर पर उत्तर पूर्व की ओर बहती हैं। चंबल की प्रमुख सहायक नदी, बनास नदी, महान कुंभलगढ़ पहाड़ी किले के पास अरावली से निकलती है और मेवाड़ पठार के सभी जल निकासी को एकत्रित करती है। सुदूर उत्तर में, बाणगंगा, जयपुर के पास से उद्गमित होने के बाद, लुप्त होने से पहले यमुना की ओर बहती है। अरावली के पश्चिम में लूनी एकमात्र महत्वपूर्ण नदी है। यह मध्य राजस्थान में अजमेर शहर के पास से निकलती है और लगभग 320 किमी पश्चिम-दक्षिण पश्चिम में गुजरात राज्य के कच्छ के रण में बहती है। लूनी बेसिन का उत्तर-पूर्व आंतरिक जल निकासी का एक क्षेत्र है जिसमें नमक की झीलें हैं, जिनमें से सबसे बड़ी सांभर साल्ट झील है। पश्चिम में दूर तक सच्ची मरुस्थली है, बंजर बंजर भूमि और रेत के टीलों के क्षेत्र जो थार रेगिस्तान का हृदय बनाते हैं।

लोगबाग

राजस्थान की अधिकांश आबादी विभिन्न सामाजिक, व्यावसायिक और धार्मिक पृष्ठभूमि वाले भारतीयों से समृद्ध है। राजपूत, जमींदार शासकों के विभिन्न कुल और उनके वंशज, हालांकि राजस्थान के निवासियों के केवल एक

छोटे प्रतिशत का प्रतिनिधित्व करते हैं, शायद आबादी का सबसे उल्लेखनीय वर्ग हैं; वास्तव में, राज्य का नाम उस समुदाय से लिया गया है। जाति संरचना के संदर्भ में, ब्राह्मण (सर्वोच्च जाति) कई गोत्रों (वंश) में विभाजित हैं, जबकि महाजन (व्यापारिक जाति) आश्चर्यजनक संख्या में समूहों में विभाजित हैं। उत्तर और पश्चिम में जाट (किसान जाति) और गूजर (चरवाहा जाति) सबसे बड़े कृषि समुदायों में से हैं। राजस्थान की जनसंख्या के दसवें हिस्से से अधिक आदिवासी (आदिवासी) लोग हैं। राज्य के पूर्वी भाग में, उन समूहों में मीना (और संबंधित मेओ) शामिल हैं, जिनमें से अधिकांश किसान हैं; बंजारा, जिन्हें भ्रमणशील व्यापारी और कारीगर के रूप में जाना जाता है; और गड़िया लोहार, एक अन्य ऐतिहासिक रूप से भ्रमणशील जनजाति, जो पारंपरिक रूप से कृषि और घरेलू उपकरण बनाती और मरम्मत करती है। भील, भारत के सबसे पुराने समुदायों में से एक है, जो आम तौर पर दक्षिणी राजस्थान में निवास करता है और तीरंदाजी में महान कौशल रखने का इतिहास रखता है। गरासिया और कथोड़ी भी मुख्यतः दक्षिण में रहते हैं, अधिकतर मेवाड़ क्षेत्र में। सहरिया समुदाय दक्षिण-पूर्व में पाए जाते हैं, और रबारी, जो पारंपरिक रूप से पशुपालक हैं, पश्चिम-मध्य राजस्थान में अरावली के पश्चिम में रहते हैं।

हिंदू धर्म, जो अधिकांश आबादी का धर्म है, आमतौर पर ब्रह्मा, शिव, शक्ति, विष्णु और अन्य देवताओं की पूजा के माध्यम से मनाया जाता है। दक्षिणी राजस्थान में नाथद्वारा शहर, कृष्ण उपासकों के वल्लभाचार्य संप्रदाय का एक महत्वपूर्ण धार्मिक केंद्र है। यहाँ आर्य समाज के अनुयायी भी हैं, जो एक प्रकार का सुधारित हिंदू धर्म है जिसकी शुरुआत 19वीं शताब्दी के उत्तरार्ध से हुई थी।

राज्य का दूसरा सबसे बड़ा धार्मिक समुदाय, इस्लाम, 12वीं शताब्दी के उत्तरार्ध में मुस्लिम आक्रमणकारियों द्वारा अजमेर शहर और आसपास के क्षेत्र पर विजय के साथ राजस्थान में फैला। मुस्लिम धर्मप्रचारक और रहस्यवादी ख्वाजा मुईन अल-दीन चिश्ती का मुख्यालय अजमेर में था और मुस्लिम व्यापारी, शिल्पकार और सैनिक वहीं बस गए।

जैन धर्म भी महत्वपूर्ण है; यह राजस्थान के शासकों का धर्म नहीं रहा है, लेकिन व्यापारी वर्ग और समाज के धनी वर्ग में इसके अनुयायी हैं। महावीरजी, रणकपुर, धुलेव और करेरा के कस्बे और मंदिर जैन तीर्थयात्रा के प्रमुख केंद्र हैं। एक अन्य महत्वपूर्ण धार्मिक समुदाय दादूपंथियों द्वारा निर्मित है, जो 16वीं शताब्दी के संत दादू के अनुयायी हैं, जिन्होंने सभी लोगों की समानता, कठोर शाकाहार, मादक पेय पदार्थों से पूर्ण परहेज और आजीवन ब्रह्मचर्य का उपदेश दिया था। राज्य में ईसाइयों और सिखों की भी थोड़ी आबादी है।

भाषा

हिंदी राज्य की आधिकारिक भाषा है, और कुछ हद तक इसने राजस्थान की स्थानीय भाषाओं को पीछे छोड़ दिया है। हालाँकि, राज्य की अधिकांश आबादी राजस्थानी भाषाएँ बोलती है, जो इंडो-आर्यन भाषाओं और बोलियों के समूह से बनी है, जो डिंगल से उत्पन्न हुई है, एक ऐसी भाषा जिसमें कभी कवि अपने स्वामियों की महिमा का गान करते थे। चार मुख्य राजस्थानी भाषा समूह पश्चिमी राजस्थान में मारवाड़ी, पूर्व और दक्षिण-पूर्व में जयपुरी या ढूंढाड़ी, दक्षिण-पूर्व में मालवी और उत्तर-पूर्व में मेवाती हैं, जो उत्तर प्रदेश की सीमा की ओर ब्रजभाषा में बदल जाती है।

जीवन यापन

कृषि क्षेत्र लंबे समय से राजस्थान की अर्थव्यवस्था का मुख्य आधार रहा है। यह राज्य के आर्थिक उत्पादन का लगभग एक-चौथाई हिस्सा है और राज्य की लगभग दो-तिहाई कार्यशील आबादी को रोजगार प्रदान करता है। कम और बिखरी हुई वर्षा के बावजूद, लगभग सभी प्रकार की फसलें उगाई जाती हैं, जिनमें रेगिस्तानी क्षेत्र में बाजरा, कोटा के आसपास ज्वार और उदयपुर के आसपास मुख्य रूप से मक्का शामिल हैं। गेहूँ और जौ (रेगिस्तानी क्षेत्र को छोड़कर) काफ़ी अच्छी तरह से वितरित हैं, साथ ही दालें (जैसे मटर, सेम और मसूर), गन्ना और तिलहन भी। चावल दक्षिण-पूर्व और उत्तर-पश्चिम,

दोनों के सिंचित क्षेत्रों में उगाया जाता है। कपास और तंबाकू महत्वपूर्ण नकदी फसलें हैं। राजस्थान में पशुधन की एक बड़ी आबादी है और यह एक प्रमुख ऊन उत्पादक राज्य है। यह ऊँटों और विभिन्न नस्लों के भारवाहक पशुओं का भी एक स्रोत है।

राजस्थान को कृषि की दृष्टि से उत्पादक होने के लिए व्यापक सिंचाई की आवश्यकता है। राज्य को पंजाब की नदियों, हरियाणा में पश्चिमी यमुना नहर और उत्तर प्रदेश में आगरा नहर, तथा गुजरात और मध्य प्रदेश में क्रमशः साबरमती और नर्मदा सागर परियोजनाओं से बहुत अधिक पानी मिलता है। उत्तर-पश्चिमी और पश्चिमी राजस्थान की रेगिस्तानी भूमि की सिंचाई इंदिरा गांधी नहर (जिसे पहले राजस्थान नहर कहा जाता था) द्वारा की जाती है, जो पंजाब में व्यास और सतलुज नदियों से लगभग 400 मील (640 किमी) पानी लाती है। राजस्थान, पंजाब और हरियाणा के साथ भाखड़ा नांगल परियोजना और मध्य प्रदेश के साथ चंबल घाटी परियोजना साझा करता है; दोनों का उपयोग सिंचाई और पेयजल के लिए पानी की आपूर्ति के लिए किया जाता है।

राजस्थान में मौखिक कथा और लिखित साहित्य दोनों की समृद्ध परंपरा है। सबसे प्रसिद्ध गीत "कुरजा" है, साहित्यिक परंपरा में, चंदबरदाई का महाकाव्य पृथ्वीराज रासो (या चांद रायसा), जिसकी सबसे पुरानी पांडुलिपि 12वीं शताब्दी की है, विशेष रूप से उल्लेखनीय है।

कला संस्कृति

राजस्थान का विशिष्ट नृत्य घूमर है, जो उत्सवों के अवसरों पर केवल महिलाओं द्वारा किया जाता है। अन्य प्रसिद्ध नृत्यों में गीर शामिल है, जो पुरुषों और महिलाओं द्वारा किया जाता है; पनिहारी, जो महिलाओं का एक सुंदर नृत्य है; और कच्ची घोड़ी, जिसमें पुरुष नर्तक नकली घोड़ों की सवारी करते हैं। ख़्याल, जो उत्सव, ऐतिहासिक या प्रेम प्रसंगों पर आधारित पद्य में रचित एक प्रकार का नृत्य-नाटिका है, का प्रदर्शन भी व्यापक रूप से लोकप्रिय है।

राजस्थान में पुरातात्विक रुचि की वस्तुओं की भरमार है। झालावाड़ के दक्षिण-पूर्वी जिले की गुफाओं में प्रारंभिक बौद्ध शिलालेख और नक्काशी पाई

जाती है; अजमेर के आसपास के क्षेत्र में कई मस्जिदें और मुस्लिम मकबरे हैं, जिनमें से सबसे पुराना 12वीं शताब्दी के अंत का है; और उत्तर-पश्चिम में बीकानेर में 15वीं शताब्दी का एक भव्य जैन मंदिर है। पूरे राज्य में भव्य राजसी महल बिखरे हुए हैं, जिनमें से कई दीवार चित्रों से अलंकृत हैं; उदयपुर का महल विशेष रूप से उल्लेखनीय है। वे और अन्य ऐतिहासिक संरचनाएं (जैसे, मंदिर) अक्सर कई ऐतिहासिक राजपूत पहाड़ी किलों के भीतर होती हैं, जिनमें से छह–चित्तौड़गढ़, जयपुर, जैसलमेर और झालावाड़ सहित–को सामूहिक रूप से 2013 में यूनेस्को विश्व धरोहर स्थल नामित किया गया था।

राजस्थानी चित्रकला, लघु चित्रकला की एक शैली है जो मुख्यतः 16वीं-19वीं शताब्दी में पश्चिमी भारत के स्वतंत्र हिंदू राज्यों राजस्थान में विकसित हुई। यह पश्चिमी भारतीय पांडुलिपि चित्रों से विकसित हुई, हालाँकि इसके विकास के बाद के वर्षों में मुग़ल प्रभाव स्पष्ट रूप से दिखाई देने लगा।

राजस्थानी चित्रकला, रंगों के अपने साहसिक प्रयोग, मानव आकृति की अमूर्त और पारंपरिक अवधारणा, और परिदृश्य के अलंकरणात्मक चित्रण के कारण, दिल्ली स्थित शाही अट्टालिकाओं और प्रांतीय दरबारों की मुग़ल चित्रकला से भिन्न है। हिंदू धर्म में लोकप्रिय भक्तिवाद की नई लहर के अनुरूप, मुख्य रूप से चित्रित विषय हिंदू ग्वालदेव कृष्ण और उनकी प्रिय सखी राधा की कथाएँ हैं। कुछ हद तक, भारत के दो प्रमुख महाकाव्यों, संगीत विधाओं (रागमालाओं) और नायिकाओं के प्रकारों के सचित्र दृश्य भी हैं। 18वीं शताब्दी में, दरबारी चित्र, दरबार के दृश्य और शिकार के दृश्य तेजी से आम हो गए।

मुग़ल कला की तरह, राजस्थानी चित्रकला को बक्सों या एल्बमों में रखा जाता था और एक-दुसरे को सौंपकर देखा जाता था। इसकी तकनीक मुग़ल चित्रकला के समान है, हालाँकि सामग्री उतनी परिष्कृत और भव्य नहीं है।

राजस्थानी चित्रकला का अध्ययन अपेक्षाकृत नया है, और इसमें निरंतर नई सामग्री सामने आ रही है। शैली के आधार पर अलग-अलग

शैलियाँ अलग-अलग हैं, जैसे मेवाड़ चित्रकला, बूंदी चित्रकला और उसके पड़ोसी सहयोगी राज्य कोटा की चित्रकला, किशनगढ़ चित्रकला, बीकानेर, जयपुर, मारवाड़, और राजस्थान के बाहर, मालवा चित्रकला, जिसे मध्य भारतीय चित्रकला भी कहा जाता है।

इतिहास

पुरातात्विक साक्ष्य संकेत करते हैं कि प्रारंभिक मानव लगभग 100,000 साल पहले बनास नदी और उसकी सहायक नदियों के किनारे रहते थे। सिंधु (हड़प्पा) और सिंधु-उत्तर सभ्यताएं (तीसरी-दूसरी सहस्राब्दी ईसा पूर्व) उत्तरी राजस्थान के कालीबंगन के साथ-साथ दक्षिण में उदयपुर शहर के पास अहार और गिलुंड में भी पाई जाती हैं। कालीबंगन में मिट्टी के बर्तनों के टुकड़े 2700 ईसा पूर्व के हैं। बैराट (उत्तर-मध्य राजस्थान में) के पास तीसरी शताब्दी ईसा पूर्व के दो शिलालेखों की खोज से संकेत मिलता है वर्तमान राजस्थान के सम्पूर्ण या कुछ भागों पर दूसरी शताब्दी ईसा पूर्व में बैक्ट्रियन (इंडो-ग्रीक) राजाओं का, दूसरी से चौथी शताब्दी ईस्वी तक शक क्षत्रपों (सीथियन) का, चौथी शताब्दी के आरम्भ से छठी शताब्दी के उत्तरार्ध तक गुप्त वंश का, छठी शताब्दी में हेफ्थलाइट्स (हूणों) का और सातवीं शताब्दी के आरम्भ में राजपूत शासक हर्ष (हर्षवर्धन) का शासन था।

7वीं और 11वीं शताब्दी के बीच कई राजपूत राजवंशों का उदय हुआ, जिनमें गुर्जर-प्रतिहार राजवंश भी शामिल है, जिन्होंने सिंध क्षेत्र (अब दक्षिण-पूर्वी पाकिस्तान में) के अरब आक्रमणकारियों को रोके रखा। भोज प्रथम (या मिहिर भोज; 836-885) के अधीन, गुर्जर-प्रतिहारों का क्षेत्र हिमालय की तराई से दक्षिण में नर्मदा नदी तक और निचली गंगा (गंगा) नदी घाटी से पश्चिम में सिंध तक फैला हुआ था। 10वीं शताब्दी के अंत में उस साम्राज्य के विघटन के साथ, राजस्थान में कई प्रतिद्वंद्वी राजपूत वंश सत्ता में आ गए। प्रतिहारों के सामंत गुहिलों ने 940 में अपनी स्वतंत्रता का दावा किया और मेवाड़ (वर्तमान उदयपुर) के आसपास के क्षेत्र पर नियंत्रण स्थापित कर लिया। 11वीं शताब्दी तक चौहान (चहमान) बाद की शताब्दियों

में अन्य वंशों-जैसे कछवाहा, भट्टी और राठौर-ने इस क्षेत्र में स्वतंत्र राज्य स्थापित करने में सफलता प्राप्त की।

1192 में दिल्ली के निकट लड़ी गई तरौरी (तराइन) की लड़ाइयों के नाम से प्रसिद्ध युद्धों की श्रृंखला की दूसरी लड़ाई ने राजस्थान के इतिहास में एक नए युग की शुरुआत की। पृथ्वीराज तृतीय के नेतृत्व में राजपूत सेना पर मुहम्मद गौरी की विजय ने न केवल सिंधु-गंगा के मैदान में राजपूत शक्ति के विनाश का कारण बना, बल्कि उत्तरी भारत में मुस्लिम उपस्थिति को भी मजबूती से स्थापित किया। जैसे ही मुस्लिम सेनाएँ काठियावाड़ प्रायद्वीप (सौराष्ट्र; जो अब गुजरात राज्य का हिस्सा है) के पारंपरिक मार्गों से दक्षिण और फिर पश्चिम की ओर बढ़ीं, वर्तमान राजस्थान के राजपूत राज्यों को घेर लिया गया। अगली चार शताब्दियों में दिल्ली स्थित केंद्रीय शक्ति द्वारा इस क्षेत्र के राजपूत राज्यों को अपने अधीन करने के बार-बार, यद्यपि असफल, प्रयास किए गए। हालाँकि, समान ऐतिहासिक और सांस्कृतिक परंपराओं के बावजूद, राजपूत अपने विरोधियों को निर्णायक पराजय देने के लिए कभी एकजुट नहीं हो पाए।

मेवाड़ के राणा सांगा (राणा संग्राम सिंह) के शासनकाल में 16वीं शताब्दी की शुरुआत में राजपूत शक्ति अपने चरम पर पहुँच गई थी, लेकिन मुग़ल आक्रमणकारी बाबर के हाथों एक भीषण युद्ध में उनकी हार हुई और एकजुट राजपूत राज्य व्यवस्था का क्षणिक वैभव तेज़ी से क्षीण हो गया। राजस्थान के इतिहास के उसी काल से राजपूतों को एक वीर योद्धा के रूप में देखने का रोमांटिक दृष्टिकोण काफी हद तक जुड़ा है।

16वीं शताब्दी के अंत में, मुग़ल सम्राट अकबर कूटनीति और सैन्य कार्रवाई के माध्यम से वह सब हासिल करने में सफल रहा, जो उसके पूर्ववर्ती केवल बल के बल पर हासिल नहीं कर पाए थे। शाही मुग़ल सेनाओं द्वारा अभी भी सैन्य अभियान चलाए जा रहे थे, और रणथंभौर और चित्तौड़गढ़ (चित्तौड़) जैसे राजपूत गढ़ों को घेरकर नष्ट कर दिया गया (1567-68), लेकिन अकबर ने कई राजपूत शासक घरानों के साथ कई गठबंधन भी किए, और अपने और अपने उत्तराधिकारियों के लिए राजपूत राजकुमारियों के

साथ विवाह की व्यवस्था की। अकबर के पुत्र और उत्तराधिकारी, जहाँगीर (शासनकाल 1605-27), और जहाँगीर के तीसरे पुत्र, आगरा (उत्तर प्रदेश) में ताजमहल के निर्माता, शाहजहाँ (शासनकाल 1628-58), दोनों ही राजपूत माताओं से पैदा हुए थे। मुग़ल-राजपूत विवाह 18वीं शताब्दी के आरंभ तक जारी रहे, जिससे कई राजपूत राज्य (अपने नगण्य सैन्य संसाधनों के साथ) बिना किसी महंगी सैन्य अधीनता के शाही दायरे में आ गए। इसके अलावा, कुछ राजपूत शासकों, जैसे कि आमेर (जयपुर) के मान सिंह और मारवाड़ (जोधपुर) के जसवंत सिंह ने शाही मुग़ल सेना में निष्ठा और विशिष्टता के साथ सेवा की। अकबर के अधीन इस क्षेत्र के राजपूत राज्यों को मुग़ल साम्राज्य की एक प्रशासनिक इकाई, अजमेर के सूबा के अंतर्गत समूहीकृत किया गया था।

1707 में सम्राट औरंगजेब की मृत्यु के बाद, भरतपुर के राजपूत राज्य का विकास एक जाट (किसान जाति) विजेता द्वारा किया गया था, लेकिन 1803 तक आसपास के अधिकांश राज्यों ने पश्चिम-मध्य भारत के मराठा राजवंशों को श्रद्धांजलि अर्पित की। राजपूताना में भारत सरकार का प्रतिनिधित्व एक राजनीतिक अधिकारी द्वारा किया जाता था, जिसकी उपाधि गवर्नर-जनरल के प्रतिनिधि के रूप में होती थी। वह अजमेर-मेरवाड़ा के छोटे से ब्रिटिश प्रांत का मुख्य आयुक्त भी होता था। उसके अधीन विभिन्न राज्यों के प्रतिनिधि और राजनीतिक प्रतिनिधि होते थे।

इसी काल में भारतीय राष्ट्रवाद का विचार जन्मा। उदयपुर में दयानंद सरस्वती ने हिंदू धर्म को उसकी प्राचीन शुद्धता प्रदान करने के उद्देश्य से सत्यार्थ प्रकाश ("सत्य का प्रकाश") की रचना की। इस कृति ने राजपूताना में एक हलचल पैदा कर दी। जैन साधुओं और विद्वानों के बीच भी महत्वपूर्ण वैचारिक आंदोलन हुए। अजमेर राजनीतिक गतिविधियों का केंद्र था और राष्ट्रवादी नेताओं में अर्जुन लाल सेठी, माणिक लाल वर्मा, गोपाल सिंह और जय नारायण व्यास शामिल थे।

1947 में भारत के स्वतंत्र होने के बाद, राजपूताना की रियासतों और प्रमुखों को चरणों में एकीकृत करके एक इकाई बना दिया गया। सबसे पहले

उन्हें मत्स्य संघ और राजस्थान संघ जैसे छोटे संघों में बांटा गया, जिन्हें 1949 में शेष राजपूत राज्यों के साथ मिलाकर वृहत्तर राजस्थान बनाया गया। 1950 में जब भारत का नया संविधान लागू हुआ, तो राजस्थान राज्य भारत का अभिन्न अंग बन गया। राजपूत राजाओं ने -यद्यपि अपनी मूल उपाधि, कुछ विशेषाधिकार और एक प्रिवी पर्स को बरकरार रखते हुए- अपनी राजनीतिक शक्तियाँ केंद्र सरकार को सौंप दीं। 1956 में राज्य पुनर्गठन अधिनियम लागू होने पर, राजस्थान ने वह स्वरूप प्राप्त किया जो आज है। पूर्व रियासतों के शासकों को दिया जाने वाला विशेषाधिकार 1970 में समाप्त कर दिया गया।

राज्य अगले कई दशकों में समृद्ध हुआ, विनिर्माण और सेवा क्षेत्रों में वृद्धि के साथ इसकी कृषि प्रधान अर्थव्यवस्था में विविधता आई। विशेष रूप से पर्यटन में उल्लेखनीय वृद्धि हुई। राज्य अपने अस्तित्व के अधिकांश समय तक भारतीय राष्ट्रीय कांग्रेस (कांग्रेस पार्टी) के शासन में रहा है, हालाँकि 1990 के दशक से भारतीय जनता पार्टी (भाजपा) ने कई सरकारें बनाई हैं। उल्लेखनीय हैं भाजपा की वसुंधरा राजे, जो राज्य की पहली महिला मुख्यमंत्री थीं, जो 2003 में (2008 तक) और फिर 2013 में इस पद के लिए चुनी गईं।

2

शौर्य भूमि की सैर

मध्य प्रदेश के नर्मदापुरम जिला में सतपुड़ा पर्वतमाला और नर्मदा नदी की समानांतर 20 किलोमीटर दूरी पर सोहागपुर नाम की एक मध्ययुगीन बस्ती आबाद है। वहाँ शिक्षाविद डॉ. अरविंद सिंह चौहान ने इस्वी सन 1960 से 2020 तक 60 साल नागरिक जीवन का सर्वमान्य नेतृत्व किया था। उन्होंने खेलकूद, कुश्ती, शिक्षा, साहित्य और सांस्कृतिक क्षेत्रों में न सिर्फ़ स्थापित परम्पराओं को जीवित रखा, बल्कि नई प्रतिभाओं को निखारा और नई परम्पराओं की भी नीव रखी। वे जवाहर नेहरु स्मृति महाविद्यालय सोहागपुर के संस्थापक थे। उन्होंने 30 अप्रैल 2020 को इस नश्वर दुनिया से बिदाई ली। सोहागपुर शिक्षा समिति द्वारा उनके अथक प्रयासों से स्थापित महाविद्यालय प्रांगड़ में लोकप्रिय "अरविंद भैया" की प्रतिमा स्थापना का निर्णय किया गया। तदानुसार 27 नवम्बर से 30 नवम्बर 2020 राजस्थान के किशनगढ़-अजमेर में संगमरमर की मूर्ति बनवाने हेतु अरविंद भैया के सुपुत्र अभिषेक सिंह चौहान, राधेश्याम रघुवंशी और राजेश शुक्ला के साथ राजस्थान की यात्रा पर जाना तय हुआ।

यह यात्रा सोहागपुर से 27 नवंबर 2020 को पठारिया कतिया की बोलेरो में दीपक कहार ड्राइवर के साथ सुबह सात बजे यात्रा आरम्भ हुई। नर्मदापुरम बस्ती के आगे नर्मदा नदी पर बने पुल पार करने के पहले बायें

तरफ़ सतपुड़ा पर्वत की पहाड़ियों को छोड़ दिया। पुल पार करके विंध्याचल पहाड़ियों में घुसने लगे। बुधनी के बाद घने जंगल और उतार चढ़ाव वाले घुमावदार हरियाते वनों से गुज़रकर हम रातापानी अभयारण्य में प्रवेश कर गए। सड़क के एक तरफ़ सिहोर ज़िला और दूसरी तरफ़ रायसेन ज़िला साथ चल रहे हैं। इन जंगलों की सघन हरियाली में बाघ सहित अनेकों जीव जंतु विचरण कर रहे हैं।

विंध्याचल पर्वत श्रंखला के इस हिस्से में स्थित रातापानी वन्यजीव अभयारण्य वन्यजीवों की विस्तृत विविधता लिए वन्यजीव हेतु सबसे आकर्षक आवासों में से एक है। यह अभयारण्य "मध्य प्रदेश की जीवन रेखा" नर्मदा नदी के उत्तरी किनारे पर पूर्व से पश्चिम समानांतर चलता है। कोलार नदी अभयारण्य की पश्चिमी सीमा बनाती है। रातापानी अभयारण्य कई मायनों में अद्वितीय है। यह शानदार इमारती लकड़ी के पेड़ सागौन के जंगलों, सुंदर पहाड़ियों और घुमावदार नदियों के साथ मध्य भारत का अच्छा वन्यजीव है, जो पूरे वर्ष समृद्ध जैव विविधता को बनाए रखता है, बल्कि इसमें कई प्राकृतिक जलीय दृश्यावली भी हैं। अभयारण्य में एक लुप्तप्राय प्रजाति 'चिंकारा' भी पाई जाती है। रातापानी जलाशय, जिसके नाम पर अभयारण्य का नाम रखा गया है, मगरमच्छों और अन्य जलीय जीवों के लिए एक अच्छा आवास है। अभयारण्य के अंदर एक ओर दाहोद जलाशय महत्वपूर्ण जल निकाय है। वही गर्मी के दिनों में जंगली मवेशियों का शरण स्थल है।

हम इसी अभ्यारण्य के बीच से गुज़र रहे हैं। इसकी जीव विविधता वन्यजीवों के लिए पर्याप्त भोजन और आश्रय प्रदान करती है। 2019 की पशुगणना के अनुसार एक दर्जन से अधिक युवा शावकों सहित 40 से अधिक बाघों के साथ और 75 से अधिक तेंदुए, जंगली कुत्ते, लकड़बग्घा, सियार और लोमड़ी भी अभयारण्य में विचरते हैं। शाकाहारी जीवों के प्रमुख घटक चित्तीदार हिरण, ब्लू बुल, सांभर, बार्किंग हिरण, चिंकारा, काला हिरण और बंदर हैं। अभ्यारण्य में सुस्त भालू अक्सर दिख जाते हैं। रातापानी जलाशय में मगरमच्छों को अच्छा आवास मिल जाता है। यह क्षेत्र मध्य प्रदेश के राज्य पक्षी पैराडाइज फ्लाईकैचर सहित पक्षियों की 150 से अधिक प्रजातियों का निवास स्थान है। अभयारण्य के विभिन्न जलाशयों में बड़ी संख्या

में स्थानीय और प्रवासी पक्षी देखे जा सकते हैं। इस अभयारण्य के नज़दीक ही भीमबैठका "रॉक शेल्टर और रॉक पेंटिंग्स का एक समूह" है जो यूनेस्को द्वारा घोषित 'विश्व विरासत स्थल' में से एक है, और इस कारण से रातापानी वन्यजीव अभयारण्य अंतर्राष्ट्रीय महत्व का है। जो सैलानी भीमबैठका आते हैं, वे रातापानी अभयारण्य भ्रमण का लोभ संवरण नहीं कर पाते।

रातापानी अभयारण्य के गेट से तीन किलोमीटर ही चले होंगे और सड़क के बाईं तरफ़ लिखा दिखा- भीमबैठका विश्व धरोहर के लिए मुड़िये, लीजिए साहब मुड़ गये। रेल लाईन फाटक पार करके चार किलोमीटर चले और पहुँच गये भीमबैठका। पहाड़ी के पिछले हिस्से से रेल जाती दिख रही है और उसके पार ओबेदुल्लागंज की बसावट नज़र आ रही है। विंध्याचल की पहाड़ियों पर स्थित शैलाश्रयों का समूह पुरापाषाणकाल से मध्यपाषाण काल के प्राचीनतम मानव चिन्हों के साक्षी हैं। इनमें भित्त चित्र भी बने हैं। इनकी आयु एक से डेढ़ लाख साल आंकी गई है। इनकी खोज उज्जैन विश्विद्यालय के प्रोफेसर बीएस वाकणकर ने सन 1957-58 में की थी। भारत सरकार ने उन्हें पद्मश्री से नवाजा था।

गुफाओं के भीतर पत्थर के केनवास पर आज से बारह हजार वर्ष पूर्व उकेरे गये लाल व सफेद खनिज रंगों के शैलचित्र, रेखांकित मानवाकृति, सामूहिक नृत्य, विभिन्न पशु-पक्षी, शिकार आदि के चित्र, तत्समय की मानव गतिविधियों और सांस्कृतिक विकास, कलात्मक अनुभूति व रचनात्मकता की दुर्लभ झलक पेश करते हैं।

किंवदंती है कि अपने वनवास के दौरान पाण्डवों ने यहाँ आश्रय प्राप्त किया था, इसलिए भीम के नाम पर इस स्थान का नाम भीमबैठका पड़ा। पुरातात्विक तथ्य इस बात की गवाही देते हैं कि आदिमानव यहाँ आये और उन्होंने अपने चिन्ह यहाँ छोड़े थे। आदिमानव जिन्हे 'होमो इरेक्टस' कहा जाता है; अर्थात् जिसकी रीढ़ सीधी थी और जो दो पैरों पर खड़ा होकर चलने योग्य होने लगा था। कह सकते हैं, जानवर से मनुष्य बनने की पहली सीढ़ी चढ़ गया था। मनुष्य में मस्तिष्क का विकास होते ही उसकी रीढ़ कमजोर होने लगी; जो राजनीति से शुरू होकर नौकरशाही और तमाम क्षेत्रों में व्याप्त

होती गयी। अपने आकाओं के सामने नेता, सत्ता के समक्ष अफसर, वोटर के सामने चुनावी उम्मीदवार और बीबियों के सामने शौहर रीढ़विहीन बनकर दोहरे होने लगे। जिन्होंने रीढ़ सीधी रखी, वे इस व्यवस्था में फिट न हो पाए और काबिल होते हुए भी हाशिये पर ढ़केल दिये गये।

ऐसा माना जाता है कि पुरापाषाण काल (25-20 लाख से 12 हजार वर्ष पूर्व) तक मानव का 99 प्रतिशत विकास हो चुका था। मतलब विकास के लिये अभी एक प्रतिशत गुंजाइश बची है। डार्विन का 'विकासवाद' कहता है कि कभी मनुष्य की पूँछ हुआ करती थी जो उपयोग न किये जाने के कारण धीरे-धीरे लुप्त हो गयी। अपने आकाओं के सामने 'दुम हिलाने' की बढ़ती प्रवृत्ति को देखते हुए रहे-सहे एक प्रतिशत विकास होने तक 'दुम की वापिसी' हो सकती है। रंग बदलने की कला में मनुष्य प्रवीण होकर पूर्ण 'गिरगिटत्व' प्राप्त करने के विकास मार्ग की ओर अग्रसर हैं।

लाखों वर्ष पूर्व दुर्गम गुफाओं में विज्ञान के नियमों से अनभिज्ञ पाषाणयुगीन आदिमानवों ने पत्थर को आकार देकर उपयोगी औजारों का निर्माण किया, प्राकृतिक वनस्पतियों, बाँस, लकड़ी आदि से उपयोगी वस्तुएं, नाव इत्यादि बनाईं और आग का अविष्कार किया। दंगाई उपद्रवियों के लिये पत्थर, डंडे और आग आदिमानवों की अनुपम सौगात है। जिन्हें हर आंदोलन में प्रयोग किया जाता था। किसी भी राजनीतिक आंदोलन का इतिहास आदिमानव तक विस्तारित होता है। नेता दंगा नहीं करवाते। यह तो सत्ता प्राप्ति हेतु आदि काल से मनुष्य की प्रवृत्ति रही है। भीमबैठका स्थित शैलचित्रों की कलात्मक अभिव्यक्ति व रचनात्मकता दर्शाती है कि मानव विकास के हजारों साल गुजरने के बाद भी इस क्षेत्र में हमारी प्रगति में कोई ख़ास वृद्धि नहीं हुई है। उस समय के चित्र आसानी से समझे आते हैं। अब चित्रों को आसानी से नहीं समझा जा सकता। चित्रों को समझने हेतु तथाकथित विद्वानों की ज़रूरत होती है। वे इस तरह चित्रों की व्याख्या करते हैं कि उनके सामने ब्रह्मांड का रहस्य भी फीका लगने लगता है।

भीमबैठका घूम फिरकर औबेदुल्लागंज में रास्ते किनारे की नाश्ता दुकान से मावावाटी, समोसा और ओंठ चिपकती चाय पीकर आगे बढ़े। पता चला कि साहब यहाँ से एक रास्ता सलकनपुर जाता है। उसी रास्ते पर पहाड़ी

पार होने के बाद एक रास्ता गिन्नौरगढ़ पहुँचता है। यह स्थान औबेदुल्लागंज से रेहटी के रास्ते में देलावाड़ी में फिर रातापानी अभयारण्य के हरे-भरे जंगलों का नज़ारा दिखाता है। गिन्नौरगढ़ किला न केवल सुरम्य स्थान पर है बल्कि वास्तुशिल्प का चमत्कार भी है। उसके बारे में बातचीत करते चल दिए।

गिन्नौरगढ़, रानी कमलापति के अधीन गोंडों का गढ़ था, जिस पर उनके निधन के बाद भोपाल रियासत के संस्थापक नवाब दोस्त मोहम्मद ने कब्जा कर लिया था। भोपाल के उदय के साथ, गिन्नौरगढ़ ने अपनी प्रमुखता खो दी और इतिहास में गुम हो गया। गोंडों के शासन में मुग़ल और मराठा शक्ति के उदय के साथ गिरावट आई और अंततः ब्रिटिश ईस्ट इंडिया कंपनी द्वारा भोपाल रियासत सहित देश के एक बड़े हिस्से का अधिग्रहण कर लिया गया। तीन बजे तक गिन्नौरगढ़ किले पर थे।

समुद्र तल से इसकी ऊंचाई 1975 फीट पर स्थित अद्भुद संरचना के लिए प्रसिद्ध गिन्नौरगढ़ का किला 3696 फीट लंबा और 874 फीट चौड़ा बताया जाता है। सर्वप्रथम परमार वंश के राजाओं ने इस किले का निर्माण करवाया था लेकिन बाद में गोंड राजा निजाम शाह ने पुनर्निर्माण किया। इस किले की दीवार 20 फीट चौड़ी और सतह से 82 फीट ऊंची हैं। 15वीं से लेकर 18वीं शताब्दी तक लगभग 300 वर्ष यहाँ गोंड राजाओं का शासन रहा। आज भी कई लोग यह मानते हैं कि इसका निर्माण निजाम शाह ने किया था जबकि सच्चाई यह है कि निजाम शाह ने पुनर्निर्माण करवाया ना कि निर्माण। इसको नया स्वरूप प्रदान करने के बाद निजाम शाह ने इसको अपनी राजधानी बनाया। अधिक ऊंचाई पर होने के बाद भी यहाँ पानी की कमी नहीं है। गिन्नौरगढ़ किला के आसपास पानी प्रचुर मात्रा में होने की मुख्य वजह इसके आसपास स्थित 25 कुएं और छोटी छोटी बावड़ियां है यहाँ पर 4 पोखर भी बने हुए हैं। जो बारिश का जल समेट कर बाकी समय भी भरे रहते हैं। गिन्नौरगढ़ का किला हरे और काले रंग के स्थानीय पत्थरों से बना हुआ हैं, इस पहाड़ी पर इन पत्थरों की प्रचुरता है।

गिन्नौरगढ़ के किले में सुंदर बावड़ी, इत्रदान और बादल महल नामक भव्य इमारतें देखीं। जानकार लोग बताते हैं कि इस किले के नीचे एक गुफ़ा

हैं और इसी गुफा में ठंडे पानी का एक जलाशय है जहाँ गर्मी के दिनों में भी ठंडक रहती हैं। गिन्नौरगढ़ का किला यदि हम तीन भागों में बांटकर देखें तो उसे समझने में आसानी होगी।

- प्रथम भाग केंद्र से 3 मील दूर तक का घेरा हैं जो घेराबंदी के नाम से जाना जाता हैं।
- दूसरा भाग 2 मील दूर तक का घेरा है जहाँ सदियों पूर्व आबादी क्षेत्र था, और
- तीसरा भाग स्वयं गिन्नौरगढ़ का किला इसका केंद्र है।

इस क़िले के मुख्य द्वार के समीप एक बहुत ही भव्य महल बना हुआ हैं जिसे रानी महल के नाम से जाना जाता हैं। ऐसा कहा जाता हैं कि रानी महल का निर्माण निजाम शाह ने रानियों के लिए किया था। भोपाल के कमला पार्क महल में आने के पहले रानी कमलापति इसी महल में निवास करती थी।

निज़ाम शाह को उनके भतीजे ने ज़हर देकर मौत के घाट उतार दिया। उनकी मृत्यु के बाद उनकी पत्नी रानी कमलापति अपने पुत्र के साथ इस किले में रही। 1723 ईस्वी में रानी कमलापति की मृत्यु हो गई। उनकी मृत्यु के पश्चात उनके पुत्र नवल शाह के हाथ में किले की कमान आ गई। लेकिन निजाम शाह के मित्र मुहम्मद खान ने किले को अपने कब्जे में ले लिया। यहाँ एक फारसी शिलालेख 1725-26 का प्राप्त हुआ जो भोपाल के शासकों की उपस्थिति दर्ज कराता है। यही उपस्थिति की गवाही बाद की इमारतों और 1725-26 के एक विलायती गेटहाउस पर फारसी में एक शिलालेख है। बीसवीं सदी की शुरुआत में एक अंग्रेज पर्यटक सी. ई. लुआर्ड ने लिखा कि इमारतें खंडहर में बदल रही हैं। अभी भी पुरातत्व विभाग के तहत एक संरक्षित स्मारक होने के बावजूद, संरचनाओं का पतन जारी है। गिन्नौरगढ़ घूमकर शाम को सात बजे विंध्याचल ढाबे में खाना खाया फिर भोपाल पहुंच कर आराम किया।

*

हम 28 नवम्बर 2020 को सुबह नौ बजे भोपाल से किशनगढ़ की यात्रा पर चल दिए। गांधीनगर पार करके बारह बजे के लगभग सिहोर ज़िले के ऐतिहासिक स्थल श्यामपुर-दोराहा पहुँचना है। अब यात्रा सिहोर ज़िले से गुज़र रही है। सिहोर के बारे में चर्चाएँ होने लगीं।

अभिषेक ने पूछा- चाचा जी, इसका नाम सिहोर कैसे पड़ा?

सूत्रधार - बेटा, सिहोर मालवा क्षेत्र के मध्य में विंध्य रेंज की उत्तरी तलहटी में स्थित है। सीवन नदी में पाए गए एक शिलालेख के अनुसार, सिहोर नाम सिदरापुर से मिला है। एक पुराने दस्तावेज़ के अनुसार, सिहोर को इसका नाम सिंह के एंग्लो-इंडियन मेल से मिला। शेर या "सिंह" आस-पास के जंगलों में बहुतायत से थे। उनमे इलाक़े को लेकर होड़ रहती थी। उस ज़माने के भील आदिवासी इसे "सिंह-होड़" कहते थे जो कालांतर में "सिंहोड़" हुआ, फिर अंग्रजों के पोलिटिकल एजेंट के यहाँ निवास करने के दौरान "सिहोर (Sehore)" हो गया।

सिहोर का एक लंबा और गौरवशाली अतीत है। किंवदंती है कि महर्षि पतंजलि ने यहाँ कुछ समय प्रार्थना, तपस्या और पूजा में बिताया था। यहाँ पुरातन और धार्मिक महत्व के कई मठ, मंदिर, मस्जिद और चर्च हैं। यहाँ का गणेश मंदिर मराठों द्वारा स्थापित किया गया था। अंग्रेजों के आने के पहले मराठों का एक मुखिया यहीं रहकर भोपाल रियासत के नवाब से चौथ और सरदेशमुखी वसूलता था।

अभिषेक - महर्षि पतंजलि कोई ऐतिहासिक उल्लेख मिलता है क्या ?

सूत्रधार - पतंजलि को संस्कृत के अनेक महत्वपूर्ण ग्रन्थों का रचयिता माना जाता है। इनमें से योगदर्शन का मूलग्रन्थ योगसूत्र उनकी महानतम रचना है। भारतीय साहित्य में पतंजलि द्वारा रचित 3 मुख्य ग्रन्थ मिलते हैं। योगसूत्र, अष्टाध्यायी भाष्य और आयुर्वेद पर ग्रन्थ। डॉ. भंडारकर ने पतंजलि का समय 158 ईसा पूर्व माना है। पुष्यमित्र शुंग ने मगध में मौर्य वंश का ख़ात्मा किया था। पतंजलि ने पुष्यमित्र शुंग का अश्वमेघ यज्ञ भी सम्पन्न कराया था। पतंजलि का जन्म गोनार्ध (गोंडा, उ.प्र.) में हुआ था, बाद में वे काशी में बस गए। ये व्याकरणाचार्य पाणिनी के शिष्य थे। पतंजलि पाटलिपुत्र से

उज्जैन जाते हुए, रास्ते में सिहोर में रुके और रम गये। सिहोर अवंती जनपद का अभिन्न अंग रहा है। बाद में, यह मगध राजवंश, चंद्रगुप्त प्रथम, हर्षवर्धन, राजा भोज, पेशवा प्रमुखों, रानी कमलापति और भोपाल के दोस्त मुहम्मद वंश के नवाबों के संरक्षण में था।

राधेश्याम ने पूछा- कुछ यहाँ के भूगोल के बारे में भी बताइए।

सूत्रधार – सिहोर के भौगोलिक परिदृश्य में बड़ी और छोटी नदियाँ प्रचुर मात्रा में हैं। नेवाज, पापनास, कुलान, सीवन, लोटिया और अन्य नदियाँ अंततः पार्वती नदी में मिल जाती हैं। पार्वती नदी की उत्पत्ति सिहोर ज़िले की विंध्याचल पर्वत की श्रेणियों के घने जंगल से सिद्दीकगंज ग्राम के पास समुद्र तल से 610 मीटर की ऊँचाई पर होती है। जो आष्टा के नज़दीक से गुज़रती है। यह गुना ज़िले में प्रवेश करती है और फिर राजस्थान में प्रवेश कर बाराँ ज़िले से निकलकर सवाई माधोपुर ज़िले में पाली ग्राम के निकट चम्बल नदी में मिल जाती है। चंबल यमुना में और यमुना गंगा में मिलती है। इस तरह यहाँ का पानी गंगाजल हो जाता है।

सिहोर ज़िले का ज़मीनी प्रताप यह है कि तीन तरफ़ से पहाड़ियों से घिरी काली दोमट मिट्टी की जल सोखने की अद्भुत क्षमता के कारण भूमि पूरे साल जलसिक्त रहती है। परंतु किसानों द्वारा अत्यधिक जल दोहन होने से जल स्तर नीचे चला जाता है। जमोनिया बाँध से सिहोर नगर को पीने के पानी की आपूर्ति की जाती है। इस जिले में उत्तम किस्म का गेहूँ होता है जो मुंबई में “सीहोर गेहूँ” के नाम से बिकता है।

*

हाथ पैर सीधे करने के लिए थोड़ी देर वाहन रोका तो लगे हाथ सभी लोग ख़ाली भी हो लिए। चारों तरफ़ मालवा की काली दोमट मिट्टी में रबी की फसल के रूप में गेहूँ और चना की पौध निकल आई है। ज़मीन पेड़ों और खेतों से सरसब्ज़ है। पिछली बारिश अच्छी होने से चारों तरफ़ हरियाली का आलम है। किसान ट्रेक्टर और लोडिंग वाहनों में ख़रीफ़ की फसल बेचने ले

जा रहे हैं और वापसी में रबी की फसल के लिए खाद और कीटनाशक ख़रीद कर ला रहे हैं। हमारा वाहन नरसिंहगढ़ पहुंचने को है।

श्यामपुर-दोराहा से गुज़रे। यह इलाक़ा सैनिक उथल-पुथल से भरा रहा है। मध्ययुग के इतिहास में इस स्थान का बड़ा महत्व था। दिल्ली सल्तनत और मुग़ल साम्राज्य के सेनापति गुजरात और दक्खिन की मुहिम पर जाते समय दिल्ली से श्यामपुर तक आते थे। यहाँ से एक रास्ता सिहोर-देवास-नेमावर से नर्मदा पार करके देवगिर पहुँचता था और दूसरा रास्ता उज्जैन होता हुआ सोमनाथ-द्वारिका जाता था इसलिए इस स्थान का नाम श्यामपुर-दोराहा पड़ गया। यहीं पर बाजीराव मस्तानी के साथ 1737 में "भोपाल-युद्ध" के लिए पड़ाव डाल कर रुके थे। उन्होंने मुग़ल, भोपाल और हैदराबाद की संयुक्त फ़ौज को यहीं से मात दी थी। आगे चलने पर नरसिंहगढ़ की दूरी प्रदर्शित करने वाले बोर्ड दिखने लगे। आधा घंटा चलने के बाद नरसिंहगढ़ क़िला भी दिखने लगा।

*

अभिषेक बोले - चाचा जी नरसिंहगढ़ रियासत के बारे में बताइए।

सूत्रधार - नरसिंहगढ़ राजगढ़ जिले में पार्वती नदी के समीप विन्ध्याचल पर्वत श्रेणियों में स्थित है। यह 300 साल से अधिक पुरानी बसाहट है। इसकी स्थापना 1681 में राजगढ़ रियासत के विभाजन के बाद उमठ-परमार राजा के छोटे भाई दीवान पारस रामजी ने की थी। उन्होंने नए राज्य की राजधानी का नाम उनके आराध्य विष्णु के अवतार भगवान श्री नरसिंह के नाम पर राजधानी के रूप में नरसिंहगढ़ को बसाया। श्री नरसिंह भगवान के मंदिर का निर्माण कराया। पहाड़ी पर उमठ-परमार राजवंश का करीब 300 साल से अधिक समय पुराना किला मौजूद है। उन्होंने किले के सामने पारस राम सागर सरोवर भी बनवाया। नरसिंहगढ़ राज्य को चार परगनाओं हुज़ूर (नरसिंहगढ़), पचोर, खुजनेर और छपेरा में विभाजित किया।

अब हम भोपाल से 83 किलोमीटर की दूरी पर स्थित नरसिंहगढ़ पहुँच गए हैं। यह जगह शरद ऋतु में बेहद ख़ूबसूरत हो जाती है। इत्तफ़ाक़ से

हम इसी ऋतु में यहाँ पहुँचे हैं। बैजनाथ महादेव मंदिर के ऊपर से हरीभरी पहाड़ियों की ढलान पर छोटी नदियों के साथ हरेभरे घास की कालीन के बीच पारदर्शी पानी की झीलों के सुखद पैनोरमा दृश्य बहुत ही मनभावन हैं। शहर को अपने घेरे में लेने वाली ख़ूबसूरत विंध्याचल की पहड़ियों के साथ अतीत की कई ख़ूबसूरत यादें भी जुड़ी हैं।

अभिषेक – सुनते हैं इस रियासत के राजाओं की अंग्रेजों से अनबन हो गई थी।

सूत्रधार - अंग्रेजों ने जब छोटी रियासतों को हड़पना शुरू किया, तो उनके विरुद्ध अनेक स्थानों पर आवाज उठने लगी। राजा समय-समय पर मिलकर इस ख़तरे पर विचार करते थे। ऐसे राजाओं को अंग्रेज और अधिक परेशान करते थे। उन्होंने हर राज्य में कुछ दरबारी खरीद लिये थे, जो उन्हें सूचना देते थे। नरसिंहगढ़ पर भी अंग्रेजों की गिद्ध दृष्टि थी। उन्होंने कुँवर चैनसिंह से कहा कि क़िला अंग्रेजों को सौंप दें, चैनसिंह ने प्रस्ताव ठुकरा दिया।

अंग्रेजों ने उनके दो मन्त्रियों आनन्दराव बख्शी और रूपराम वोहरा को फोड़ लिया। एक बार इन्दौर के होल्कर राजा ने सब छोटे राजाओं की बैठक बुलाई। चैनसिंह भी उसमें गए। यह सूचना दोनों विश्वासघाती मन्त्रियों ने अंग्रेजों तक पहुँचा दी। उस समय जनरल मेंढाक ब्रिटिश शासन की ओर से राजनीतिक एजेण्ट नियुक्त था। उसने नाराज होकर चैनसिंह को सीहोर बुलाया। चैनसिंह अपने दो विश्वस्त साथियों हिम्मत खाँ और बहादुर खाँ के साथ उससे मिलने पहुँचे। ये दोनों सारंगपुर के पास ग्राम धनौरा निवासी सगे भाई थे। चलने से पूर्व चैनसिंह की माँ ने हिम्मत खाँ और बहादुर खाँ को राखी बाँधकर हर कीमत पर बेटे के साथ रहने की शपथ दिलायी। कुँवर का प्रिय कुत्ता शेरू भी साथ गया था।

जनरल मेंढाक चाहता था कि चैनसिंह पेंशन लेकर सपरिवार काशी में बस जाएं और राज्य में उत्पन्न होने वाली अफीम की आय पर अंग्रेजों का अधिकार हो जाए। चैनसिंह किसी मूल्य पर इसके लिए तैयार नहीं हुए। इस प्रकार यह पहली भेंट निष्फल रही।

कुछ दिन बाद जनरल मेंढाक ने चैनसिंह को सीहोर छावनी में बुलाया। इस बार उसने चैनसिंह और उनकी तलवारों की तारीफ करते हुए एक तलवार उनसे ले ली। इसके बाद उसने दूसरी तलवार की तारीफ करते हुए उसे भी लेना चाहा। चैनसिंह समझ गया कि जनरल उन्हें निःशस्त्र कर गिरफ्तार करना चाहता है। उन्होंने आव देखा न ताव, जनरल पर हमला कर दिया। फिर क्या था, खुली लड़ाई होने लगी। जनरल तो तैयारी से आया था। पूरी सैनिक टुकड़ी उसके साथ थी; पर कुँवर चैनसिंह भी कम साहसी नहीं थे। उन्हें अपनी तलवार, परमेश्वर और माँ के आशीर्वाद पर अटल भरोसा था। उन्होंने इस संग्राम में अनेक अंग्रेजों को यमलोक पहुँचा कर अपने दोनों साथियों हिम्मत ख़ान और बहादुर ख़ान तथा कुत्ते शेरू के साथ वीरगति पायी। यह घटना लोटनबाग, सिहोर छावनी में 24 जुलाई, 1824 को घटित हुई थी।

चैनसिंह के इस बलिदान की चर्चा घर-घर में फैल गयी। उन्हें अवतारी पुरुष मान कर आज भी ग्राम देवता के रूप में पूजा जाता है। घातक बीमारियों में लोग नरसिंहगढ़ के हारबाग में बनी इनकी समाधि पर आकर एक कंकड़ रखकर मनौती मानते हैं। इस प्रकार कुँवर चैनसिंह ने बलिदान देकर भारतीय स्वतन्त्रता के इतिहास में अपना नाम स्वर्णाक्षरों में लिखवा लिया। हमने आधा घंटा क़िला, मंदिर और सरोवर पर बिताया। श्रद्धांजली स्वरूप कुँवर चैनसिंह को पुष्प अर्पित किये।

राधेश्याम- सुना है, यहाँ किसी फ़िल्म की सूटिंग भी हुई थी।

सूत्रधार - देश की आजादी के तुरंत बाद के दौर में इस किले से एक बेहद ख़ूबसूरत याद भी जुड़ी। उन दिनों भारत की पहली रंगीन फिल्म "आन" की आउटडोर शूटिंग का ज़्यादातर हिस्सा नरसिंहगढ़ और इसके आसपास के इलाकों में फिल्माया गया था। फिल्म को देश के पहले शोमेन मेहबूब खान ने बनाया था। जिनकी सन 1957 में प्रदर्शित क्लासिक फिल्म 'मदर इंडिया' विश्व सिनेमा के इतिहास का महत्वपूर्ण दस्तावेज है। फिल्म सन 1949 में बननी शुरू हुई थी और सन 1952 में रिलीज हुई थी। फ़िल्म निर्माण के दौरान नरसिंहगढ़ के किला, जलमंदिर, कोटरा के साथ देवगढ़, कंतोड़ा, रामगढ़ के जंगल, गऊघाटी के हिस्सों में फिल्म के बड़े हिस्से को शूट

किया गया था। फिल्म में दिलीप कुमार, नादिरा, निम्मी, मुकरी, शीलाबाज, प्रेमनाथ, कुक्कू, मुराद ने प्रमुख भूमिकाएं निभाई थीं।

हमारी यात्रा दाहिनी तरफ़ नरसिंहगढ़ क़िला से उतर कर बस्ती से और फिर गेहूँ व चना के हरेभरे खेत के बीच से आगरा-बोम्बे रोड़ पर ब्यावरा पहुँची, तब तक सभी को चाय की ज़रूरत महसूस होने लगी थी। एक ढ़ाबे पर खटिया विश्राम के साथ चाय सेवन करके ब्यावरा चौराहे पर पहुँचे। हम भोपाल रास्ते से आ रहे हैं, एक रास्ता ग्वालियर-शिवपुरी-गुना से आ रहा है, जो सीधा इंदौर जा रहा है। असल में रास्ता कहीं नहीं जाता, जाता तो आदमी है, परंतु बोला ऐसा ही जाता है कि रास्ता जाता है। क्योंकि रास्ता नहीं जाएगा तो आदमी कैसे जाएगा। भोपाल से आता सीधा रास्ता राजगढ़ जाता है। हम सीधे राजगढ़ की तरफ़ चल दिए। वही रास्ता नीमच नागदा होते राजस्थान की सीमा में प्रवेश कर आजकल "इंजीनियर बनाने की फेमस फैक्ट्री कोटा" तक पहुँचाएगा। लीजिए बातों-बातों में राजगढ़ रियासत पहुँच गए।

अभिषेक – चाचा जी, कुछ राजगढ़ के बारे में भी बताइए ना।

सूत्रधार - राजगढ़ परमार वंश की एक शाखा उमठ राजपूतों द्वारा शासित दिल्ली के सुल्तान और मुग़ल सम्राट की एक कराधीन रियासत थी। पहले इसकी राजधानी दुपारिया थी, जो अब शाजापुर जिले में है। बाद में राजधानी को डूंगरपुर (राजगढ़ से 19 किलोमीटर) और फिर रतनपुर (नरसिंहगढ़ के पश्चिम में 19 किलोमीटर) ले जाया गया। इस रास्ते से मुग़ल सेनाओं के बार-बार गुजरने की अशांति से बचने के लिए राजा मोहन सिंह ने 1645 में मुख्य रास्ते से हटकर वर्तमान राजगढ़ में राजधानी स्थापित की, जिसे मूल रूप से 1640 ईस्वी में भीलों की राजधानी झाँझरपुर के रूप में जाना जाता था।

इस पूरे इलाक़े में भीलों की सघन बसावट थी। जिन्हें अधीन करके रियासत क़ायम की गईं। 1645 में, राजमाता की अनुमति से, दीवान अजब सिंह ने राजगढ़ के पहाड़ी क्षेत्र में भीलों को हराया और उन्होंने 1745 में एक महल का निर्माण किया, जिसके पाँच मुख्य द्वार थे, इतवारिया, भुडवारिया, सूरजपोल, पनराडिया और नया दरवाजा। इसमें तीन बहुत प्राचीन मंदिर

हैं, राज राजेश्वर मंदिर, चतुर्भुजनाथजी मंदिर और नरसिंह मंदिर। हमने नया दरवाज़ा से क़िले में घुसकर राजराजेश्वर मंदिर में दर्शन किए। आज़ादी के बाद मई 1948 में राजगढ़ जिले का विलय मध्य भारत प्रांत में किया गया था।

राजगढ़ बस्ती से गुजरते हुए हम लोग राजस्थान राज्य की सीमा पार करके झालावाड़ ज़िले के एक ढ़ाबे पर दोपहर का भोजन करने रुके। फिर कोटा की कन्नी काटकर किशनगढ़ तरफ़ निकल गए। राजस्थान का यह इलाक़ा हाड़ौती कहलाता है। जिसका विस्तृत विवरण "हाड़ौती-यात्रा" में आयेगा। पार्वती और सिंध नदियों को पार करते ही मालवा से सम्बंध छूटने लगा। अब खुशहाल दिखते लोगों से चहकता हरियाली का साम्राज्य रूखीसूखी ज़मीन और उदास चेहरों वाले लोगों में बदलने लगा। हमने तय किया था कि किफ़ायती बरतते हुए बड़े शहरों में न रुककर किशनगढ़ से दस किलोमीटर पहले राष्ट्रीय राजमार्ग पर किसी होटल में रात बिताकर सुबह सात बजे किशनगढ़ रवाना होंगे। शाम को आठ बजे तक झालावाड़ और कोटा शहर के नज़दीक चम्बल पार करके दस बजे रात को अजमेर ज़िले के सलवाड नामक स्थान पर आठ सौ रुपया प्रति कमरा के हिसाब से होटल जोधाणा में तीन कमरे लेकर गरम पानी से नहाया, थोड़ा पसरे फिर रात का भोजन करके ग्यारह बजे नीद के आग़ोश में चले गए। अभी तक बिस्तर पर पड़ते ही सो जाने की आदत बरकरार है जिससे अगला दिन नई फुर्ती से शुरू होता है। होटल ज़ोधाणा सस्ती होने के बावजूद बुरी नहीं थी, औसतन मध्यम वर्गीय स्तर के कमरे में आराम किया। इस प्रकार दूसरे दिन भोपाल से सलवाड़ 557 किलोमीटर चले। यह इसलिए सम्भव हुआ कि भोपाल से जयपुर तक चार लेन सदाबहार सड़क बन गई है। अन्यथा यह दूरी दो दिन में रोते गाते पूरी होती। बहरहाल हम मेवाड़ की वीरभूमि पर थे।

*

मेवाड़ का उत्तरी भाग बनास व उसकी सहायक नदियों की समतल भूमि है। चम्बल भी मेवाड़ से होकर गुज़रती है। मेवाड़ के दक्षिणी भाग में अरावली

पर्वतमाला है, जो कि गुजरात सीमा पर बनास व उसकी सहायक नदियों को साबरमती व माही से अलग करती है। अरावली उत्तरपश्चिम क्षेत्र में है। यहाँ उच्च गुणवत्ता वाले कोटा व संगमरमर पत्थर के भण्डार है। जिसका प्रयोग राजा-महाराजा गढ़ निर्माण में करते थे।

मेवाड़ राजस्थान के दक्षिण-मध्य में स्थित एक रियासत थी। इसे 'उदयपुर रियासत' के नाम से भी जाना जाता है। राजपूताना इतिहास के दौर में इसमें आधुनिक भारत के राजस्थान के उदयपुर, भीलवाड़ा, राजसमन्द, चित्तौडगढ़ तथा प्रतापगढ़ जिले और मध्य प्रदेश के नीमच तथा मंदसौर जिले आते थे। मेवाड़ के राजचिह्न में राजपूत और भील योद्धा अंकित है। इस पर गुहिल तथा सिसोदिया राजाओं ने 1200 वर्ष तक राज किया। मेवाड़ में पर्वत श्रृंखलाएं, कई झीलें, नदियां, हरियाली है जबकि मारवाड़ ज़्यादातर रेत वाला शुष्क क्षेत्र है।

दरसअल मेवाड़, भील राजाओं के शासन का क्षेत्र रहा। मेवाड़ पर राजा खेरवो भील का शासन स्थापित था, उसी दौरान गुहिलों ने मेवाड़ अपने कब्जे में कर लिया। चित्तौड़गढ़ शहर गंभीरी और बेराच नदी के तट पर स्थित है। चित्तौड़गढ़ किले को तीन बार जीता गया; सबसे पहले 1303 में अलाउद्दीन खिलजी द्वारा, फिर 1535 में गुजरात के बहादुर शाह द्वारा, और अंत में 1568 में मुग़ल सम्राट अकबर द्वारा। साथी यहाँ का इतिहास पूछने लगे। साथियों को बताया कि जब चित्तौड़गढ़ घूमेंगे तब यहाँ का सम्पूर्ण इतिहास बतायेंगे। अब हम ढुंढाड़ क्षेत्र में प्रवेश कर रहे हैं।

किशनगढ़

होटल जोधाणा में रात बिताकर 29 नवम्बर 2020 को सुबह छः बजे जागते ही गरम पानी और चाय की सहज इच्छा हुई। जूते पैर में डालकर रिसेप्शन की तरफ़ रुख़ किया तो एक आदम जीव दिखा। उसने हमारी गरम पानी और चाय की तीव्र इच्छा को राजस्थानी खुर्राट फ़िल्मी हीरो राजकुमार लहजे में बड़ी निर्दयता से निरस्त कर दिया, "जॉनी, हम इस तरह का कोई काम नहीं करते जिससे आपको सहूलियत हो। ना तो चाय और न गर्म पानी की कोई

व्यवस्था है।" हमें सात बजे किशनगढ़ के लिए निकलना था ताकि दस बजे तक मूर्तियों की दुकानों पर पहुँच कर मूर्ति बनाने की बारीकियों को समझ मुनासिब क़ीमत पर अच्छी मूर्ति बनवाई जा सकने का निर्णय लेकर आदेश दिया जा सके।

हमें याद आया कि यूरोप में पीने का पानी मांगो तो होटल के कर्मचारी नल के पानी को पीने का पानी बताकर फ़ुरसत हो जाते थे। पानी उबालने से शुद्ध हो जाता है। हमने गीज़र चालु करके उबलता पानी दो गिलासों में पीने लायक ठंडा किया और चढ़ा गए। एक झटके में पेट साफ़ करके फ़्लश चला दिया। बाक़ी लोगों को जल्दी तैयार होने की हिदायत दे, गरम पानी से नहाकर तैयार हो चाय के इंतज़ाम में सड़क पर निकले। सामने अलाव जल रहा था, पास में एक दुकानदार चाय का पहला घान चढ़ा रहा था। साथियों को बुलाकर चाय पी, होटल के सामने फ़ोटो खींची और किशनगढ़ की तरफ़ चल दिए। किशनगढ़ नगर में घुसने के पहले संगमरमर की चट्टानों से लदे लम्बे ट्रक क़तारबद्ध होकर जाते दिखने लगे। हमने तय किया था कि शहर में घुसने के पहले नाश्ता निपटा लिया जाए। किशनगढ़ अजमेर से लगा है, जो कि अरावली पर्वत की अजयमेरु शृंखला पर बसा है। ये पर्वत विभिन्न रंगों के संगमरमर पत्थरों के ख़ज़ाने हैं।

अरावली पर्वत श्रंखला की अनुमानित आयु 57 करोड़ वर्ष आंकी गई है, जिसकी कुल लम्बाई दिल्ली की रायसीना पहाड़ी से शुरू होकर गुजरात तक लगभग 692 किलीमीटर है। इस पर्वत श्रंखला का लगभग 80% विस्तार राजस्थान में है। दिल्ली में स्थित संसद भवन, नार्थ-साउथ ब्लाक और राष्ट्रपति भवन अरावली की रायसीना पहाड़ी पर बने हैं। राजस्थान राज्य के पूर्वोत्तर क्षेत्र से गुज़रती 550 किलोमीटर लम्बी इस पर्वतमाला की कुछ चट्टानी पहाड़ियाँ दिल्ली के दक्षिण हिस्से तक चली गई हैं। अरावली पर्वतमाला प्राकृतिक संसाधनों एवं खनिज़ से परिपूर्ण है और पश्चिमी मरुस्थल के विस्तार को रोकने का कार्य करती है। अरावली पर्वत का पश्चिमी भाग मारवाड़ एवं पूर्वी भाग मेवाड़ कहलाता है। यहाँ अनेक प्रमुख नदियों- बनास, लूनी, साखी एवं साबरमती का उदगम स्थल है। इस पर्वतमाला के केवल दक्षिणी क्षेत्र में सघन वन हैं, अधिकांश क्षेत्रों में विरल, रेतीली एवं पथरीली

गुलाबी रंग के स्फ़टिक है। हमने अजयमेरु के पठार में एक नाश्ता ठिकाना ढूँढ लिया, जहाँ गर्मागर्म कचोड़ियाँ और दाल-पकवान खाया जा रहा था। हमने एक-एक पकवान दाल के साथ खाया और पाँच हींग कचोड़ियाँ चटनी-कढ़ी के साथ लंच के लिए पैक करा लीं।

हम ठीक दस बजे मूर्ति की एक दुकान पर प्राथमिक जानकारी के लिए रुके। वह कच्चा दुकानदार था उसने मूर्ति बनाने की क़ीमत 65,000/- बताई। वहाँ से निकलकर जैन मार्बल एम्पोरीयम पहुँचे। दुकानदार पेशेवर और दुकान भी मालदार थी। एक घंटा भाव तौल के बाद 25,000/- में सौदा पक्का कर दस हज़ार अग्रिम देकर जयपुर चल दिए। आमेर का क़िला देखने की सबकी इच्छा को देखते हुए छोटी चोपड़, बड़ी चोपड़, जलमहल पार करते हुए आमेर क़िला पहुँचे।

आमेर क़िला

राजा मान सिंह प्रथम द्वारा आमेर क़िला लाल बलुआ पत्थर और संगमरमर से इतने उम्दा तरीक़े से बनाया गया है कि आप देखते ही रह जाऐंगे। दुश्मनों के हमलों से बचने हेतु इसकी दीवारों को ऊँचा बनाया गया था। यहाँ से माओटा झील की अद्भुत सुंदरता को देख रहे हैं। सूर्योदय व सूर्यास्त के दृश्य इसकी खुबसूरती को बढ़ा देते हैं।

इतिहास, वास्तुकला एवं फ़ोटोग्राफ़ी – अगर आप इन तीनों में से किसी भी चीज़ के शौकीन है तो आपको यहाँ ख़ासतौर से आना ही चाहिए। यहाँ से आप पूरे जयपुर को अपनी आँखों में समेट अद्भुद सौंदर्य के गवाह बन सकते हैं। अपने कैमरा में ढेर सारी तस्वीरों को कैद कर आप बेहद सुंदर यादों को संजोकर रख सकते हैं।

प्राचीन काल में आमेर अम्बावती, अमरपुरा तथा अमरगढ़ के नाम से जाना जाता था। लोकोक्ति है कि अम्बकेश्वर भगवान शिव के नाम पर यह नगर "आमेर" बना। कुछ लोग इसका संदर्भ अयोध्या के भक्त अम्बरीश के नाम से जोड़ते हैं। अम्बरीश ने राज्य के भरे हुए कोठार और गोदाम खोल दीन-दुखियों के लिए रखे थे। भक्त अम्बरीश से जब उनके पिता ने

मालगोदाम ख़ाली होने बाबत पूछताछ की तो अम्बरीश ने सिर झुकाकर उत्तर दिया कि ये भगवान के भक्तों के गोदाम है और उनके लिए सदैव खुले रहने चाहिए। भक्त अम्बरीश को राज्य के हितों के विरुद्ध कार्य करने का आरोपी ठहराया गया और जब गोदामों में माल की कमी का ब्यौरा अंकित किया जाने लगा तो कर्मचारी यह देखकर दंग रह गए कि कल तक जो कोठार खाली पड़े थे, वहाँ अचानक रात भर में अनाज भर गया। भक्त अम्बरीश ने इसे ईश्वर की कृपा कहा। राजा नतमस्तक हो गया। उसी वक्त अम्बरीश ने अपनी भक्तिं और आराधना के लिए अरावली पहाड़ी पर इस स्थान को चुना, उनके नाम से कालांतर में अपभ्रंश होता हुआ अम्बरीश से "आमेर" या "आम्बेर" हो गया।

आमेर क़िला जयपुर नगर में अपने आप में एक उपनगर है। इसमें एक बावड़ी दिख रही है। ज्ञात इतिहास में इसे मीणा राजा आलन सिंह ने 967 ईस्वी में बसाया था। इसे 1037 ईस्वी में कछवाह वंश के राजपूत ने जीत लिया था। इतिहासकार जेम्स टॉड के अनुसार इस क्षेत्र को पहले खोगोंग नाम से जाना जाता था। तब यहाँ मीणा राजा रलुन सिंह जिसे एलान सिंह चन्दा भी कहा जाता था, का राज्य था। वह बहुत ही नेक राजा था। उसने एक असहाय एवं बेघर राजपूत माता और उसके पुत्र को शरण मांगने पर अपना लिया। मीणा राजवंश के लोग सदा ही शस्त्रों से सज्जित रहा करते थे अतः उन पर आक्रमण करना व हराना सरल नहीं था। किन्तु वर्ष में केवल एक बार, दीवाली के दिन वे यहाँ बने एक कुण्ड में अपने शस्त्रों को उतार कर स्नान एवं पितृ-तर्पण किया करते थे। ये बात अति गुप्त रखी जाती थी, किन्तु ढोलाराय ने एक ढोल बजाने वाले को ये बात बता दी जो आगे अन्य राजपूतों में फ़ैल गयी। तब दीवाली के दिन घात लगाकर राजपूतों ने उन निहत्थे मीणाओं पर आक्रमण कर दिया एवं उस कुण्ड को मीणाओं की रक्तरंजित लाशों से भर दिया। इस तरह राजपूतों ने खोगोंग पर आधिपत्य प्राप्त किया। राजस्थान के इतिहास में कछवाहा राजपूतों के इस कार्य को अति हेय दृष्टि से देखा जाता है व अत्यधिक क़ायरतापूर्ण व शर्मनाक माना जाता है। उस समय मीणा राजा पन्ना मीणा का शासन था, अतः इसे पन्ना मीणा की बावली कहा जाने लगा। यह बावड़ी आज भी 200 फ़ीट गहरी है तथा इसमें 180 सीढियां है।

कालांतर में कछवाहा वंश के राजा भारमल आमेर के शासक थे। इतिहासकार 'टॉड' ने इन्हें 'बिहारीमल' लिखा है। इन्होंने हाजी खाँ विद्रोही के विरुद्ध लड़ाई में मुग़ल सेनापति मजनूँ खाँ की सहायता की थी, इसलिये मजनूँ खाँ ने मुग़ल सम्राट् अकबर से इन्हें दरबार में बुलवाने की प्रार्थना की। पहली भेंट में ही इनका बादशाह पर अच्छा प्रभाव पड़ा और इन्हें अकबर की सेवा का अवसर मिला। अकबर की अधीनता स्वीकार करके मनसबदारी मे प्रवेश करने वाले पहले राजपूत शासक राजा भारमल थे। इन्होंने अपनी पुत्री हरखाबाई जिसे जोधा बाई के नाम से भी जाना जाता है, का विवाह सम्राट् अकबर से कर दिया। इनके पुत्र भगवान्दास और राजा मानसिंह भी अकबर के दरबार में ओहदेदार बने।

अकबर की राजपूत नीति का सबसे सफल मोहरा मानसिंह था। जिसके मार्फ़त अधिकांश राजपूतों ने मुग़लों की अधीनता मंज़ूर की थी। मुग़लों ने राजपूतों की बेटियाँ ब्याहीं बदले में राजपूतों ने मुग़ल तरीक़ों से ज़ायक़ेदार व लज्जतदार खाना बनाना सीखा। आज के राजपूताना खाना ख़ज़ाना पर अस्सी प्रतिशत मुग़लिया प्रभाव है। बेटी, रोटी और बोटी का संबंध कारगर सिद्ध हुआ। दिमाग़ अकबर का था तो तलवार और हौसलों की चमक राजपूती थी। इसे अकबर अच्छी तरह समझता था। तभी वह ऐसा साम्राज्य खड़ा कर पाया जो 250 साल क़ायम रहा परंतु औरंगज़ेब की सबको मुसलमान बनाने की ज़िद ने 25 साल में ही साम्राज्य को ढ़हा दिया। एक प्रश्न दिमाग़ को कुरेद रहा था कि मानसिंह के हाथ इतना माल कहाँ से आया कि वह आमेर का भव्य क़िला खड़ा कर पाया।

आमेर का क़िला देखने जाते समय लोगों के मस्तिष्क में शीशमहल घूमता है ज़िद्दी के.आसिफ़ ने मुग़ले आज़म का "प्यार किया तो डरना क्या" गीत मधुबाला पर यहीं फ़िल्माया था। कछवाहा वंश वही है जिस वंश का राजा मानसिंह महाराणा प्रताप को हल्दी घाटी के युद्ध में शिकस्त देने वाली सेना का प्रधान सेनापति था, और शिवाजी को समर्पण पर मजबूर करने वाला औरंगज़ेब का प्रधान सेनापति मिर्ज़ा राजा जयसिंह उसी राजा मानसिंह का पोता था। यह परिवार हमेशा से दिल्ली सत्ता की अधीनता मंज़ूर करके फलता फूलता रहा। इस परिवार ने मुग़लों को एक से एक महान सेनापति

दिए। मराठों ख़ासतौर से यशवंत राव होलकर और ठग आमिर अली की संयुक्त लूट से परेशान होकर अंग्रेज जनरल क्लार्क से सुरक्षा की माँग और संधि उपरांत समूचा राजपूताना ब्रिटिश साम्राज्य का स्वामिभक्त रहा आया।

आज जो आमेर का क़िला दिखता है उसका निर्माण अकबर के साले याने जोधाबाई के भाई अकबर के प्रधान सेनापति राजा मानसिंह ने करवाया था। जब अकबर के सौतेले भाई काबुल के सूबेदार मिर्ज़ा मुहम्मद हक़ीम की मृत्यु हो गई, तब मानसिंह ने आज्ञानुसार फुर्ती से काबुल पहुँच निवासियों को लूटपाट से निजात दिलवाई और उसके पुत्र मिर्ज़ा अफ़रासियाब और मिर्ज़ा कँकुवाद को राज्य के अन्य सरदारों के साथ लेकर दरबार में आए।

इन्होंने बड़ी बहादुरी के साथ खैबर के दर्रे पर जमे रूशानी लुटेरों का सफाया किया। जब राजा बीरबल स्वात प्रान्त में यूसुफ़जई के युद्ध में मारे गए और जैनख़ाँ कोका और हक़ीम अबुल फ़तह दरबार में बुला लिए गए, तब यह कार्य मानसिंह को सौंपा गया। अफगानिस्तान में जाबुलिस्तान के शासन पर पहले पिता भगवान दास नियुक्त हुए थे और बाद में उनके कुँअर मानसिंह को काबुल का सूबेदार नियुक्त किया।

अभिषेक – चाचा जी, मगर मानसिंह तो मुस्लिम परस्त और हिंदू विरोधी था।

सूत्रधार – यह वर्तमान में राजनीतिक लाभ की प्रेरणा से फैलाई धारणा हो सकती है। इतिहास में किसी का मूल्यांकन इस तरह एकांगी होकर नहीं किया जाता, ऐतिहासिक परिस्थितियों के मद्देनजर समग्र मूल्यांकन किया जाना चाहिए।

महान इतिहासकार कर्नल जेम्स टॉड ने लिखा है - "भगवान दास के उत्तराधिकारी मानसिंह को अकबर के दरबार में श्रेष्ठ स्थान मिला था। मानसिंह ने उडीसा और आसाम को जीत कर मुग़ल साम्राज्य के अधीन किया था। राजा मानसिंह से भयभीत होकर काबुल को भी अकबर की अधीनता स्वीकार करनी पड़ी थी। अपने इन कार्यों के फलस्वरूप मानसिंह को अलग-अलग समय में बंगाल, बिहार, दक्षिण और काबुल का शासक नियुक्त किया गया था।"

राजेश शुक्ला – लेकिन मानसिंह मुग़लों से बेटी व्यवहार तो करते थे।

सूत्रधार - उन्होंने बेटी मुग़लों को दी, लेकिन मुग़लों की बेटी नहीं ली। उस समय के राजनीतिक हालात इस तरह थे कि मानसिंह मुग़लों के सामने धर्म और राज्य दोनों को नहीं बचा सकते थे। उन्होंने बेटी और सेना देकर दोनों को बचाया और इतिहास में अजेय सेनापति का सम्मान पाया। हिंदू धर्म की सेवा भी की। मानसिंह के कारण ही आज जगन्नाथ पुरी का मंदिर मस्जिद बनने से बच गया। उड़ीसा के पठान सुल्तान ने जगन्नाथ पुरी के मंदिर को ध्वस्त करके मस्जिद बनाने का प्रयास किया था, जब इसकी सूचना राजा मानसिंह को मिली, तब उन्होंने अपने विशेष दस्ता उड़ीसा भेजे, लेकिन विशाल सेना के कारण सभी वीरगति को प्राप्त हुए। उसके बाद राजा मानसिंह ने खुद उड़ीसा पहुँच पठानों और उनके सहयोगी हिन्दू राजाओ को कुचलकर रख दिया। उसके बाद पठान वर्तमान बंगाल की ओर भाग गए। हिंदुओ के सबसे प्रमुख मंदिरों में से एक जगन्नाथ मंदिर की रक्षा हिन्दू इतिहास का सबसे स्वर्णिम अध्याय है।

राजा मानसिंह जी महान कृष्ण भक्त थे, उन्होंने वृंदावन में कृष्णजी का सात मंजिला मंदिर बनाया। बनारस के घाट, पटना के घाट और हरिद्वार के घाटों का निर्माण आमेर नरेश मानसिंहजी ने ही करवाया था। जितने मंदिर मध्यकाल से पूर्व धर्मान्ध मुसलमानो ने तोड़े थे, वह सारे मंदिर मानसिंह ने बना दिये थे।

अभिषेक – महाराणा प्रताप को तो उन्हीं ने दरदर भटकने को विवश किया था।

सूत्रधार - जब अकबर के सेनापति मानसिंह शोलापुर विजय करके लौट रहे थे, तो मानसिंह ने प्रताप से मिलने का विचार किया। प्रताप उस वक़्त कुम्भलगढ़ में थे। अपनी राज्यसीमा मेवाड़ के भीतर से गुजरने पर महाराणा प्रताप को उनके स्वागत का किंचित अनिच्छापूर्वक प्रबंध उदयसागर की पाल पर करना पड़ा। स्वागत-सत्कार एवं परस्पर बातचीत के बाद भोजन का समय भी आया। महाराजा मानसिंह भोजन के लिए आये किन्तु महाराणा को न देख कर आश्चर्य में पड़ गये। उन्होंने महाराणा के पुत्र अमरसिंह से इसका

कारण पूछा तो उसने बताया कि 'महाराणा साहब के सिर में दर्द है, अतः वे भोजन पर आपका साथ देने में में असमर्थ हैं।'

कुछ इतिहासकारों के अनुसार यही घटना हल्दी घाटी के युद्ध का कारण बनी। अकबर को महाराणा प्रताप के इस व्यवहार के कारण मेवाड़ पर आक्रमण करने का एक और मौका मिल गया। मानसिंह सन 1576 ई. में 'राणा प्रताप को दण्ड देने' के अभियान पर नियत हुए। मुग़ल सेना मेवाड़ की ओर उमड पड़ी। उसमें मुग़ल, राजपूत और पठान योद्धाओं के साथ अकबर का जबरदस्त तोपखाना भी था। हालाकि पहाड़ी इलाकों में तोप काम ना आ सकी। शाहजादा सलीम 5,000 से 10,000 के बीच मुग़ल सेना का संचालन सेनापति महावत खान, आसफ खान और राजा मानसिंह के साथ मिल कर रहे थे। उस विशाल मुग़ल सेना का कड़ा मुकाबला राणा प्रताप ने अपने मुट्ठी भर सैनिकों के साथ किया। हल्दी घाटी की पीली भूमि रक्तरंजित हो उठी। सन् 1576 ई. के 21 जून को गोगून्दा के पास हल्दी घाटी में प्रताप और मुग़ल सेना के बीच एक दिन के इस भयंकर संग्राम में 17 हज़ार सैनिक मारे गए। यहीं राणा प्रताप और मानसिंह का आमना-सामना होने पर दोनों के बीच विकट युद्ध हुआ। चेतक की पीठ पर सवार प्रताप ने अकबर के सेनापति मानसिंह के हाथी के मस्तक पर काले-नीले रंग के अरबी नस्ल के अश्व चेतक ने पाँव जमा दिए और अपने भाले से सीधा राजा मानसिंह पर एक प्रलयंकारी वार किया। मानसिंह के अपने हाथी के मज़बूत हौदे में चिपक कर नीचे बैठ जाने से उनकी जान बची। हौदा प्रताप के दुर्घर्ष वार से बुरी तरह मुड़ गया। तीन घंटे के युद्ध के बाद मुग़लो की आधी फौज मारी जा चुकी थी किन्तु प्रताप भी रणमैदान में घायल हो चुके थे, तब उनके सेनापति झाला मन्ना ने उन्हें युद्धभूमि से सुरक्षित बाहर भेजकर स्वयं युद्ध में वीरगति पाई।

मानसिंह ने पूरे मेवाड को मुग़ल साम्राज्य के अधीन कर लिया और प्रताप को अगले 4 वर्षों तक जंगल और पहाड़ों में जीवन जीने को विवश होना पड़ा था। राजा मानसिंह ने उनके महलों में पहुँच कर प्रताप के प्रसिद्ध हाथियों में से एक हाथी रामप्रसाद को लूट के सामान के साथ आगरा-दरबार भेजा। परन्तु मानसिंह ने चित्तौडगढ़ के नगर को लूटने की आज्ञा नहीं दी थी,

यह जान कर बादशाह अकबर इन पर काफी कुपित हुआ और कुछ वक़्त के लिए दरबार में इनके आने पर प्रतिबन्ध तक लगा दिया।

दिन के दो बजे हम उन्ही राजा मानसिंह के हम्माम, दरवारे आम, दरवारे ख़ास और आरामगाह में कदम बोसी कर रहे थे। हम लोग आमेर क़िले की भव्यता और संगमरमरी पच्चीकारी देखकर आश्चर्यचकित थे। वक्त-वक्त की बात है या जम्हूरियत का कमाल, अकबर के बाद मुग़लिया साम्राज्य में नम्बर दो की हैसियत-ए-आज़म मानसिंह राजपूत जिस महल में बैठकर मुग़ल राजनीति व कूटनीति की गुत्थियाँ सुलझाते थे, उनकी संदल बदन बेगमें छातियों पर कसी कंचुकी, घेरेदार लहरिया लहँगे और खुली मांसल पीठ पर राजस्थानी सुर्ख़ चूनरों में इंद्र की अप्सराओं सी लहराती थीं। जहाँ परिंदा भी पर नहीं मारता था वहाँ हम नाचीज़ आधा घंटा बैठ कर मुग़ल-राजपूत राजनीति पर सोचते और बतियाते रहे।

सलीम के एक लड़के खुसरो का जन्म 16 अगस्त 1587 को लाहौर में हुआ था। उनकी मां राजपूतों के कछवाहा वंश के प्रमुख आमेर के राजा भगवंत दास की बेटी थीं। अर्थात खुसरो मानसिंह का भांजा था। सलीम की शराबखोरी और अय्याशी से परेशान होकर अकबर खुसरो को अगला बादशाह बनाना चाहता था।

जेम्स टॉड के शब्दों में- "अकबर भयानक रूप से बीमार हो कर मरने की कगार पर था, मानसिंह ने खुसरो को मुग़ल सिंहासन पर बिठाने के लिए जाल बिछा दिया था। सलीम के पक्ष के दरबारियों की चाल से वह बंगाल का सूबेदार बना कर भेज दिया गया। उसके चले जाने के बाद खुसरो को कैद करके कारागार में रखा गया। मानसिंह चतुर और दूरदर्शी था। मानसिंह के अधिकार में बीस हज़ार राजपूतों की सेना थी। इसलिए सलीम ने बादशाह बनने के बाद प्रकट रूप में उसके साथ शत्रुता मोल नहीं ली। कुछ इतिहासकारों ने लिखा है- "उसने दस करोड़ रुपये दे कर मानसिंह को अपने अनुकूल बना लिया था।" उसी दस करोड़ से मानसिंह ने आमेर के क़िले का निर्माण शुरू किया था।

कर्नल जेम्स टॉड ने लिखा है- "मानसिंह के शासनकाल में आमेर राज्य ने बड़ी उन्नति की। मुग़ल दरबार में सम्मानित हो कर मानसिंह ने अपने राज्य

का विस्तार किया उसने अनेक राज्यों पर आक्रमण कर जो अपरिमित संपत्ति लूटी थी, उसके द्वारा आमेर राज्य को शक्तिशाली बना दिया। धौलाराय के समय आमेर एक मामूली राज्य समझा जाता था, मानसिंह के समय एक शक्तिशाली और विस्तृत राज्य हो गया था। इतिहास में कछवाहों का महत्वपूर्ण स्थान है।

मानसिंह के समय कछवाहों ने खुतन से समुद्र तक अपने बल, पराक्रम और वैभव की प्रतिष्ठा की थी। मानसिंह यों अकबर की अधीनता में ज़रूर था, पर उसके साथ काम करने वाली राजपूत सेना बादशाह की शाही सेना से कहीं अधिक शक्तिशाली समझी जाती थी। अकबर के साथ मिलकर कछवाहों ने हिन्दू धर्म के सच्चे संरक्षक के रूप में कार्य किया और कट्टर इस्लामीकरण से भारत और उसकी जनता को बचाए रखा। कट्टर औरंगज़ेब के कछवाहों से सम्बन्ध जयसिंह-II के समय से खराब हो गए थे और औरगज़ेब के आखिरी समय में कछवाहों ने मुग़लों से दूरी बना ली थी।

बाक़ी लोग वास्तु का मज़ा ले रहे थे हमारा दिमाग़ भारत में जातियों के विकास के मनन पर अटक गया कि ये कछवाहा कौन से क्षत्रिय हैं? बचपन में स्कूल के नज़दीक संतरे की गोलियाँ चूसा करते थे। अब तीस रुपयों में एक पैकेट मिल गया। गोली चूसते-चूसते चिंतन चलता रहा। बचपन के काछी दोस्त बताते थे कि कछवाहा भारत में कुशवाहा जाति की उपजाति है। परंपरागत रूप से वे कृषि करने वाले किसान थे लेकिन बाद में वे राजपूत गोत्र होने का दावा करने लगे। जाति के भीतर कुछ परिवारों ने कई राज्यों और रियासतों पर शासन किया है जैसे अलवर, अंबर जो बाद में जयपुर में समाहित हो गया और मध्य प्रदेश में मैहर।

कछवाहा को कभी-कभी कुशवाहा भी कहा जाता है। इस शब्द का उपयोग समान व्यावसायिक पृष्ठभूमि वाले कम से कम चार समुदायों का प्रतिनिधित्व करने के लिए किया जाता है, जिनमें से सभी कुश के माध्यम से पौराणिक सूर्यवंश के वंश से होने का दावा करते हैं। कुश राम और सीता के जुड़वां बेटों में से एक थे। यह सूर्यवंश जुड़ाव राजवंश के दावे को दिखाने के लिए है लेकिन यह उन्नीसवीं-बीसवीं शताब्दी में विकसित जाति उत्पत्ति

का मिथक है। उस समय से पहले, कुशवाहा समुदाय की विभिन्न शाखाएँ - कछवाहा, काछी, कोइरी और मुराओ - शिव और शक्ति के साथ संबंध बताती थीं।

लोग राजपूत को एक जाति समझते हैं, जबकि राजपूत एक जाति नहीं बल्कि एक छाप या ब्रांड है। हर्षवर्धन आख़िरी सम्राट था, जिसने समूचे उत्तर भारत पर शासन स्थापित किया था। चौहान, राठोर, कछवाहा, सोलंकी और अन्य क्षत्रिय सम्राट हर्षवर्धन के सूबेदार या सरदार थे। 647 में हर्षवर्धन की मृत्यु पर साम्राज्य का बिखराव शुरू हुआ तो इन क्षत्रियों ने उत्तर भारत में अनेकों छोटे-छोटे राज्य क़ायम कर लिए। उनकी संतानों का एक बड़ा वर्ग अस्तित्व में आया जिसे राजपुत्र कहा जाने लगा, वही राजपुत्र बाद में राजपूत हो गया। मध्ययुग में इन्होंने मुस्लिम सुल्तानों एवं बादशाहों से लोहा लेकर उनका अखिल भारतीय एकछत्र साम्राज्य स्थापित नहीं होने दिया। अकबर ने उन्हें मिलाकर मुग़ल साम्राज्य स्थापित किया था। ब्रिटिश काल में उनका इलाक़ा राजपूताना कहलाया और आज़ादी के बाद राजस्थान राज्य अस्तित्व में आया।

मानसिंह के बनवाये महल का अच्छा विस्तार उनके वंशज जय सिंह प्रथम द्वारा किया गया। अगले 150 वर्षों में कछवाहा राजाओं द्वारा आमेर दुर्ग में बहुत से सुधार एवं संवर्धन किये गए और अन्ततः सवाई जयसिंह द्वितीय के शासनकाल में 1727 में राजधानी आमेर से जयपुर नगर में स्थानांतरित कर ली। अधिकांश वर्तमान इमारतें राजा मान सिंह प्रथम (1550-1614) के शासन में 1600 ई० के बाद बनवायी गयीं थीं। आमेर महल का दीवान-ए-ख़ास और अत्यधिक सुन्दरता से चित्रित किया हुआ गणेश पोल द्वार जिसका निर्माण मिर्ज़ा राजा जय सिंह प्रथम ने करवाया था।

यह महल चार मुख्य भागों में बंटा हुआ है। प्रत्येक के प्रवेशद्वार एवं प्रांगण हैं। मुख्य प्रवेश सूरज पोल से जलेब चौक में आते हैं। जलेब चौक प्रथम मुख्य प्रांगण है। इसका विस्तार लगभग 100 मी लम्बा एवं 65 मी. चौड़ा है। प्रांगण में युद्ध में विजय पाने पर सेना का जुलूस निकाला जाता था। जिसे राजसी परिवार की महिलायें जालीदार झरोखों से देखती थीं। इस द्वार

पर सन्तरी तैनात रहा करते थे क्योंकि ये प्रवेश का मुख्य द्वार था। पूर्वाभिमुख इस दुर्ग में उगते सूर्य की किरणें सबसे पहले प्रवेश पाती थीं, अतः इसे सूरज पोल कहा जाता था। सेना के घुड़सवार एवं शाही गणमान्य व्यक्ति महल में इसी द्वार से प्रवेश पाते थे। जलेब चौक अरबी भाषा का एक शब्द है जिसका अर्थ है सैनिकों के एकत्रित होने का स्थान। यह आमेर महल के चार प्रमुख प्रांगणों में से एक है जिसका निर्माण सवाई जय सिंह के शासनकाल (1693-1743 ई.) में किया गया था। यहाँ सेना नायकों जिन्हें फ़ौज बख्शी कहते थे, उनकी कमान में महाराजा के निजी अंगरक्षकों की परेड भी आयोजित हुआ करती थीं। महाराजा उन रक्षकों की टुकड़ियों की सलामी लेते व निरीक्षण किया करते थे। इस प्रांगण के बगल में ही अस्तबल बना है, जिसके ऊपरी तल पर अंगरक्षकों के निवास स्थान थे।

इतिहास के हिंदू-मुस्लिम संगम पर स्थित आमेर विशाल प्रासादों व उन पर की गई भारतीय-फ़ारसी स्थापत्य कला की आकर्षक पच्चीकारी के कारण पर्यटकों के लिए आकर्षण का केन्द्र बना हुआ है। पत्थर के मेहराबों की काट-छाँट देखते ही बनती है। यहाँ का विशेष आकर्षण है डोली महल, जिसका आकार उस पालकी की तरह है, जिनमें बैठकर प्राचीन काल में राजपूती महिलाएँ आया-जाया करती थीं। हम भी डोली महल में आधा घंटा डोलते रहे।

डोली महल से पूर्व एक भूल-भूलैया है, जहाँ राजे-महाराजे अपनी रानियों और पट्टरानियों के साथ आँख-मिचौनी का खेल खेला करते थे। महाराजा मान सिंह की चार रानियाँ थीं और जब राजा मान सिंह युद्ध से वापस लौटकर आते थे तो यह स्थिति होती थी कि वह किस रानी को सबसे पहले कृतज्ञ करें, इसलिए राजा मान सिंह इस भूल-भूलैया में इधर-उधर घूमते थे और जो रानी सबसे पहले ढूँढ़ लेती थी उसे ही उस रात प्रथम मिलन का सुख प्राप्त होता था। अगले दिन की भूल-भूलैया प्रतियोगिता में वह रानी बाहर हो जाती थी।

यह प्रसिद्ध दुर्ग आज भी ऐतिहासिक फिल्मों के निर्माताओं को शूटिंग के लिए आमंत्रित करता है। आमेर दुर्ग बहुत सी हिन्दी फिल्मों में दिखाया

गया है। इसका ताजा उदाहरण है फ़िल्म बाजीराव मस्तानी जिसमें- मोहे रंग दो लाल... । नामक गीत पर अभिनेत्री दीपिका पादुकोण का कत्थक नृत्य इसी दुर्ग को पृष्ठभूमि में रखकर फ़िल्माया गया है। इसका मंचन केसर क्यारी बगीचे में हुआ है। इसके अलावा मुग़ले आज़म, जोधा अकबर, शुद्ध देसी रोमांस, भूल भुलैया आदि कई बॉलीवुड एवं कुछ हॉलीवुड फ़िल्मों जैसे नार्थ वेस्ट फ्रन्टियर, द बेस्ट एग्ज़ॉटिक मॅरिगोल्ड होटल, आदि फिल्मों की शूटिंग भी यहाँ की गई है।

सभी साथी इमारतों के अंदरूनी कमरों में घुस गए। जब हम गणेश पोल से जबेल मैदान में उतर रहे थे तभी एक नया शादीशुदा जवान जोड़ा परम्परा गत राजस्थानी लिबास में दिखा। लालिमा लिए लम्बे चेहरे पर नुकीली नाक ऊँचे क़द झलकती शोख़ियाँ में यौवन घुला रस लबालब छलक सा रहा था। थोड़ी देर उनकी रंगतों में डूबी अठखेलियों का मज़ा लिया। तब तक बाक़ी साथी भी पहुँच गए।

साथियों ने जयपुर भ्रमण के पश्चात अजमेर और पुष्कर होकर वापसी यात्रा का प्रस्ताव रखा। हमने कहा ये जगहें तो पर्यटन के आसान रास्ते पर पड़ती हैं। आप चाहो तो जोधपुर और जैसलमेर होते हुए चला जाए। सवाल अतिरिक्त खर्च का उठा तो तय किया कि खर्चा आपस में बाँट लेंगे। उन्हें बताया कि पर्यटक अक्सर उत्तरी-पूर्वी राजस्थान में जयपुर, अजमेर, पुष्कर, उदयपुर, चितौड़गढ़ घूम थक हार कर वापस लौट जाते हैं। पश्चिमी राजस्थान छूट जाता है। अभिषेक तैयार हो गए, राधेश्याम सोच में पड़ गए, राजेश शुक्ला अनिच्छुक लगे। प्रस्ताव ठंडे बस्ते में चला गया। हम जयगढ़ क़िला पहुँच गये।

जयगढ़ क़िला

आमेर और जयगढ़ दुर्ग अरावली पर्वतमाला के एक पर्वत “चील का टील” पर बने हुए हैं। असल ये दोनों दुर्ग एक ही परिसर के भाग कहे जाते हैं एवं दोनों एक पहाड़ी सुरंग के मार्ग से जुड़े हुए हैं। यह सुरंग गुप्त रूप से बनी थी, जिसका प्रयोजन युद्धकाल में विपरीत परिस्थिति होने पर राजवंश के लोगों को अधिक सुरक्षित जयगढ़ दुर्ग तक पहुँचाने के उद्देश्य से किया गया था।

इसका शाब्दिक अर्थ तो आप सभी समझ पा रहे होंगे – जीत का क़िला। अगर आप हथियारों आदि को देखने का शौक रखते हैं तो आप यहाँ जाना न भूलें। यहाँ राजपूत महाराजाओं के प्राचीन हथियार व तोपें देखने को मिलीं। 3 किमी के दायरे में यह किला आमेर व नाहरगढ़ किलों के समीप ही स्थित है। जयपुर शहर का मशहूर जयगढ़ किला जो लोगों के बीच पिकनिक स्पॉट के तौर पर लोकप्रिय है। यहाँ से आप जयपुर और आमेर शहर का नज़ारा देख पाएंगे पर इसकी ख़ूबसूरती रात में बेहद निखर के आती है। यहाँ का सिर्फ नज़ारा ही ख़ूबसूरत नहीं है बल्कि किले में मौजूदा रेस्टोरेंट भी लोगों के बीच आकर्षण का केंद्र है। वैक्स म्यूज़ियम भी देखने लायक जगह है। मनसागर झील के ठीक बीचों-बीच स्थित यह किला महाराजा जय सिंह द्वितीय ने मुख्य तौर पर शिकार के अड्डे के रूप में बनवाया था। लेकिन यह लोगों के बीच एक कारण से मशहूर हुआ, वो है प्रवासी पक्षियों की झलक। आप यहाँ बहुत से ख़ूबसूरत पक्षियों को देखकर अपनी यात्रा को यादगार बना पाएंगे। लंबे-लंबे रास्तों पर चलकर आपको शांति का आभास होगा। हमने यहाँ ख़ूब जतन से तफ़री की और राजस्थानी परिवेश में तलवार हाथ में उठाकर फ़ोटो खिंचवाये।

जयपुर

“गुलाबी शहर” जयपुर के नाम से तो आप सभी भलीभाँति वाक़िफ़ होंगे। भारत के सबसे बड़े राज्य की राजधानी जो स्वादिष्ट घेवर, दाल बाटी चूरमा व प्याज कचौड़ी का गंतव्य है। कहा जाता है कि शहर को वेल्स के राजकुमार के स्वागत की खुशी में गुलाबी रंग से रंगा गया था और तभी से इसे गुलाबी शहर के नाम से जाना जाने लगा। जयपुर के दर्शनीय स्थल में सबसे पहले जो आपके मन में नाम आएगा वो होगा “हवा महल” और बेशक आना भी चाहिए क्योंकि इसकी अतुलनात्मक सुंदरता से आप सभी परिचित हैं।

सभी ने एकसाथ पूछा – जयपुर कब और कैसे बसा है?

सूत्रधार - जयपुर की स्थापना आमेर के महाराजा सवाई जयसिंह (द्वितीय) ने की थी। जयपुर अपनी समृद्ध भवन निर्माण-परंपरा, सरस-

संस्कृति और ऐतिहासिक महत्व के लिए प्रसिद्ध है। यह शहर तीन ओर से अरावली पर्वतमाला से घिरा हुआ है। जयपुर शहर की पहचान यहाँ के महलों और पुराने घरों में लगे गुलाबी धौलपुरी पत्थरों से होती है जो यहाँ के स्थापत्य की ख़ूबी है।

1876 में तत्कालीन महाराज सवाई रामसिंह ने इंग्लैंड की महारानी एलिज़ाबेथ और प्रिंस ऑफ वेल्स युवराज अल्बर्ट के स्वागत में पूरे शहर को गुलाबी रंग से सजा दिया था। तभी से शहर का नाम गुलाबी नगरी पड़ा है। राजा जयसिंह द्वितीय के नाम पर ही इस शहर का नाम जयपुर पड़ा। जयपुर भारत के टूरिस्ट सर्किट गोल्डन ट्रायंगल (India's Golden Triangle) का हिस्सा भी है। इस गोल्डन ट्रायंगल में दिल्ली, आगरा और जयपुर आते हैं। भारत के मानचित्र में उनकी स्थिति अर्थात लोकेशन को देखने पर यह एक त्रिभुज (Triangle) का आकार लेते हैं। इस कारण इन्हें भारत का स्वर्णिम त्रिभुज इंडियन गोल्डन ट्रायंगल कहते हैं। संघीय राजधानी दिल्ली से जयपुर की दूरी 280 किलोमीटर है।

अभिषेक – चाचा जी, यह लंबा-चौड़ा परकोटा सा क्या है?

सूत्रधार - शहर चारों ओर से दीवारों और परकोटों से घिरा हुआ है, जिसमें प्रवेश के लिए सात दरवाजे हैं। बाद में एक और द्वार बना जो 'न्यू गेट' कहलाया। पूरा शहर करीब छह भागों में बँटा है। यह 111 फुट चौड़ी सड़कों से विभाजित है। परकोटा छह कोणीय है। परकोटे के पाँच भाग मध्य प्रासाद भाग को पूर्वी, दक्षिणी एवं पश्चिमी ओर से घेरे हुए हैं और छठा भाग एकदम पूर्व में स्थित है। प्रासाद हिस्से में हवा महल परिसर, व्यवस्थित उद्यान एवं एक छोटी झील हैं। पुराने शहर के उत्तर-पश्चिमी ओर पहाड़ी पर नाहरगढ़ दुर्ग शहर के मुकुट के समान दिखता है। इसके अलावा यहाँ मध्य भाग में ही सवाई जयसिंह द्वारा बनावायी गईं वैधशाला, "जंतर मंतर" भी हैं।

राधेश्याम – इस परकोटे में क्या-क्या स्थित है?

सूत्रधार - नियोजित तरीके से बसाये गए, जयपुर में महाराजा के महल, औहदेदारों की हवेली और बाग बगीचे ही नहीं, बल्कि आम नागरिकों के आवास और राजमार्ग बनाये गये। गलियों का और सड़कों का निर्माण वास्तु

के अनुसार और ज्यामितीय तरीके से किया गया, नगर को सुरक्षित रखने के लिये, इस नगर के चारों ओर एक परकोटा बनवाया गया। पश्चिमी पहाड़ी पर नाहरगढ़ का किला बनवाया गया। प्रारंभ में किले का नाम सुदर्शनगढ़ रखा जाना तय किया गया था। इसके निर्माण के समय श्रमिक हर सुबह उठते थे और देखते कि उनका पिछले दिन का काम नष्ट हो चुका है। स्थानीय लोगों ने इस तोड़-फोड़ के लिए नाहर सिंह भोमिया नामक एक राठौड़ राजकुमार के क्रोधित भूत को ज़िम्मेदार ठहराया। परिणामस्वरूप, नाहर सिंह की स्मृति में एक मंदिर बनाया गया, और किला नाहरगढ़ के नाम से जाना जाने लगा। नाहरगढ़ शब्द का शाब्दिक अर्थ है, 'बाघों का निवास'। परिणामस्वरूप, इस किले को 'बाघ किला' भी कहा जाता है। पुराने दुर्ग जयगढ़ में हथियार बनाने का कारखाना बनवाया गया, जिसे देख कर आज भी वैज्ञानिक चकित हो जाते हैं, इस कारखाने और अपने शहर जयपुर के निर्माता सवाई जयसिंह की स्मृतियों को संजोये विशालकाय जयबाण तोप आज भी सीना ताने इस नगर की सुरक्षा करती दिखाई देती है।

महाराजा सवाई जयसिंह ने जयपुर को नौ आवासीय खण्डों में बसाया, जिन्हें चौकड़ी कहा जाता है, इनमे सबसे बड़ी चौकड़ी सरहद में राजमहल, रानिवास, जंतर मंतर, गोविंददेवजी का मंदिर आदि हैं, शेष चौकड़ियों में नागरिक आवास, हवेलियां और कारखाने आदि बनवाये गये। प्रजा को अपना परिवार समझने वाले सवाई जयसिंह ने सुन्दर शहर को इस तरह से बसाया कि यहाँ पर नागरिकों को मूलभूत आवश्यकताओं के साथ अन्य किसी प्रकार की कमी न हो, सुचारु पेयजल व्यवस्था, बाग-बगीचे, कल कारखाने आदि के साथ वर्षाजल का संरक्षण और निकासी का प्रबंध भी करवाया। सवाई जयसिंह ने लम्बे समय तक जयपुर में राज किया, इस शहर में हस्तकला, गीत संगीत, शिक्षा और रोजगार आदि को उन्होंने ख़ूब प्रोत्साहित किया। वास्तु के अनुरुप निवास, हवामहल, रामनिवास बाग और विभिन्न कलात्मक मंदिर, शिक्षण संस्थानों आदि का निर्माण करवाया गया।

राजेश शुक्ला – कहते हैं, इसकी क़िलाबंदी भी की गई थी।

सूत्रधार - सवाई जयसिंह ने यह शहर बसाने से पहले इसकी सुरक्षा की भी काफी चिंता की थी और सुरक्षा सुनिश्चित करने के लिए ही सात मजबूत

दरवाजों के साथ किलाबंदी की गई थी। जयसिंह ने हालाँकि मराठों के हमलों की चिंता से अपनी राजधानी की सुरक्षा के लिए चारदीवारी बनवाई थी, लेकिन उन्हें शायद मौजूदा समय की सुरक्षा समस्याओं का भान नहीं था। इतिहास की पुस्तकों में जयपुर के इतिहास के अनुसार यह देश का पहला पूरी योजना से बनाया गया शहर था और राजा जयसिंह ने अपनी राजधानी आमेर में बढ़ती आबादी और पानी की समस्या को ध्यान में रखकर ही इसका विकास किया था।

अभिषेक – जब आमेर क़िला था तो इस नई क़िलेबंदी की क्या आवश्यकता थी?

सूत्रधार - जयपुर नगर की स्थापना और विकास का रोचक इतिहास है। अठारहवीं शताब्दी के शुरुआत में जब मुग़ल अपनी ताकत खोने लगे थे तब समूचे भारत में अराजकता सिर उठाने लगी, ऐसे दौर में राजपूताना की आमेर रियासत एक बड़ी ताकत के रूप में उभरी। जाहिर है कि महाराजा सवाई जयसिंह को तब लम्बी चौड़ी रियासत संभालने और सुचारु राजकाज संचालन के लिये आमेर छोटा लगने लगा, इसलिए नई राजधानी के रूप में जयपुर की कल्पना की गई।

राधेश्याम – यह कब बसाया गया था ?

सूत्रधार - नगर के निर्माण का काम 1727 में शुरू हुआ और प्रमुख स्थानों के बनने में करीब चार साल लगे। यह शहर नौ खंडों में विभाजित किया गया था, जिसमें दो खंडों में राजकीय इमारतें और राजमहलों को बसाया गया था। प्राचीन भारतीय शिल्पशास्त्र के आधार पर निर्मित इस नगर के प्रमुख वास्तुविद एक बंगाली ब्राह्मण विद्याधर (चक्रवर्ती) थे, जो आरम्भ में आमेर दरबार की 'कचहरी-मुस्तफी' में महज़ एक नायब-दरोगा (लेखा-लिपिक) थे, पर उनकी वास्तुकला में गहरी दिलचस्पी और असाधारण योग्यता से प्रभावित हो कर महाराजा ने उन्हें नयी राजधानी के लिए नए नगर की योजना बनाने का निर्देश दिया।

अभिषेक – यहाँ चौपड़ नाम ख़ूब क्यों आता है ?

सूत्रधार - एक दिन जयसिंह चौपड़ खेलते हुए दरबारी मित्र विद्याधर भट्टाचार्य से बोले जयपुर शहर का वास्तु विन्यास कुछ-कुछ चौपड़ खेल की

बिछात सा होना चाहिए। अगले दिन विद्याधर भट्टाचार्य ने तीन चौपड़ बिछात सी दिखने वाली वास्तु योजना दरबार को प्रस्तुत कर दी और बसने लगा जयपुर। चौपड़ के बीच का हिस्सा बड़ा चौराहा, पट्टियाँ दो मंज़िला दुकाने और पट्टियों के बीच ख़ाली जगह में महल बाग-बगीचे, दरबारियों, सैन्य अधिकारियों, कर्मचारियों और कारोबारियों के रिहायशी मकान।

इस शहर की नींव पहले पहल कहाँ रखी गई, इसके बारे में मतभेद हैं, किंतु कुछ इतिहासकारों के अनुसार तालकटोरा के निकट स्थित शिकार की होदी से इस शहर के निर्माण की शुरुआत हुई। कुछ इसे ब्रह्मपुरी और कुछ आमेर के पास एक स्थान 'यज्ञयूप' स्थल से मानते हैं। पर ये निर्विवाद है संबसे पहले चन्द्रमहल बना और फिर बाज़ार और साथ में तीन चौपड़ें।

गुलाबी रंग में पुती एक जैसी दुकाने देख पेरिस के बाज़ारों में एक जैसे रंग में या वाशिंगटन में शासकीय भवनों की एक जैसी रंगीन शैली याद आ गई। जयपुर को आधुनिक शहरी योजनाकारों द्वारा सबसे नियोजित और व्यवस्थित बसे शहरों में गिना जाता है। देश के सबसे प्रतिभाशाली वास्तुकारों में इस शहर के वास्तुकार विद्याधर भट्टाचार्य का नाम सम्मान से लिया जाता है। इस शहर के वास्तु के बारे में कहा जाता है कि शहर को सूत से नाप लीजिये, नाप-जोख में एक बाल के बराबर भी फ़र्क नहीं मिलेगा। इस प्रकार की धरोहर होना हमारे भारत देश के लिए एक गर्व की बात है।

हम सब हवा महल के सामने गाड़ी रुकवा कर उतर गए। गाड़ी को दूसरी तरफ़ पार्क करने को कहा जहाँ से जयपुर महल का रास्ता जाता है। महाराजा सवाई सिंह द्वारा बनवाया गया हवा महल ख़ूबसूरती का नमूना है। यह महल शाही महारानियों के लिए बनवाया गया था ताकि वो गली-महोल्ले में होने वाले त्योहारों, उत्सवों और हलचल का रस ले सकें। इसे हिन्दू, राजपूत व इस्लामिक वास्तुकला द्वारा बनवाया गया है, जिसमें 953 झरोखे है, जहाँ से आप आस-पास के नजा़रों को बख़ूबी देख पाएँगे। झरोखों से गुज़रती हवा आपको सुकून देगी, जहाँ पहुँचकर आप आनंद की मदमस्त हवा को बटोरते नहीं थकेंगे। फिर जंतर मंतर पहुँचे।

अभिषेक – जंतर मंतर क्या है?

सूत्रधार - जंतर मंतर, “यंत्र मंत्र” का अपभ्रंश है। सवाई जयसिंह ने ऐसी वेधशालाओं का निर्माण जयपुर के अलावा उज्जैन, मथुरा, दिल्ली, और वाराणसी में भी किया था। पहली वेधशाला 1725 में दिल्ली में बनी। इसके 10 वर्ष बाद 1734 में जयपुर में जंतर-मंतर का निर्माण हुआ। इसके 15 वर्ष बाद 1748 में मथुरा, उज्जैन और बनारस में भी ऐसी ही वेधशालाएं खड़ी की गईं।

जयपुर का जन्तर-मन्तर एक खगोलीय वेधशाला है। इस वेधशाला में 14 प्रमुख यन्त्र हैं, जो समय मापने, ग्रहण की भविष्यवाणी करने, किसी तारे की गति एवं स्थिति जानने, सौर मंडल के ग्रहों की स्थिति जानने आदि में सहायक हैं। इन यन्त्रों को देखने से पता चलता है कि भारत के लोगों को गणित एवं खगोल की जटिल संकल्पनाओं (काँसेप्ट्स) का इतना गहन ज्ञान था कि वे इन संकल्पनाओं को एक “शैक्षणिक वेधशाला” का रूप दे सके ताकि कोई भी उन्हें जान सके और उसका आनन्द ले सके।

सवाई जयसिंह एक खगोल वैज्ञानिक भी थे, जिनके योगदान और व्यक्तित्व की प्रशंसा जवाहर लाल नेहरू ने अपनी प्रसिद्ध पुस्तक ‘भारत एक खोज’ में की है। सवाई जयसिंह ने इस वेधशाला के निर्माण से पहले विश्व के कई देशों में अपने सांस्कृतिक दुत भेज कर वहाँ से खगोल-विज्ञान के प्राचीन और महत्वपूर्ण ग्रंथों की पांडुलिपियाँ मंगवाईं थीं और उन्हें अपने पोथीखाने (पुस्तकालय) में संरक्षित कर अपने अध्ययन के लिए उनका अनुवाद करवाया था। इन वेधशालाओं के निर्माण में उन्होंने उस समय के प्रख्यात खगोशास्त्रियों की मदद ली थी। सबसे पहले महारजा सवाई जयसिंह (द्वितीय) ने उज्जैन में सम्राट यन्त्र का निर्माण करवाया, उसके बाद दिल्ली स्थित वेधशाला (जंतर-मंतर) और उसके दस वर्षों बाद जयपुर में जंतर-मंतर का निर्माण करवाया था। देश की सभी पांच वेधशालाओं में जयपुर की वेधशाला सबसे बड़ी है। इस वेधशाला के निर्माण के लिए 1724 में कार्य प्रारम्भ किया गया और 1734 में यह निर्माण कार्य पूरा हुआ। यह बाकी के तर-मंतर से आकार में तो विशाल है ही, शिल्प और यंत्रों की दृष्टि से भी इसका कई मुकाबला नहीं है। सवाई जयसिंह निर्मित पांच वेधशालाओं में आज केवल दिल्ली और जयपुर के जंतर मंतर ही शेष बचे हैं, बाकी काल के गाल में समा गए हैं।

महाराजा सवाई जय सिंह द्वारा बनाए गए इस स्थल को यूनेस्को द्वारा विश्व धरोहर स्थल में स्थान दिया गया है। ज्योतिषीय व खगोलीय घटनाओं की भविष्यवाणी करने के लिए इसे बनाया गया है। यहाँ मौजूद प्राचीन उपकरणों से समय, दिशा, ग्रहण, आदि का पता लगाया जाता है। इन्हें बड़ी कुशलता से पत्थरों का इस्तेमाल करके बनाया गया है। यह हमारी बहुत बड़ी उपलब्धियों में से एक है कि शताब्दियों पहले भी इतने आधुनिक उपकरणों का इजात किया गया।

फिर हमारा कारवाँ जयपुर बाज़ार की तरफ़ मुड़ा। चलते-चलते ट्राफ़िक पुलिस की हिदायतों से निपटते हमारी गाड़ी बड़ी चौपड़ पर रुकी। यह चार अलग-अलग बाज़ारों का मिश्रण है, जहाँ आपको राजस्थानी जूतियों से लेकर जयपुरी दुपट्टे व सजावटी सामान मिलेंगे। तो आइए और अपनी चाह आज़माइए। उँगलियाँ चाटने वाला पारंपरिक स्वादिष्ट भोजन भी आपका इंतज़ार कर रहा है। तो फिर देर किस बात की है, अपनी चाहतों को उड़ान दो ताकि कुछ छूटने न पाए।

दोपहर के तक़रीबन तीन बज चुके थे। सुबह के दाल-पकवान के भरोसे शरीर की गाड़ी खींचे पड़े थे। हल्की सी भूख लगी तो पैक करा कर रखी हुई हींग कचौड़ी की याद आई। गाड़ी किनारे लगा कर उन्हें चटनी के साथ गले के नीचे उतारा और एक पैलोथिन में रखी कढ़ी पीकर पेट पर हाथ फेरकर सांत्वना दे शांत किया और जयपुर शहर की रंगत में दिल डूबने उतराने लगा। साथियों को बताया कि पर्यटन के दौरान घर का आराम और भोजन भूल जाएँ नहीं तो आप घूमने का लुत्फ़ नहीं उठा पाएँगे। इस तरह आधा भरा पेट लेकर शाही महल सिटी पैलेस में घुस गये।

पुराने शहर के बीचों-बीच सिटी पैलेस में स्थित राजस्थानी व मुग़ल शैलियों की मिश्रित वास्तुशिल्प एक पूर्व शाही निवास है। हमने देखा कि भूरे संगमरमर के स्तंभों पर टिके नक्काशीदार मेहराब, सोने व रंगीन पत्थरों की फूलों वाली आकृतियों से अलंकृत है। संगमरमर के दो नक्काशीदार हाथी प्रवेश द्वार पर प्रहरी की तरह खड़े हैं। उन्हें नमस्कार कहते अंदर गये। जिन परिवारों ने पीढ़ी-दर-पीढ़ी राजाओं की सेवा की है। वे लोग गाइड के रूप

में कार्य करते हैं। पैलेस में एक संग्राहलय है, जिसमें राजस्थानी पोशाकों व मुग़लों तथा राजपूतों के हथियार का बढ़िया संग्रह हैं। इसमें विभिन्न रंगों व आकारों वाली तराशी हुई मूंठ की तलवारें भी हैं, जिनमें से कई मीनाकारी के जड़ऊ काम व जवाहरातों से अलंकृत है तथा शानदार जड़ी हुई म्यानों से युक्त हैं। महल में एक कलादीर्घा भी हैं, जिसमें लघुचित्रों, कालीनों, शाही साजों सामान और अरबी, फारसी, लेटिन व संस्कृत में दुर्लभ खगोल विज्ञान की रचनाओं का उत्कृष्ट संग्रह है, जो सवाई राजा जयसिंह द्वितीय ने विस्तृत रूप से खगोल विज्ञान का अध्ययन करने के लिए प्राप्त की थी।

राजा साहब के दरबारी रहे लोगों के परिवार वालों ने चारों तरफ़ दुकानें खोल रखी हैं। कुछ दुकानें शाही परिवार के सदस्यों की भी हैं। दुकानों का अन्दाज़ शाही क़िस्म का है। भाव-ताव नहीं होता। छपे दाम पर जयपुरी रज़ाइयाँ मिल रही थीं। एक रज़ाई का वजन एक किलो से कम था। पेशकार द्वारा रज़ाइयों की बिना साथी के गर्माने की गारंटी दी जा रही थी। क़ीमत कुछ अधिक लग रही थी। यही कोई चार-पाँच हज़ार के बीच एक रज़ाई। मन आगे पीछे हो रहा था। जेब में रखा क्रेडिट कार्ड कुलबुलाने लगा। उसने इशारे से कहा ख़रीद लो, मैं हूँ न। क्रेडिट कार्ड लिया आदमी ठीक वैसा ही बहकता है, जैसा किसी हसीना के साथ यात्रा करता मुसाफ़िर कुलाँचे भरता है। हमने भी उछलकर दो रज़ाइयां ख़रीद लीं।

जयपुर प्रेमी कहते हैं कि जयपुर के सौन्दर्य को देखने के लिये कुछ ख़ास नजर चाहिये, बाजारों से गुजरते हुए, जयपुर की बनावट की कल्पना को आत्मसात कर इसे निहारें तो पल भर में इसका सौन्दर्य आंखों के सामने प्रकट होने लगता है। लम्बी चौड़ी और ऊंची प्राचीर तीन ओर फ़ैली पर्वतमाला सीधे सपाट राजमार्ग गलियां चौराहे चौपड़, भव्य राजप्रसाद, मंदिर, हवेली, बाग बगीचे, जलाशय और गुलाबी आभा से सजा यह शहर इन्द्रपुरी का आभास देने लगता है, जलाशय तो अब नहीं रहे, किन्तु कल्पना की जा सकती है, कि अब से कुछ दशक पहले ही जयपुर परकोटे में ही सिमटा हुआ था, तब इसका भव्य एवं कलात्मक रूप हर किसी को मन्त्र-मुग्ध कर देता होगा। आज भी जयपुर आने वाले सैलानियों को बरसों बरस सहेज कर रखने वाले रोमांचकारी अनुभव देता है।

जयपुर की रंगत अब बदल रही है। हाल ही में जयपुर को विश्व के दस सबसे खूबसूरत शहरों में शामिल किया गया है। महानगर बनने की ओर अग्रसर जयपुर में स्वतन्त्रता के बाद कई महत्वाकांक्षी निर्माण हुए। एशिया की सबसे बड़ी आवासीय बस्ती मानसरोवर, राज्य का सबसे बड़ा सवाई मानसिंह चिकित्सालय, विधानसभा भवन, अमर जवान ज्योति, एम.आई. रोड, सेन्ट्रल पार्क और विश्व के प्रसिद्ध बैंक इसी कड़ी में शामिल हैं। पिछले कुछ सालों से जयपुर में मेट्रो संस्कृति के दर्शन होने लगे हैं। चमचमाती सड़कें, बहुमंजिला शापिंग माल, आधुनिकता को छूती आवासीय कालोनियां, आदि महानगरों की होड करती दिखती हैं। पुराने जयपुर और नये जयपुर में नई और पुरानी संस्कृति के दर्शन जैसे इस शहर के विकास और इतिहास दोनों को स्पष्ट करते हैं। जयपुर कितना भी बदले पर इसके व्यंजनों का जायका बदस्तूर कायम है। जयपुर के व्यंजन में प्रसिद्ध दाल बाटी चूरमा, केर सांगरिया की सब्जी, मालपुआ इत्यादि है।

जलमहल

हमने तय किया था कि शाम के वक्त सड़क की तरफ़ से जलमहल पर सूर्य की रोशनी पड़ती हैं तब वह जल में झिलमिलाने लगता है। उसी समय उसका आनंद लिया जाएगा। जलमहल राजस्थान की राजधानी जयपुर के मानसागर झील के मध्य स्थित प्रसिद्ध ऐतिहासिक महल है। अरावली पहड़ियों के गर्भ में स्थित यह महल झील के बीचों बीच होने के कारण 'आई बॉल' भी कहा जाता है। इसे 'रोमांटिक महल' के नाम से भी जाना जाता था। मध्यकालीन महलों की तरह मेहराबों, बुर्जो, छतरियों एवं सीढीदार जीनों से युक्त दुमंजिला और वर्गाकार रूप में निर्मित भवन है। इसकी उपरी मंजिल की चारों कोनों पर बुर्जो की छतरियाँ व बीच की बरादरिया, संगमरमर के स्तम्भों पर आधारित हैं

शाम को पाँच बजे जलमहल पहुँचे। बहुत भीड़ और बहुत सुंदर नज़ारा था। पार्क में घूमते रहे। राजपूती ड्रेस में फोटो खिंचवाये। पक्षियों का कलरव और मुक्त उड़ान देखते ही बनता था। यहाँ आप चाट कचौड़ी और शिकंजी का मजा ले सकते हैं।

तपते रैगिस्तान के बीच बसे इस महल में गरमी नहीं लगती, क्योंकि इसके कई तल पानी के अंदर बनाए गए हैं। इस महल से पहाड़ और झील का ख़ूबसूरत नज़ारा भी देखा जा सकता है। चांदनी रात में झील के पानी में इस महल का नजारा बेहद आकर्षक होता है। जलमहल अब पक्षी अभ्यारण के रूप में भी विकसित हो रहा है। जल महल के नर्सरी में 1 लाख से ज़्यादा वृक्ष लगे हुए हैं। दिन रात 40 माली पेड़ पौधों की देखभाल में लगे रहते हैं। यह नर्सरी राजस्थान का सबसे उंचे पेड़ों वाला नर्सरी है। यहाँ अरावली प्लांट, ऑरनामेंटल प्लांट, शर्ब, हेज और क्रिपर की हजारों विभिन्नताएँ मौजूद हैं। यहाँ के 150 वर्ष पुराने पेड़ों को ट्रांसप्लांट कर नया जीवन दिया गया है। हर साल यहाँ डेट पाम, चाइना पाम और बुगनबेलिया जैसे शो प्लांट को ट्रांसप्लांट किया जाता है।

जयपुर-आमेर मार्ग पर मानसागर झील के मध्य स्थित इस महल का निर्माण सवाई जयसिंह ने अश्वमेध यज्ञ के बाद अपनी रानियों के स्नान के लिए करवाया था। इस महल के निर्माण से पहले जयसिंह ने जयपुर की जलापूर्ति हेतु गर्भावती नदी पर बांध बनवाकर मानसागर झील का निर्माण करवाया। इसका निर्माण 1799 में हुआ था। इसके निर्माण के लिए राजपूत शैली से तैयार की गई नौकाओं की मदद ली गई थी। राजा इस महल को अपनी रानी के साथ ख़ास वक्त बिताने के लिए इस्तेमाल करते थे। वे इसका प्रयोग राजसी उत्सवों पर भी करते थे।

अजमेर

आमेर और जयपुर घूमकर शाम को सात बजे अजमेर की राह पकड़ी। दोपहर का भोजन नहीं किया था और अजमेर पहुँचते-पहुँचते रात के दस बजने की उम्मीद दिख रही थी इसलिए जयपुर से एक घंटा चलकर सड़क किनारे ढ़ाबानुमा होटल पर खाना खाया, फिर चल दिए। जयपुर से अजमेर तक़रीबन 140 किलोमीटर पड़ता है। एक सौ किलोमीटर चलने के बाद जयपुर-कोटा सुपर हाईवे सड़क से एक रास्ता दाहिनी तरफ़ कटते ही अजयमेरु पर्वत के साथ बेकार सी सड़क शुरू हो गई। साथियों को अजमेर के इतिहास से परिचित कराना शुरू किया।

सूत्रधार - अजमेर राजस्थान राज्य के मध्य में स्थित एक ऐतिहासिक शहर है। अजमेर अरावली पर्वत श्रेणी की तारागढ़ पहाड़ी की ढाल पर स्थित है। यह नगर सातवीं शताब्दी में अजयराज सिंह चौहान द्वारा बसाया गया था। इस नगर का मूल नाम 'अजयमेरु' था। अजय याने जिसे विजित न किया जा सके और मेरु याने पर्वत, इसका मतलब हुआ अजेय पर्वत। अजमेर दुनिया के सबसे पुराने पहाड़ी किलों में से एक है – तारगढ़ किला जो चौहान राजवंश की सीट थी। अजमेर पर चौहान वंश की मजबूत पकड़ 1192 तक बनी रही, जब मोहम्मद गौरी ने अंतिम चौहान सम्राट पृथ्वीराज चौहान को तराईन के दूसरे युद्ध में हराया। उसके बाद तेजी से बदलते समीकरण के कारण अजमेर को अराजक काल का सामना करना पड़ा था। यहाँ मुस्लिम मजार ख्वाजा मोईनुद्दीन चिश्ती, 1236 ईस्वी में निर्मित एक प्रसिद्ध फारसी सूफ़ी संत को समर्पित है।

अभिषेक – कौन था यह चिश्ती?

सूत्रधार - अजमेर में ख्वाजा मोईनुद्दीन हसन चिश्ती की दरगाह के खादिम भील पूर्वजों के वंशज हैं। महाराजा आना द्वारा निर्मित 12वीं सदी की कृत्रिम झील "आना सागर" एक पसंदीदा पर्यटन स्थल है। लोकोक्ति है कि वह मोईनुद्दीन मुहम्मद गौरी का जासूस था, जो पृथ्वीराज चौहान की गुप्त जानकारियाँ उसे पहुँचाता था। जिससे मुहम्मद गौरी पहला युद्ध हारने के बाद दूसरा युद्ध जीतने में कामयाब रहा। उसके ग़ुलाम क़ुतुबउद्दीन ऐबक ने भारत में तुर्की ग़ुलाम वंश की सत्ता स्थापित कर दी। सोलहवीं सदी में मुग़ल सम्राट अकबर ने अजमेर जीता और अजमेर को राजस्थान राज्य में अपने सभी अभियानों के मुख्यालय के रूप में इस्तेमाल किया। मुग़लों के पतन पर अजमेर शहर मराठों ख़ासकर ग्वालियर के सिंधिया के नियंत्रण में आ गया। 1770 से 1880 तक मेवाड़ तथा मारवाड़ के अनेक शासकों द्वारा शासित होकर अंत में 1881 में यह अंग्रेजों के आधिपत्य में चला गया।

इन्हीं बातों में खोए चलते रहे। अजमेर शहर पार करके एक होटल पर भाव-ताव किया आठ सौ रुपए का कमरा साढ़े पाँच सौ प्रतिदिन के हिसाब से

लेकर तीन कमरों में टिक गए। दो साथियों को अजमेर शरीफ़ दरगाह जाना और लोभांन ख़रीदना था, लेकिन एक साथी का कहना था कि सूफ़ी ग़रीब नवाज़ ने पृथ्वी राज चौहान की जासूसी करके भारत को गुलाम बनाने की शुरुआत करके देश को मुहम्मद गौरी के गुलाम कुतुबुद्दीन ऐबक का गुलाम बनवा कर विदेशी शासन की नीव रखी थी। इसलिए वे नहीं जाएँगे। वाद-विवाद के बीच यह तय हुआ कि पुष्कर घूमने के बाद अजमेर शरीफ़ दरगाह जाना निश्चित करेंगे। वाहन पुष्कर की ओर रवाना हुआ।

पुष्कर

अरावली पर्वत श्रृंखला का नाग पर्वत अजमेर और पुष्कर को अलग करता है। अजमेर से चलते ही नाग पर्वत की घुमावदार घाटी पार करते ही पुष्कर शुरू हो गया। पुष्कर में घुसने के दो रास्ते हैं, एक सावित्री मंदिर के सामने से ब्रह्मा मंदिर वाली गली पर निकलता है, दूसरा बस्ती के बीच से होकर पुष्कर झील के घाटों से होता हुआ ब्रह्मा मंदिर पहुँचता है। साथियों को पुष्कर सरोवर में डुबकी लगाना था इसलिए हमने दूसरा रास्ता चुना।

पुष्कर भगवान ब्रह्मा के एकमात्र मंदिर के लिए पूरे विश्व में जाना जाता है। मन्दिर के बगल में ही एक मनोहर झील है जिसे पुष्कर झील के नाम से जाना जाता है। पुष्कर झील हिन्दुओं के एक परमपावन स्थान के रूप में जानी जाती है। कार्तिक (अक्टूबर/नवंबर) के महीने में श्रद्धालु बड़ी संख्या में इकट्ठा होकर इस पवित्र झील में डुबकी लगाते हैं। पौराणिक मान्यता अनुसार ब्रह्मा जी यज्ञ करने को तत्पर थे परंतु सरस्वती विलम्ब कर रही थीं। इससे झुंझलाकर ब्रह्मा जी ने गायत्री ग्वालिन से विवाह कर उन्हें यज्ञ में बैठा दिया। सरस्वती जी ने जब अपने स्थान पर दूसरे को देखा तो वे क्रोध से भर गईं। उन्होंने ब्रह्मा जी को श्राप दे दिया कि पृथ्वी के लोग उन्हें भुला देंगे और कहीं उनकी पूजा नहीं होगी। किन्तु अन्य देवताओं की प्रार्थना पर वो पिघल गयी और कहा कि ब्रह्मा जी केवल पुष्कर में पूजे जाएंगे। इसी कारण यहाँ के अलावा और कहीं भी ब्रह्माजी का मंदिर नहीं है। पुष्कर झील जिसे पुष्कर सरोवर भी कहा जाता है, जिसके चारों तरफ़ शहर बसा है।

पुष्कर का अर्थ है ऐसा तालाब जिसका निर्माण फूल से हुआ। पद्म पुराण के अनुसार पुष्कर झील का निर्माण उस समय हुआ जब यज्ञ के स्थान को सुनिश्चित करते समय ब्रह्मा जी के हाथ से कमल का फूल (पुष्प+कर) पृथ्वी पर गिर पड़ा। इससे पानी की तीन बूदें पृथ्वी पर गिर गयी। इसी बूंद से पुष्कर झील का निर्माण हुआ। झील आकार में अर्ध गोलाकार है और तीन तरफ से पहाड़ियों से घिरी है और दूसरी तरफ रेगिस्तान है। झील वनस्पतियों और जीवों से समृद्ध है। इस समय, यह कैक्टस और कांटेदार झाड़ियों, साथ ही ऊंट और मवेशी जैसे रेगिस्तानी जानवरों सहित रेगिस्तानी पौधों का घर है। झील 52 स्नान घाटों और 500 से अधिक हिंदू मंदिरों से घिरी हुई है। नवंबर में कार्तिका पूर्णिमा के दौरान हजारों भक्त झील के पानी में स्नान करने आते हैं।

हम लोग घाट पर उतरने लगे तभी आम तीर्थों की तरह चारों तरफ़ गंदगी और बस्ती के नालों का पानी सरोवर में मिलते देख हमने और राधेश्याम ने न नहाने का निर्णय किया परंतु अभिषेक और शुक्ला जी डुबकी लगा रहे थे तभी दो-तीन मुस्टंडे पंडे पूजा दक्षिण व दर्शन का पैकेज बताते घेरने लगे। हमारे मना करने पर वे आक्रामक होकर बोले आप जूते पहने घाट पर कैसे आए, आप लोगों को अभिशाप लगेगा और दंड भी भुगतना होगा। ट्रस्ट कार्यालय चलिए। राधेश्याम ने उन्हें चहुँ ओर गंदगी के साम्राज्य की तरफ़ ध्यान दिलाया। उनकी उनसे अच्छी ख़ासी बहस हो गई। फ़ुरसत होकर ब्रह्मा जी के दर्शन की क़तार में लग गए।

आधा घंटे में ब्रह्मा जी के दर्शन हुए। उसके बाद मंदिर के बग़ल से ऊँची पहाड़ी पर दिखते सती मंदिर की सीढ़ियों पर चढ़ाई शुरू कर दी। बीस मिनट में पहुँचे। ऊपर से चारों तरफ़ बिखरे मकानों की क़तारों के बीच पुष्कर सरोवर दिख रहा था। इनके चारों तरफ़ अरावली के शिखर सीना ताने राजपूती शान से खड़े थे। अंत में अजमेर की तरफ़ चल दिए।

*

ग़रीब नवाज़ की चौखट पर मत्था टेकने जाने को लेकर विवाद हो गया तो वाहन तक़रीबन दो किलोमीटर दूर खड़ा करके एक साथी और चालक को

छोड़कर बाक़ी साथी पैदल ही मज़ार पर गये। सड़क के दोनों तरफ़ रेवड़ी, ड्राई फ्रूट्स और मिठाई की दुकानें थीं। दरबार के दरवाज़े पर पहुँच जूते उतार अंदर घुसे। हिंदुस्तान के किसी भी धार्मिक स्थान की तरह सेवादार पैसों की जुगत से गर्भगृह में पहुँचाने हेतु मंडराने लगे। हमने उनके हाथ जोड़े और आगे बढ़ गये।

ख़्वाजा मोइनुद्दीन हसन चिश्ती अर्थात् ग़रीब नवाज़ का जन्म 537 हिज़री संवत् अर्थात 1143 ई. में पर्शिया के सिस्तान में हुआ। एक अन्य जानकारी के अनुसार उनका जन्म ईरान के इस्फ़हान नगर में हुआ। ख्वाजा मोइनुद्दीन चिश्ती की दरगाह के ख़ादिम भील पूर्वजों के वंशज हैं। इन्हें हज़रत ख्वाजा ग़रीब नवाज़ के नाम से भी जाना जाता है। ग़रीब नवाज़ इन्हें लोगों द्वारा दिया गया नाम है।

चिश्तिया तरीका अबु इशाकशामी ने ईरान के शहर "चश्त" में शुरू किया था, इसलिए इस तरीक़े का "चश्तिया" तरीका नाम पड गया। लेकिन वह भारत तक नहीं पहुँचा था। मोईनुद्दीन चिश्ती ने इस सूफ़ी तरीक़े को भारतीय उप-महाद्वीप में स्थापित कर प्रचार किया।

अजमेर में जब वे धार्मिक प्रचार करते तो चिश्ती तरीके से करते थे। इस तरीके में ईश्वर गान पद्य रूप में गायन के माध्यम से लोगों तक पहुँचाया जाता था। मतलब ये कि, क़व्वाली, समाख्वानी, और क़िस्सों द्वारा लोगों को ईश्वर के बारे में बताना और मुक्ति मार्ग सुझाना था। स्थानीय हिन्दू राजाओं से भी कई मतभेद हुए परन्तु वह सब मतभेद स्वल्पकालीन थे। स्थानीय राजा भी मोईनुद्दीन साहब के प्रवचनों से मुग्ध हुए। इस तरह स्थानीय लोगों के हृदय भी जीत लिये, और लोग भी इनके मुरीद होने लगे।

633 हिज़री के आते ही उन्हें पता था कि यह उनका आखरी वर्ष है, जब वे अजमेर के जुम्मा मस्जिद में अपने प्रशंसको के साथ बैठे थे, तो उन्होंने शेख अली संगल से कहा कि वे हज़रत बख्तियार काकी को पत्र लिखकर उन्हें आने के लिये कहें। ख्वाजा साहेब के बाद क़ुरान-ए-पाक, उनका गालिचा और उनके चप्पल काकी को दिया गया और कहा "यह मुहम्मद का है, जो मुझे मेरे पीर-ओ-मुर्शिद से मिला हैं, मैं आप पर भरोसा करके आप को दे रहा

हुँ और उसके बाद उनका हाथ लिया और नभ की ओर देखा और कहा "मैंने तुम्हें अल्लाह पर न्यास्त किया है और तुम्हें यह मौका दिया है उस आदर और सम्मान प्राप्त करने के लिए।" उस के बाद 5 और 6 रजब को ख्वाजा साहेब अपने कमरे के अंदर गए और कुरान-ए-पाक पढने लगे, रात भर उनकी आवाज़ सुनाई दी, लेकिन सुबह को आवाज़ सुनाई नहीं दी। जब कमरा खोल कर देखा गया, तब वे स्वर्ग चले गये थे, उनके माथे पर सिर्फ यह पंक्ति चमक रही थी "वे अल्लाह के मित्र थे और इस संसार को अल्लाह का प्रेम पाने के लिए छोड दिया।" उसी रात को काकी को मुहम्मद स्वप्न में आए थे और कहा "ख्वाजा साहब अल्लाह के मित्र हैं और मैं उन्हें लेने के लिये आया हूँ। उनकी जनाज़े की नमाज़ उन के बड़े पुत्र ख्वाजा फ़क्रुद्दीन ने पढाई। हर साल उसी दिन हज़रत उर्स बड़े पैमाने पर आयोजित होता है।

तक़रीबन चार बजे ग़रीब नवाज़ से फ़ुरसत होकर भोपाल की तरफ़ चल पड़े। रास्ते में रात के नौ बजे चितौड़गढ़ पहुँचने के पहले एक होटल में 600/- रुपए दिवसीय किराए कर डेरा रखा। नहा धोकर बाहर निकले तो थोड़ी दूर पर एक शाकाहारी थाली की दुकान नज़र आयी। बेसन गट्टा और भिंडी की सब्ज़ी के साथ गरमागरम फुलके के बाद थोड़ा सा चावल कढ़ी के साथ पापड़ मीड़ कर खाया। भोजन करके लेट लगाई और नींद लग गई। अगला पड़ाव मेवाड़ की सरज़मीं पर होगा।

चितौड़गढ़

चितौड़गढ़ चढ़ने के पूर्व हमने सबको हिदायत दी कि किले के परिसर को पैदल चलने में कुछ घंटों का समय लगता है। आरामदायक फुटवियर पहनें और पानी की बोतल संभाल कर रखें। सुबह चितौड़गढ़ पर्वत पर चढ़ना शुरू किया तो चारों तरफ़ मनभावन हरियाली और एक तरफ़ रेलगाड़ी जाती दिखी।

अभिषेक ने कहा - चाचा जी, यहाँ का इतिहास बताइए।

सूत्रधार - वीरों की इस शौर्य भूमि पर राजपूतों के छोटे-बड़े अनेक राज्य रहे। इन्हीं राज्यों में चित्तौड़गढ़ का अपना एक विशिष्ट स्थान है, जिसमें

इतिहास के गौरव बप्पा रावल, महाराणा हम्मीर, महाराणा कुम्भा, महाराणा सांगा, उदयसिंह और वीर शिरोमणि महाराणा प्रताप ने जन्म लिया है। दक्षिण-पूर्वी राजस्थान में स्थित चित्तौड़गढ़ भारत का सबसे बड़ा किला है, जो एक पहाड़ी की चोटी पर लगभग 700 एकड़ के क्षेत्र में फैला हुआ है। मेवाड़ के इस शानदार किले को अलाउद्दीन खिलजी द्वारा फ़तह के बाद रानी पद्मिनी द्वारा किए गए साहसी आत्म-बलिदान के लिए भी याद किया जाता है।

चलते-चलते सामने एक महल नुमा खंडहर सामने आ गया। उसे देखकर अभिषेक ने पूछा- चाचा जी, यह महल किसका है?

सूत्रधार - यह चित्तौड़गढ़ किले की सबसे बड़ी संरचना राणा कुंभा पैलेस है, यह जो टूटी हुई दीवारें पत्थरों के ढेर में तब्दील हो चुकी हैं, कभी विशाल स्तंभों, भूलभुलैया जैसी भूमिगत सुरंगों और जटिल वास्तुकला के साथ एक शानदार तीन मंजिला महल था।

विजया स्तम्भ के पास राणा कुंभा पैलेस का प्रवेश द्वार पर है। महल में हाथी और घोड़े के अस्तबल और भगवान शिव का एक मंदिर है। उदयपुर के संस्थापक महाराणा उदय सिंह का जन्म यहाँ हुआ था; उनके जन्म से जुड़ी लोकप्रिय लोककथा यह है कि राणा की दासी पन्ना दाई ने अपने बेटे को उदय सिंह के स्थान पर रखकर उन्हें बचाया था, जिसके परिणामस्वरूप उसका बेटा आततायी बनबीर द्वारा मारा गया था। महल का निर्माण प्लास्टर युक्त पत्थर से किया गया है। महल की उल्लेखनीय विशेषता इसकी छत्रयुक्त बालकनियों की शानदार श्रृंखला है। महल में प्रवेश सूरज पोल के माध्यम से होता है जो एक आंगन में जाता है। प्रसिद्ध कवि-संत रानी मीरा भी इसी महल में रहती थीं नौ लाखा बंदर (शाब्दिक अर्थ: नौ लाख का खजाना) भवन, चित्तौड़गढ़ का शाही खजाना भी पास में ही स्थित था। अब, महल के सामने एक संग्रहालय और पुरातत्व कार्यालय है। सिंगा चौरी मंदिर भी पास में ही है।

आगे देखो चित्तौड़गढ़ का प्रतीक और विशेष रूप से विजय की साहसिक अभिव्यक्ति, जिसे विजय स्तम्भ कहा जाता है, राणा कुंभा ने 1458 और 1468 के बीच शासन किया और 1440 में मालवा के सुल्तान महमूद शाह प्रथम खिलजी पर अपनी जीत की स्मृति में इसे बनवाया था।

अभिषेक- और यह तालाब के बीच में किसकी चौकी सी है?

सूत्रधार - यह चित्तौड़गढ़ किले में सबसे प्रसिद्ध आकर्षण पद्मिनी पैलेस है, जिसका नाम खुद रानी पद्मिनी के नाम पर रखा गया है। छत के मंडप और पानी सरोवर के बीच रानी पद्मिनी की वीरता की कहानी इस जीर्ण-शीर्ण इमारत के हर कोने में गूंजती है। रानी पद्मिनी का महल एक तीन मंजिला संरचना है जो किले के दक्षिणी भाग में स्थित है। छत्रियां महल की छतों का मुकुट हैं और महल के चारों ओर पानी की खाई है। महल की यह शैली जल महल की अवधारणा के साथ अद्भुत है। रानी पद्मिनी की सुंदरता की तुलना क्लियोपेट्रा से की गई है और उनकी कहानी चित्तौड़गढ़ के इतिहास में एक शाश्वत किंवदंती है। महाराणा रतन सिंह मारे गए और रानी पद्मिनी ने जौहर किया।

पद्मिनी के महल के सामने जो दिख रहा है वह कालिका माता मंदिर है। मूल रूप से, 8वीं शताब्दी का सूर्य मंदिर जो सूर्य (सूर्य देवता) को समर्पित था, 14वीं शताब्दी में नष्ट हो गया था। इसे काली मंदिर के रूप में फिर से बनाया गया।

किले के पश्चिमी भाग में एक और मंदिर है, जो बनवीर द्वारा निर्मित और देवी तुलजा भवानी को समर्पित पुराना देवी तुलजा भवानी मंदिर है। उस समय का तोपखाना इस मंदिर के बगल में एक प्रांगण में स्थित है, जहाँ कुछ पुरानी तोपें अभी भी रखी हैं।

राधेश्याम - इस क़िले को किसने बनवाया था?

सूत्रधार - चित्तौड़गढ़ को मूल रूप से चित्रकूट कहा जाता था। इसे सबसे पहले एक स्थानीय मोरी (मौर्य) शासक चित्रांगदा मोरी ने बनवाया था। एक अन्य लोक कथा पौराणिक नायक भीम को किले के निर्माण का श्रेय देती है। इसमें कहा गया है कि भीम ने यहाँ जमीन पर प्रहार किया, जिसके परिणामस्वरूप एक बड़ा जलाशय निर्मित हुआ। कथित तौर पर भीम द्वारा निर्मित जल निकाय भीमलाट कुंड नामक तालाब है।

9वीं शताब्दी के कई छोटे बौद्ध स्तूप जयमल पट्टा झील के किनारे पर पाए गए थे। कहा जाता है कि गुहिला शासक बप्पा रावल ने 728 ईस्वी या

734 ईस्वी में किले पर कब्जा कर लिया था। किंवदंती के अन्य संस्करणों के अनुसार, बप्पा रावल ने मोरियों से हथिया लिया था।

इतिहासकार आर. सी. मजूमदार का मानना है कि जब 725 ई. के आसपास तुर्कों (मलेच्छों) ने उत्तर-पश्चिमी भारत पर आक्रमण किया, तब मोरिस (मौर्य) चित्तौड़ पर शासन कर रहे थे। तुर्कों ने मोरिस को हराया, और बाद में वे एक संयुक्त सेना द्वारा पराजित किए गये, जिसमें बप्पा रावल शामिल थे। आर. वी. सोमानी ने सिद्धांत दिया कि बप्पा रावल नागभट्ट प्रथम की सेना का एक हिस्सा थे। कुछ इतिहासकारों ने इस किंवदंती की ऐतिहासिकता पर संदेह करते हुए तर्क दिया कि बाद के शासक अल्लाटा के शासनकाल से पहले गुहिलों ने चित्तौड़ को नियंत्रित नहीं किया था। चित्तौड़ में खोजा गया सबसे पहला गुहिला शिलालेख तेजसिंह (13 वीं शताब्दी के मध्य) के शासनकाल का है; इसमें "चित्रकूट-महा-दुर्गा" (चित्तौड़ का महान किला) का उल्लेख है।

अभिषेक - ये इतिहास इतना उलझा हुआ क्यों होता है?

सूत्रधार - हमारे यहाँ इतिहास लिखने की परम्परा नहीं थी। इसलिए किंवदंतियाँ से निष्कर्ष निकाले जाते हैं। दिल्ली सल्तनत के शासक अलाउद्दीन खिलजी ने चित्तौड़गढ़ को जीतने के लिए 1303 में एक सेना का नेतृत्व किया, इस समय क़िले पर गुहिला राजा रत्नसिंह का शासन था। अलाउद्दीन ने आठ महीने की लंबी घेराबंदी के बाद चित्तौड़ पर कब्जा कर लिया। उनके दरबारी अमीर खुसरो के अनुसार, उन्होंने इस विजय के बाद 30,000 स्थानीय हिंदुओं के नरसंहार का आदेश दिया। कुछ किंवदंतियों में कहा गया है कि अलाउद्दीन ने रत्नसिंह की खूबसूरत रानी पद्मिनी को हासिल के लिए चित्तौड़ पर आक्रमण किया, लेकिन अधिकांश आधुनिक इतिहासकारों ने इन किंवदंतियों की प्रामाणिकता को खारिज कर दिया है। किंवदंतियों में यह भी कहा गया है कि पद्मिनी और अन्य महिलाओं ने जौहर किया। इतिहासकार किशोरी सरन लाल का मानना है कि अलाउद्दीन की विजय के बाद चित्तौड़गढ़ में एक जौहर हुआ था, हालांकि वह पद्मिनी की कथा को अनैतिहासिक बताते हुए खारिज करते हैं। चित्तौड़गढ़ में किसी जौहर का

उल्लेख नहीं है, हालांकि उन्होंने रणथंभौर की विजय के जौहर का उल्लेख किया है।

अलाउद्दीन ने चित्तौड़गढ़ को अपने छोटे बेटे खिज्र खान को सौंपा, और चित्तौड़गढ़ किले का नाम बदलकर "खिजराबाद" कर दिया गया। चूंकि खिज्र खान केवल एक बच्चा था, वास्तविक प्रशासन मलिक शाहीन नामक एक गुलाम को सौंप दिया गया था। किले पर खिज्र खान का शासन 1311 ईस्वी तक चला और राजपूतों के दबाव के कारण उन्हें सोनिग्रा प्रमुख मालदेव को सत्ता सौंपने के लिए मजबूर होना पड़ा, जिन्होंने 7 साल तक किले पर कब्जा किया।

हम्मीर सिंह ने मालदेव राजा और चित्तौड़ से किले पर अधिकार कर अपने पुराने गौरव को पुनः प्राप्त कर लिया। 1378 ई. में अपनी मृत्यु से पहले हम्मीर ने मेवाड़ को काफी बड़े और समृद्ध राज्य में बदल दिया था। उनके द्वारा पैदा हुए वंश को सिसोदिया के नाम से जाना जाने लगा। उनका पुत्र केत्र सिंह उत्तराधिकारी बना और सम्मान और शक्ति के साथ शासन किया। केत्र सिंह का पुत्र लाखा जो 1382 ई. में गद्दी पर बैठा, उसने भी कई युद्ध जीते। उनके प्रसिद्ध पोते राणा कुंभा 1433 ईस्वी में सिंहासन पर आए और उस समय तक मालवा और गुजरात के मुस्लिम शासकों ने काफी दबदबा हासिल कर लिया था जो शक्तिशाली मेवाड़ राज्य को हड़पने के इच्छुक थे। अलाउद्दीन ख़िलजी के बाद दिल्ली सल्तनत कमजोर होती गई। स्थिति का लाभ उठाकर राणा कुम्भा ने क़िले पर अख़्तियार कर लिया।

अभिषेक - चाचा जी, राणा कुम्भा के बारे में बताइये?

सूत्रधार - राणा मोकल के पुत्र राणा कुंभा, जिन्हें महाराणा कुंभकर्ण के नाम से भी जाना जाता है, ने 1433-1468 ईस्वी के बीच मेवाड़ पर शासन किया। उन्हें एक ताकतवर मेवाड़ साम्राज्य के निर्माण का श्रेय दिया जाता है। उन्होंने 32 किलों का निर्माण किया, जिनमें से एक उनके नाम पर था, जिसे कुंभलगढ़ कहा जाता है। उनके भाई राणा रायमल ने 1473 में सत्ता की बागडोर संभाली। मई 1509 में उनकी मृत्यु के बाद, उनके सबसे छोटे बेटे संग्राम सिंह (राणा सांगा के नाम से भी जाने जाते हैं), मेवाड़ के शासक बने।

अभिषेक - राणा सांगा भी यहीं के थे क्या?

सूत्रधार - हाँ, राणा सांगा 1509 में अपने भाइयों के साथ लंबे संघर्ष के बाद गद्दी पर बैठा। वह एक महत्वाकांक्षी राजा था। राणा सांगा के नेतृत्व में राजपूत शक्ति अपने चरम पर पहुंच गई। उसने पंजाब में सतलुज से लेकर दक्षिण में नर्मदा नदी तक, पश्चिम में मालवा, थार रेगिस्तान पर विजय प्राप्त करने के बाद और पूर्व में बयाना तक एक मजबूत राज्य स्थापित किया। अपने सैन्य करियर में उन्होंने खटोलिया की लड़ाई में इब्राहिम लोधी को हराया और राजस्थान के अधिकांश हिस्सों को मुक्त करा लिया, साथ ही उन्होंने उत्तर प्रदेश के कुछ हिस्सों पर अपना नियंत्रण किया, जिसमें उन्होंने अपने सहयोगियों राव माणिक चंद चौहान को अवध का हिस्सा दिया, जिन्होंने बाद में खानवा की लड़ाई में उनका समर्थन किया।

उसके बाद राणा सांगा ने इब्राहिम लोधी के साथ एक और लड़ाई लड़ी, जिसे धौलपुर की लड़ाई के रूप में जाना जाता है, जहाँ फिर से राजपूत संघ की जीत हुई। इस बार अपनी जीत के बाद सांगा ने चंदेरी के साथ-साथ मालवा का अधिकांश भाग जीत लिया और इसे अपने एक जागीरदार मेदिनी राय को दे दिया। मेदिनी राय ने अपनी राजधानी चंदेरिया के साथ मालवा पर शासन किया। सांगा ने अपने तीन सहयोगियों के साथ 50,000 राजपूत लेकर गुजरात पर भी आक्रमण किया। उसने गुजरात सल्तनत को लूटा और राजधानी अहमदाबाद तक मुस्लिम सेना का पीछा किया। उसने सफलतापूर्वक उत्तरी गुजरात पर कब्जा कर लिया और वहाँ शासन करने के लिए अपने एक जागीरदार को नियुक्त किया।

मुस्लिम सुल्तानों पर जीत की श्रृंखला के बाद उन्होंने सफलतापूर्वक राजस्थान, मालवा और गुजरात के बड़े हिस्से पर अपनी संप्रभुता स्थापित की। इन जीतों के बाद उन्होंने इब्राहिम लोधी को दिल्ली की सत्ता से हटाने के लिए बाबर को आमंत्रित किया। उन्हें भरोसा था कि बाबर दिल्ली को लूटकर फरगना वापिस लौट जाएगा। तब वह दिल्ली पर क़ाबिज़ होकर हिंदुस्तान का सम्राट बनेगा। बाबर ने 1526 में पानीपत की पहली लड़ाई में इब्राहिम लोधी को हरा कर दिल्ली पर आधिपत्य कर लिया।

बाबर फरगना वापिस जाने के बजाय यहीं साम्राज्य बनाने लगा। तब राणा सांगा ने बाबर को भारत से बाहर निकालने और दिल्ली में हिंदू सत्ता को फिर से स्थापित करने के लिए उत्तरी भारत के कई राजपूत राज्यों को एकजुट किया। वह बाबर को निष्कासित करने और दिल्ली और आगरा पर कब्जा करके अपने क्षेत्र का विस्तार करने के लिए कुछ अफगानों द्वारा समर्थित 100,000 राजपूतों की एक भव्य सेना के साथ आगे बढ़ा। राजपूतों और मुग़लों के बीच उत्तरी भारत के वर्चस्व के लिए लड़ाई लड़ी गई थी। बाबर की श्रेष्ठ सेना और आधुनिक रणनीति के कारण राजपूत परिसंघ को 1527 में खानवा में एक विनाशकारी हार का सामना करना पड़ा। पानीपत की पहली लड़ाई की तुलना में यह लड़ाई अधिक ऐतिहासिक थी क्योंकि युद्ध में सबसे पहले तोपों, माचिस की तीली, कुंडा बंदूकें और मोर्टार का उपयोग बड़े स्तर पर किया गया था। बाबर ने उभरती राजपूत शक्तियों को कुचलते हुए भारत में मुग़ल शासन को मजबूती से स्थापित कर दिया।

राणा सांगा को उनके जागीरदार जयपुर के पृथ्वीराज सिंह प्रथम और मारवाड़ के मालदेव राठौर अचेत अवस्था में युद्ध के मैदान से दूर ले गये। होश में आने के बाद उसने बाबर को हराने और दिल्ली पर विजय प्राप्त करने तक चित्तौड़गढ़ कभी नहीं लौटने की शपथ ली। उन्होंने पगड़ी पहनना भी बंद कर दिया और अपने सिर पर कपड़ा लपेटने लगे थे। जब वह बाबर के खिलाफ एक और युद्ध छेड़ने की तैयारी कर रहा था, तो उसे अपने ही रईसों द्वारा जहर दिया गया, जो बाबर के साथ एक और लड़ाई नहीं चाहते थे। जनवरी 1528 में कालपी में उनकी मृत्यु हो गई।

उसकी मृत्यु के बाद बाबर ने उसके जागीरदार मेदिनी राय को चंदेरी की लड़ाई में हरा चंदेरी पर कब्जा कर लिया। गुजरात के सुल्तान ने भी चितौड़गढ़ पर हमला किया था। 1526 ई. में गुजरात के सुल्तान के रूप में गद्दी पर बैठने वाले बहादुर शाह ने 1535 में चित्तौड़गढ़ किले को घेर लिया। किलेदार को बर्ख़ास्त कर दिया और एक बार फिर मध्ययुगीन शिष्टता ने परिणाम निर्धारित किया। राणा, उनके भाई उदय सिंह और वफादार नौकरानी पन्ना धाई के बूंदी से भागने के बाद, ऐसा कहा जाता है कि 13,000 राजपूत महिलाओं ने

जौहर किया और 3,200 राजपूत योद्धा किले से लड़ने के लिए बाहर निकले और उनकी मृत्यु हो गई।

यह कीर्ति स्तम्भ बाहर की तरफ जैन मूर्तियों से सुसज्जित है और और विजय टॉवर से छोटा है। बाघेरवाल जैन व्यापारी जीजाजी राठौड़ द्वारा निर्मित पहले जैन तीर्थंकर आदिनाथ को समर्पित है। टॉवर की सबसे निचली मंजिल में जैन देवताओं के विभिन्न तीर्थंकरों की आकृतियाँ उन्हें रखने के लिए बनाए गए विशेष आलों में दिखाई देती हैं। ये दिगंबर स्मारक हैं। 54 सीढ़ियों वाली एक संकरी सीढ़ी छह मंजिलों से ऊपर तक जाती है

विजय स्तंभ के करीब मीरा मंदिर या मीराबाई मंदिर है। मेड़ता की राजकुमारी की ससुराल यही चित्तौड़ था। भोजराज सिंह सिसोदिया (1495–1526) मेवाड़ के शासक राणा साँगा के सबसे बड़े पुत्र थे। उनकी जल्दी मृत्यु हो गई थी। मीरा मंदिर, जहाँ संत मीराबाई ने अपना भक्ति आंदोलन शुरू करते हुए कृष्ण भक्ति पद रचे थे। राणा ने इसे एक अलंकृत इंडो-आर्यन स्थापत्य शैली में बनवाया था। यह रहस्यवादी संत-कवि मीराबाई से जुड़ा हुआ है जो भगवान कृष्ण की एक उत्साही भक्त थीं और उन्होंने अपना पूरा जीवन उनकी पूजा में समर्पित कर दिया था। उनके साथ जुड़ी लोकप्रिय किंवदंती यह है कि कृष्ण के आशीर्वाद से, वह अपने दुष्ट देवर द्वारा भेजे गए जहर को पीने के बाद बच गईं। उसी परिसर में बड़ा मंदिर कुंभ श्याम मंदिर (वराह मंदिर) है। मंदिर का शिखर पिरामिड के आकार का है। कृष्ण के सामने प्रार्थना करती मीराबाई की एक तस्वीर अब मंदिर में स्थापित की गई है।

सभी की उत्कण्ठा शांत करने के लिए उन्हें वह स्थान दिखाया जहाँ गाइड फ़िल्म के "आज फिर जीने की तमन्ना है आज फिर मरने का इरादा है", गाने पर वहीदा रहमान ने जोखिम उठाते हुए टूटी दीवाल पर छलांग लगा कर नृत्य किया था। वह गाना चित्तौड़गढ़ में ही फिल्माया गया था। सभी लोग उसी गाने को दोहराते हुए किले से नीचे उतरने लगे। अगला पड़ाव उदयपुर था।

उदयपुर

चित्तौड़गढ़ से उदयपुर 110 किलोमीटर है। रास्ता इतना बढ़िया कि डेढ़ घंटे में अरावली पर्वत श्रेणियों के बीच छोटी सुंदर घाटियों से बातें करते कब उदयपुर आ गया पता ही नहीं चला। दो साथी सो गये। बाक़ी दो बतियाते रहे। उदयपुर राजस्थान का सबसे प्रसिद्ध पर्यटन स्थल है, उदयपुर में घूमने को बहुत ही खूबसूरत जगहें हैं। जहाँ पर घूम कर आप अपनी उदयपुर यात्रा को बहुत यादगार बना सकते हो। उदयपुर की खूबसरती की वजह से उदयपुर आजकल पसंदीदा मैरिज डेस्टिनेशन के रूप में जाना जाता है। उदयपुर में बहुत सारी झीलें होने की वजह से इसको "झीलों का शहर" भी कहा जाता है और इसे पूर्व का वेनिस भी कहा जाता है। इसके अलावा उदयपुर में प्रसिद्ध धार्मिक स्थल है जहाँ आप भक्ति में लीन हो सकते है जिनमे जगदीश मंदिर, करणी माता मंदिर यहाँ काफी प्रसिद्ध है। उदयपुर को राजस्थान का कश्मीर कहा जाता है, उदयपुर चारो ओर से पहाड़ों के बीच में बसा हुआ है जो देखने में बहुत ही खूबसूरत लगता है। यहाँ से सिटी पैलेस, सज्जनगढ़ पैलेस, फतहसागर, पिछोला झील पसंदीदा पर्यटन स्थल हैं।

सिसोदिया वंश में राणा सांगा के पुत्र उदयसिंह का जन्म चित्तौड़गढ़ में अगस्त 1522 में हुआ था। राणा सांगा के निधन के बाद उनके सबसे बड़े पुत्र रतन सिंह (1528-1631) को राणा नियुक्त किया गया। जब रतन सिंह युद्ध में मारा गया तब दूसरे पुत्र राणा विक्रमादित्य सिंह (1531-1537) को राणा बनाया गया। उसके शासनकाल में गुजरात के सुल्तान बहादुर शाह ने चित्तौड़गढ़ पर 1534 में असफल हमला किया था। पृथ्वीराज सिसोदिया (राणा साँगा के बड़े भाई) और एक दासी के बेटे वनवीर सिंह थे। वनवीर सिंह ने चचेरे भाई राणा विक्रमादित्य की 1537 में गला घोंटकर हत्या कर दी थी और उसके बाद उन्होंने उदयसिंह को भी मारने का प्रयास किया, लेकिन उदयसिंह की पालक पन्ना धाय ने उदयसिंह को बचाने के लिए अपने पुत्र चन्दन का बलिदान दे दिया था। इस कारण उदयसिंह ज़िंदा बच गए थे। पन्ना धाय ने यह जानकारी किसी को नहीं दी थी कि वनवीर ने जिसको मारा है वो उदयसिंह नहीं बल्कि उनका पुत्र चन्दन था। इसके बाद पन्ना धाय बूंदी में रहने

लगी। उदयसिंह को खुफिया तरीके से कुम्भलगढ़ में 2 सालों तक रखा था। वनवीर सिंह राणा बन गया।

1540 में, जब उदय सिंह 18 वर्ष के थे, उन्होंने पाली के शासक अक्षय राज सोंगारा और अपने ससुर राव कुम्पा राठौर के साथ मिलकर कई सामंतों की मदद से चित्तौड़गढ़ पर हमला किया। वनवीर और उदय सिंह की सेनाएं मावली (चित्तौड़गढ़ के दक्षिण-पश्चिम) के युद्ध क्षेत्र में मिलीं। युद्ध में वनवीर निर्णायक रूप में पराजित हुआ। यह स्पष्ट नहीं है कि वह युद्ध के दौरान मारा गया या निर्वासन में भेजा गया या इसके ठीक बाद उसे मार दिया गया। उदय सिंह को मेवाड़ के 12वें राणा का ताज पहनाया गया। उदयसिंह को 1541 में राजतिलक कर मेवाड़ का राणा बनाया गया। उदयसिंह की पहली पत्नी महारानी जयवंताबाई के उत्पन्न सबसे बड़े पुत्र का नाम महाराणा प्रताप था। उदयसिंह की दूसरी पत्नी का नाम सज्जा बाई सोलंकी था, जिन्होंने शक्ति सिंह और विक्रम सिंह को जन्म दिया था। तीसरी पत्नी धीरबाई भटियानी ने जगमाल सिंह, चांदकंवर और मानकंवर को जन्म दिया था जो कि उदयसिंह की सबसे चहेती पत्नी थी। इनके अलावा इनकी चौथी पत्नी रानी वीरबाई झाला थी, जिन्होंने जेठ सिंह को जन्म दिया था।

श्री मंशापूरण करणी माता का मन्दिर एक भारतीय हिन्दू देवी का मन्दिर है टैक्सी से दूध तलाई झील तक ही जा पाए। यह मचला मगरा नामक पहाड़ी पर स्थित है साथ ही उदयपुर दूध तलाई झील में इस मन्दिर के निकट ही है। दूध तलाई झील से रस्सी के मार्ग (Ropway) से ऊपर पहुँचे। मन्दिर में करणी माता की पत्थर की मूर्ती स्थापित है यह मन्दिर उदयपुर शहर की बहुत शोभा बढ़ाता है। इस मन्दिर के आसपास या मन्दिर तक कोई वाहन नहीं पहुँच पाता है इस कारण मन्दिर के आसपास की जगह एकदम प्रदूषण मुक्त है। यहाँ पहुँच कर करणी माता मंदिर रॉपवे का आनन्द लेते चढ़े तो चारों तरफ़ हरी भरी घाटियों के मनमोहक दृश्य देखते ही बनते थे। रॉपवे से उदयपुर देखते हुए साथियों को बताया कि उदयपुर की स्थापना मेवाड़ के महाराणा उदय सिंह जी ने की थी तब करणी को माता का दर्जा दिया गया है।

मंदिर में दर्शन के बाद उदयपुर का बाक़ी इतिहास बताया। अफ़ग़ान सरदार शेरशाह सूरी ने 1540 में बाबर के पुत्र हुमायूँ को परास्त कर पश्चिमी सीमा के पार खदेड़ भारत पर शासन स्थापित कर लिया था। शेरशाह ने राजस्थान में शासकों को विस्थापित कर उन्हें नितांत अधीन बनाने की नीति नहीं अपनाई। उसकी नीति थी कि राजपूत आपस में पृथक रहें। जिसके लिए उसे राजपूताना के बीचोंबीच स्थित चित्तौड़गढ़ को एक निगरानी चौकी बनाने की ज़रूरत थी। उसने बीकानेर और जैसलमेर को छोड़कर समूचे राजपूताना पर अधिकार करके अधीनता मंज़ूर करवा ली थी। वह चित्तौड़गढ़ को अधिकृत करना चाहता था।

पिछौला लेक उदयपुर की बहुत ही शानदार जगह है यहाँ पर बहुत ही शान्त वातावरण है यहाँ आकर बहुत ही सुकून महसूस हुआ। इस झील में एक नाव के ज़रिये झील के बीचोंबीच बगीचों के साथ एक महल है। जिसको ताज लेक पैलेस हेरिटेज़ होटल नाम से जाना जाता है यहाँ का नजारा बहुत ही अद्भुत है उदयपुर में इस जगह पर बहुत सी फिल्मों की शूटिंग भी हुई है। बहुत से सितारों को उदयपुर में यह जगह बहुत अच्छी लगती।

पिछोला झील के किनारे बसा ये महल राजस्थान का सबसे बड़ा महल है महल की रंग बिरंगी तस्वीरें आप को एक नए इतिहास से परिचित कराती हैं। आप महाराणा उदय सिंह जी के इतिहास के बारे में जानना चाहते है तो आप इस विशाल महल में आ कर उनके इतिहास के बारे में जान सकते हैं इस महल में बड़े बड़े आलीशान कमरे हैंगिग गार्डन और संग्रहालय आप को राजघराने की दास्तान सुनाते हैं।

किसी समय सिसोदिया राज्य राजपूताना का एक प्रमुख गढ़ था परंतु बाबर के हाथों राणा सांगा की हार और मृत्यु उपरांत चित्तौड़गढ़ की स्थिति अत्यंत सामान्य हो गई थी। राज परिवार उत्तराधिकार के घातक झगड़ों में फँसा था। वनवीर नामक व्यक्ति विक्रमाजीत की हत्या करके राजकुमार उदय सिंह (राणा प्रताप के पिता) की हत्या की साज़िश में था। उदय सिंह किसी प्रकार बच कर 1541 में राजा बन गया। राज्य में सर्वत्र दुर्व्यवस्था और अराजकता फैली हुई थी। राज्य शक्तिशाली अफ़ग़ानों का सामना

करने की स्थिति में नहीं था। जब शेरशाह की सेना चित्तौड़गढ़ की तरफ़ बढ़ी तो दरबारियों ने उदय सिंह की तरफ़ से चित्तौड़गढ़ की चाबी शेरशाह को पहुँचाकर ख़स्ता हाल राज्य को पूरी तरह बरबाद होने से बचा लिया। शेरशाह ने चित्तौड़ का सामरिक उत्तरदायित्व 1543 में शम्स खाँ को सौंप दिया। उदय सिंह नाममात्र के शासक रह गए। 22 मई 1545 को शेरशाह की मृत्यु होने पर उदय सिंह पुनः प्रभाव में आए। अकबर के 1558 में घेरा डालने तक चित्तौड़गढ़ सुरक्षित रहा। उसके बाद कभी भी सुरक्षित नहीं रहा। परंतु उस समय सम्पूर्ण पृथ्वी पर सबसे शक्तिशाली बादशाह अकबर भी चित्तौड़ के स्वाभिमान को अधीन न कर सका। राणा प्रताप ने अपनी आन "कि तुम हमें परेशान कर सकते हो, जान ले सकते हो परंतु अधीन नहीं कर सकते।" जीवन पर्यंत बनाए रखी, न झुके न टूटे। उनका यही जज़्बा उन्हें हिंदुस्तान के स्वाभिमान का प्रतीक बना गया। आज हिंदुस्तान के सैकड़ों स्थानों पर "महाराणा प्रताप नगर" और "चेतक" की स्मृति में स्मारक उनके अमर बलिदान के प्रति भारतियों के हृदय में उनका सम्मान अभिव्यक्त करते हैं।

अकबर पानीपत की दूसरी लड़ाई में हेमचंद को हराकर 14 फ़रवरी 1556 को हिंदुस्तान का बादशाह बना। उसने राजपूतों को बेटी-रोटी-बोटी व्यवहार से मिलाकर सम्पूर्ण भारत को एक क्षत्र में लाने हेतु सामरिक अभियान चलाया। दिल्ली पर पुनः अधिकार जमाने के बाद अकबर ने अपने राज्य का विस्तार करना शुरू किया और मालवा को फ़तह करने के बाद उसे गुजरात जाने के लिए राजपूताना के मेवाड़ से होकर गुजरना था।

अकबर ने मेवाड़ के अपवाद के साथ राजस्थान में अधिकांश राजपूत राज्यों के साथ अपने रिश्ते को स्थिर कर लिया था। प्रतिष्ठित सिसोदिया वंश के प्रमुख मेवाड़ के राणा ने मुग़ल के सामने झुकने से इनकार कर दिया था। उदय सिंह के शासनकाल में मुग़लों ने 1558 में चित्तौड़गढ़ की घेराबंदी की। मेवाड़ के पूर्वी भाग में मुग़लों के हाथों उपजाऊ एक विशाल क्षेत्र के नुकसान के साथ युद्ध समाप्त हुआ। उनके बाद अकबर ने राजनयिक दूतों को भेजकर राणा उदय सिंह को अपना ताबेदार बनाना चाहा। अकबर मालवा और गुजरात की मुहिम के लिए सुरक्षित रास्ते के रूप में मेवाड़ के जंगली और पहाड़ी इलाके

पर नियंत्रण चाहता था। अकबर ने मेवाड़ की राजधानी चित्तौड़ पर चढ़ाई की। हजारों मेवाड़ियों की मृत्यु के बाद जब लगा कि गढ़ अब न बचेगा तब जयमल और फत्ता आदि वीरों के हाथ में उसे छोड़ उदयसिंह अरावली के घने जंगलों में चले गए। वहाँ उन्होंने नदी की बाढ़ रोक उदयसागर नामक सरोवर का निर्माण किया था। वहीं उन्होंने अपनी नई राजधानी उदयपुर बसाई।

अकबर और उदय सिंह का संघर्ष लम्बा चला था। सितम्बर 1567 में अकबर ने चित्तौड़ फ़तह करने का निश्चय किया। अकबर ने 1562 में उदय सिंह के एक अधीनस्थ जयमल के क़ब्ज़े वाले मेरटा दुर्ग पर आक्रमण करने अपने प्रमुख पदाधिकारी शरफ़ुद्दीन को भेजा। मेरटा दुर्ग पर मुग़लों ने क़ब्ज़ा करके किलेदार देवदास सहित 200 लोगों को मौत के घाट उतार दिया। लेकिन जयमल भाग कर चित्तौड़ पहुँच गया।

अकबर ने 23 अक्तूबर 1567 को चित्तौड़ का घेरा डाल दिया। घेरा काफ़ी समय तक पड़ा रहा। राजपूतों की स्थिति क़िले पर ऊपर होने से मुग़लों के 200 सैनिक रोज़ मर रहे थे। अकबर ने सेंध लगाकर बारूदी सुरंग बनाना तय किया। ताकि दुर्ग को किसी एक जगह से उड़ा कर क़िले में घुसा जा सके। 17 दिसम्बर को दो सुरंगों में आग लगा कर एक प्राचीर तोड़ी गई। लेकिन राजपूतों ने शीघ्र ही मरम्मत कर उसे ठीक कर लिया। घेरा कामयाब नहीं हो रहा था। संयोग से 23 फ़रवरी 1568 को अकबर को एक आदमी क़िले की प्राचीर की मरम्मत करवाते दिखा। अकबर ने बन्दूक़ से निशाना लगा ट्रिगर दबा दिया। वह आदमी जयमल था। क़िले में जयमल की आसन्न मृत्यु से राजपूतानियों ने जौहर किया। क़िले कर आग की उठती रोशनी से अकबर समझ गया कि कोई महत्वपूर्ण किलेदार मारा गया है। अकबर ने अंतिम तेज हमला करने की योजना बना ली।

दूसरे दिन राजपूतों ने केसरिया बाना पहन खुद मुग़लों पर आक्रमण करने के लिए घायल जयमल को घोड़े पर बिठा लड़ाई छेड़ दी। जयमल के मरते ही लड़ाई का नेतृत्व केलवा के फ़तह सिंह अर्थात फ़त्ता ने ग्रहण कर लिया। अकबर की फ़ौज ने जयमल के बाद फ़त्ता को भी ख़त्म करके चित्तौड़ पर क़ब्ज़ा कर लिया। अकबर ने गुस्से में आकर क़िले के 3,000 लोगों को

क़त्ल करने का हुक्म दिया। अकबर का वह अनावश्यक क़त्लेआम उसके नाम पर धब्बा माना जाता है। बाद में प्रायश्चित स्वरुप अकबर ने जयमल और फ़त्ता की हाथियों पर बैठी प्रस्तर मूर्तियाँ आगरा क़िले के दरवाज़े पर लगवाई थीं।

महाराणा प्रताप का जन्म मेवाड़ के एक हिंदू राजपूत शाही परिवार में 9 मई 1540 को हुआ था। उनके पिता राणा उदय सिंह द्वितीय और माता जयवंता बाई थीं। उनके तीन छोटे भाई शक्ति सिंह, विक्रम सिंह, जगमाल सिंह और दो बहन चंद कंवर और मन कंवर थीं। उनका पहला विवाह बिजोलिया की अजबदे परमार से हुआ था और उन्होंने 10 अन्य महिलाओं से भी शादी की थी। उनके अमर सिंह सहित 17 बच्चे थे। 1572 में उदय सिंह की मृत्यु के बाद, रानी धीर बाई चाहती थी कि उसका बेटा जगमाल राजा बने। 1567-1568 में चित्तौड़गढ़ की खूनी घेराबंदी से मेवाड़ की उपजाऊ पूर्वी बेल्ट पर मुग़लों का क़ब्ज़ा हो गया था। हालाँकि, अरावली क्षेत्र में वनाच्छादित और पहाड़ी राज्य अभी भी राणा उदय सिंह के पुत्र प्रताप सिंह के नियंत्रण में थे। चित्तौड़ के विध्वंस के चार वर्ष बाद उदयसिंह का देहाँत हो गया। अगला शासक जगमाल सिंह को बनाया गया था। लेकिन कुछ ही दिनों बाद दरबारियों ने जगमाल को हटा कर महाराणा प्रताप को गद्दी पर बिठाया।

महाराणा प्रताप 1572 में उदय सिंह की मृत्यु पर सिसोदिया राजपूत राजाओं की कतार में मेवाड़ के 54 वें शासक के रूप में सिंहासन पर बैठे। प्रताप के राणा बनते ही जगमल विद्रोह करके अकबर की सेनाओं में शामिल होने के लिए अजमेर पहुँचा, और बदले में अकबर से उसे जाजपुर की जागीर बख्श दी।

उदयपुर की सीमा पर बनाया गया सज्जन गढ़ मेवाड़ वंश के शौर्य का प्रतीक है। महाराजा सज्जन सिंह जी इसके निर्माता थे, इसलिए इस पैलेस को उनके नाम से जाना जाता है यह महल अरावली की पहाड़ियों की उचाई पर बनाया गया है। मौसम विभाग द्वारा इसका उपयोग मानसून का पता लगाने हेतु किया जाता है। इसलिए इसको मानसून पैलेस भी कहा जाता है से पूरा उदयपुर शहर देखने का आनंद लिया। रात के समय इस महल पर जा कर

शहर का नजारा देखने पर एक अलग ही आनंद आया। यह पैलेस उदयपुर की सबसे ऊंची पहाड़ी पर स्थित है।

फ़तहसागर उदयपुर में घूमने की सबसे अच्छी जगह में से एक हैं यहाँ पर आ कर आप बहुत ही सुकून महसूस करेंगे यह स्थान बहुत ही शान्त स्थान है। यहाँ आप बोटिंग का आनन्द भी के सकते है पास में ही रानी रोड पर आप बाकी राइड का भी भरपूर आनंद ले सकते हो। यह उदयपुर की बहुत ही बेहतरीन जगह है। फतहसागर शाम के वक्त जाना चाहिए। ज़्यादातर लोग यहाँ शाम को ही घूमने आते हैं। शाम का नजारा यहाँ का बहुत ही खूबसूरत था।

उदयपुर के प्रमुख दर्शनीय स्थल में मेवाड़ के राजवंश द्वारा संचालित संग्रहालय भी शामिल हैं अगर आप कार के शौकीन है तो यहाँ आप विंटेज कार म्यूजियम में पुराने जमाने के एक से एक अद्भुत मॉडल देखने को मिले। इनको देख कर पता लगा कि राजा महाराजा कार के कितने शौकीन थे।

जयसमंद झील देश की दूसरी सबसे बड़ी झील मानी जाती हैं यहाँ का वातावरण बहुत ही शान्त है यहाँ आ कर आप बहुत ही सुकून महसूस करेंगे इसका निर्माण महाराजा जय सिंह जी ने 17 वी शताबदी में करवाया था यह चारो ओर से वन्य जीव अभयारण्य से गिरी हुई हैं यहाँ आप अनेक पक्षियों की बहुत ही मधुर आवाज सुन सकते हैं जो आप को बहुत ही सुकून का अहसास कराएगी।

भारतीय इतिहास के महान योद्धा का राजस्थान में बहुत महत्त्व है यह स्मारक उनकी वीरता का गवाही देता है फतह सागर झील के किनारे पर इस स्मारक को बनाया गया है चेतक पर बैठे महाराणा प्रताप अपने शौर्यवान बलिदान की गाथा कहते हे 11 फिट उची इस प्रतिमा को पीतल से बनाया गया है उदयपुर में इस मूर्ति को देखना अपने आप में एक अलग ही गर्व की बात है

उदयपुर का सबसे प्रसिद्ध खाना दाल बाटी चूरमा है, जिसने एक बार ये खाना खा लिया उसको ये खाना बार बार खाने का मन करेगा, इसके अलावा नटराज होटल का थाल भी बहुत प्रसिद्ध है। यहाँ आप को तरह तरह के

व्यंजनों को परोसा जाता है। यहाँ का खाना बहुत ही स्वादिष्ट है, अगर आप उदयपुर की यात्रा कर रहे है तो आप को उदयपुर में दाल बाटी चूरमा ज़रूर खाना चाहिए।

उदयपुर का हैंडीक्राफ्ट बहुत ही प्रसिद्ध है, अगर आप हैंडीक्राफ्ट की चीज खरीदना चाहते हैं तो आप प्रसिद्ध हाथी पोल के बाजार से खरीद सकते है, इसके अलावा आप कपड़ों की खरीददारी करना चाहते हैं तो आप बापू बाजार से कर सकते हैं, और अगर आप ब्रांडेड कपड़ों की शॉपिंग करना चाहते है तो आप सेलिब्रेशन मॉल से कर सकते हैं। यहाँ आप को एक से एक ब्रांडेड शोरूम मिल जाएंगे।

(3)

मरुभूमि के रेतीले साए

जल, जंगल, ज़मीन से आकार लेती मनभावन आकृतियों में गगनचुम्बी पहाड़, लहराते समुद्र और हरे-भरे वन प्रांतर पर्यटन के स्वर्ग कहे जाते हैं। भारत में इनके बग़ैर भी पर्यटन का एक स्वर्ग है, जिसे जैसलमेर मरुभूमि या थार रेगिस्तान के नाम से जाना जाता है। जहाँ पहाड़ तो वीरान हो चुके हैं, जल-जंगल को लोग तरसते हैं, समुद्र तो है, लेकिन रेत का विशाल बियाबान सुलगता आगार जहाँ भूले भटके जीव-जन्तु की मृत्यु की बाट जोहते आकाश में गिद्ध के झुंड मंडराते रहते हैं। यहाँ अभेद्य दुर्ग और वीर रस की गाथाओं के साथ रंग बिरंगे लिबासों में भेड़ों-ऊँटो संग भटकते घुमंतू कबीले आधुनिक राजा-महाराजों के लिए मर्दाना जड़ीबूटी सिलाजीत के साथ मौजूद हैं। वैसे जड़ीबूटियों पर सिर्फ़ मर्दों का वर्चस्व नहीं है, इनका महिलाओं के लिए भी मदनमस्त यौवन बूटी का बखान ध्यान आकर्षित करता है। आपको यहाँ सड़क किनारे ऊँचा क़द, सिर पर रंगीन साफ़ा और जाँघ पर ताल ठोंक ज़ुबान पर ये अल्फ़ाज़ लिए दुकानदार सड़क किनारे मिलेंगे, "भाई साहब, कद्रदान, मेहरबान, भगवान शंकर का नाम लेकर कहता हूँ, आपके लिये लाया हूँ लद्दाख की खोह से जान पर खेलकर पत्थर का पसीना, निराश नहीं करूँगा। वर्ना आपकी निराशा को आशा में बदलने की तासीर है इन जड़ीबूटियों में, एक बार आज़मायेंगे, सौ बार आयेंगे।"

देशी तो देशी, विदेशी पर्यटक भी उखड़ू बैठकर इन नीम हकीम ख़तरेजान की बातें ध्यान से सुनते मिल जाएँगे। विदेशी पर्यटकों की भ्रमण सूची में एक स्वर्ण त्रिकोण दिल्ली-आगरा-जयपुर नाम से प्रसिद्ध है। यहाँ आने वाले पर्यटक घूमर नर्तकी के सौ चुन्नट वाले घेरदार लहंगे पर लहराती चूनर से उठती केसरिया महक और पतली कमर से बिजली की गति से चलती रहल से केसरिया बालम मदहोश हो जाते हैं। नाच का नशा दो-चार दिन तो उतरता ही नहीं है, खुमार तो लंबे समय तक रहता है। यदि आपने ज़िंदगी में राजस्थान नहीं घूमा तो अपना पर्यटन अधूरा ही समझिए।

राजस्थान में पर्यटन के चार मुख्य सर्किट हैं- जयपुर और बीकानेर, उदयपुर और अजमेर, चितौड़गढ़ और कोटा-बूंदी, जोधपुर और जैसलमेर। बीकानेर, जोधपुर और जैसलमेर लंबे समय से हमारी प्रतीक्षा सूची में बाट जोह रहे थे। प्रिय मित्र कैलाश मेश्राम से निमंत्रण मिला कि वो जुलाई 2023 के दौरान दस-पंद्रह दिन बीकानेर में रहेंगे। जैसलमेर चलना है तो आ जाओ।

पिछले कुछ दिनों से भोपाल में अच्छी बारिश का ख़ुशनुमा मौसम है और घरवाली के हाथों से निकलते गर्मागर्म प्याज पकौड़ों की महक भी एक अवरोध थी। लेकिन हमारी इच्छा सहरा-ए-थार की सैर को मचल रही थी। लोग बहार को मचलते हैं, सहरा से भागते हैं। दुनिया की तमन्ना के बरक्स कैफ़ी आज़मी ने क्या खूब कहा है-

बहार आए तो मेरा सलाम कह देना,
मुझे तो आज तलब कर लिया है सहरा ने।

हमने मोबाइल पर भोपाल से बीकानेर ट्रेन खोजी। एक साप्ताहिक ट्रेन मैसूर से बीकानेर चलती दिखी। गुरुवार को मैसूर से चलकर शुक्रवार को भोपाल से गुज़रकर शनिवार को बीकानेर पहुँचती है। वापसी हेतु एक ट्रेन बीकानेर से सोमवार की रात को चलकर मंगलवार को भोपाल से गुज़रकर बुधवार को बिलासपुर पहुँचती है। आरक्षण संभावना देखी तो 07 जुलाई को वातानुकूलित दूसरी श्रेणी में और वापसी हेतु 11 जुलाई में मिल रही है। दोनों टिकट ऑनलाइन बुक कर दीं। बीकानेर पहुँच कर जैसलमेर के लिए चार

दिन काफ़ी हैं। हम इसे छापामार पर्यटन कहते हैं। तुरंत सोचो और निकल लो। कोई लंबी चौड़ी योजना बनाने की ज़रूरत नहीं है। कम से कम सामान और कम से कम अरमान।

हमने घर में बीकानेर जाने की घोषणा की तो हमेशा की तरह घर में कोहराम मचना शुरू हुआ। "यह 72 साल की उम्र भी कहीं अकेले निकलने की होती है, रास्ते में कुछ हो गया तो कौन देखेगा। कुछ भी करते रहते हैं।" हालाँकि उनकी बात सही नहीं थी। हम अभी 71 के ही हुए हैं, 72 होने तक तीन-चार यात्रायें और कर चुके होंगे।

हमने कहा, "अभी हमें, हमारी बायोलॉजिकल उम्र 27 वर्ष की अनुभव होती है। अकेले निकलने में कोई दिक़्क़त महसूस नहीं होती। ना कोई डर, ना घबराहट, हमें ऐसा लगता है कि घूमने का आनंद लिया जा सकता है। तो क्या आपत्ति है, और यदि कुछ हुआ तो जो वहाँ होगा वो यहाँ भी हो सकता है। कोई रोक नहीं पाएगा। फिर आप लोग ही तो कहते हैं, जो होना है वह पहले से तय है। जब पहले से ही तय है तो होने का क्या रोना, जो होना है सो होना है।" दुष्यंत ने क्या खूब कहा है-

बहुत सँभाल के रक्खी तो पाएमाल हुई,
सड़क पे फेंक दी तो ज़िंदगी निहाल हुई।

ज़िंदगी जितनी पुरानी होती जाती है, उतनी सुहाती है। माना ज़िंदगी के इस मोड़ पर आँखों की रोशनी कम होती जाती है, पर इसी मोड़ पर कागद कारे करने हेतु ज़ेहन में रोशनाई भी दरकार होती है। घर वाले कुछ सुनने को तैयार नहीं थे। हम थोड़े निराशा का नाटक करते बैठे रहे। मौजू को भाँपकर उसी ग़ज़ल का एक शेर और हवा में उछाल दिया।

बड़ा लगाव है इस मोड़ को निगाहों से,
कि सबसे पहले यहीं रोशनी हलाल हुई।

हमने अंतिम डायलॉग मारा। निखट्टू बैठ कर ज़िंदगी के ख़ात्मे की राह देखना बेमानी है, मौत से बच नहीं सकते, लेकिन ज़िंदगी को भी मुल्तवी नहीं किया जा सकता है। ज़िंदगी जीने की मिसाल तो क़ायम ही की जा सकती है।

हम चुप रहकर खिड़की से बाहर के नज़ारे इस आशा से देखते रहे कि हमारे नाटकीय अभिनय से निजात की सूरत बनेगी। घर वालों के दिमाग़ी पहाड़ों पर भय की बर्फ पिघलने का नाम नहीं ले रही थी। मुस्कान की ईमोजी चेहरों से ग़ायब। घर में अनबोला पसरने लगा, इशारे भी गुम हुए। राजस्थान की मरुभूमि हमारे इंतज़ार में मुरझाने लगी, इसी घड़ी के लिए शायद दुष्यंत ने लिखा होगा-

कोई निजात की सूरत नहीं रही, न सही,
मगर निजात की कोशिश तो एक मिसाल हुई।

दोपहर के बाद तेज धूप के साथ बर्फ पिघलना शुरू हुई, लेकिन आशा-निराशा के सफ़ेद-काले बादल गहराते रहे। आख़िर यह तय हुआ कि अकेले यह अंतिम यात्रा है। इसके बाद अकेले कहीं नहीं जाने देंगे। हमने फ़ौरन से पेश्तर सहमति जता दी। इसमें भी एक पेंच था। उनकी और हमारी अंतिम यात्रा की समझ अलग थी। उन्हें कहाँ पता था कि अंतिम यात्रा के बाद कोई कहीं जाता है क्या? उन्हें क्या पता था कि इस बदमाश दिल में अभी भी कितने ख़तरनाक ख़्वाब अंगड़ाई ले रहे हैं।

टिकट बुक करने के बाद, सबसे पहले लाइब्रेरी की अलमारी से लेफ्टिनेंट-कर्नल जेम्स टॉड की "एनल्स एंड एंटीक्विटीज ऑफ राजस्थान" निकाली। अब यह किताब अमेजान पर दो हज़ार रुपयों के आसपास मिलती है। एक बार कोटा जाना हुआ था। वहाँ चंबल नदी किनारे स्थित क़िले पर पुस्तक के दोनों भाग छै सौ रुपयों में मिल गए थे। मेवाड़ भ्रमण के समय मेवाड़ पर कुछ अध्याय पढ़कर पुस्तक रखी हुई थी, कि जब मारवाड़ का समय आएगा तब पढ़ेंगे, और देखिए समय आ गया। ख़्वाब की ताबीर होते दिख रही है। ये ख़्वाब ही तो हैं, जिनके कारण ज़िंदगी आसान होती चली जा रही है। वरना नज़दीक बने दोस्तों और रिश्तेदारों के ईर्ष्या द्वेष युक्त दावपेंच,

बुढ़ापा, बीमारियाँ और मृत्यु का दर्शन आदमी को मरने के पेश्तर ही ना जाने कितनी बार मारते हैं। चलना ही ज़िंदगी है, तो भाई चल दिए मरुभूमि की सैर को।

जैसी की संभावना थी कि लंबी दूरी की ट्रेन अक्सर लेट होती हैं। हमारी ट्रेन नागपुर तक तो एक घंटा देरी से चल रही थी। भोपाल पहुँचते-पहुँचते दो घंटा से अधिक लेट बताई जाने लगी। इस समय सरकारी मंत्रालयों के इलेक्शन मोड में चले जाने से रेल मंत्रालय भी रामभरोसे चल रहा है। भोपाल स्टेशन पर जेम्स टॉड की कहानी सोचते बैठे रहे।

रात ग्यारह बजे घोषणा अनुसार ट्रेन हेतु नियत चार नंबर प्लेटफ़ार्म पर बैठे थे। तभी घोषणा हुई कि गाड़ी प्लेटफार्म नंबर दो पर आएगी। पिट्ठू बैग उठाकर दो नंबर पर पहुँचे। हमारी बर्थ A-45 थी, ट्रेन आने की घोषणा के साथ बोगी का स्थान इंजन से तीसरा बताया जा रहा था। तदानुसार आगे की तरफ़ जाकर एक बैंच पर बैठे। थोड़ी देर में बोगी का क्रम बदल कर पीछे से तीसरा नंबर हो गया। पीठ पर पिट्ठू बैग टांग कर पूरा प्लेटफ़ार्म पार करके पीछे की तरफ़ चल दिये। बारिश के कारण प्लेटफ़ार्म पर सीलन भरी बदबू थी। भीड़ से बचते, रगड़ते, टकराते अंतिम किनारे से थोड़े पहले एक सिला आसन पर जम गये। सिला आसन पर बिलकुल भी जगह नहीं थी। हम मोबाइल देख रहे थे। तभी एक लड़की थोड़ी सी जगह में घुसकर बैठ गई।

पहले तो हमने ध्यान नहीं दिया। जी जी यू हू उसने पूछा- आप कहाँ जाएँगे। हमने कोई जवाब नहीं दिया। बाद में उसे ध्यान से देखा। वह बीस-बाईस साल की उदास चेहरे वाली लड़की थी। उसी समय तमिलनाडु एक्सप्रेस आकर खड़ी हो रही थी। उसने फिर पूछा- यह मथुरा जाएगी क्या?

हमने बताया- दिल्ली तरफ़ तो जा रही है लेकिन मथुरा रुकती नहीं है।

उसके बैग पर धार-कॉलेज लिखा देखकर पूछा- क्या पढ़ रही हो ?

वह बोली- नर्सिंग का कोर्स कर रही हूँ।

मथुरा की रहने वाली हो क्या ?

नहीं, मैं इंदौर की हूँ।

मथुरा क्यों जा रही हो ?

उसने बताया- साथ वाले दूसरी ट्रेन से निकल गए हैं। वृंदावन जाना है। उसने टिकट बताया। लेकिन उसके बताने के तरीक़े से लग रहा था कि वह झूठ बोल रही है। कुछ असहज दिखी। हमने उसे परेशान देख कुरेदना उचित नहीं समझा। उससे कहा- किसी मुसीबत में हो तो बताओ। वह कुछ ना बोली, लेकिन उसकी सूखी आँखों में नमी उभर आई। समझ आया कि कोई प्यार-व्यार का चक्कर होगा, शायद। ये आंसू भी बड़े बेग़ैरत होते हैं, बिना बुलाए आँख की देहरी पर आकर ठिठक जाते हैं। हमारे दिमाग़ में पता नहीं किसका एक शेर अंगड़ाई लेकर उठा।

अभी तलक सहरा बसा था आँख में,
अब मगर उसने समंदर रख दिया।

बाजू में मथुरा जाने वाला एक परिवार बैठा था। लड़की को उनके साथ करके उसे बताया कि श्रीधाम एक्सप्रेस डेढ़ बजे आएगी। इनके साथ उस ट्रेन में बैठ जाना। वह बहुत थकी थी, थोड़ी देर में ऊँघकर हमसे टिककर सोने लगी। हमें थोड़ा असहज लगा। सोचने लगे, बेल की आदत पेड़ पर चढ़ने की होती है, भले ही बरगद का बूढ़ा पेड़ हो, जिसके सब पत्ते भी झड़ चुके हों। एक बार तो मन हुआ कि उसे सीधा होकर बैठने को कहें। फिर ध्यान आया कि लड़की थकी और परेशान है। उसे पिता या भाई के सानिध्य की ज़रूरत है। थोड़ी देर कंधे का सहारा ले लेगी तो क्या गज़ब हो जाएगा। जब तक मन में मैल नहीं है तब तक मानवता धर्म है।

08 जुलाई 2023 को तक़रीबन आधा घंटा बाद हमारी ट्रेन आई। लड़की को जगाकर सीधा किया। रेल में सवार होकर नियत बर्थ पर सोने की मनःस्थित में थे, लेकिन हमारी बर्थ पर एक महिला गहरी निद्रा में लीन थी। उन्हें आवाज देकर उठाने की कोशिश में सामने वाली बर्थ की महिला जाग गई। उन्होंने हमारी बर्थ पर सोई महिला को उठाया।

उन्होंने पूछा आपकी बर्थ है?

हमने सिर हिला कर हामी भर दी।

फिर उन्होंने पूछा- कहाँ तक जाएँगे।

हमने उत्तर दिया-जहाँ तक यह ट्रेन जाएगी।

उनकी बातचीत से विदर्भ यानी नागपुर के आसपास की लग रही थीं। हमने अन्दाज़ लगाया। निश्चित रूप से श्रावण के महीने में महाकाल दर्शन हेतु उज्जैन उतरेंगी। उन्होंने पूछ ही लिया- उज्जैन कितने बजे आएगा। हमने बताया कि एक बजे रात तक उज्जैन पहुँचेंगे। हमने सोने की कोशिश की लेकिन उनके समूह के नेता टाईप साथी सभी को उठाने लगे कि उज्जैन आने वाला है। नींद की दुश्मन रोशनी कर के सामान समेटा जाने लगा। हमने सोचा कि अब उज्जैन के बाद ही नींद नसीब होगी। इस आशा में आँखें मूँदे पड़े थे। परंतु उज्जैन से कोटा-जयपुर की सवारियों से बोगी भर गई। कंबल, तकिया, चादर की आवाजों के बीच कुंभकरण की भी हिम्मत नहीं है कि वह सो सके। जब तक हलचल थोड़ी थमती, तब तक नागौद जंक्शन आ गया। नागौद दिल्ली-मुंबई मुख्य रेलमार्ग पर स्थित है। वहाँ बिना आरक्षण की भीड़ चढ़ी। नींद का सारा खुमार पानी पीकर बाथरूम में उतर गया। उसके बाद हल्की नींद आई।

सुबह उठकर प्राथमिक क्रियाओं से फ़ारिग हुए ही थे, तभी एक चाय वाला आ गया। सुबह गरम पानी पीने की आदत है। सवारी को चाय की गुणवत्ता का अन्दाज़ तो रहता है, मगर आदत से मजबूर आदमी की ज़ुबान एक चाय का ऑर्डर दे देती है। सामने वाली सवारी भी सहसा उठकर चाय वाले से पूछती है- क्यों चाय अच्छी है ? अब भला कुँवारी बैठी उम्रदराज़ बेटी के बाप की तरह चायवाला कैसे कहे कि चाय में कोई गुण नहीं है। उसने कहा- साहिब गर्मागर्म मस्त मसाला चाय पीजिए। उस सवारी ने भी एक कप भरवा ली। जब तक हमारी चाय ठंडी होती। तब तक वह सवारी भाप छोड़ती चाय चार घूँट में पीकर फिर लंबी होकर पसर गई।

हमने चाय के रंग का गरम पानी गले से नीचे उतारा। जेम्स टॉड की किताब पढ़ना शुरू किया। राजपूतों के रहस्य खुलने लगे। राजपूत कोई जाति नहीं एक छाप है। अरावली पर्वत की पहाड़ियों में राजपूत शब्द की उत्पत्ति

छठवीं शताब्दी ईस्वी के आसपास हुई। राजपूतों ने हर्षवर्धन के बाद सातवीं शताब्दी ईस्वी से बारहवीं सदी में मुहम्मद गोरी के आने तक भारतीय इतिहास में एक प्रमुख स्थान प्राप्त कर लिया था। राजपूतों की उत्पत्ति के बारे में कई सिद्धांत हैं। हमने किताब बंद कर बाहर देखा तो ट्रेन सुबह सात बजे कोटा में खड़ी थी, जिसे कुछ सालों से कोचिंग का मक्का कहा जाने लगा है।

कर्नल जेम्स टॉड द्वारा "एनल्स एंड एंटीक्विटीज ऑफ राजस्थान" में प्रतिपादित सिद्धांत अनुसार राजपूत कुषाण, शक और हूणों के वंशज थे। राजपूत अग्नि की पूजा करते थे और कुषाण और शक भी अग्नि पूजक थे। इसी कारण से उनकी उत्पति शकों और कुषाणों से बताई जाती है। पुरातत्व साक्ष्यों के अनुसार राजस्थान का इतिहास पूर्व पाषाणकाल से प्रारम्भ होता है। आज से करीब तीस लाख वर्ष पहले राजस्थान में आदिम मनुष्य मुख्यतः बनास नदी के किनारे या अरावली के उस पार की नदियों के किनारे निवास करता था। आदिम मनुष्य भील-भिलाले अपने पत्थर के औजारों की मदद से भोजन की तलाश में हमेशा एक स्थान से दूसरे स्थान को जाते रहते थे, इन औजारों के कुछ नमूने बैराठ, रैध और भानगढ़ के आसपास पाए गए हैं।

जेम्स टॉड की किताब में इस कदर डूबे कि कब ट्रेन सवाई माधोपुर पहुँच गई, पता ही नहीं चला। रेल फिर चल दी और हमारी किताब फिर खुल गई। एक नज़र चलती रेल से घूमती धरा पर गई तो देखा, सवाई माधोपुर तक रेलगाड़ी राजस्थान की पूर्वी सीमा और पश्चिमी मध्य प्रदेश के शिवपुरी ज़िले की सीमा पर चल रही थी। यहाँ से पश्चिम दिशा जयपुर की तरफ़ मुड़ने लगी है। इलाक़े में बारिश हो रही है; इसलिए खूब हरियाली छाई है। ताल-तलैया भरे हैं। ज़मीन में ताजी ऊगी मख़मली हरी घास पर गाय, बकरी, भेड़, ऊँट जल्दी-जल्दी नाश्ता निपटा रहे हैं। जिनका नाश्ता निपट गया वे उछलकूद में लगे हैं।

मन करता है प्रकृति के बदलाव की इस मनोरम छटा को दोनों हाथों से समेट लूँ। यदि मन इस समय चित्रकार होता तो कैनवास पर बरखा के सतरंगी रंग उकेर कोई सुंदर इंद्रधनुष सजा देता... यदि मन कवि होता तो एक महाकाव्य नहीं तो खंड काव्य ही रच लेता... मन नर्तक होता तो मोर की

तरह नाच उठता... कथाकार होता तो इस हरियाली पर तोता-मैना की रसभरी प्रेम कहानी लिख देता, लेकिन ये बावरा इतना चंचल है कि पलक झपकते ही धरती से आसमान में विचरने लगता है।

आसमान में बादल हैं, बादल में बूँदें हैं, बूँदों में आसमान से विछोह का दर्द है, मन दर्द का समुंदर है, जिसकी चंचल लहरें सदियों पुराने बूढ़े किनारों से टकरा कर बिखर जाती हैं। जैसे देवदास फ़िल्म में उन्नीस साल की पारो की उमंगें सत्तर साल के ज़मींदार भुवन से टकरा कर बिसर गई थीं। बूढ़े ज़मींदार ने पारो से शादी केवल अपने बच्चों और जायदाद की देखभाल की ख़ातिर की है। जवान पारो की रगों में उठती प्रेम तरंगें बूढ़े किनारे के लिए, नहीं आसमान से उतरती चाँदनी में देवा के लिए तरसती हैं। वह उछलकर चाँद को छूना चाहती है। उसका देवा उसकी चौखट पर आकर दम तोड़ देता है। इंसान जीवन से प्रेम करता है, उसका प्रेम भी चिकित्सकों की देखरेख में बीमारी और बुढ़ापे की चौखट पर धीरे-धीरे दम तोड़ता है। शायद लहरों का यही हश्र होता है। इसमें ईश्वर भी कुछ नहीं कर सकता। जब-जब वह अवतार धर कर धरा पर आया था, तब उसका भी यही हश्र हुआ था। मर्यादा पुरुषोत्तम ने सरयू में डुबकी लगाई थी और युगेश्वर के पैर में बहेलिया का तीर धँसा था। अंत सबका एक है, राहें अलग-अलग।

यह रेल ट्रैक जिस पर हमारी रेल दौड़ रही है, दिल्ली जयपुर- उदयपुर- चितौड़गढ़- रतलाम- बड़ौदा- मुंबई के मुख्य ट्रैक से हटकर है। इसलिए जीवन सुस्त और स्टेशन वीरान नज़र आ रहे हैं। यह ट्रैक नागदा से आरम्भ होकर जयपुर जंक्शन पर मुख्य दिल्ली-मुंबई ट्रैक से मिलता है। हमारी रेल दायें-बायें न मुड़कर सीधी बीकानेर निकल जाएगी। अभी सवाई माधोपुर और जयपुर के बीच दौड़ रही और दिमाग़ सदियों पहले राजस्थान का चित्रांकन कर रहा है।

जयपुर पहुँचने को हैं, तो अरावली पर्वत मालाएँ पसरती दिखने लगी हैं। जयपुर, भौगोलिक क्षेत्रफल में भारत के सबसे बड़े राज्य राजस्थान की राजधानी है। दुर्गापुरा उत्तर पश्चिमी रेलवे नेटवर्क पर जयपुर का उप स्टेशन है। यहाँ बहुत देर से रेल खड़ी है। आख़िर रेल चली और जयपुर पहुँच गई।

जयपुर को पिंक सिटी अथवा गुलाबी नगरी भी कहते हैं, इसको सबसे पहले स्टैनली रीड ने पिंक सिटी कहा था। जयपुर की स्थापना आमेर के महाराजा सवाई जयसिंह (द्वितीय) ने की थी। यूनेस्को द्वारा जुलाई 2019 में जयपुर को वर्ल्ड हेरिटेज सिटी का दर्जा दिया गया है।

रेल के जयपुर छोड़ने के साथ ही हरियाली का अंतिम छोर भी छूट गया। अब मारवाड़ के सूखे इलाक़े में प्रवेश कर रहे हैं। पत्थर और पत्थर का पसीना सिलाजीत बेचने वाले धुरन्धरों का इलाक़ा। भेड़ों के झुंड हाल की बारिश से उपजी मुलायम घास चरने में व्यस्त हैं। उनकी नज़र ज़मीन पर इस तरह जमी है, जैसे बढ़ते शेयर मार्केट में प्रॉफिट बुक करने को लालायित स्टॉक ब्रोकर गुटका चबाते कंप्यूटर स्क्रीन पर जमे रहते हैं। भेड़ों के शरीर पर ऊन की मोटी खाल जिसे अभी पिछली गर्मी में ही काटा गया था, फिरसे मोटी होती जा रही है। प्रकृति का खेल भी क्या गज़ब का है, भेड़ हरी मुलायम घास खाकर सफ़ेद मुलायम ऊन हमको सौंप देती हैं।

जयपुर नगर के समीप सांभर खारे पानी की झील है। झील के बीच से रेल होकर गुज़र रही है। यह झील समुद्र तल से 1,200 फुट की ऊँचाई पर है। जब यह भरी रहती है तब इसका क्षेत्रफल 145 वर्ग किलोमीटर हो जाता है। इसमें चार नदियाँ रुपनगढ, मेंथा, खारी, खंड़ेला आकर गिरती हैं। इस झील में बड़े पैमाने पर नमक का उत्पादन किया जाता है। मध्यकाल में यह क्षेत्र भील राज्य का प्रमुख व्यावसायिक केंद्र रहा है। अरावली के शिष्ट और नाइस के गर्तों में भरी गाद ही नमक का स्रोत है। गाद में स्थित विलयशील सोडियम यौगिक वर्षा के जल में घुलकर नदियों द्वारा झील में पहुँचता है, और जल वाष्पन के पश्चात झील में नमक के रूप में रह जाता है। यहाँ मकर संक्रांति के दिनों में खाने वाली मीठी फिनियाँ बहुत प्रसिद्ध हैं। महाभारत के अनुसार यह क्षेत्र असुर राज वृषपर्व के साम्राज्य का एक भाग था और यहाँ पर असुरों के कुलगुरु शुक्राचार्य निवास करते थे। इसी स्थान पर शुक्राचार्य की पुत्री देवयानी का विवाह राजा ययाति के साथ सम्पन्न हुआ था। देवयानी को समर्पित एक मंदिर झील के पास स्थित है।

जयपुर से बीकानेर के बीच नागौर ज़िले में स्थित मकराना नगर आया। मकराना सफ़ेद संगमरमर के लिए प्रसिद्ध है। मकराना में बड़े स्तर पर

संगमरमर का खनन किया जाता है। यहाँ के निवासियों का मुख्य व्यवसाय संगमरमर खनन है। यह मार्बल बहुत ही सजीव और आकर्षक होता है, यह सबसे अच्छी गुणवत्ता का मार्बल माना जाता है। मकराना के संगमरमर का उपयोग ताजमहल के निर्माण में किया गया था। अब करोड़पतियों के घरों में होता है।

नागौर को जाटों का रोम कहा जाता है। यह मुख्य रूप से नागवंशी महान संतों और सुधारकों की उत्पत्ति का स्थान है। नागौर सात जिलों बीकानेर, चुरू, सीकर, जयपुर, अजमेर, पाली, जोधपुर के बीच स्थित है। संत श्री कान्हाराम ने लिखा है कि... नागौर नागों की मूल राजधानी रही है। प्राचीन काल में यहाँ पानी की झील थी। जिसमें नागवंशियों का जलमहल था। पहले शेषनाग और बाद में वासुकि नाग यहाँ के राजा थे। शिशुनाग जलमहल में निवास करता था। ईसा की चौथी शताब्दी में यहाँ नागों द्वारा दुर्ग का निर्माण किया गया था। इस दुर्ग का नाम नागदुर्ग था, जो कालांतर में नागौर हो गया।

राजस्थान की अरावली पर्वतमाला के पश्चिमी भाग को 'मारवाड़' के नाम से जाना जाता है, जिसमें अब मुख्यतः जोधपुर, बीकानेर, जालौर, नागौर, पाली, एवं आसपास के क्षेत्र शामिल होते हैं। इस भूभाग पर अलग-अलग कालखण्डों में अलग–अलग लोगो का शासन रहा। यहा के इतिहास की विश्वसनीय जानकारी छठी शताब्दी से मिलती होती है। मारवाड़ संस्कृत के मरूवाट शब्द से बना है जिसका अर्थ है, मौत का भूभाग। प्राचीन काल में इस भूभाग को मरूदेश भी कहते थे। राव सीहा मारवाड़ के राठौड़ वंश के संस्थापक आदि पुरूष थे। राव सीहा के वंषज वीरमदेव का पुत्र राव चूडा इस वंश का प्रतापी शासक हुआ, जिसने मांडू के सूबेदार से मंडोर दुर्ग छीनकर उसे अपनी राजधानी बनाया। इन्हीं विचारों में विचरते बीकानेर नगर की कालोनियाँ दिखने लगीं। रेल से उतरने की जल्दी नहीं है, क्योंकि इसका अंतिम पड़ाव ही हमारा गंतव्य है।

भोपाल से रात के बारह बजे चली रेल शाम को साढ़े चार बजे बीकानेर पहुँची। उस समय हल्की बूँदाबाँदी हो रही थी। ट्रेन के डिब्बे से नीचे प्लेटफ़ार्म पर कदम रखे ही थे, हमारे मित्र कैलाश मेज़बान राजीव कुमार के साथ आते

दिख गए। राजीव कुमार मूलतः बिहारी हैं। 10-15 सालों से स्टेट बैंक की नौकरी में राजस्थानी होकर रह गए हैं। इधर चालीस-पचास वर्षों में बिहारी युवकों ने प्रशासन, बैंक, बीमा नौकरियों में अलग पहचान बनाई है। भारत में 1860 से 1930 तक कालखंड में जब अंग्रेजों ने मद्रास-कलकत्ता-बॉम्बे को रेल नेटवर्क से जोड़ा था, तब बहुत बड़े स्तर पर लोग रोज़गार की तलाश में गुजरात, राजस्थान, पंजाब और महाराष्ट्र से एक बड़ी तादाद में पश्चिमी भारत से पूर्वी भारत गए थे, अर्थात् लोगों का ईस्ट से वेस्ट माइग्रेशन हुआ था। ख़ास तौर से गुजराती-मारवाड़ी कारोबारियों के वंशज अभी भी पूर्वी भारत में समृद्ध कारोबारी हैं। ब्रिटिश इंडिया की राजधानी 1911 में कलकत्ता से दिल्ली पहुँची तब वह पलायन रुका और आज़ादी के बाद से पलायन का क्रम उल्टा होकर पूर्व से पश्चिम हो गया। अब बिहार, झारखंड और उड़ीसा के लोग राजस्थान सहित पंजाब, गुजरात और महाराष्ट्र की तरफ़ रोटी-रोज़गार की तलाश में पलायन कर रहे हैं।

स्वभाव से सरल राजीव कुमार स्टेट बैंक में सहायक महा प्रबंधक हैं। उन्होंने एक गेस्ट हाऊस में हमारे रुकने की व्यवस्था की है। ट्रेन की चाय का तो भगवान भी मालिक नहीं होता। गेस्ट हाउस पहुँच कर दिन की पहली चाय जैसी चाय पीकर तृप्त हुए। पूरे दिन में पहली बढ़िया चाय पीकर स्नान करके ताज़ादम हो शाम को बीकानेर बाजार घूमने निकले। पूरा शहर सपाट भूमि पर बसा है। भोपाल जैसी पहाड़ियों, घाटियों और ताल-तलैयों का महत्व यहाँ पता चला। यहाँ बारिश की कीचड़ से गंदगी और बदबू बजबाज़ा रही है। शनिवार का दिन होने से बाज़ार में सप्ताह अंत की भीड़ के चलते खूब ट्रैफ़िक है।

अब हम मारवाड़ियों के देश में हैं। मारवाड़ियों को समझने हेतु केवल राजस्थान का नक़्शा देखने से काम नहीं चलेगा। आपको आज़ादी के पहले का अखंड भारत का नक़्शा समझना होगा। बँटवारे के समय केवल पंजाब और बंगाल का ही बँटवारा नहीं हुआ। राजस्थान के थार रेगिस्तान का भी बँटवारा हुआ था। तक़रीबन 80% रेगिस्तान भारत के पास रहा और 20% पाकिस्तान के हिस्से में गया। इसके दक्षिण में सिंध प्रांत पूरा का पूरा पाकिस्तान

के साथ चला गया, हिंदू सिंधी भारत आ गए। असल में मारवाड़, सिंध और उत्तरी गुजरात मिलकर रेशम मार्ग का एक बड़ा कारोबारी समूह बनाते थे। जैसलमेर से पाकिस्तान बॉर्डर पार करके सीधे चले जाएँ तो पाकिस्तान में सिंधियों के गढ़ सुकुर और लरकाना होते हुए कराची पहुँचा जा सकता है। वहाँ से उत्तर की तरफ़ जाएँ तो पेशावर पहुँच जाएँगे।

पुराने समय में करांची-लरकाना-सुकुर-पेशावर-काबुल-बग़दाद-दमिश्क-कुस्तुंतुनिया होते हुए रोमन साम्राज्य को भारत से जोड़ता व्यापारिक मार्ग था। जिससे चीन का तिब्बत से आता व्यापारिक मार्ग जुड़ जाता था। यही कारोबारी रेशम मार्ग था। उस समय कुल विश्व व्यापार में भारत का सकल घरेलू उत्पाद 30-40 प्रतिशत होता था। समुद्री मार्ग खुल जाने से वह रेशम मार्ग अर्थहीन हो गया। मारवाड़ी, गुजराती और सिंधी हज़ारों सालों से पैसे कमाने, पैसा पकड़ने और पैसा बढ़ाने की कला ना सिर्फ़ जानते हैं, बल्कि उन्हें इसमें महारत हासिल है। इससे यह पता चलता है कि कोई कौम किस तरह विशेषज्ञता प्राप्त करती है। राजस्थान तीन चीजों के लिए प्रसिद्ध है, चट्टान सा मेवाड़ी साहस, संगमरमर सी पथरीली कठोरता और धन संपत्ति निर्माण करने की मारवाड़ी बुद्धि।

मारवाड़ी भाषा राजस्थानी भाषा का अंग है। जो कि गुजराती भाषा से मिलती-जुलती है। मारवाड़ रियासत के लोग अंतर्देशीय व्यापारियों के रूप में और बाद में औद्योगिक उत्पादन और अन्य कारोबारी क्षेत्रों में निवेशकों के रूप में एक बेहद सफल वाणिज्यिक समुदाय रहा है। वे देश के कई बड़े कारोबारी समूहों को नियंत्रित करते हैं। यह समुदाय पूरे भारत और नेपाल में फैला है, लेकिन ऐतिहासिक रूप से कलकत्ता और मध्य-पूर्वी भारत के पहाड़ी इलाकों में अधिक केंद्रित थे। अब मारवाड़ी सम्पूर्ण देश में सफल व्यवसायी समुदाय के रूप में जाना जाता है।

मारवाड़ी शब्द का सम्बंध भारत में दक्षिण-पश्चिम राजस्थान के जोधपुर क्षेत्र की पूर्व रियासत मारवाड़ से है। इस क्षेत्र से निकले कारोबारियों को उनके मूल क्षेत्र के कारण मारवाड़ी कहा जाने लगा था। इसका उपयोग विशेष रूप से कुछ बानिया जातियों के संदर्भ में किया जाता है। जिनमें अग्रवाल,

बरनवाल, खंडेलवाल, महेश्वरी, स्वर्णकार, रस्तोगी, और ओसवाल हैं। फोर्ब्स की भारतीय अरबपतियों की सूची में एक चौथाई नाम और बॉम्बे स्टॉक एक्सचेंज का 6% पूंजीकरण मारवाड़ी कारोबारियों से बना है।

रात के भोजन पर राजस्थान के इतिहास पर बात होने लगी। कैलाश भाई पिछले दो सालों से राजस्थान के विभिन्न स्थानों पर ऑडिट करते घूम रहे हैं। उनकी व्यावहारिक जानकारी से समृद्ध होते हुए, उन्हें राजस्थान राज्य के गठन के क़िस्से सुनाए।

कैलाश बोले - राजस्थान को 1947 में भारत में विलय हेतु वल्लभ भाई पटेल को काफ़ी मशक़्क़त करनी पड़ी होगी शायद। सभी राजपूती रियासतें भारत में मिलने को आसानी से तैयार नहीं हुई होंगी।

- तत्कालीन राजपूताना की ताकतवर रियासतों का पहले आपस में विलय हुआ था। भरतपुर के जाट शासकों ने भी अपनी रियासत का विलय राजस्थान में किया था। भारत के संवैधानिक-इतिहास में राजस्थान का निर्माण एक महत्वपूर्ण उपलब्धि थी।
- राजस्थान शब्द का अर्थ है : 'राजाओं का स्थान' क्योंकि यहाँ मीणा, भील, अहीर, गुर्जर, राजपूत, मौर्य, जाट आदि ने पहले राज किया था। ब्रिटिश शासकों द्वारा भारत को आजाद करने की घोषणा करने के बाद जब सत्ता-हस्तांतरण की कार्यवाही शुरू हुई, तभी लग गया था कि राजस्थान प्रांत बनना और राजपूताना के तत्कालीन हिस्से का भारत में विलय एक दुष्कर कार्य साबित हो सकता है। आजादी की घोषणा के साथ ही राजपूताना कि रियासतों के मुखियाओं में अपनी स्वतंत्र सत्ता बरकरार रखने की होड़ सी मच गयी थी।
- उस समय वर्तमान राजस्थान की भौगालिक स्थिति के नजरिये से देखें तो राजपूताना के इस भूभाग में कुल 19 देशी रियासतें, 3 ठिकाने व एक केंद्र शासित प्रदेश था। केंद्र शासित प्रदेश का नाम अजमेर-मेरवाड़ा था जो सीधे केन्द्र यानि अग्रेजों के अधीन था। अजमेर-मेरवाड़ा प्रांत पर ब्रिटिश शासकों का कब्जा था; इस कारण यह तो सीधे ही स्वतंत्र भारत

में आ जाती, मगर शेष 19 रियासतों का विलय होना यानि एकीकरण कर 'राजस्थान' नामक प्रांत बनाया जाना था। सत्ता की होड़ के चलते यह बड़ा ही दूभर लग रहा था, क्योंकि इन देशी रियासतों के शासक अपनी रियासतों के स्वतंत्र भारत में विलय को दूसरी प्राथमिकता के रूप में देख रहे थे। उनकी मांग थी कि वे सालों से खुद अपने राज्यों का शासन चलाते आ रहे हैं, उन्हें इसका दीर्घकालीन अनुभव है, इस कारण उनकी रियासत को 'स्वतंत्र राज्य' का दर्जा दे दिया जाए। करीब एक दशक की ऊहापोह के साथ चली 18 मार्च 1948 को शुरू हुई राजस्थान के एकीकरण की प्रक्रिया कई चरणों में एक नवंबर 1956 को पूरी हुई। इसमें भारत सरकार के तत्कालीन देशी रियासत और गृह मंत्री सरदार वल्लभ भाई पटेल और उनके सचिव वी. पी. मेनन की भूमिका अत्यंत महत्वपूर्ण थी। इनकी सूझबूझ से ही राजस्थान के वर्तमान स्वरुप का निर्माण हो सका। वी. पी. मेनन की "इंट्रैगेशन ऑफ़ इण्डियन स्टेट्स" और "ट्रांसफ़र ऑफ़ पॉवर" किताबों में इन्हें मिलाने के सच्चे क़िस्से वर्णित हैं। राजस्थान एकीकरण में कुल 8 वर्ष 7 माह 14 दिन लगे।

कैलाश- यह खेल कैसे शुरू हुआ?

- यह सत्ता का बड़ा मनोरंजक खेल था। भारतीय स्वतंत्रता अधिनियम 1947 के 8 वें अनुच्छेद में देशी रियासतों को आत्म निर्णय का अधिकार दिया गया था। एकीकरण हेतु 5 जुलाई 1947 को रियासत सचिवालय की स्थापना की गयी थी। इसके अध्यक्ष सरदार वल्लभ भाई पटेल व सचिव वी. पी. मेनन थे। आज़ादी का राग अलापते रियासतों के सम्मुख उनकी एकता तोड़ने हेतु रियासती सचिव द्वारा स्वतंत्र रहने की निम्न शर्त रखी। रियासत की जनसंख्या 10 लाख से अधिक होनी चाहिये। वार्षिक आय 1 करोड से अधिक होनी चाहिये। इन शर्तो को पूरा करने वाली केवल 4 रियासतें थी, जयपुर, जोधपुर, उदयपुर, बीकानेर।
- इन बड़ी रियासतों ने छोटे राजाओं से दूरियाँ बनाना शुरू कर दी। उनकी एकता टूट गई। उसके बाद सबसे पहले पूर्वी इलाक़े की अलवर,

भरतपुर, धौलपुर व करौली नामक देशी रियासतों का विलय कर फरवरी 1948 में अपने विशेषाधिकार का इस्तेमाल कर 'मत्स्य यूनियन' के नाम से पहला राजस्थान संघ बनाया। इनमें अलवर व भरतपुर पर आरोप था कि उनके शासक राष्ट्रविरोधी गतिविधियों में लिप्त हैं। इस कारण उनकी रियासत का कामकाज देखने के लिए प्रशासक नियुक्त कर दिए गये। यह राजस्थान के एकीकरण की दिशा में पहला संघ बन पाया। 18 मार्च 1948 को मत्स्य संघ का उद्घाटन भरतपुर में हुआ और धौलपुर के तत्कालीन महाराजा उदयभानसिंह को इसका राजप्रमुख बनाया गया। इसकी राजधानी अलवर रखी गयी थी। मत्स्य संघ नामक इस नए राज्य का क्षेत्रफल करीब तीस हजार वर्ग किलोमीटर था, जनसंख्या लगभग 19 लाख और सालाना-आय एक करोड 83 लाख रूपए थी। जब मत्स्य संघ बनाया गया तभी विलय-पत्र में लिख दिया गया कि बाद में इस संघ का 'राजस्थान' में विलय कर दिया जाएगा।

कैलाश- फिर दूसरा चरण?

- राजस्थान के एकीकरण का दूसरा चरण पच्चीस मार्च 1948 को दक्षिण राजस्थान की रियासतों कोटा, बूंदी, झालावाड, टौंक, डूंगरपुर, बांसवाड़ा, प्रतापगढ, किशनगढ़ और शाहपुरा को मिलाकर राजस्थान संघ बनाने पर पूरा हुआ। राजस्थान संघ में विलय हुई रियासतों में कोटा बड़ी रियासत थी, इस कारण इसके तत्कालीन महाराजा महाराव भीमसिंह को राजप्रमुख बनाया गया। बूंदी के तत्कालीन महाराव बहादुर सिंह राजस्थान संघ के राजप्रमुख भीमसिंह के बड़े भाई थे, इस कारण उन्हें यह बात अखरी कि वे छोटे भाई की 'राजप्रमुखता' में रहेंगे। इस ईर्ष्या की परिणति तीसरे चरण के रूप में सामने आयी।
- बूंदी के महाराव बहादुर सिंह नहीं चाहते थें कि उन्हें अपने छोटे भाई महाराव भीमसिंह की राजप्रमुखता में काम करना पडे, मगर बड़े राज्य की वजह से भीमसिंह को राजप्रमुख बनाना तत्कालीन भारत सरकार की मजबूरी थी। जब बात नहीं बनी तो बूंदी के महाराव बहादुर सिंह

ने उदयपुर रियासत को पटाया और राजस्थान संघ में विलय के लिए राजी कर लिया। इसके पीछे मंशा यह थी कि बड़ी रियासत होने के कारण उदयपुर के महाराणा को राजप्रमुख बनाया जाएगा और बूंदी के महाराव बहादुर सिंह अपने छोटे भाई महाराव भीम सिंह के अधीन रहने की मजबूरी से बच जाएगे और इतिहास के पन्नों में यह दर्ज होने से बच जाएगा कि छोटे भाई के राज में बड़े भाई ने काम किया। 18 अप्रेल 1948 को राजस्थान के एकीकरण के तीसरे चरण में उदयपुर रियासत का राजस्थान संघ में विलय हुआ और इसका नया नाम हुआ 'संयुक्त राजस्थान संघ'। माणिक्य लाल वर्मा के नेतृत्व में बने मंत्रिमंडल में उदयपुर के महाराणा भूपाल सिंह को राजप्रमुख बनाया गया, कोटा के महाराव भीमसिंह को वरिष्ठ उपराजप्रमुख बनाया गया। इस तरह बूंदी के महाराजा की नाक कटने से बच गयी। यही राजपूती शान थी।

कैलाश- सचमुच रोचक कहानियाँ हैं।

- उसके बाद वल्लभ भाई पटेल ने अपना ध्यान जोधपुर, जयपुर, जैसलमेर और बीकानेर जैसी बड़ी रियासतों पर केन्द्रित किया। राजाओं का ध्यान बड़ी जायदाद और अधिक से अधिक प्रीवीपर्स पर केंद्रित था। स्टेट डिपार्टमेंट ने तय किया कि इस विषय में उदारता बरती जाए। रियायतों को तो बाद में कम किया जा सकता है, लेकिन कोई बड़ी रियासत पाकिस्तान के साथ चली गई तो बहुत दिक़्क़त होगी। इसमें सफलता भी हाथ लगी और इन चारों रियासतों का विलय करवाकर तत्कालीन भारत सरकार ने 30 मार्च 1949 को वृहत्तर राजस्थान संघ का निर्माण किया, जिसका उद्‌घाटन भारत सरकार के तत्कालीन रियासती और गृह मंत्री सरदार वल्लभ भाई पटेल ने किया। बीकानेर रियासत ने सर्वप्रथम 30 मार्च को भारत में विलय किया। इस कारण इस दिन को हर साल राजस्थान दिवस के रूप में मनाया जाता है। हालांकि अभी तक चार छोटी रियासतों का विलय होना बाकी था, मगर इस विलय को इतना महत्त्व नहीं दिया जाता, क्योंकि जो रियासतें बची थीं वे

पहले चरण में ही 'मत्स्य संघ' के नाम से स्वतंत्र भारत में विलय हो चुकी थीं। अलवर, भतरपुर, धौलपुर व करौली नामक इन रियासतों पर भारत सरकार का ही आधिपत्य था इस कारण इनके राजस्थान में विलय की तो मात्र औपचारिकता ही होनी थी। 15 मई 1949 को मत्स्य संध का विलय ग्रेटर राजस्थान में करने की औपचारिकता भी भारत सरकार ने निभा दी।

- भारत का संविधान लागू होने के दिन 26 जनवरी 1950 को सिरोही रियासत का भी विलय ग्रेटर राजस्थान में कर दिया गया। इस विलय को भी औपचारिकता माना जाता है, क्योंकि यहाँ भी भारत सरकार का नियंत्रण पहले से ही था। दरअसल, जब राजस्थान के एकीकरण की प्रक्रिया चल रही थी, तब सिरोही रियासत के शासक नाबालिग थे। इस कारण सिरोही रियासत का कामकाज दोवागढ़ की महारानी की अध्यक्षता में एजेंसी कौंसिल देख रही थी, जिसका गठन भारत की सत्ता हस्तांतरण के लिए किया गया था। सिरोही रियासत के एक हिस्से आबू देलवाड़ा को लेकर विवाद के कारण इस चरण में आबू देलवाड़ा तहसील को बंबई प्रांत को देकर और शेष रियासत का विलय राजस्थान में किया गया।

कैलाश- लेकिन आबू तो गुजरात की सीमा पर है। राजस्थान तो 1956 में अस्तित्व में आया। आबू मुंबई में कैसे चला गया था।

- उस समय गुजरात भी मुंबई प्रांत का हिस्सा था। 1956 में गुजरात अलग राज्य बना। आबू देलवाड़ा तहसील को राजस्थान के लोग खोना नहीं चाहते थे, क्योंकि इसी तहसील में राजस्थान का कश्मीर कहा जाने वाला आबूपर्वत भी आता था, दूसरे राजस्थान में बच चुके सिरोही वासियों के रिश्तेदार और कईयों की तो जमीन भी दूसरे मुंबई प्रांत में जा चुकी थी। आंदोलन हो रहे थे, आंदोलन कारियों के जायज कारण को भारत सरकार को मानना पड़ा और आबू देलवाड़ा तहसील का

भी राजस्थान में विलय कर दिया गया। इस चरण में कुछ भाग इधर-उधर कर भौगोलिक और सामाजिक त्रुटि भी सुधारी गई। इसके तहत मध्यप्रदेश में शामिल हो चुके सुनेल थापा क्षेत्र को राजस्थान में मिलाया गया और झालावाड़ जिले के उप जिला सिरनौज को मध्यप्रदेश को दे दिया गया। इसी के साथ आज से राजस्थान का एकीकरण पूरा हुआ। जो राजस्थान के इतिहास का महत्ती कार्य था। 01 नवम्बर 1956 को राजप्रमुख का पद समाप्त कर राज्यपाल का पद सृजित किया गया था।

1956 ई. में 19 रियासतों का एकीकरण होने के बाद राजस्थान राज्य बना। इन 19 रियासतों में 16 रियासतें राजपूतों की, 2 जाटों की और एक मुस्लिम रियासत थी। गुहिल वंशी राजपूतों की 5 रियासतें मेवाड़, डूंगरपुर, बांसवाड़ा, प्रतापगढ़ व शाहपुरा थीं। राठौड़ राजपूतों की 3 रियासतें मारवाड़, बीकानेर व किशनगढ़ थीं। चौहान राजपूतों की 3 रियासतों में कोटा और बूंदी हाड़ा चौहानों की रियासतें थीं और सिरोही देवड़ा चौहानों की रियासत थी। यदुवंशी जादोन राजपूतों की रियासत करौली व यदुवंशी भाटी राजपूतों की रियासत जैसलमेर थी। कछवाहा राजपूतों की रियासत जयपुर व अलवर थी। झाला राजपूतों की रियासत झालावाड़ थी। जाटों की 2 रियासत भरतपुर व धौलपुर थी और एकमात्र मुस्लिम रियासत टोंक थी। 19 रियासतों के अलावा राजपूतों के 3 ठिकाने लावा, कुशलगढ़ और नीमराना भी एकीकरण में शामिल हुए। राजस्थान के अस्तित्व में आने की कहानी पूरी होते-होते शाम का धुंधलका गहराने लगा था। तैयार होकर घूमने निकले।

बीकानेर

शाम को बीकानेर घूमने निकले। इसे भावी राज्य मरू प्रदेश की राजधानी के रूप में देखा जा रहा हैं। बीकानेर का पुराना नाम जांगल देश था। यहाँ स्थानीय आदिवासी भील राजाओं का शासन था। बीका नामक राजपूत सरदार ने स्थानीय आदिवासी भील राजा को मारकर इस नगर का नामकरण अपने नाम पर बीकानेर किया।

बीकानेर एक अलमस्त शहर है, अलमस्त इसलिए कि यहाँ के लोग बेफ़िक्री के साथ अपना जीवन यापन करते हैं। दिल्ली से 424 किलोमीटर और जयपुर से 334 किलोमीटर दूरी पर स्थित होने के कारण आधुनिक भौतिकवाद संस्कृति ने इस इलाक़े में अब तक जड़ नहीं पकड़ी है। लोगों की ज़रूरत दो समय का भोजन, कपड़ा और छोटा-मोटा मकान की है। वे इसी से संतुष्ट हो जाते हैं।

बीकानेर नगर की स्थापना के विषय मे दो कहानियाँ लोक में प्रचलित है। एक तो यह कि, नापा साँखला जो कि बीकाजी के मामा थे, उन्होंने बहनोई राव जोधा से कहा कि आपने भले ही बड़े बेटे राव सातल जी को जोधपुर का उत्तराधिकारी बनाया किंतु बीकाजी को कुछ सैनिक सहायता सहित सारुँडे का पट्टा दे दीजिये। वह वीर भाग्य का धनी है। वह अपने बूते खुद अपना राज्य स्थापित कर लेगा। जोधाजी ने नापा की सलाह मान ली। और पचास सैनिकों सहित सारुँडे का पट्टा नापा को दे दिया। बीकाजी ने यह फैसला राजी खुशी मान लिया। उस समय कांधल जी, रूपा जी, मांडल जी, नाथा जी और नन्दा जी ये पाँच सरदार जो जोधा के सगे भाई थे साथ ही नापा साँखला, बेला पडिहार, लाला लखन सिंह बैद, चौथमल कोठारी, नाहर सिंह बच्छावत, विक्रम सिंह राजपुरोहित, सालू जी राठी आदि कई लोगों ने राव बीका जी का साथ दिया। इन सरदारों के साथ राव बीका जी ने भीलों का इलाका जीतकर बीकानेर की स्थापना की।

बीकानेर की स्थापना के पीछे दूसरी कहानी ये है कि एक दिन राव जोधा दरबार में बैठे थे बीकाजी दरबार में देर से आये तथा प्रणाम कर अपने चाचा कांधल से कान में धीरे-धीरे बात करने लगे। यह देख कर जोधा ने व्यँग्य में कहा “मालूम होता है कि चाचा-भतीजा किसी नवीन राज्य को विजित करने की योजना बना रहे हैं"। इस पर बीका और कांधल ने कहाँ कि यदि आप की कृपा हो तो यही होगा। और इसी के साथ चाचा–भतीजा दोनों दरबार से उठ के चले आये तथा दोनों ने बीकानेर राज्य की स्थापना की। इस संबंध में एक लोक दोहा भी प्रचलित है-

पन्द्रह सौ पैंतालवे, सुद बैसाख सुमेर,

थावर बीज थरपियो, बीका बीकानेर।

राव जोधा के पांचवे पुत्र और एक राजपूत शासक राव बीका ने करणीमाता के आशिर्वाद से सन 1486 में अक्षय तृतीया/वैशाख शुक्ल तृतीया को बीकानेर की नींव रखी थी। तब से अक्षय तृतीया को बीकानेर दिवस मनाया जाता हैं।

राजस्थान खूबसूरत संस्कृति से भरा-पूरा राज्य है। पश्चिमी भारतीय रंगीन संस्कृति, लोक गीत और खूबसूरत नृत्य यहाँ की पहचान है। शाही राजवंशों, जिन्होंने यहाँ के क्षेत्रों पर शासन किया था, ने विभिन्न कला रूपों का संरक्षण भी किया, जो आज के समय में अनमोल विरासत बन गई है। इन सब के बीच राजस्थान का ऐसा स्थान, जो खुद में इतिहास, परंपराएं, रंग, प्रथा, वीरगाथा, संगीत, कला और स्वाद समेटे हुए है। वह शहर है बीकानेर, जो पर्यटकों की सबसे पसंदीदा जगह है। यहाँ पर आपको कई शाही हवेलियां देखने को मिलती हैं। सबसे पहले बीकानेर किला देखा।

बीकानेर क़िला वास्तव में चिंतामणि किले के नाम से जाना जाता है। 20 वी शताब्दी के प्रारंभ में इसका नाम बदलकर जूनागढ़ रखा गया था क्योंकि किले में रहने वाला राज परिवार नए लालगढ़ महल में स्थानांतरित हो गया था। यह पहाड़ की ऊंचाई पर नही समतल भूमि पर बना है। वर्तमान बीकानेर शहर किले के आस-पास ही विकसित हुआ है। किले का निर्माण बीकानेर के शासक राजा राय सिंह शासन में सन 1561 से 1611 के बीच हुआ था। सिटी सेंटर से 1.5 किलोमीटर की दूरी पर दीवारों और खाई का निर्माण किया गया था। बाजार से किले की प्राचीर दिखती है। मुग़ल बादशाह बाबर के दुसरे बेटे कामरान ने 1534 में बीकानेर पर आक्रमण किया था, और एक दिन क़िले पर रहा। लेकिन हुमायूँ के आने की ख़बर से भाग गया था।

फूल महल, रानियों का महल, अनूप महल, मोती महल और गर्भ गंगा विलास जैसे 9 महल इस किले में बने हैं। यहाँ हरमंदिर साहिब और लक्ष्मी नारायण मंदिर भी बना हुआ है। इस किले के मुख्य दरवाजे को हाथी पोल और पश्चिमी द्वार को मेहरान गेट कहते हैं। जूनागढ़ किले में एक म्यूजियम

भी है। किंवदंती है कि किले के खजाना का रहस्य आज तक छिपा हुआ है। कुछ दिन पहले ही इस किले की खाई से सोने के बिस्किट मिले थे। स्थानीय लोगों का कहना है कि महाराजा ने इस किले के अलग-अलग हिस्सों में खजाना छुपाया हुआ था, जो आज भी मौजूद है. इस किले की जमीन को सोने की जमीन कहा जाता है। ब्रिटिश सेना ने प्रथम विश्वयुद्ध में जिस द्विपंखी विमान का इस्तेमाल किया था, वो आज भी इस किले में खड़ा है। अंग्रेजों ने महाराजा गंगा सिंह को विमान तोहफे में दिया था। कई दशकों से यह प्लेन यहीं खड़ा है।

बीकानेर किसी समय थार रेगिस्तान के बीच में था, यह एक नखलिस्तान के रूप में कार्य करता था और गुजरात तट और मध्य एशिया के बीच व्यापार मार्ग पर था। इसके अलावा, राव बीका ने 1478 ई. में इस क्षेत्र में एक किला भी बनवाया था। यह किला जूनागढ़ किले के नाम से प्रसिद्ध है।

बीकानेर क्षेत्र में नीम, खेजड़ी, किंकर, बबूल, मूँग, मोठ, बाजरा, चना, गवार, अरंडी, केर (अचार में डालने वाला गोल फल) के पेड़ नैसर्गिक रूप से लगते और बढ़ते हैं। गायों की संख्या बहुत अधिक है। गर्मी अधिक होने से भैंसों का पालन यहाँ सम्भव नहीं है। गाय के दूध का मावा और छैना खूब बनाया जाता है। इसलिए रसगुल्ला खूब मिलता है। रस मलाई भी लोकप्रिय है। बादाम शेक प्रायः सभी रेस्टोरेंट में मिलता है। हल्दीराम भुजिया नमकीन की जड़ बीकानेर में है। इस क्षेत्र में नमकीन हेतु ज़रूरी मूँग, मोठ, बाजरा, चना की खेती बहुतायत से होती है। यहाँ की दालमोठ और भुजिया दुनिया भर में मशहूर है। भारत में स्नैक्स उद्योग का बहुत बड़ा श्रेय हल्दीराम के संस्थापक बीकानेर निवासी गंगा भीषण अग्रवाल के पोते शिव किशन अग्रवाल और मनोहर लाल अग्रवाल को जाता है। एक छोटे परिवार के स्वामित्व वाली मिठाई की दुकान के व्यवसाय से शुरुआत करते हुए, भाइयों ने देश में नमकीन उद्योग साम्राज्य खड़ा करने का बीड़ा उठाया था।

मारवाड़ियों, गुजरातियों और सिंधियों के कुशल उद्यमी होने का एक कारण तो उनका सदियों से उस समय की सम्पूर्ण दुनिया अर्थात् चीन, मध्य-पूर्व और यूरोप के देशों से कारोबारी जुड़ाव रहा है। एक और दार्शनिक

कारण भी है। भारत में हिंदू संस्कृति का विकास गंगा-यमुना दोआब में हुआ है। वहाँ 1200 से 1700 ईस्वी तक इस्लामिक सभ्यता के टकराव से मुट्ठी भर सुल्तानी ताक़त के ज़ोर से हिंदुओं का इस्लामीकरण हुआ और ताकतवर नवाबों के पास अकूत सम्पत्ति एवम् हरम में लोंडियाँ एकत्रित हो गईं। अर्थ और काम के वीभत्स स्वरूप को देख हिंदू जनता में इनके प्रति वितृष्णा ने जन्म लिया। वह अर्थ और काम को पाप का कारण मानने लगी। यह भावना पैदा हुई कि "पैसा तो वेश्या भी कमा लेती है। जो कि वैश्य से कमतर नहीं होती" और "पैसा हाथ का मैल है।" उत्तर भारत पर केंद्रित फ़िल्मों जैसे "मदर-इंडिया" में बनिया को बतौर खलनायक (कन्हैया लाल) पेश किया जाता रहा। बनिया यानि वह सूदखोर कारोबारी जो अपना स्वार्थ साधने हेतु चेहरा बना-बना कर बातें करे, मौलिक लालची चेहरा छुपाये रखे।

इन मानसिक ग्रंथियों ने गंगा-यमुना दोआब इलाक़ों के निवासियों में माया अर्थात् धनार्जन के प्रति वितृष्णा का भाव रहा। लोगों से सोचा ही नहीं कि अमृत मंथन में धन की देवी लक्ष्मी को विष्णु ने पत्नी बनाकर साथ रखा। जबकि उन्हें इंद्र हड़पने को तैयार बैठा था। जीवन में लक्ष्मी की महत्ता इसी से समझी जा सकती है। दुनिया के सबसे बड़ी बनिया क़ौम अंग्रेजों के आने के बाद यह धारणा कुछ कमजोर हुई। तब वहाँ धन की महत्ता समझना आरम्भ हुआ। भारत के पश्चिमी इलाक़ों अर्थात् पंजाब, राजस्थान, गुजरात, महाराष्ट्र में धन के प्रति इस तरह की निकृष्ट भावना कभी नहीं रही। इसलिए यहाँ संपत्ति निर्माण के उद्यम तेज़ी से बढ़े।

शिव किशन अग्रवाल ने 1968 में नागपुर में नमकीन, मिठाई और भारतीय खाद्य पदार्थ बेचने वाली एक दुकान स्थापित करके पारिवारिक व्यवसाय में प्रवेश किया। पांच साल बाद, मनोहर लाल अग्रवाल ने दिल्ली के चांदनी चौक में हल्दीराम के बीकानेर भुजिया का एक नया आउटलेट शुरू किया। अपनी दूरदर्शिता और नवोन्वेषी विचारों के साथ, उन्होंने हल्दीराम को भुजिया बेचने वाली एक छोटी सी दुकान से एक प्रमुख नमकीन साम्राज्य में बदल दिया। समकालीन पैकेजिंग मानकों के पीछे अग्रवाल बंधुओं का दिमाग है, जो भारतीय मिठाई और स्नैक्स उद्योग में मानक बन गए हैं। हल्दीराम पहली भारतीय कंपनी थी जिसने अपने रेडीमेड स्नैक्स की पैकेजिंग

और प्रेजेंटेशन पर जोर दिया। शिव किशन और मनोहर लाल की रणनीतिक प्रतिभा इस बात पर नज़र रखने से आई कि ग्राहक क्या चाहते हैं। उनके नेतृत्व ने ज़िप पाउच, स्टैंडी पाउच पैकेजिंग और चार-परत संरचना लचीली पैकेजिंग जैसी आधुनिक व्यावसायिक प्रथाओं को प्रेरित किया, जिससे देश में दुकानों और सुपरमार्केट गलियारों में पहली बार बड़े आकार के नमकीन पैक का स्टॉक देखा गया। हल्दीराम भारत में सिर्फ एक घरेलू नाम नहीं है, इसके उत्पादों की विस्तृत श्रृंखला, जिसमें नमकीन, कन्फेक्शनरी और खाने के लिए तैयार भोजन की 400 से अधिक किस्में अब 100 देशों में बिकती हैं। आज उनका पुश्तैनी मकान देख मारवाड़ी उद्यमशीलता को नमन किया।

शिव किशन अग्रवाल और मनोहर लाल अग्रवाल के नेतृत्व में, हल्दीराम पारंपरिक स्नैक्स के निर्माण में 100% स्वचालन प्रक्रिया की शुरुआत की और पारंपरिक स्ट्रीट फूड की पेशकश करने वाला त्वरित-सेवा रेस्तरां खोलने वाली पहली कंपनी है, जिसने विदेशों में भी उपस्थिति दर्ज की है।

बीकानेर के एक साफ़सुथरे रेस्टोरेंट में रसगुल्ला, भुजिया प्याज़ कचौड़ी और बादाम शेक धीरे-धीरे स्वाद लेकर खाया। स्वाद लाजवाब था। रात के खाने में खेजड़ी के पेड़ में लगने वाली सांगरी की सब्ज़ी परोसी गई। खेजड़ी मारवाड़ की जलवायु में बबूल जैसे पेड़ होते हैं। जिसकी फल्ली बहुत क़ीमती होती है। बीकानेर में 1500/- रुपये किलो मिलती है। बीकानेर से दो किलो रसगुल्ला और दो किलो भुजिया घर के लिए ख़रीदीं।

सच पूछा जाय तो राजस्थान में दो क्रांतियाँ हो रही हैं। एक तो बिजली पैदा करने हेतु केंद्र सरकार और कॉर्पोरेट कारोबारी मिलकर बड़े स्तर पर सोलर एनर्जी प्लांट स्थापित करने की दिशा में कार्य रहे हैं। दूसरा पानी की किल्लत को दूर करने के लिए बीकानेर के महाराजा गंगा सिंह ने 1927 में एक नहर निर्माण का कार्य शुरू करवाया था जिसे गंग-नहर नाम दिया गया जो कि आज भी गंगानगर में मौजूद है। केंद्र सरकार द्वारा निर्मित महत्वाकांक्षी इंदिरा गांधी नहर परियोजना से मरूस्थलीय क्षेत्र में चमत्कारिक बदलाव आ रहा है और इससे मरूभूमि में सिंचाई के साथ ही पेयजल और औद्योगिक कार्यो के लिए भी पानी मिलने लगा है।

इंदिरा नहर सतलज और व्यास नदियों के संगम पर निर्मित "हरिके बांध" से निकाली गई है। यह नहर पंजाब व राजस्थान को पानी की आपूर्ति करती है। पंजाब में इस नहर को राजस्थान फीडर के नाम से जाना जाता है। इससे पंजाब में सिंचाई नहीं होती है सिर्फ़ पेयजल की आपूर्ति होती है। राजस्थान में इस नहर को राज कैनाल भी कहते हैं। इसकी मेनफीडर 204 किलोमीटर लंबी है जिसका 34 किलोमीटर हिस्सा राजस्थान व 170 किलोमीटर हिस्सा पंजाब व हरियाणा में है। यह नहर राजस्थान में हनुमानगढ़ जिले के मासितावाली हैड से राजस्थान में प्रवेश करती है।

इस नहर से राजस्थान के 10 जिले गंगानगर, हनुमानगढ़, बीकानेर, जैसलमेर, बाड़मेर, जोधपुर, नागौर, चूरू, झुंझुनू और सीकर लाभान्वित हो रहे हैं। इस नहर का जीरो प्वाइंट मोहनगढ़ जैसलमेर से बढ़ाकर गडरा रोड बाड़मेर कर दिया गया है। इंदिरा गांधी नहर को राजस्थान की जीवन रेखा या मरू गंगा कहा जाए तो कोई अतिशयोक्ति नहीं होगी। बीकानेर से गंगानगर के रास्ते पर इंदिरा नहर देखने को मिली। यह बहुत व्यवस्थित और सुरक्षित तरीक़े से प्रवाहित होते दिखी।

करणी माता मंदिर में दर्शन किया। करणी माता मंदिर का निर्माण बीकानेर रियासत के महाराजा गंगा सिंह ने करवाया था। कहा जाता है कि माता करणी मां दुर्गा की साक्षात अवतार हैं। अगर इतिहास पर गौर करें तो 1387 ईसवी में माता करणी का जन्म रिघुबाई के नाम से एक शाही परिवार में हुआ था। विवाह के बाद उनका सांसारिक मोह माया से लगाव टूट गया और वे एक तपस्वी का जीवन जीने लगीं। उस दौरान आस पास के गांवों में उनकी धार्मिक और चमत्कारी शक्तियों की काफी ख्याति फैल रही थी। इस कारण दूर-दूर से कई लोग माता के दर्शन के लिए आने लगे। कई इतिहासकारों का ये तक कहना है कि माता करणी करीब 151 साल तक जिंदा रहीं। तब से लेकर आज तक माता के कई भक्त उनकी श्रद्धापूर्वक पूजा करते हैं। ये मंदिर राजस्थान के बीकानेर शहर से करीब 30 किलोमीटर की दूरी पर स्थित है। आपको जानकर आश्चर्य होगा कि इस मंदिर में करीब 25 हजार से भी ज़्यादा चूहे मौजूद हैं। उन्हें मारा नहीं जाता।

जैसलमेर

आज 09 जुलाई 2023 को थार मरुस्थल भ्रमण की इच्छा पूरी हो रही है। सुबह सात बजे बीकानेर से टैक्सी द्वारा जैसलमेर के लिए निकल लिए। यह पूरा इलाक़ा सूना-सूना लगता है। गेस्ट हाउस से नाश्ता पैक करा कर चले हैं, लेकिन दस बजे तक नाश्ते का मन नहीं हुआ। सालासर टोल पार करके "नाइयों की बस्ती" नामक गाँव आया। मालूम पड़ा कि यहाँ जातियों के नाम पर गाँव बसे हैं जैसे "ब्राह्मणों की बस्ती" या "कच्छियों की बस्ती"। गाँव बहुत नज़दीक होते हैं, इसलिए उनकी सामाजिक ज़रूरतें पूरी होती रहती हैं। एक 'ठाकुर ढाणी' गाँव आया। भोपाल में भी "राधा की ढाणी" दाल-बाटी-चूरमा हेतु प्रसिद्ध है। पता चला कि ढाणी सबसे छोटा समूह है इसमें ज़्यादातर झोपड़ियां होती है। एक ढाणी में रहने वाले सभी एक परिवार के सदस्य होते हैं।

फिर औद्योगिक क्षेत्र 'बाप' नाम का स्थान आया। बीकानेर-जैसलमेर ट्रेन रूट पर बाप एक बड़ा रेल्वे स्टेशन है। यहाँ अनेकों निजी कंपनियों द्वारा सोलर पॉवर प्लांट लगाए गए हैं। वे किसानों की अनुपयोगी पड़त ज़मीन पर पॉवर ग्रिड कारपोरेशन के साथ त्रिपक्षीय समझौता करके सोलर प्लांट लगा ग्रिड को बिजली देते हैं। ग्रिड उन्हें और किसानों को तय क़ीमत भुगतान करते हैं। सोलर पैनल द्वारा तापमान सोखने के कारण इसका एक और लाभ हरियाली के रूप में मिलने लगा है।

अब तक चाय की तलब लगने लगी है। एक तरफ़ कुछ ठीकठाक दुकानों का जमावड़ा दिखा। उनमें एक पालीवाल होटल पर अधिक चहलकदमी थी। लिहाज़ा पालीवाल होटल में चाय बिस्किट सेवन किया। बाजू में एक होटल पर लिखा था। "दोस्ती दूर की - रोटी तंदूर की"। बात भी सही है, ज़्यादा मिठास में कीड़े पड़ जाते हैं। औद्योगिक क्षेत्र होने से वहाँ ट्रक के ड्राइवर तंदूरी रोटियाँ तोड़ रहे थे।

इसके बाद ढाणी, कोलायत, रामदेवरा पार करके पोकरण पहुँचे। जैसलमेर से 110 किलोमीटर दूर जैसलमेर-जोधपुर मार्ग पर पोखरण प्रमुख कस्बा हैं। पोखरण में लाल पत्थरों से निर्मित सुन्दर दुर्ग है। इसका निर्माण सन

1550 में राव मालदेव ने कराया था, जो राव जोधा के वंशज राव गांगा का पुत्र व राव चन्द्रसेन का पिता था। यह स्थल बाबा रामदेव के गुरूकुल के रूप में विख्यात हैं। पोखरण के पास आशापूर्णा मंदिर, खींवज माता का मंदिर, कैलाश टेकरी दर्शनीय हैं। पोखरण से तीन किलोमीटर दूर स्थित सातलमेर को पोखरण की प्राचीन राजधानी होने का गौरव प्राप्त है।

भारतीय परमाणु आयोग ने यहाँ अपना पहला भूमिगत परिक्षण 18 मई 1974 को किया था। हालांकि उस समय भारत सरकार ने घोषणा की थी कि भारत का परमाणु कार्यक्रम शांतिपूर्ण कार्यो के लिये होगा और यह परीक्षण भारत को परमाणु उर्जा के क्षेत्र में आत्मनिर्भर बनाने के लिये किया गया है। बाद में 11 और 13 मई 1998 को पाँच और भूमिगत परमाणु परीक्षण किये और भारत ने स्वयं को परमाणु शक्ति संपन्न देश घोषित कर दिया।

पोखरण के बाद फलोदी औद्योगिक क्षेत्र होने से बड़ी जगह दिखी। बस्ती और कुछ होटल भी दृष्टिगोचर हुईं। यहाँ से एक रास्ता जोधपुर को जाता है। फलोदी से आगे बढ़े तो एक 'लाठी' नाम की जगह आई, वहाँ किसी के हाथ में लाठी तो नहीं थी लेकिन धोलिया गाँव से दाहिनी तरफ़ नौ किलोमीटर चलने को मुड़े तो सड़क के दोनों तरफ़ सैकड़ों गाय, बैल और साँड़ खुले में घूमते चरते दिखे। पता चला कि संत हरवंशसिंह निर्मल उर्फ भादरिया जी महाराज ने बूढ़े गाय-बैल, जिन्हें काटने के लिए इस रास्ते से चोरी-चोरी पाकिस्तान भेजा जाता था, उन्हें आश्रय देने वास्ते सैकड़ों वर्ग किलोमीटर में जंगल और पानी का इंतज़ाम करके पशुओं के आश्रय की व्यवस्था की गई है।

जब 1964 में हरवंशसिंह निर्मल जी महाराज ने भादरिया मंदिर को अपनी कर्मभूमि बनाया तब भारत पाकिस्तान के बीच गौ तस्करी काफी ज़्यादा होती थी। उस समय भारत पाकिस्तान बॉर्डर पर तारबंदी नहीं थी, जिस कारण बहुत बड़े स्तर पर गौ तस्करी हुआ करती थी। बाबा इन घटनाओं को अपनी आंखों से देखकर काफी दुखी हुए। तब इन्होंने अपने मन में संकल्प लिया तथा कुछ दानदाताओं से दान लेकर गौशाला की शुरुआत कर दी। वर्तमान समय में यहाँ पर 44,000 से भी ज़्यादा गोवंश के चारे पानी तथा

ओरण की सुविधा उपलब्ध है। यह 60,000 एकड़ में फैली विश्व की सबसे बड़ी गौशाला है।

संत हरवंशसिंह निर्मल उर्फ भादरिया जी महाराज का जन्म 1930 में पंजाब प्रांत के फिरोज जिले में हुआ। संत हरवंशसिंह निर्मल 30 वर्ष की उम्र में सन्यास लेकर जैसलमेर जिले के भादरिया पहुंचे। किंवदंति है कि यहाँ पर उन्हें भादरिया माता के दर्शन हुए तथा कई लोगों का यह भी मानना है कि इन्हें यहाँ पर एक अलौकिक अध्यात्मिक शक्ति की अनुभूति हुई, जिस कारण यहीं पर रह गए। उसके बाद से इन्होंने अपना नाम संत हरिवंश सिंह निर्मल से संत भादरिया महाराज कर लिया। उन्होंने अपने परिवार के बारे में कभी किसी को ज़्यादा जानकारी नहीं दी।

हमने बीकानेर में सुना कि जैसलमेर जिले के भादरिया में बनी लाइब्रेरी करीब 16 से 18 फीट जमीन के अंदर है। इसमें में एक साथ 500 से ज़्यादा लोग बैठ कर पढ़ सकते हैं। इस लाइब्रेरी में 562 अलमारियां 16000 रैक तथा 18 कमरे हैं। यहाँ हर 5 महीने में सभी पुस्तकों पर एक विशेष प्रकार का लेप लगाया जाता है तथा पुस्तकों की साफ सफाई की जाती है ताकि पुस्तकें हमेशा सुरक्षित रहें। इस लाइब्रेरी के लिए संत भादरिया जी महाराज द्वारा जगदंबा सेवा समिति की स्थापना की गई थी।

इस लाइब्रेरी में आपको दुनिया के सभी ग्रंथों से लेकर उपन्यास, पांडुलिपि और भारत के प्रधानमंत्री तथा राष्ट्रपति के भाषणों को सुरक्षित रखा गया है। इस में सभी 7 धर्मों का पूरा साहित्य मौजूद है हजारों साल पुरानी पांडुलिपि के साथ कानून से संबंधित सभी पुस्तकें आपको देखने को मिल जाएगी। आपको यहाँ पर वेदों की संपूर्ण श्रृंखला, भारत का संविधान, पुराण, आयुर्वेद, इतिहास, स्मृतियां, उपनिषद जैसी सभी पुस्तकें पढ़ने तथा देखने को मिल जाती है।

इस लाइब्रेरी को बनाने में उन्होंने कड़ी मेहनत की है, तब जाकर आज रेत के टीलों के बीच में हमें अथाह ज्ञान का सागर देखने को मिलता है। संत भादरिया जी महाराज ने पूरे विश्व के सभी प्रकार के ज्ञान को एक ही छत के नीचे लाने के लिए 21 अप्रैल 1981 को भादरिया राय लाइब्रेरी की नींव रखी,

लाइब्रेरी 15 वर्ष बाद 1998 में बनकर पूरी तरीके से तैयार हुई। बताया जाता है कि लाइब्रेरी के अंदर 9 लाख के करीब पुस्तकें रखी गई है जिनकी कीमत ₹16 करोड़ से ज़्यादा आकी गई है।

इसके लिए आपको राजस्थान के जैसलमेर जिले में जाना पड़ेगा, भादरिया राय माता का मंदिर जैसलमेर-जोधपुर रोड पर जोधपुर से 220 किलोमीटर दूर लाठी गांव से उत्तर दिशा में पड़ता है अगर आप कभी रामदेवरा जाते हैं तो वहाँ से 55 किलोमीटर दूर भादरिया राय मंदिर पड़ता है और यहीं पर पास में भारत का परमाणु परीक्षण स्थल पोकरण भी है।

हमने लाठी गाँव से कुछ किलोमीटर चलकर टैक्सी दाहिनी दिशा में मुड़वा दी। गाड़ी मुड़ते ही दोनों तरफ़ गऊशाला की हरियाली के बीच में पानी की टंकी और घासफूँस के बीच पेड़ों की झुरमुट में असंख्य गाय-बैल सुस्ताते और चरते दिखे। नौ किलोमीटर चलने के बाद भादरिया मंदिर प्रांगण में पहुँचे। मंदिर के रास्ते पर बाईं तरफ़ लाइब्रेरी का दरवाज़ा था। जिस पर ताला लगा था। मंदिर में देवी दर्शन के बाद पुरोहित से पूछा कि लाइब्रेरी बंद है क्या?

पंडित जी खाँटी राजस्थानी में बोले- आज ही मोडियो मूंड मुडाया अर आज ही ओळा पड्या।

उन्हें एहसास हुआ कि हम ठेठ मारवाड़ी नहीं हैं, तो बोले- दरवाज़े पर फ़ोन नंबर लिखा है। उसे फ़ोन घुमाइए, हाज़िर हो जाएगा। उस नंबर पर फ़ोन किया तो थोड़ी देर में एक सेवक हाज़िर हुआ। ताला खुलवा कर भीतर घुसते ही तलघर में उतरते लाइब्रेरी की आलमारियों की पंक्ति शुरू हो गई। जो समाप्त होने का नाम ही नहीं ले रही थीं। वहाँ से निकल कर संत की समाधि के दर्शन किए।

कई जन कल्याण के कार्य करने के बाद संत हरवंशसिंह निर्मल जी महाराज भादरिया जी का देवलोक गमन 15 फरवरी 2010 को हो गया था। संत की समाधि भादरिया में बनी हुई है। समाधि के पास ही भाटियो की कुलदेवी भादरिया राय माता का मंदिर है। किंवदंती है कि आवड़जी माता सहित सात कन्याएं विचरण करती हुई भादरिया गांव के एक टीले पर पहुंची।

वहाँ पर राव तणु भाटी ने पहुंच कर उनके दर्शन किये और लकड़ी के बने हुए संहगे पर आवड़जी को विराजमान किया। तीन बहनों को दाईं तरफ तथा तीन बहनों को बाईं तरफ खड़ा किया और अपने हाथ से चंवर ढुलाए। संहगे पर बैठने के कारण आवड़जी स्वांगियां कहलाई।

मान्यता है कि भाटी भादरिया के अनुरोध पर देवी स्वांगियां यहाँ आई थी। इसलिए इस स्थान का नाम भादरिया पड़ा। यह स्थान यहाँ के शासकों और जनता के लिए श्रद्धा का केंद्र है। माता ने जैसलमेर की रक्षा के लिए कई चमत्कार दिखाए। 1885 में बीकानेर और जैसलमेर की सेनाओं के बीच वासनपी में लड़ाई हुई। उसमें स्वांगियां जी के अदृश्य चक्रों से बीकानेर के अनेक सैनिक मारे गए तथा बाकी बचे सैनिकों को अपने प्राण बचाकर भागना पड़ा। वर्तमान में माता स्वांगियां का साक्षात चमत्कार तन्नोटराय में भी हुआ। जिसके गवाह पाकिस्तान के सैनिक भी रहे हैं। तत्कालीन महारावल गजसिंह ने भादरिया में मन्दिर का निर्माण करवाया और अपनी राणी राणावतजी (महाराणा भीमसिंह की पुत्री) के साथ जाकर 1956 को मन्दिर की प्रतिष्ठा करवाई। 2003 में महारावल जवाहरसिंह ने इसका जीर्णोद्धार कराया।

हम भादरिया से देवी दर्शन और पुस्तकालय देख कर तक़रीबन एक बजे दोपहर को निकले। तब तक सूर्य देव आसमान से ज़मीन पर सीधी तीखी किरणें बिखेर रहे थे। जैसलमेर तक सड़क सीधी गई है। कहीं कोई मोड़ या ट्राफ़िक सिग्नल नहीं मिलते। सीधे नाक की सीध में सौ किलोमीटर से अधिक गति से वाहन चला जा रहा है। सामने चिलचिलाती धूप से सड़क पर मृग मरीचिका की चिलमन दिखती है। सड़क के आजूबाजू में बबूल के दस-बीस फुट ऊँचे पेड़ दिखते हैं। उनसे परे हल्की हरियाली लिए रेगिस्तान दिख रहा है। अब यहाँ लहराते रेतीले टीले नहीं दिखते। सुबह गेस्ट हाऊस से नाश्ता पैक करके लाए थे। एक आसान सी जगह पर रुककर, जहाँ से रास्ता जोधपुर को रास्ता कटा था, वहाँ नाश्ता निपटाया।

हमारे ड्राइवर को बीड़ी की तलब उठती थी। वह बीड़ी निकाल कर माचिस तलाश रहा था। उसकी तलब को शांत करने के लिहाज़ से हमने ऊँट-गाड़ी पर बैठे एक राहगीर से माचिस माँगी तो वह बोला-

"एक टैम था जब बास्ते चुल्हा म ओट कर राख्या करता। दुबारा आग बी सू ही सिलगाता। अगर बास्ते बुझ ज्याती तो पड़ोस्या कन सू माँग ल्याता। माचिस तो भौत कम काम म लेता। अब तो दिन की ही 2 माचिस बाळदी हीं।"

उसने खीझ भरी मुस्कान के साथ क़मीज़ की ऊपरी जेब से माचिस हमारे हाथ में पकड़ा दी। ड्राइवर ने बीड़ी सुलगा हमारा लिहाज़ करते हुए एक कोने में जाकर बीड़ी फूंकी। फिर गाड़ी में सवार होकर चल दिये।

थार मरुस्थल का 85% भाग भारत में और 15% पाकिस्तान में आता है। इस बियाबान के लिए कोई लड़ाई या दंगे न हुए। भारत में मरुस्थल का विस्तार 62% राजस्थान के चुरू, हनुमानगढ़, बीकानेर, जोधपुर, जैसलमेर, बाड़मेर जिलों में है। यह मरुस्थल गुजरात, पंजाब, हरियाणा और पाकिस्तान के सिन्ध प्रान्त तक भी फैला हुआ है। पाकिस्तान के पंजाब प्रान्त में थार का इलाक़ा चोलिस्तान कहलाता है, और बहुत शुष्क है, जबकि भारत के पूर्वी भाग में कभी-कभी हल्की वर्षा हो जाती है और रेत के कम टीले पाए जाते हैं। अरावली पहाड़ी के पश्चिमी किनारे से सिंधु नदी की हरियाली प्रभाव क्षेत्र तक थार मरुस्थल फैला है। यह मरुस्थल बालू के टिब्बों से ढँका हुआ एक तरंगित मैदान है।

जन-जीवन के नाम पर मरुस्थल में मीलों दूर कोई-कोई गांव मिलता है। थार के मरुस्थल में अगर कोई शहर विकसित हुआ है तो वह है जैसलमेर। प्रकृति की मार को सहन करते हुए भी यहाँ पर कुछ जातियां समृद्धि के चरम को छू रही है उदाहरण के लिए भाटी समाज के लोगों ने यहाँ पर खूब तरक़्क़ी की है। जोधपुर इलाक़े में बिश्नोई समाज के लोग वन एवं पर्यावरण संरक्षण के क्षेत्र में उत्कृष्ट कार्य करते हुए पाए जाते हैं। थार के मरुस्थल में रहने वाले लोग वीर एवं साहसी हैं। इन लोगों में देशप्रेम की भावना कूट-कूट कर भरी है पशुपालन यहाँ का मुख्य व्यवसाय है पशुओं में गाय ऊँट, बैल, भैंस, बकरी, भेड़, घोड़े, गधे इत्यादि जानवरों को पाला जाता है मुख्य रूप से यहाँ ऊंट पाले जाते हैं।

राजस्थान में मरू समारोह फरवरी में पूर्णमासी के दिन पड़ने वाला एक मनोहर समारोह है। तीन दिन तक चलने वाले इस समारोह में प्रदेश की

समृद्ध संस्कृति का प्रदर्शन किया जाता है। प्रसिद्ध अग्नि नर्तक इस समारोह का मुख्य आकर्षण होते हैं। पगड़ी बांधने व मरू श्री की प्रतियोगिताएं समारोह के उत्साह को दुगना कर देती है। सम बालु के टीलों की यात्रा पर समापन होता है, वहाँ ऊंट की सवारी का आनंद उठा सकते हैं और पूर्णमासी की चांदनी रात में टीलों की सुरम्य पृष्ठभूमि में लोक कलाकारों के घूमड़ नृत्य का उत्कृष्ट आनंद हृदय के पोरों में समाहित कर सकते हैं।

हम जैसलमेर की तरफ़ तेज़ी से बढ़ रहे थे। इस पूरे क्षेत्र में फ़ौज की मौजूदगी के कारण इंटरनेट पूरी गति अर्थात् स्पीड से मिलता है। हालाँकि उनके इलाक़ों में जेमर लगा होने से बीच-बीच में ग़ायब भी हो जाता है। हमने देखा हमारे आई-फ़ोन में कनेक्टिविटी पूरी मिल रही थी।

1971 में सुनील दत्त ने जैसलमेर में रेगिस्तान की पृष्ठभूमि पर एक बहुत बढ़िया फ़िल्म बनाई थी। जो जैसलमेर के भाटी राजपूतों की पुश्तैनी दुश्मनी पर केंद्रित रेश्मा और शेरा की प्रेम कहानी पर आधारित थी। इस फ़िल्म में जयंत, के.एन.सिंह, सुनील दत्त, वहीदा रहमान, रणजीत, राखी गुलज़ार और अमिताभ बच्चन जो अपनी जानदार आवाज के लिये जाने जाते हैं, एक गूँगे की भूमिका में थे। उन्होंने एक भी संवाद बोले बिना बहुत सशक्त भूमिका का निर्वाह किया था। इसी फ़िल्म के गीतों के वीडियो देखते यात्रा चल रही है।

कथानक कुछ इस तरह था कि भाटी राजपूत जयंत और के.एन.सिंह के परिवारों में पुश्तैनी दुश्मनी है। के.एन.सिंह की पुत्री रेश्मा को जयंत के बेटे सुनील दत्त से प्यार हो जाता है। वे रेगिस्तान की वीरान में चाँदनी रात में बाल कवि बैरागी लिखित बहुत ही सुंदर प्रणय गीत गाते प्रेमालाप करते हैं। गीत को जयदेव की स्थानीय राग मांड में निबद्ध धुन पर लता जी ने निभाया है, संगत में शिव कुमार शर्मा के संतूर की बारीकियाँ और रबाब की थिरकन चार चाँद लगा देती हैं। जितना सुंदर गीत, उतनी मधुर धुन, उतना ही उत्तम लता जी का गायन और उसमें सुनील दत्त और वहीदा का अभिनय, वाह क्या कहने। इस गीत को चार बार मोबाईल पर वीडियो लगा कर सुना-देखा। इसे जिस जगह फ़िल्माया गया था वह स्थान कल देखने को मिलेगा। गीत

का आनंद लेकर आगे बढ़ना मुनासिब होगा। बाल कवि बैरागी ने रेगिस्तान के वातावरण को फ़िल्म फ़िल्माते समय यहीं लिखा था। यह गीत स्थानीय वातावरण का उत्कृष्ट प्रदर्शन है।

तू चंदा मैं चांदनी, तू तरुवर मैं शाख रे
तू बादल मैं बिजुरी, तू पंछी मैं पात रे

ना सरोवर, ना बावड़ी, ना कोई ठंडी छांव
ना कोयल, ना पपीहरा, ऐसा मेरा गांव रे
कहाँ बुझे तन की तपन, ओ सैयां सिरमोल
चंद्र-किरन तो छोड़ कर, जाए कहाँ चकोर
जाग उठी है सांवरे, मेरी कुआंरी प्यास रे
पिया अंगारे भी लगने लगे आज मुझे मधुमास रे

तुझे आंचल मैं रखूँगी ओ सांवरे
काली अलकों से बाँधूंगी ये पांव रे
गल बैयाँ वो डालूं की छूटे नहीं
मेरा सपना साजन अब टूटे नहीं
मेंहदी रची हथेलियाँ, मेरे काजर-वाले नैन रे
पिया पल पल तुझे पुकारते, हो हो कर बेचैन रे

वे देर रात की चाँदनी में मिलते हैं। प्रणय में कब सुबह हो जाती है उन्हें पता ही नहीं चलता।

ओ मेरे सावन साजन, ओ मेरे सिंदूर
साजन संग सजनी बनी, मौसम संग मयूर
चार पहर की चांदनी, मेरे संग बिता
अपने हाथों से पिया मुझे लाल चुनर उढ़ा
केसरिया धरती लगे, अम्बर लालम-लाल रे
अंग लगा कर साहिब रे, कर दे मुझे निहाल रे

फ़िल्म इस तरह चरमोत्कर्ष पर पहुँचती है कि जयंत द्वारा दुश्मन के एन सिंह के बेटे रणजीत को बंदूक़ से शूट करने काम शेरा अर्थात् सुनील दत्त को सौंपा जाता है। वह दुश्मन की बेटी रेश्मा अर्थात् वहीदा रहमान के प्यार में पड़ जाता है। शेरा दोनों परिवारों की दुश्मनी को रिश्तेदारी में बदलना चाहता है। उसका बाप जयंत इसके लिए तैयार नहीं है। वह छोटे गूँगे बेटे छोटू अर्थात् अमिताभ बच्चन को अचूक शूटर बनाता है, छोटू दुश्मन के बेटे को गोली मार कर पिता की आज्ञा पूरी करता है। शेरा क़सम खाता है कि वह छोटू को इस हत्या की सज़ा उसकी जान लेकर देगा ताकि दोनों परिवार की दुश्मनी ख़त्म हो सके। उसे पता चलता है कि छोटू दुश्मन के बाखर में कही छुपा है। वह छोटू को ढूँढ़ता हुआ दुश्मन की ड्योढ़ी पर निशाना लगा कर बैठता है। तभी दरवाज़ा खुलता है, और अंदर से छोटू और रेश्मा शादीशुदा लिबास में निकलते हैं। अब शेरा रेश्मा का सुहाग नहीं उजाड़ सकता। वह बंदूक़ उल्टी खड़ी कर ख़ुद के सीने में गोली उतार देता है। क्या कसा हुआ ट्रेजेडी अर्थात् दुखांत कथानक है।

रील और रियल लाइफ मरुस्थल का मजा लेते आख़िर उस महान भारतीय थार मरुस्थल के केंद्र जैसलमेर पहुँच गए जो भारतीय उपमहाद्वीप के पश्चिमोत्तरी भाग में विस्तारित एक शुष्क क्षेत्र है। यह भारत और पाकिस्तान में 200,000 किमी से अधिक भाग पर फैला है। यह विश्व का 17वाँ सबसे बड़ा मरुस्थल है। थार मरुस्थल अद्भुत है। गर्मियों में यहाँ की रेत पचास डिग्री पर तपती है। इस मरुभूमि में 52 डिग्री सेल्शियस तक तापमान रिकार्ड किया गया है। जबकि सर्दियों में तापमान शून्य से नीचे चला जाता है। जिसका मुख्य कारण हैं यहाँ की बालू रेत की जल्दी गर्म और जल्दी ठंडी होने की प्रकृति। गर्मियों में मरुस्थल की तेज गर्म हवाएं रेत के टीलों को एक स्थान से दूसरे स्थान पर उड़ा ले जाती हैं, टीलों को नई आकृतियां प्रदान करती हैं। गर्मी ऋतु में यहाँ पर तेज आंधियां चलती है देखते-देखते ही नक्शा बदल देती हैं। जिससे यहाँ मरुस्थलीकरण की समस्या बढ़ती जाती है। भारत सरकार ने नीतिगत पहल करके ना सिर्फ़ मरुस्थल को फैलने से रोका है बल्कि मरू भूमि में वृक्ष क्रांति करके भूमि को उपजाऊ बनाने के प्रयास किए हैं।

जब हम गेस्ट हाऊस पहुँचे। तब वहाँ सफ़ाई का काम चल रहा था। एक महिला फ़र्श पर पोंछा लगाते मोबाईल पर किसी से हँस-हँस कर बात कर

रही थी। हमको कमरे में घुसते देख उसने लंबा घूँघट खींच लिया। तभी पीछे से गेस्ट हाऊस के केयरटेकर कनाई सिंह भाटी वहाँ पहुँच काम वाली महिला को मारवाड़ी में जोर-जोर से डाँटने लगे। वह महिला बाल्टी-पोंछा समेट कमरे से लगभग भागते हुए निकली। हमने केयरटेकर से पूछा- क्यों डाँट रहे थे, उस बेचारी को। उसने एक मारवाड़ी कहावत कही। हमारे कुछ भी समझ नहीं आया। उसे दुहराने को कहा वह धीरे-धीरे बोला-

आळस नींद किसान ने खोवे,चोर ने खोवे खांसी,
टक्को ब्याज मूळ नै खोवे, रांड नै खोवे हाँसी।

अर्थात्- किसान को निद्रा व आलस्य नष्ट कर देता है, खांसी चोर का काम बिगाड़ देती है, ब्याज के लालच से मूलधन भी डूब जाता है और हँसी मसखरी विधवा को बिगाड़ देती है।

साहब, अभी कुछ दिन पहले ही विधवा हुई है। हमेशा मोबाइल पर हँस-हँस का बतियाती रहती है। कुछ शर्म-लिहाज़ नहीं है। रांड जो ठहरी।

हमने पूछा – आदमी कैसे मर गया था इसका?

साहब,

ब्यांव बिगाड़े दो जणा, के मूंजी के मेह,
बो धेलो खरचे न'ई, वो दडादड देय!

अर्थात् - शादी को दो बातें ही बिगाड़ती है, कंजूस के कम पैसा खर्च करने से और औरत के खुलकर खर्चने से। अब शादी बिगड़ी तो आदमी कहाँ जाएगा।

हमने उससे पूछा- हमारे यहाँ की हिंदी की कहावतें तुमने कहाँ सुनी।

वह बोला – नहीं साहब, यह देशी राजस्थानी कहावत है। इस तरह की कई कहावतें यहाँ प्रचलित हैं। यहाँ से आपके देस में पहुँची हैं।

गेस्ट हाऊस पहुँच कर बढ़िया तरावट दार चाय का मज़ा लिया। फिर नहा धोकर मोबाईल पर रेश्मा-शेरा फ़िल्म देखी। अब हम जैसलमेर की यात्रा के आनंद को पूरी तरह तैयार थे। इस बीच कनाई सिंह भाटी की कहावत

वाली बात पर सोचते रहे। आचार्य राम चन्द्र शुक्ल की पुस्तक "हिंदी साहित्य का इतिहास" में लिखी बात स्मरण हुई कि हिंदी साहित्य का वीरगाथा काल का भाषा कलेवर राजस्थानी देशज ज़ुबानों और ब्रज भाषा के मेल से मिलकर अस्तित्व में आया था। यहाँ के खुमान रासो, बीसलदेव रासो और पृथ्वी राज रासो खड़ी बोली के आरंभिक ग्रंथ थे। भाटी का कहना सही था कि ये कहावतें पश्चिम से पूर्व की तरफ़ फैली हैं।

रात को कनाई सिंह भाटी हमारे कमरे के आसपास मंडरा रहे थे। कुछ प्यासे से दिख रहे थे। हमने उनकी प्यास बुझाई और किस्सों के दौर चल पड़े। उन्हें खूब कहावतें जुबानी याद थीं। बातों-बातों में कुछ लिख लीं, फिर उनके अर्थ भी उन्ही से पूछे।

कार्तिक की छांट बुरी, बाणिये की नाट बुरी,
भाँया की आंट बुरी, राजा की डांट बुरी।

अर्थात् - कार्तिक महीने की वर्षा बुरी, बनिए की मनाही, भाइयों की अनबन बुरी और राजा की डांट-डपट बुरी होती है।

कुत्तो सो कुत्ते नै पाळे, कुत्तौं सौ कुत्तौं नै मारै।
कुत्तो सो भैंण घर भाई, कुत्तौं सो सासरे जवाँई।
वो कुत्तो सैं में सिरदार, सुसरो फिरे जवाँई लार।

अर्थात् - कुत्ते को पालना अथवा मारना दोनों ही बुरे है। भाई अपनी बहन के घर और दामाद ससुराल में रहने लगे तो उनकी क़द्र भी कुत्ते के समान हो जाती है। लेकिन यदि ससुर अपना पेट् भरने के लिए दामाद के पीछे लगा रहे तो वो सबसे गया गुजरा माना जाता है।

आप मिलै सो दूध बराबर, मांग मिलै सो पाणी।

अर्थात् - जो स्वयं बिना मांगे मिले वह दूध के समान होता है और जो मांगने से मिले वह पानी के समान होता है।

कनाई सिंह भाटी के किस्सों में इतिहास मिलाया तो भाटियों के जैसलमेर का दृश्य उभरने लगा। भारत के सुदूर पश्चिम में स्थित थार के मरुस्थल में जैसलमेर की स्थापना इतिहास के मध्यकाल के आरंभ में 1178 ई. के लगभग यदुवंशी भाटी के वंशज रावल-जैसल के द्वारा की गई थी। भाटी मूलत: इस प्रदेश के निवासी नहीं थे। यह अपनी जाति की उत्पत्ति मथुरा व द्वारिका के यदुवंशी भगवान कृष्ण से मानते हैं। कृष्ण के बाद द्वारिका के जलमग्न होने और यादवों के आत्मघाती संघर्ष के कारण कुछ बचे हुए यदु लोग जाबुलिस्तान, गजनी, काबुल व लाहौर के आस-पास के क्षेत्रों में फैल गए थे। कहाँ इन लोगों ने बाहुबल से अच्छी ख्याति अर्जित की थी, परंतु मध्य एशिया से आने वाले तुर्क आक्रमणकारियों के सामने ये ज़्यादा नहीं ठहर सके। लाहौर वापिस होकर पूर्वी पंजाब की ओर अग्रसर हो भटनेर नामक स्थान पर अपना राज्य स्थापित किया। उस समय इस भू-भाग पर स्थानीय जातियों का प्रभाव था। अत: ये भटनेर से पुन: अग्रसर होकर सिंध के मुल्तान की ओर बढ़े। अन्तोगत्वा मुमणवाह, मारोठ, तपोट, देरावर आदि स्थानों पर अपने मुकाम कायम करते हुए थार के रेगिस्तान स्थित लोधा के क्षेत्र में लोद्रवा नामक शहर के शासक को पराजित कर यहाँ अपनी राजधानी स्थापित की थी। इस भू-भाग में स्थित स्थानीय जातियों जिनमें परमार, बराह, लंगा, भूटा तथा सोलंकी आदि प्रमुख थे। इनसे सतत संघर्ष के उपरांत भाटी लोग इस भू-भाग को अपने आधीन करने में कामयाब रहे। वस्तुत: भाटियों के इतिहास का यह संपूर्ण काल सत्ता के लिए संघर्ष का काल था। वह अस्तित्व को बनाए रखने के लिए संघर्ष था, जिसमें ये लोग सफल हो गए।

शाम को जैसलमेर शहर घूमने निकले। सँकरी गलियों वाले जैसलमेर के ऊँचे-ऊँचे भव्य आलीशान भवन और हवेलियाँ सैलानियों को मध्यकालीन राजशाही की याद दिलाती हैं। जैसलमेर को 'स्वर्ण नगरी' के नाम से भी जाना जाता है। जैसलमेर का "सोनार किला" अपनी स्थापत्य कला के कारण विश्व प्रसिद्ध है। इस किले के निर्माण में पीले पत्थरों का प्रयोग किया गया है। शाम जब सूर्य की किरणें किले पर पड़ने लगीं तो वह सोने के समान चमकने लगा, इसीलिये इसे सोनार के किले के नाम से जाता है। क़िले पर एक पूरी बस्ती बसी है। वहाँ ज़रूरत की सभी चीजें मिलती हैं। शहर इतने छोटे क्षेत्र

में फैला है कि सैलानी यहाँ पैदल घूमते हुए मरुभूमि के इस सुनहरे मुकुट को निहार सकते हैं।

हमने नक़्क़ाशी की दुकानों पर खिड़की और मेहराब हेतु स्वर्णगिरी पत्थर पर काम होते देखा। लद्दाख के लेह में इसी तरह की नक़्क़ाशी लकड़ी पर होती दिखती है। लद्दाख़ में लकड़ी पर खिराद की कला वहाँ कश्मीर से पहुँची थी। वही कला पत्थर पर जैसलमेर में देखने को मिली।

जैसलमेर के शाही भवन और क़िला ही नहीं शहर की सभी इमारतें पीले पत्थरों से निर्मित होने के कारण जैसलमेर दूर से सोने की नगरी की तरह चमकता है। पीले पत्थरों ने ही जैसलमेर को स्वर्णनगरी की पहचान दी है। जैसलमेर में पुराने समय से पत्थर पर कलाकारी की जाती है। पुरानी इमारतों में पत्थर पर बेहतरीन नक्काशी और सजावट दिखाई देती हैं। नए दौर के निर्माण में भी उसी डिज़ाइन को आधार बनाया जाता है। शहर के अनुभवी कारीगर, पत्थर पर कला का इस्तेमाल करके रोज़ की ज़रुरत वाली चीज़ों को आसान तरीके से गढ़ लेते हैं। इस कला के लिए अब बिजली की लेथ मशीन का इस्तेमाल किया जाने लगा है। इस पत्थर को स्वर्णगिरि के नाम से जाना जाता है। स्वर्णगिरी पत्थर का उपयोग खुबसूरत बर्तनों को बनाने में भी किया जाता है। इसकी उपयोगिता के चलते देश-विदेश से लोग इसे खरीदकर ले जाते हैं। यह शहर सुनहरे रेतीले पत्थर (सैंडस्टोन) के लिए जाना जाता है। इन उत्पादों के लिए सुनहरे रेतीले पत्थर के अलावा, एक और स्थानीय पत्थर का इस्तेमाल किया जाता है, जिसे जीवाश्म (फ़ॉसिल) पत्थर कहते हैं, जिसमें प्राचीन समुद्री जानवरों के घुलनशील अवशेष जमा हैं।

स्थानीय लोगों में बताया कि ये पत्थर बीमारियों में दवाई के तौर पर उपयोगी होता है। इसकी दूसरी ख़ासियत है कि यह दूध को दही में बदल सकता है। जी हाँ, जैसलमेर से करीब 40 किलोमीटर की दूरी पर स्थित हाबुर गांव में ये पत्थर पाया जाता है। जामन न होने की स्थिति में इस पत्थर को दूध में डालकर आसानी से दही जमाया जा सकता है।

जैसलमेर में स्वर्णगिरी पत्थर के जामन से जमा दही बहुत पसंद किया जाता है। दही एक ऐसा स्वादिष्ट एवं पौष्टिक पदार्थ है, जिसे हर कोई खाने के

साथ खाना पसंद करता है। कोई दही के रूप में तो कोई छाछ, रायता, लस्सी आदि के रूप में। यहाँ तक कि भगवान को अर्पित की जाने वाली पंचामृत भी दही के बिना अधूरी है। कहने का आशय यह कि यहाँ दही अनेक रूप में खाया जाता है। लेकिन जो दही दुकान में मिलता है, वैसा दही जमा पाना आसान नहीं, कुछ लोगों को तो दही जमाने की प्रक्रिया तक का पता नहीं है। यदि ऐसे लोगों के हाथ में यह चमत्कारी पत्थर आ जाये तो दही जमाना कितना आसान हो जायेगा। हालाकि दही जमाने के अलावा भी इस पत्थर में दूसरी कई खूबियां हैं, जिसके लिए इसे भारी मात्रा में विदेशों को निर्यात किया जाता है।

सामान्य लोग स्वर्णगिरी पत्थर को दैवीय गुण युक्त बताते हैं, लेकिन विज्ञान दैवीय गुणों अथवा चमत्कारों को नहीं मानता। देश विदेश के वैज्ञानिकों ने इस पत्थर पर शोध करने के बाद पाया कि इसमें बायो केमिकल, अमीनो एसिड, फिनायल एलीनिया एवं रिफ्टोफेन टायरोसीन मौजूद होता है, जिसमें दूध को दही में परिवर्तित करने हेतु आवश्यक रासायनिक गुण होते हैं। कहा जाता है कि हजारों साल पहले यह इलाक़ा समुद्र से घिरा हुआ था। भौगोलिक बदलाव के कारण समुद्र सूखता गया। समुद्र सूखने के कारण समुद्री जल जीव वनस्पति जीवाश्म में बदल गये। लिहाजा पत्थरों से खनिजों का निर्माण होना शुरु हो गया। जीवाश्म होने से पत्थरों में तमाम कलर उभरकर आये, जिसकी वजह से इसे खूबसूरत बर्तन आदि बनाने के काम में भी लिया जाता है। इससे यह सिद्ध होता है कि यह स्थान कभी समुद्र रहा होगा। वैसे भी हमारी सरस्वती नदी इसी बालूयुक्त पठारी भाग के ऊपर उठने से लुप्त होने की अटकलें लगाई जाती हैं।

जैसलमेर राज्य की स्थापना भाटी राजा रावल जैसल ने 1155 ई. में की थी। जैसलमेर को "राजस्थान का रेतीला अण्डमान" भी कहा जाता है। जिस तरह अण्डमान चारों तरफ़ सैकड़ों किलोमीटर पानी से घिरा है। उसी तरह जैसलमेर चारों तरफ़ सैकड़ों किलोमीटर मरुभूमि से घिरा है। इस जिले में सबसे कम जनसंख्या निवास करती है। यह अपने आप में महत्वपूर्ण है कि रावल जैसल के वंशजों ने जैसल राज्य स्थापना से लेकर भारतीय गणतंत्र में मिलने तक वंश क्रम को भंग किए बिना 770 वर्ष सतत शासन किया। इस

राज्य ने भारतीय इतिहास में कई कालों को देखा व सहा है। सल्तनत काल के लगभग 300 वर्ष के इतिहास से गुजरता हुआ, यह राज्य मुग़ल साम्राज्य में भी लगभग अगले 300 वर्षों तक अपने अस्तित्व को बनाए रखने में सक्षम रहा। भारत में अंग्रेज़ी राज्य की स्थापना से लेकर समाप्ति तक भी इस राज्य ने अपने वंश गौरव को यथावत बनाए रखा। स्वतंत्रता के साथ यह भारतीय गणतंत्र में विलीन हो गया।

कश्मीर को लेकर भारत व पाकिस्तान में विवाद आजादी के समय से लेकर आज तक जारी है। कश्मीर की तरह जैसलमेर भी पाकिस्तान से सटी सीमा पर बसा है और इसके भी हालात ऐसे हो सकते थे, लेकिन जैसलमेर की मिट्टी में जो राष्ट्रभक्ति की भावना थी, उस वजह से जैसलमेर का विलय भारत में हुआ। हालाँकि सीमा से सटा होने के कारण पाकिस्तान ने इसे मिलाने के भरसक प्रयास किए थे।

राजस्थान का यह जिला पंजाब की सीमा से सटा है। वर्ष 1948 में पाकिस्तान से आए मुजाहिदों ने अर्जना व सुल्ताना पर हमला कर दिया। इस दौरान लाहौर से भारत आ रहे सिखों को इन मुजाहिदों ने पकड़ लिया और उनकी महिलाओं को पाकिस्तान ले गए। तत्कालीन तनोट हाकम नारायण सिंह भाटी जसोड़ ने मुजाहिदों का पीछा किया और महिलाओं को छुड़ाकर वापस लाए। इतिहासकार बताते हैं कि उस समय पाकिस्तान से आए मुजाहिदों ने जैसलमेर को कश्मीर बनाने के भरसक प्रयास किए थे, लेकिन वे सफल नहीं हो पाए।

आजादी के बाद 1948 में पाकिस्तान के वायसरॉय मोहम्मद अली जिन्ना ने अपने मंत्री हासम सिलावटा को विशेष हवाई जहाज से जैसलमेर भेजा। हासम का प्रयास था कि राजा पर जैसलमेर को पाकिस्तान के साथ मिलने का दबाव बनाए, लेकिन उसे खाली हाथ लौटना पड़ा। पाक में जैसलमेर के विलय का पहला प्रयास विफल होने के बाद दिल्ली में 16 फरवरी, 1949 को हुई मीटिंग में जिन्ना ने जैसलमेर के महा रावल गिरधर सिंह को खाली कागज थमाकर उनकी हर शर्त मंजूर करने का प्रलोभन दिया। महारावल गिरधर सिंह ने काग़ज़ लौटाते हुए कहा कि यदि पाकिस्तान और भारत में

युद्ध हुआ तो वे भारत का साथ देंगे। इसके बाद जिन्ना भी खाली हाथ लौट गए। यदि जैसलमेर पाकिस्तान में चला गया होता तो पाकिस्तान की सीमा जोधपुर और बीकानेर से टकराने लगती और जिन्ना का अगला कदम इन्हें भी प्रलोभन देकर मिलाने का होता। जैसलमेर के राजाओं के इसी फैसले के कारण जोधपुर व बीकानेर का भी विलय भारत में हुआ।

आजादी से पहले जैसलमेर के सीमावर्ती इलाकों में पाकिस्तान में बसने वाले लोगों की नजर थी। किशनगढ़, घोटारू व शाहगढ़ किलों की शैली भी मुस्लिम शैली है। यहाँ तक कि किशनगढ़ का नाम भी बदलकर दीनगढ़ कर दिया था, लेकिन मूलराज सिंह व गजसिंह के समय हुए प्रयासों के कारण दीनगढ़ का किशनगढ़, घोटारू का देवगढ़ व शाहगढ़ का नाम बलदेवगढ़ कर दिया। हालांकि देवगढ़ व बलदेवगढ़ आज भी घोटारू व शाहगढ़ के नाम से जाने जाते हैं। इस प्रयास को रोकने में भाटी दीवान सालमसिंह का भी बड़ा रोल था।

आजादी से पहले के तनोट हाकम नारायण सिंह भाटी जैसलमेर के पुलिस कमिश्नर बने और उन्हें पद्मश्री भी मिला। उनकी पुस्तक से यह प्रमाण मिलता है कि जैसलमेर के मुसलमान भी राष्ट्रभक्त थे। उनकी पुस्तक के अनुसार 1965 के युद्ध में जैसलमेर की विभिन्न चौकियां यथा राबलाउ, शाहगढ़ व साधेवाला पर पाक ने कब्जा कर लिया था। उस समय नारायण सिंह को इस इलाके के मुसलमानों ने गुप्त सूचनाएं भेजीं और उसकी बदौलत इन चौकियों को पाक के कब्जे से छुड़ाया गया।

यहाँ बप्पा रावल के समय से जुंझार और झंवर प्रथा प्रचलित थी। सिर धड़ से अलग होने के बाद भी दुश्मनों से लड़ते रहना जुंझार कहलाता था। गायों की रक्षा के लिए पनराजजी जुझार हुए, वहीं आलोजी, छत्रसाल, दुर्जनसाल व भोजदेव आदि भी जुंझार हुए हैं। इसी तरह अपमान से दुखी होकर स्वाभिमान जीवित रखने के लिए कोई व्यक्ति राजा के सामने खुद को मौत के हवाले कर देता उसे झंवर कहा जाता है। जैसलमेर के इतिहास में झंवर संबंधी कई किस्से हैं। आज भी यहाँ के लोगों की आवाज और स्वभाव में खुर्राटपन देखने को मिलता है।

पानी का असर ही कहा जाये, जिससे अलग-अलग क्षेत्रों के लोगों का स्वभाव उस क्षेत्र विशेष की पहचान बन जाती है। राजस्थान के संदर्भ में पूरे प्रदेश का स्थायी भाव वीरता कहा जा सकता है। ऐसे ही मारवाड से संबंध रखने वाले लोग, कही भी जाकर बस जाएं, उनमे व्यवसाय करने का कुशल कीड़ा सतत बना रहता है। पर्यावरण और परिस्थितियों का मानव जीवन पर इतना गहरा प्रभाव पड़ता है कि पीढ़ी दर पीढ़ी वंशज अपने मूल स्वभाव से जुड़े रहते हैं, चाहे भौगोलिक रूप से वो अपनी जड़ों से दूर हो जाएँ तो भी।

जैसलमेर जिले का भू-भाग प्राचीन काल में 'माडधरा' अथवा 'वल्लभमण्डल' के नाम से प्रसिद्ध था। इतिहास के अनुसार महाभारत युद्ध के पश्चात् यादवों का मथुरा से काफी संख्या में बहिर्गमन हुआ। ये राजस्थान एवं गुजरात की ओर अग्रसर हुए। जैसलमेर के भूतपूर्व शासकों के पूर्वज जो अपने को भगवान कृष्ण के वंशज मानते हैं, संभवतः छठी शताब्दी में जैसलमेर के बीरान भूभाग पर आ बसे थे। इस जिले में यादवों के वंशज भाटी राजपूतों की प्रथम राजधानी तनोट, दूसरी लौद्रवा तथा तीसरी जैसलमेर में रही।

जैसलमेर की स्थापना 1156 ई. में भाटी राजा जैसल ने की थी। यह जिले का प्रमुख नगर हैं जो नक्काशीदार हवेलियों, गलियों, प्राचीन जैन मंदिरों, मेलों और उत्सवों के लिये प्रसिद्ध है। निकट ही सम गाँव में रेत के टीलों का पर्यटन की दृष्टि से विशेष महत्व हैं। यहाँ का सोनार किला राजस्थान के श्रेष्ठ धान्वन दुर्गों में माना जाता हैं। जैसलमेर के किले का निर्माण 1156 में आरम्भ किया गया था। ढाई सौ फीट ऊंचा और सैंड स्टोन के विशाल खण्डों से निर्मित 30 फीट ऊंची दीवार वाले इस किले में 99 प्राचीर हैं, जिनमें से 92 का निर्माण 1633 और 1647 के बीच कराया गया था। इस किले के अंदर मौजूद कुंए पानी का निरंतर स्रोत हैं। रावल जैसल द्वारा निर्मित यह किला 80 मीटर ऊंची त्रिकूट पहाड़ी पर स्थित है, इसमें महलों की बाहरी दीवारें, घर और मंदिर कोमल पीले सैंड स्टोन से बने हैं। इसकी संकरी गलियां और चार विशाल प्रवेश द्वार है जिनमें से अंतिम एक द्वार मुख्य चौक की ओर जाता है जिस पर महाराज का पुराना महल है। इस कस्बे की लगभग एक चौथाई आबादी इसी किले के अंदर रहती है। यहाँ गणेश पोल, सूरज पोल, भूत पोल

और हवा पोल के जरिए पहुंचा जा सकता है। यहाँ अनेक सुंदर हवेलियां और जैन मंदिरों के समूह हैं जो 12वीं से 15वीं शताब्दी के बीच बनाए गए थे।

आपकी टैक्सी गणेश पोल तक जा सकती है। हमने एक ऑटो वाले को क़िले के ऊपरी हिस्से घूमने हेतु तय किया। ऑटो गणेश पोल, सूरज पोल, भूत पोल और हवा पोल पार करके ऊपर पहुँचने लगा तब ही बाएँ हाथ पर राव जैसल का महल दिखा। उसके सामने कुछ और शाही भवन भी देखे। उसके आगे बस्ती शुरू हो गई। कुछ बड़ी हवेलियाँ और उनसे सटे छोटे घर। एक आम राजस्थानी बस्ती का नज़ारा था। ऊपर से देखने पर सुबह का सूर्य नीचे की बस्ती पर सुनहरी आभा बिखेर रहा था। इसी स्वर्ण नगरी के दर्शन करने आए थे, छककर देखा।

जैसलमेर में बोली मुख्यतः राजस्थान के मारवा क्षेत्र में बोली जाने वाली मारवाड़ी का एक भाग ही है। परन्तु जैसलमेर क्षेत्र में बोली जानेवाली भाषा थली या थार के रेगिस्तान की भाषा है। इसका स्वरुप राज्य के विभिन्न स्थानों पर भिन्न-भिन्न है। उदाहरण स्वरुप लखा, म्याजलार के इलाके में मालानी घाट व भाषाओं का मिश्रण बोला जाता है। परगना सम, सहागढ़ व घोटाडू की भाषा में थाट, व सिंधी भाषा का मिश्रण बोल-चाल की भाषा है। विसनगढ़, खुहड़ी, नाचणा आदि परगनों में जो बहावलपुर (पाकिस्तान) सिंध से सटा है, माङ, बीकानेरी व सिंधी भाषा का मिश्रण है। इसी प्रकार लाठी, पोकरण, फलौदी के क्षेत्र में घाट व माङ भाषा का मिश्रण है। राजधानी जयपुर में बोली जाने वाली इन सभी बोलियों घाट, माङ, सिंधी, मालाणी, पंजाबी, गुजराती भाषा का सुंदर मिश्रण है।

भारतवर्ष की भूमि सदैव से धर्म प्रधान रही है, यहाँ पर धर्म के बिना जीवन की कल्पना भी नहीं की जा सकती है। जैसलमेर राज्य का विस्तार भू-भाग भी इस भावना से मुक्त नहीं रहा। इस क्षेत्र के सर्वप्रथम राव तणू द्वारा तणोट नामक स्थान बसाने तथा वहाँ देवी का मंदिर बनाने का उल्लेख प्राप्त होता है। यह देवी का मंदिर आज भी विद्यमान है, जैसलमेर में विभिन्न संप्रदायों के प्रति बहुत आस्था रही है, इनमें राम स्नेही, नाथपंथ तथा वल्लभ संप्रदाय प्रमुख हैं। महारावल अमरसिंह के समय रामानंदी पंथ के महंत

हरिवंशगिरि ने अमरसिंह को अपने चमत्कारों से प्रसन्न किया व रावल देवराज के समय से राज्स में किसी अन्य पंथ के प्रवेश पर लगी रोक को हटवाया तथा स्थान-स्थान पर रामद्वारों की स्थापना कराई। यहाँ जैन धर्म की श्वेताम्बर शाखा ने इतनी अधिक प्रसिद्धि प्राप्त की थी कि कालांतर में श्वेताम्बर पंथी जैन समाज के लिये जैसलमेर एक तीर्थ स्थल बन गया। जैसलमेर राज्य में प्रारंभ से ही इस्लाम धर्म मानने वाले लोगों का अस्तित्व रहा है, इस क्षेत्र में पाये जाने वाले इस्लाम धर्म के अनुयायी अधिकांशतः स्थानीय जातियों द्वारा बलात् इस्लाम धर्म स्वीकृत करने वालों में से है।

जैसलमेर राज्य भारत के मानचित्र में ऐसे स्थल पर स्थित है जहाँ इसका इतिहास में एक विशिष्ट महत्व है। भारत के उत्तर-पश्चिमी सीमा पर इस राज्य का विस्तृत क्षेत्रफल होने के कारण अरबों तथा तुर्की के प्रारंभिक हमलों को यहाँ के शासकों ने न केवल सहन किया वरन दृढ़ता के साथ उन्हें पीछे धकेलकर शेष राजस्थान, गुजरात तथा मध्य भारत को इन बाहरी आक्रमणों से सदियों तक सुरक्षित रखा।

राजस्थान के दो राजपूत राज्य, मेवाड़ और जैसलमेर अन्य राज्यों से प्राचीन माने जाते हैं, जहाँ एक ही वंश का लम्बे समय तक शासन रहा है। हालाँकि मेवाड़ के इतिहास की तुलना में जैसलमेर राज्य की ख्याति बहुत कम हुई है, इसका मुख्य कारण यह है कि मुग़ल-काल में जहाँ मेवाड़ के महाराणाओं की स्वाधीनता बनी रही वहीं जैसलमेर के महारावलों द्वारा अन्य शासक की भाँति मुग़लों से मेलजोल कर लिया जो अंत तक चलता रहा। आर्थिक क्षेत्र में भी यह राज्य एक साधारण आय वाला पिछड़ा क्षेत्र रहा जिसके कारण यहाँ के शासक कभी शक्तिशाली सैन्य बल संगठित नहीं कर सके। फलस्वरुप इसके पड़ौसी राज्यों ने इसके विस्तृत भू-भाग को दबा कर नए राज्यों का संगठन कर लिया जिनमें बीकानेर, खैरपुर, मीरपुर, बहावलपुर एवं शिकारपुर आदि राज्य हैं। जैसलमेर के इतिहास के साथ प्राचीन यदुवंश तथा मथुरा के राजा यदु वंश के वंशजों का सिंध, पंजाब, राजस्थान के भू-भाग में पलायन और कई राज्यों की स्थापना आदि के अनेकानेक ऐतिहासिक व सांस्कृतिक प्रसंग जुड़े हुए हैं।

जैसलमेर ज़िला पूर्व में बीकानेर और दक्षिण में जोधपुर और बाड़मेर से घिरा है और इसकी उत्तर पश्चिमी सीमा पर पाकिस्तान है। सदियों तक आवागमन के सुगम साधनों के अभाव में जैसलमेर राज्य देश के अन्य प्रांतों से लगभग कटा सा रहा। इस कारण बाहर के लोगों को इसके बारे में बहुत कम जानकारी रही है। सामान्यत: लोगों की कल्पना में यह स्थान धूल व आँधियों से घिरा बियाबान रेगिस्तान मात्र है। परंतु वस्तुस्थिति ऐसी नहीं है, इतिहास एवं काल के थपेड़े खाते हुए भी यहाँ प्राचीन, संस्कृति, कला, परंपरा अपने मूल रूप में विधमान रही तथा यहाँ रेत के कण-कण में पिछले आठ सौ वर्षों के इतिहास की गाथाएँ समाहित हैं। जैसलमेर राज्य ने मूल भारतीय संस्कृति, लोक शैली, सामाजिक मान्यताएँ, निर्माणकला, संगीतकला, साहित्य, स्थापत्य आदि को मूल रूप में बनाए रखा।

जैसलमेर के सांस्कृतिक इतिहास में यहाँ के स्थापत्य कला का अलग ही महत्व है। किसी भी स्थान विशेष पर पाए जाने वाले स्थापत्य से वहाँ रहने वालों के चिंतन, विचार, विश्वास एवं बौद्धिक कल्पनाशीलता का आभास होता है। जैसलमेर में स्थापत्य कला का क्रम राज्य की स्थापना के साथ दुर्ग निर्माण से आरंभ हुआ, जो निरंतर चलता रहा। यहाँ के स्थापत्य को राजकीय तथा लौकिक दोनो का सतत् प्राश्रय मिलता रहा। इस क्षेत्र के स्थापत्य की अभिव्यक्ति यहाँ के किलों, गढियों, महलों, मंदिरों, हवेलियों, जलाशयों, छतरियों व जन-साधारण के प्रयोग में लाये जाने वाले मकानों आदि से होती है।

जैसलमेर राज्य में हर 20-30 किलोमीटर के फासले पर छोटे-छोटे दुर्ग दृष्टिगोचर होते हैं, ये दुर्ग विगत एक हज़ार वर्षो से इतिहास के मूक गवाह हैं। मध्ययुगीन इतिहास में इनका परम महत्व था। ये राजनैतिक आवश्यकतानुसार निर्मित कराए जाते थे। दुर्ग निर्माण में सुंदरता के स्थान पर मजबूती तथा सुरक्षा को ध्यान में रखा जाता था। दुर्गो में एक ही मुख्य दरवाज़ा रखने के परंपरा रही है। दुर्ग मुख्यतः पत्थरों द्वारा निर्मित हैं, परंतु किशनगढ़, शाहगढ़ आदि दुर्ग इसके अपवाद हैं। ये दुर्ग पक्की ईंटों के बने हैं। प्रत्येक दुर्ग में चार या इससे अधिक बुर्ज बनाए जाते थे। ये दुर्ग को मजबूती, सुंदरता व सामरिक महत्व प्रदान करते थे।

जैसलमेर दुर्ग, नगर व आस-पास के क्षेत्र में स्थित ऊँचे शिखरों, भव्य गुंबदों वाले जैन मंदिरों का स्थापत्य कला की दृष्टि से बड़ा महत्व है। जैसलमेर स्थिर जैन मंदिर में जगती, गर्भगृह, मुख्यमंडप, गूढ़मंडप, रंगमंडन, स्तंभ व शिखर आदि में गुजरात के सोलंकी व बघेल कालीन मंदिरों का स्पष्ट प्रभाव दृष्टिगोचर होता है।

जैसलमेर एक पुरानी संस्कृति और परंपरा वाला राजस्थानी शहर है। राजस्थान के अन्य स्थानों की तुलना में जैसलमेर का भोजन काफी अच्छा है। जैसलमेर के व्यंजन उनकी संस्कृति में समृद्धता और रेगिस्तान में अपनी निकटता को दर्शाते हैं। आप यहाँ आसानी से स्वादिष्ट भोजन पा सकते हैं। राजस्थान के अन्य भागों के विपरीत, जैसलमेर में तेल और मक्खन में लिपटा हुआ खाना ज़्यादा मिलता है। यहाँ के पारंपरिक भोजन में दाल बाटी चूरमा, मुर्ग-ए-सब्ज, पंचधारी लड्डू, मसाला रायता, पोहा, जलेबी, घोटुआ, कढ़ी पकौडा शामिल हैं। इन सभी व्यजनों के अलावा आप हनुमान चौक पर मिलने वाले स्नैक्स का आनंद भी ले सकते हैं।

रेगिस्तान में हों और इसके जहाज़ की बात न हो, यह तो संभव नहीं है। शतरंज की बिछात पर ऊँट तिरछा चलता है। यही इसकी स्वाभाविक प्रकृति भी होती है। ऊँट कैमुलस जीनस के अंतर्गत आने वाला एक खुरधारी जीव है। ऊँट दो प्रकार के होते हैं- अरबी ऊँट और बैक्ट्रियन ऊँट। अरबी ऊँट के एक कूबड़ जबकि बैक्ट्रियन ऊंट के दो कूबड़ होते हैं। अरबी ऊँट पश्चिमी एशिया के सूखे रेगिस्तान क्षेत्रों के जबकि बैकट्रियन ऊँट मध्य और पूर्व एशिया के मूल निवासी हैं। इसे रेगिस्तान का जहाज भी कहते हैं। यह रेतीले तपते मैदानों में 21 दिन तक बिना पानी पिये चल सकता है। इसका उपयोग सवारी और सामान ढोने के काम आता है। जीवाश्म साक्ष्यों से पता चलता है कि आधुनिक ऊँट के पूर्वजों का विकास उत्तरी अमेरिका में हुआ था जो बाद में एशिया में फैल गये। लगभग 2000 ई.पू. में पहले पहल मनुष्य ने ऊँटों को पालतू बनाया था।

आज हमें रेगिस्तान में ऊँट की सवारी करने जाना है। जैसलमेर से पाकिस्तान बॉर्डर की तरफ़ चालीस किलोमीटर पर सम नामक एक स्थान है।

जहाँ सैंड ड्यूंस अर्थात् रेत के बनते बिगड़ते टीलों का एक बड़ा क्षेत्र संरक्षित रखा गया है। हमने वहाँ पहुँच कर ऊँट सवारी और जीप सफारी का लुत्फ़ उठाया। पहले ऊँट पर बैठे। बायाँ पैर रक़ाब में फँसाया और दाहिना पैर ऊँट की ऊँची पीठ पर से घुमाकर दाहिनी रक़ाब में फँसा बैठ तो गए लेकिन जब ऊँट ने खड़ा होने के लिये अपने पिछले पैर उठाए तो पीछे खिंचकर बैठने के कारण सहूलियत से संभले रहे। परंतु जब ऊँट अगले पैर उठाने झुका तो हमारा पूरा झोल ऊँट की गर्दन पर पहुँचने लगा। थोड़ी सी घबराहट हुई कि ऊँट की गर्दन पर मुँह की बल गिरेंगे, लेकिन हमने दोनों हाथ ऊँट की गर्दन पर टिकाए ही थे तभी ऊँट उठ कर खड़ा हो गया। राहत की साँस ली। दोनों पैर खींचकर रक़ाब पर रखे रहने से दाहिने घुटने में खिंचाव आने से दर्द होने लगा। खिंचाव से कार्टीलेज पर लगातार दबाव बन रहा था। आख़िर में ऊँट से उतरते समय तकलीफ़ बढ़ गई। लेकिन उतरते ही दर्द ठीक भी हो गया।

ऊँट राजस्थान के रेगिस्तान का जहाज़ है। यहाँ ऊँट की आमद मध्य एशियाई देशों से रेशम मार्ग द्वारा हुई थी। इसे सवारी करने, भार ढोने, हल जोतने, रहट चलाने, ईख पेरने तथा गाड़ियों में जोतने के काम में लाया जाता है। ऊंट के बालों से कंबल बनाए जाते हैं।

सन 2012 में पशु गणना के अनुसार राजस्थान में ऊंटों की संख्या तीन लाख के आसपास है। नर ऊंट का भार लगभग 500 से 700 किग्रा और मादा ऊंट का औसत भार लगभग 400-600 किग्रा. होता है। एक ऊँट का जीवन काल 40-50 साल तक का होता है। सामान ढोने वाला ऊंट हट्टा-कट्टा और सवारी वाले का शरीर हल्का होता है। एक प्रशिक्षित ऊँट एक रात में 100 से 140 किमी तक यात्रा कर सकता है। रेगिस्तान में सेना व पुलिस के जवान भी गश्त के लिए इस नस्ल के ऊंटो को काम में लेते हैं। राजस्थान में ऊंट की तीन मुख्य नस्लें पाई जाती है बीकानेर, जैसलमेर, मेवाड़ी ।

बीकानेरी नस्ल के ऊंट का मूल स्थान बीकानेर क्षेत्र है। बीकानेर के जोहड़बीड़ में राष्ट्रीय ऊष्ट्र अनुसंधान केंद्र है। यह नस्ल सिंधी एवं बलूची ऊंटों के संकरण से तैयार हुई है। हम जिस ऊँट पर बैठे वह बीकानेरी नस्ल का था। उसके सिर पर हाथ रखा तो वह नाराज़ हो गया। मानो किसी राजपूत

की पगड़ी छू ली हो। फिर उसे सामने से पुचकारा तो उसने मुँह दूसरी तरफ़ मोड़ लिया। हम दूसरी तरफ़ गए तो जुगाली करता देखता रहा। सोचता होगा, यह अजीब पर्यटक है, पीछे ही पड़ा है। ऊँटों की भी कुछ निजता होती है कि नहीं।

इस नस्ल के ऊंट का रंग ज़्यादातर गहरा भूरा यानी हल्का काले से रंग का था। ऊंट की ऊंचाई जमीन से थुई तक 10 से 12 फीट तक थी। शरीर गठीला एवं मजबूत और आंखें गोल व बड़ी थीं। खोपड़ी गोलाकार एवं उठी हुई, जहाँ खोपड़ी आगे की और खत्म होती है वहाँ एक गड्ढा था। जिसे 'स्टॉप' कहते हैं, जो इस नस्ल की ख़ास पहचान है। ऊंट की आंखों, कानों एवं गले पर लंबे-लंबे काले बाल थे। सिर मंझले दर्जे का एवं भारी, आंखें चमकदार एवं बाहर निकली हुई और आंखों के ऊपर की तरफ गड्ढा सा था, जहाँ से नाक की हड्डी ऊपर उठी हुई दिखाई दे रही थी, इससे यह नस्ल सुंदर लगती है।

वर्तमान में बीकानेरी ऊंट की नस्ल विश्व में सबसे सुंदर ऊंटों में से है। आंखों की भौहों पर व पलकों पर घने काले बाल होते हैं। कान छोटे-छोटे और ऊपर से गोलाई लिए हुए होते हैं। गर्दन मंझलें आकार की नीचे से गोलाई लिए हुए है। थुई बड़ी एवं पीठ के बीच में होती है। अगले पैर लंबे सीधे और मजबूत हड्डियों वाले हैं पिछले पैर अगले पैरों की अपेक्षा कमजोर अंदर की ओर मुड़े हुए हैं। पूछ के दोनों तरफ नीचे की ओर लंबे काले बाल हैं।

जैसलमेरी नस्ल के ऊंट का रंग हल्के भूरे रंग का होता है एवं ऊंचाई 7 से 9 फीट तक होती है। इस नस्ल के ऊंट का शरीर छोटा एवं पतला होता है। आंखें चमकदार एवं सिर के अनुपात से बड़ी होती है। इस नस्ल के ऊंटों का कपाल उठा हुआ नहीं होता एवं स्टॉप भी नहीं होता जो कि बीकानेरी नस्ल में होता है। कान छोटे पास-पास होते हैं। पैर पतले, पैरों के तलवे भी छोटे व हल्के होते हैं, जो तेज चलने में सहायक होते हैं। ये ख़ास तौर से सामान ढोने के काम में उपयोगी होते हैं।

उदयपुर के आसपास के क्षेत्र को मेवाड़ कहा जाता है जो अरावली की पहाड़ियों में बसा हुआ है। पुराने जमाने में सामान लाने ले जाने एवं यात्रा हेतु यहाँ ऊँट पंजाब से लाए गए थे। उन्होंने अपने आप को इस क्षेत्र के अनुकूल

ढाल लिया एवं धीरे-धीरे एक नस्ल का रूप ले लिया, जिससे क्षेत्र के लोग इन ऊंटों को मेवाड़ी कहने लगे। यह नस्ल राजस्थान के पहाड़ी क्षेत्रों से लेकर गुजरात तक फैली हुई है।

इस नस्ल के ऊंट की लंबाई मध्यम आकार की होती है। इनका हल्का भूरा रंग होता है। आंखें छोटी-छोटी होती है। पैर छोटे व कठोर होते हैं। हड्डियां मोटी और मजबूत होती है। मुंह के नीचे का होंठ गिरा हुआ होता है। जो इस नस्ल की ख़ास पहचान है। सिर बड़ा एवं भारी होता है। गर्दन भी छोटी मोटी होती है। शरीर पर बाल घने, सख्त एवं मोटे होते हैं। इस ऊंट की औसत गति 3 से 5 मील प्रति घंटा होती है। इस नस्ल के ऊंटों को कृषि कार्य एवं भार को ढोने के लिए काम में लिया जाता है।

ऊँट कर सवार होकर बैठे तो ऊँट पर हिचकोले तो कश्तियों वाले ही लग रहे थे। रेगिस्तान में जहाज तो नहीं दिखे लेकिन- "उतारी जा रही हैं ऊंटों की कश्तियाँ सहरा में", तो अता शाद का एक शेर कौंध गया-

वो दर्द की धूप में सहरा की तरह साथ रहे,
शाम आई तो लिपट कर हमें दीवार किया।

आज़ादी पूर्व का जैसलमेर अखंड भारत में कारोबारी रूप से वर्तमान पाकिस्तान के कई ठिकानों से जुड़ा था। जैसलमेर से सिंध का सुकुर 224, लरकाना 275, सिंध की राजधानी कराची 452, और बलूच की राजधानी पेशावर 790 किलोमीटर दूरी पर हैं। पेशावर से काबुल 280 किलोमीटर है, जहाँ चीन के तिब्बत से आने वाला मार्ग रेशम मार्ग से जुड़ता है। मारवाड़ियों का चीनी, सिंधी, गुजराती, फारसी व्यापारियों से जुड़ाव उन्हें कुशल कारोबारी बना गया। इस इलाक़े के कई कारोबारी जैन थे। उनमें सेठ गुमान चंद बाफ़ना एक प्रसिद्ध जैन सेठ थे। उनके पाँच बेटे थे, हिम्मत राम, जेठमल, नथमल, जोरावर मल और सागरमल। उन्होंने पाँचों के लिए एक हवेली का निर्माण करवाया। वही निर्माण जैसलमेर की प्रसिद्ध "पटवा हवेली" के नाम से पर्यटकों में प्रसिद्ध है। प्रश्न उठता है कि जैन पटवा कैसे कहलाने लगे। पटवा शब्द का भी एक इतिहास है। यहाँ कहावत चलती है कि-

कतहुँ तमोलिय पान भुलाने,
कहुँ पटवा पाटहिं अरुझाने।

तमोली का पान प्रेम तो जग जग ज़ाहिर है। पटवा का पटसन से जुड़ाव का रहस्य समझने की कोशिश करते हैं। पटसन कपास की जाति का एक पौधा है। यह पौधा बंगाल में लाल अंबारी नाम से बहुतायत से बोया जाता है। देश के विभिन्न इलाक़ों में जूट, देवा, पटसन, पटुआ, पटुवा, पाट, शाणि आदि इसके अन्य नाम हैं। जूट की रस्सी बहुत ही मज़बूत होती है। पटसन के रेशे से रस्सी, बोरे, टाट और ग़लीचे इत्यादि बनाये जाते हैं, रेशम और सूत में गहने गूथनेवाला पटाहार भी इसी से बनाया जाता है। राजपूत, बनिया, देववंशी और जुलाहे इस कारोबार से जुड़े थे। पूँजी लगाने वाले अधिकांश जैनी कारोबारी थे। उनके सिरमौर बैंकर सेठ गुमान चंद बाफ़ना थे।

हम बचपन में पिताजी के मुँह से सुनते आए थे कि हमारा मूल निवास स्थान जोधपुर और जैसलमेर के बीच में बसा "नरवरगढ़" है, जहाँ से हमारे पुरखे नर्मदा घाटी में आकर बस गए थे। दसवीं-ग्यारहवीं सदी में महमूद गजनवी के लगातार हमलों से त्रस्त होकर राजस्थान के कई बाशिंदे सनातन धर्म के रक्षार्थ अरावली, विंध्याचल और सतपुड़ा पर्वतों की कन्दरा में आकर बसे थे। जैसलमेर आते वक़्त एक शायर दोस्त ने मुनव्वर राना का शेर सुना कर विदा किया था।

देखना है तुझे सहरा तो परेशाँ क्यूँ है,
कुछ दिनों के लिए मुझ से मिरी आँखें ले जा।

उसकी आँख तो नहीं लाए लेकिन सहरा को देखकर उसकी याद ज़रूर आई। ख़्याल आया कि आदमी दुनिया में अकेला ही आता है, जूझता और अकेला ही चला जाता है। इस दुनिया में हर कोई अकेला है। शकेब जलाली ने कहा है।

जहाँ तलक भी ये सहरा दिखाई देता है,
मिरी तरह से अकेला दिखाई देता है।

जैसलमेर भ्रमण के दौरान अपने नाम के साथ जुड़ी जातिगत पहचान का रहस्य खोजना भी हमारा एक लक्ष्य है। पटवा समाज की उत्पत्ति राजस्थान से मानी जाती है, जहाँ उन्हें "पाटनवाड़िया" या पाटन के बुनकरों के रूप में जाना जाता था। किंवदंती के अनुसार, यह समुदाय मूल रूप से राजपूतों के एक समूह के रूप में अस्तित्व में आया था, जो व्यापारिक उद्देश्यों के लिए राजस्थान से मध्य प्रदेश और अन्य क्षेत्रों में चले आए।

आधुनिक समय में "पटवा" हिंदी बेल्ट में निवास करने वाली एक जाति है। यह परंपरागत रूप से बुनकरों की एक व्यवसायिक प्रजाति है। इनका मुख्य पेशा रेशम के लटो और धागे से हथकरघा पर गमछा, चादर, बेडशीट आदि बनाना रहा है। यह पारंपरिक रूप से मोतियों में धागे पिरोने तथा सोने और चांदी के धागों को बांधने के कार्य से जुड़े रहे हैं। हमारी पटवा जाति, देववंशी क्षत्रियों की एक शाखा है। हमारा गोत्र "टेंटवार" है। पृथ्वीराज चौहान का वृतांत लिखने वाले कवि रासो उनके भाट-चारण थे। इसी तर्ज़ पर सभी राजस्थानियों के पारिवारिक भाट-चारण होते हैं। राजस्थान से आने वाले भाट-चारण का पता लगाकर उनके घर पहुँचे। उन्होंने इस गोत्र का रहस्य खोला।

बप्पा रावल के समय हिंदू और मुसलमान राजाओं के सैनिक छै फुट से अधिक ऊँचाई के होते थे। बप्पा रावल ने कुछ छोटे क़द वाले राजपूतों की टुकड़ी संगठित की थी, जो ऊँचे क़द के राजपूतों के साथ युद्ध के मैदान में उतरती थी। राजस्थानी में गले को टेंटुआ कहते हैं। बड़े क़द के राजपूत उन्हीं जैसे ऊँचे तुर्की सैनिकों से उलझते थे, तब वे छोटे क़द के सैनिक नीचे से घुसकर ऊँचे क़द के तुर्की सैनिकों के टेंटुआ पर वार करते थे। इस प्रकार वह टुकड़ी टेंटवार कहलाने लगी। अतीत में किसी कारणवश, उन्हें श्रृंगार-व्यवसाय अपनाना पड़ा। एक शाखा ने पाट या धागे का काम अपनाया, जो बुनकर बन गए वो पटवा कहलाए। दूसरी शाखा ने लाख का पेशा अपनाया, वे लखेरा कहलाये। इन में टेंटवार के अलावा चौहान, रावत, चंदेल गोत्र होते

हैं, जिनमें आपसी बेटी व्यवहार होते हैं। इस तरह हमारी इस यात्रा में यह राज खुला कि भाई हम भी छोटे-मोटे राजपूत हैं। थोड़ी बहुत राजपूती अकड़ और जिद भी अपने व्यक्तित्व का हिस्सा है। इसी बात पर खुश होकर एक गिलास बादाम शेक चढ़ाया और चल दिये "पटवों की हवेली" के दर्शन करने।

अब हम पटवों के हवेली की कहानी पर आते हैं। एक बात साफ़ करना ज़रूरी है कि इस हवेली का हमारे पुरखों से कोई संबंध नहीं रहा। बस "पटवा" नाम का जुड़ाव खींचता रहा, सो चले आए इस अजूबे को देखने। यह हवेली हमारी मिल्कियत नहीं है। इसे जैसलमेर के सभ्रांत ओसवाल जैन परिवार के मुखिया सेठ गुमान चंद बाफ़ना ने बनवाई थी। उनका परिवार ओसिया से था। ओसिया जोधपुर से 65 किमी की दूरी पर स्थित है। यह देशी विदेशी पर्यटकों को मन्दिरों एवं स्मारको की स्थापत्य कला के कारण आकर्षित करता है। ओसिया में एक तरफ मन्दिरों का समूह तो दूसरी तरफ रेगिस्तान है। इस प्राचीन नगर की यात्रा के दौरान बीच-बीच में पड़ते हुए रेगिस्तानी विस्तार व छोटे-छोटे गांव अतीत के लहराते हुए भू-भागों में ले जाते हैं। ओसवालों की उदगम स्थल होने की वजह से इसका नाम ओसियां रखा गया या यह भी संभव है कि ओसियां इनका उद्गम होने से ये ओसवाल कहलाये।

देवराज बाफना पटसन का कारोबार करते थे। उन्होंने 18वीं सदी की शुरुआत में ओसियां छोड़ दिया और जैसलमेर चले आए। उन्होंने कई व्यवसाय शुरू किए और फिर सोने और चांदी के ब्रोकेड व्यवसाय में कदम रखा। उन्होंने अपने जीवन के अंत तक संघर्ष किया, उनके उद्यमशील पुत्र गुमान चंद उनके व्यवसाय में शामिल होकर समृद्ध हो गए। गुमान चंद ब्रोकेड व्यवसाय में अत्यधिक सफल और धनी हो गए और उन्हें सेठ गुमान चंद पटवा के नाम से जाना जाने लगा (पटवा ब्रोकेड व्यवसाय के लिए व्यावसायिक पदवी है)। ब्रोकेड कई सामग्रियों के मिश्रण से बना है। परंपरागत रूप से रेशम से बनाया जाता था, लेकिन आजकल यह रेशम और कपास या यहाँ तक कि पॉलिएस्टर जैसे विभिन्न कपड़ों के मिश्रण का उपयोग करके बनाया जाने लगा है। मुग़ल सम्राटों और अवध के नवाबों के संरक्षण में शुरू में कपास

की बुनाई के लिए जाना जाने वाला बनारस ब्रोकेड के लिए प्रसिद्ध हो गया, जिसे किमखाब या 'सोने का सपना' कहा जाता था।

सेठ गुमान चंद ने 19वीं सदी की शुरुआत में मध्य पूर्व और चीन के व्यापारियों से कारोबार शुरू किया। उन्होंने 1805 के आसपास अपने पांच बेटों के लिए पांच शानदार हवेलियों का निर्माण करवाया था। ये जैसलमेर में प्रसिद्ध पटवों की हवेली हैं। विभिन्न कारणों से गुमान चंद के पांचों पुत्रों को जैसलमेर छोड़ना पड़ा, लेकिन सभी अलग-अलग क्षेत्रों में बस गए और व्यापार में समृद्ध हुए। गुमान चंद का सबसे प्रसिद्ध तीसरा पुत्र जोरावर मल बापना था। जोरावर मल बापना भारत के सबसे धनी व्यक्तियों में से एक बन गए और एक प्रमुख राजनयिक भी बन गए। जिन्होंने ब्रिटिश और स्थानीय राजपूत राजकुमारों के बीच मध्यस्थ के रूप में काम किया। जोरावर मल ने जैसलमेर में एक जैन मंदिर का निर्माण भी करवाया और राजस्थान और अन्य जगहों पर विभिन्न जैन पूजा स्थलों में महत्वपूर्ण योगदान दिया।

जोरावर मल प्रसिद्ध कर्नल टॉड का भी घनिष्ठ मित्र बन गया, कर्नल टॉड ने उसके बारे में अपनी "एनल्स एंड एंटीक्विटीज़ ऑफ़ राजपूताना" में लिखा है। 1819 के आसपास राणा प्रताप का मेवाड़ का घराना गहरे आर्थिक संकट में था। मराठों के वार्षिक छापों से खजाना ख़त्म हो गया था और महाराणा इस स्थिति से निपटने में असमर्थ थे। कर्नल टॉड की सिफारिश पर, महाराणा भीम सिंह ने 1819 में सेठ जोरावरमल बापना को उदयपुर में आमंत्रित किया और उन्हें "नगर सेठ" और राज्य कोषाध्यक्ष भी नियुक्त किया। सेठ जोरावर मल बापना कुछ वर्षों तक उदयपुर में रहे और कुछ ही समय में मेवाड़ राज्य की वित्तीय स्थिति बदल दी। महाराणा को लाखों रुपये की राशि भी प्रदान की। जिसमें से 20 लाख रुपए उन्होंने माफ कर दिए। उसने अपने पुत्रों को स्थापित किया, अपने दूर-दराज के व्यापारिक हितों की देखभाल के लिए उदयपुर रहने लगे। सेठ जोरावर मल बापना का इंदौर में निधन हुआ था। उनके वंशज उदयपुर, रतलाम, कोटा, झालरापाटन में फैल गए।

अब हवेली के वास्तु शिल्प पर ध्यान देते हैं। राजस्थान के जैसलमेर शहर में एक शास्त्रीय वास्तुशिल्प चमत्कार खड़ा है, जिसे पटवों की हवेली के

नाम से जाना जाता है। पटवा घाटी के पास स्थित, इस हवेली में 5 अलग-अलग महल शामिल हैं, 5 हवेलियाँ 5 पटवा भाइयों के लिए हैं। यहाँ एक हवेली में मेहमानों को ठहराया जाता है, जबकि दो अन्य भारतीय पुरातत्व सर्वेक्षण के अधिकार में हैं। हवेली के अंदर एक संग्रहालय और प्राचीन एंटिक फर्नीचर की दुकान है। यह हवेली भूरे प्रवेश द्वार के साथ पीले बलुआ पत्थर से बनी है। दीवारें उत्कृष्ट घर्षण कार्यों और सुंदर चित्रों से सजी हैं। साथ ही, इसके प्रत्येक मेहराब को एक विशिष्ट अनूठी शैली के साथ बनाया गया है। यहाँ जाली या जली की नक्काशी है, जो सूर्य की रोशनी से उस स्थान को रोशन करती है। इसमें कुल मिलाकर लगभग 60 बालकनियाँ हैं, और संरचना का निर्माण जैसलमेर की पारंपरिक शैली में किया गया है। पटवों की हवेली के खंभे और छत पर उस समय के विशेषज्ञों द्वारा की गई आकर्षक और जटिल नक्काशी है। इसके दरवाजे बारीक डिजाइनों से भरे हुए हैं जो वास्तुकला के शौकीनों को बेहद पसंद आते हैं।

इन हवेलियों के भीतर मेहराब और प्रवेश द्वार की अपनी अलग ख़ासियत है जो उन्हें एक-दूसरे से अलग करती हैं, प्रत्येक में एक अलग शैली का मिरर वर्क और चित्रों का चित्रण है। हवेलियों के खंडों में से एक में मूरल वर्क बहुत ही अद्भुद तरीके से डिज़ाइन किया गया है, और इसके झरोखे, मेहराब, बालकनियों, प्रवेश द्वार और दीवारों पर भी जटिल नक्काशी और पेंटिंग हैं।

जिस दिन हमने हवेली देखी, उस दिन तेज बारिश से हवेली का एक कंगूरा टूट कर नीचे गिर गया। वह स्थानीय अख़बारों में एक बड़ी खबर थी। हवेली के परिसर में संग्रहालय है, जिसमें बीते युग की कलाकृतियों, चित्रों, कला और शिल्प का शानदार प्रदर्शन देखने को मिलता है, जो समृद्ध जीवन शैली को प्रदर्शित करने के लिए हवेलियों के निवासियों का चित्रण करते हैं।

*

10 जुलाई 2023 को हम शाम को जैसलमेर से फलोदी के लिए निकले। भारतीय थार मरुस्थल के बीच में स्थित शहर फलोदी पड़ा। फलोदी से पश्चिम

में जयपुर (390), दक्षिण में जोधपुर (145) उत्तर में बीकानेर (160) और पूर्व में जैसलमेर (167) किलोमीटर है। फलोदी इन सभी को जोड़ने वाला रेल और सड़क जंक्शन है। राजस्थान के बियाबान रेगिस्तान में बसा यह क़स्बा शुरू में तो उनींदा-सा नज़र आया, लेकिन फलौदी में दाख़िल होते ही उसकी जीवंतता और जीवटता के दर्शन होने लगते हैं। आज का फलौदी नूतन और पुरातन का समागम है। ये क़स्बा न उदासी लेता है न उबासी। यहाँ पर औद्योगिकीकरण ने तस्वीर बदल दी है। हमने फलोदी में रात गुज़ारना तय किया। होटल फोर्ट व्यू में 1200/- रुपये में एक रात गुज़ारने हेतु कमरा लिया। फलोदी रुकने का एक ख़ास उद्देश्य यहाँ के प्रसिद्ध सट्टा बाज़ार के बारे में जानना-समझना था।

नमक नगरी के नाम से प्रसिद्ध फलोदी एक पुराना कारवां केंद्र है जो आज भी रेतीले रेगिस्तान के जहाजों यानी ऊंटों पर नमक का व्यापार करता है। फलोदी की सीमाएँ बीकानेर, नागौर, जैसलमेर और जोधपुर से लगती हैं। फलोदी का इतिहास 15वीं शताब्दी से मिलता है, उस समय इस शहर को “फलवारिधिका” के नाम से जाना जाता था। 1547 में इस पर राव मालदेव राठौड़ का शासन था, लेकिन 1578 में यह बीकानेर के राजा के अधीन आ गया। 1615 में राव सूर सिंह के सत्ता संभालने के बाद यह जोधपुर का हिस्सा बन गया।

फलोदी थार मरुस्थल में जटिल भौगोलिक स्थिति वाले स्थान पर बसा है। गर्मी की तपिश में अधिकतम और सर्दी में न्यूनतम तापमान के कारण भी फलौदी ख़बरों में रहता है। मौसम विज्ञानी इसके तापमान पर नज़र रखते हैं, जबकि क़स्बे के सट्टेबाज़ सियासी तापक्रम पर निगाह रखते हैं। रियासती काल में यहाँ रेगिस्तान से गुज़रने वाले क़ाफ़िले और कारवां रुकते थे। इसलिए फलौदी के बाशिंदों में कारोबारी निपुणता भी है। क़स्बे के अनेक लोग मुंबई, चेन्नई और कोलकता जैसे बड़े शहरों में आबाद हैं और उद्योग व्यापार जगत में अच्छा नाम कमा रहे हैं, कुछ विदेशों में भी हैं।

क़स्बे की पुरानी इमारतें वास्तुकला में उसकी समृद्धि की गवाही देती नज़र आती हैं। यह स्थान 15वीं सदी में बने हमीर सिंह के महल के अलावा

कई मंदिरो के लिए भी जाना जाता है। ये प्रवासी पक्षी कुर्जा के लिए भी जाना जाता है जो सर्दी के दिनों में काकेशिया से इसके नज़दीक खिचन नाम के एक गांव में झील किनारे मौसम का मज़ा लेने आते हैं।

फलोदी सट्टे की वजह से भी सुर्ख़ियों में रहता है। हर वक़्त सट्टे की वजह से यहाँ के बाज़ार में ख़ूब गहमागहमी रहती है। यहाँ के सट्टा बाज़ार की बात करें तो क़स्बे के मुख्य बाज़ार में बने चौक में सुबह 11 बजे से लोग जमा होने शुरू होते हैं और देर रात तक मजमा लगा रहता है। यह मजमा ऐसा दृश्य प्रस्तुत करता है मानो चुनावी विश्लेषकों का कोई हुजूम समीक्षा कर रहा हो। सट्टा ग़ैर-क़ानूनी है, लेकिन यहाँ सामाजिक तौर पर इसे ग़लत नहीं माना जाता। इसलिए सब कुछ ज़ुबानी और एक दूसरे के भरोसे पर चलता है। इस क़स्बे की कोई पचास हज़ार आबादी सट्टे में रुचि लेती है।

क़स्बे में सट्टे के कारोबार के एक जानकार ने बताया कि कुल 20-22 लोग सट्टे के बड़े कारोबारी हैं जो सट्टे का आयोजन करते हैं। इसके बाद कुछ सट्टा लगाने वाले होते हैं। वो बताते हैं कि इस सट्टे के कारोबार में दलाल, लगाइवाल (सट्टा लगवाने वाला) और खाइवाल (सट्टे पर पैसे लगाने वाला) तीन कड़ियां होती हैं। पैसा बनाने की शायद इसी प्रवृत्ति से अग्रवाल, धारवाल, खंडेलवाल शब्दों का जन्म हुआ हो।

फलोदी में सट्टे के जानकार कहते हैं कि सट्टा बाज़ार का चुनावी आकलन क़रीब-क़रीब सही सिद्ध होता है। इसके लिए सट्टेबाज़ अख़बारों और टीवी चैनल की ख़बरों पर नज़र रखते हैं। इसके साथ वो अलग-अलग इलाक़ों में फ़ोन कर लोगों की नब्ज़ टटोलते हैं और राजनीतिक दलों के आंतरिक समीकरणों को देखकर आकलन करते हैं।

यहाँ यह कहा जाता है कि सट्टा तो माँ के पेट से जुड़ा है। लड़का होगा या लड़की पर मुहल्ले में लाखों रुपयों का सट्टा लगता है। चुकारे पर जीतने और हारने वाले मिलकर पार्टी करते हैं। यहाँ चार तरह का सट्टा लगता है। इनमें बारिश, क्रिकेट, चुनाव और अंकों का सट्टा शामिल है। फलौदी के सट्टा पंडित रामदयाल बोहरा बताते हैं कि फलौदी में सट्टे का कारोबार कोई नया नहीं है। आज़ादी से पहले यहाँ रुई की तेज़ी या मंदी पर सट्टा लगता था।

उनका दावा है कि यहाँ चुनावी सट्टा देश में पहले चुनावों के साथ 1952 से ही शुरू हो गया था।

फलौदी में सूर्योदय से पहले बाज़ार में ताज़ा फल-सब्ज़ी बिकने आती है और मंडी लगती है। मगर दिन शुरू होने के बाद धीरे-धीरे सट्टे के कारोबारी जमा होने लगते हैं। अगर किसी पार्टी या उम्मीदवार के लिए ज़्यादा रुपयों का सट्टा लगे तो इसका मतलब है उसकी हालत पतली है। कम पैसे की बोली लगे तो जीत की संभावना प्रबल समझी जाती है।

फलोदी के एक स्थानीय व्यक्ति ने कहा कि सट्टा यहाँ ऐसा चस्का है कि कुछ और नहीं तो चप्पल उछाल कर भी सट्टा लग जायेगा कि चपल उल्टी गिरेगी या सीधे मुंह। क़स्बे में मौजूद क़िला इसके प्रभावी अतीत की गाथा बयान करता है। इसी क़िले में वीरानी ओढ़े बैठे एक महल के बारे में स्थानीय लोग कहते हैं कि कभी मुग़ल बादशाह हुमायूं ने संकट के समय इसमें पनाह ली थी।

मुख्य आकर्षण फलोदी किला है, जो अपनी अद्भुत वास्तुकला के लिए प्रसिद्ध है। इसका निर्माण 1488 में राव हम्मीर राणावत ने करवाया थाए जो मारवाड़ के राजा राव सुजा के पोते थे। अन्य आकर्षण लाल निवास है जिसका नाम इसके निर्माण में प्रयुक्त लाल बलुआ पत्थर के कारण रखा गया है। सुबह उठकर दोनों किलों के दर्शन किये।

फलोदी की सबसे प्रसिद्ध मिठाई 'गुंद के लड्डू' हैं। ये लड्डू उड़ीपुर, जयपुर, जोधपुर जैसे राजस्थान के अन्य क्षेत्रों में भी बहुत लोकप्रिय हैं। गुंद के लड्डू चने की दाल के आटे से बनते हैं और उनमें घी, चीनी, काजू और किशमिश का उपयोग किया जाता है। स्थानीय दुकान पर गुंद के लड्डू चखे। सूखे मेवे से भरपूर स्वाद में बढ़िया और मुँह में घुलनशील दो लड्डू खाए, उसके बाद स्थानीय भुजिया शेव चबाते शुद्ध दूध की गाढ़े लीकर की चाय पीकर मस्त हो गये।

सुबह उठकर एक पैदल चक्कर लगाया। एक आवासीय महल वर्ष 1750 में बनाया गया था, राजस्थान में कई पुराने महलों की तरह इसे भी विरासत होटल के रूप में बदल दिया गया। ग्लास वर्क और भव्य झूमर लाल निवास को एक सुंदर रूप देते हैं।

इसके अलावा फलोदी में बड़ी संख्या में हवेलियां भी हैं जो जैसलमेर की तरह पीले स्वाभाविक पत्थर रंग में नहीं बल्कि जीवंत राजस्थानी रंग में रंगी हुई हैं। यह स्थान अपने जैन और हिंदू मंदिरों के कारण भी जाना जाता है। रामदेवरा मंदिर एक ऐसी उत्कृष्ट इमारत है, जिसमें 8वीं शताब्दी की मूर्तियां मौजूद हैं। आप यहाँ ऊँट के चमड़े से निर्मित भारी कढ़ाई से अलंकृत मजबूत और लोकप्रिय पारंपरिक जूतियों की खरीदारी कर सकते हैं। नाश्ता करके होटल से बिदाई ली। बस्ती से दस किलोमीटर चलते ही रेगिस्तान शुरू हो गया। दोपहर दो बजे तक बीकानेर पहुंच नहा धो कर आराम किया।

जोधपुर

हम भोपाल से जोधपुर एक नये ट्रेन रूट से यात्रा पर जाने को तैयार हैं। यह ट्रेन भोपाल से शाम को पाँच बजे के आसपास शुरू होकर कोटा तो जाती है लेकिन परम्परा गत उज्जैन, मंदसौर, नागदा रूट से नहीं, बल्कि एक नये ट्रैक बीना, अशोकनगर, गुना होकर बारां से राजस्थान में प्रवेश कर कोटा पहुँचती है। यह रेल ट्रैक कोटा से सवाई माधौपुर होते जयपुर, वहाँ से दक्षिण-पश्चिम मुड़कर मारवाड़ इलाक़े को चीरता हुआ जोधपुर पर जाकर ख़त्म होता है। भोपाल से जोधपुर की 1000 किलोमीटर की यह यात्रा 26 घंटों की है। पूरी रात और पूरा दिन ट्रेन में गुज़ार दूसरे दिन शाम को सात बजे के लगभग जोधपुर पहुँचेंगे। सामान्यतः एक्सप्रेस ट्रेन औसतन 50 किलोमीटर प्रति घंटा की गति से चलती है। उस हिसाब से 20 घंटों में यह दूरी तय होनी चाहिए। यह ट्रेन कई जगह बहुत देर तक रुकती है और छोटे स्टेशन पर भी रुककर चलती है। सही मायने में यह जयपुर से जोधपुर के बीच पैसेंजर ट्रेन हो जाती है। मारवाड़ी लड़के वातानुकूलित डब्बों में भी घुस जाते हैं। इस इलाक़े में लड़कियाँ या महिला सवारियाँ कम दिखती हैं। राजस्थान अभी भी पुरुष प्रधान समाज है। इसका एक कारण रियासती काल में शिक्षा का पिछड़ापन रहा है। इन रियासतों का शासन पुश्तैनी राजा-महाराजा के हाथों में था। वे प्रत्येक वर्ष एक निश्चित रक़म अंग्रेजों को देते थे। उन्होंने शिक्षा के प्रसार-प्रचार और सामाजिक उत्थान हेतु कुछ नहीं किया। जयपुर, कोटा, उदयपुर

में तो फिर भी स्त्रियाँ सामान्य जीवन यापन में बहुतायत से शामिल दिखती हैं। परंतु मारवाड़ी इलाक़ों जैसे बीकानेर, जैसलमेर, जोधपुर में यह भागीदारी कम है। राजस्थान में किसी महिला नेतृत्व का नाम भी सुनाई नहीं देता। राजस्थान की 200 सदस्यीय विधान सभा में मात्र 20 महिला विधायक हैं, यानी 10 प्रतिशत, वो भी प्रायः राज परिवारों से संबंध रखती हैं।

03 सितंबर 2024 को भोपाल स्टेशन से ट्रेन चल दी है, उसने विदिशा के नज़दीक बेतवा नदी का पुल पार किया। पुल क्या पार किया, नदी पार की। मनुष्य जब नदी पार करता है तो उसका तन मन भीग जाता है। ट्रेन तो धड़धड़ा कर निकल जाती है। जब ट्रेन पुल पर से गुज़रती है तो बहुत आवाज़ आती है। जब ज़मीन पर चलती है तब ज़मीन उसका कंपन और ध्वनि समा लेती है। नदी लबालब भरी धीमी चाल से बहती दिख रही थी लेकिन इसका बहाव बहुत तेज था। गहराई से चाल धीमी दिख रही है।

इस तरह की लंबी यात्रा में हमारे साथ एक किताब रहती है। इस बार भारत के विभाजन पर पैट्रिक फ्रेंच की लिखी 'लिबर्टी ओर डेथ' का आज़ादी या मौत नाम से हिन्दी अनुवाद साथ में यात्रा कर रही है। सुहाने मौसम से नज़र बचाकर हिलती डुलती ट्रेन में पुस्तक पढ़ने का आनंद ही अलग होता है। इस किताब की ख़ासियत है कि यह ब्रिटेन द्वारा 1970 में खुलासा (Declassified)) किए गये दस्तावेजों के संदर्भ से भारतीय आज़ादी और बँटवारे के अनेकों रहस्य उजागर करते चलती है।

राजस्थान की अरावली पर्वतमाला के पश्चिमी भाग को 'मारवाड़' के नाम से जाना जाता है, जिसमें अब मुख्यतः जोधपुर, बीकानेर, जालौर, नागौर, पाली, एवं आसपास के क्षेत्र शामिल होते हैं। मारवाड़ के इतिहास की विश्वसनीय जानकारी छठी शताब्दी से मिलती है। मारवाड़ संस्कृत के मरूवाट शब्द से बना है जिसका अर्थ है मौत का भूभाग। प्राचीन काल में इस भूभाग को मरूदेश भी कहते थे। राव सीहा मारवाड़ के राठौड़ वंश के संस्थापक एवं आदि पुरूष थे। राव सीहा के वंषज वीरमदेव का पुत्र राव चूडा इस वंश का प्रतापी शासक हुआ, जिसने मांडू के सूबेदार से मंडोर दुर्ग छीनकर उसे अपनी राजधानी बनाया। इतिहास प्रसिद्ध वीर दुर्गादास राठौर की भूमि जोधपुर ही

थी। जिन्होंने औरंगज़ेब के लड़के अकबर और शिवाजी के पुत्र संभाजी को साथ लेकर मुग़ल बादशाह को सबसे बड़ी चुनौती दी थी।

मारवाड़ियों को समझने हेतु केवल आज के राजस्थान का नक़्शा देखने से काम नहीं चलेगा। आपको आज़ादी के पहले का अखंड भारत का नक़्शा समझना होगा। बँटवारे के समय केवल पंजाब बंगाल का ही बँटवारा नहीं हुआ। राजस्थान के थार रेगिस्तान का भी बँटवारा हुआ था। तक़रीबन 85% रेगिस्तान भारत के पास रहा और 15% पाकिस्तान के हिस्से में गया। इसके दक्षिण में सिंध प्रांत पूरा का पूरा पाकिस्तान के साथ चला गया। मुस्लिम सिंधी वहीं रहे और हिंदू सिंधी भारत आ गए। किसी समय मारवाड़, सिंध और उत्तरी तटीय गुजरात मिलकर रेशम मार्ग का एक बड़ा कारोबारी समूह थे। जैसलमेर से पाकिस्तान बॉर्डर पार करके सिंध नदी किनारे-किनारे सीधे चले जाएँ तो पाकिस्तान में सिंधियों के गढ़ सुकुर और लरकाना होते हुए हैदराबाद होकर कराची पहुँचा जा सकता है। वहाँ से नदी पार कर उत्तर की तरफ़ जाएँ तो पेशावर पहुँच जाएँगे।

पुरानी दुनिया में करांची-लरकाना-सुकुर-पेशावर-काबुल-बग़दाद-दमिश्क-कुस्तुंतुनिया होते हुए रोमन साम्राज्य को भारत से जोड़ता व्यापारिक रेशम मार्ग था। जिससे चीन का तिब्बत से लद्दाख होकर आता व्यापारिक मार्ग जुड़ जाता था। यही कारोबारी रेशम मार्ग था। उस समय कुल विश्व व्यापार में भारत का सकल घरेलू उत्पाद 30-40 प्रतिशत होता था। समुद्री मार्ग खुल जाने से वह रेशम मार्ग अर्थहीन हो गया। मारवाड़ी, गुजराती और सिंधी हज़ारों सालों से पैसे कमाने, पैसा पकड़ने और पैसा बढ़ाने की कला ना सिर्फ़ जानते हैं, बल्कि उन्हें इसमें महारत हासिल है। इससे यह पता चलता है कि कोई कौम किस तरह विशेषज्ञता प्राप्त करती है। राजस्थान तीन चीजों के लिए प्रसिद्ध है, चट्टान सा मेवाड़ी साहस, संगमरमर सी पथरीली कठोरता और धन संपत्ति निर्माण करने की मारवाड़ी बुद्धि।

मारवाड़ी शब्द का सम्बंध भारत में दक्षिण-पश्चिम राजस्थान के जोधपुर क्षेत्र की पूर्व रियासत मारवाड़ से है। इस क्षेत्र से निकले कारोबारियों को उनके मूल क्षेत्र के कारण मारवाड़ी कहा जाने लगा था। इसका उपयोग विशेष

रूप से कुछ बानिया जातियों के संदर्भ में किया जाता है। जिनमें अग्रवाल, बरनवाल, खंडेलवाल, महेश्वरी, स्वर्णकार, रस्तोगी, और ओसवाल हैं। फोर्ब्स की भारतीय अरबपतियों की सूची में एक चौथाई नाम और बॉम्बे स्टॉक एक्सचेंज का 6% पूंजीकरण मारवाड़ी कारोबारियों से बना है।

मारवाड़ के हृदयस्थल जोधपुर से करांची बंदरगाह 480 किलोमीटर के लगभग पड़ता था। पूरे भारत से भारतीय माल जोधपुर होते हुए करांची पहुँचता था। वहाँ सिंधी, गुजराती और मारवाड़ी कुशल कारोबारी थे, जो चीनी और मध्य एशिया के व्यापारियों से लेनदेन करते थे। जिनके मार्फ़त भारतीय माल तुर्की होते हुए यूरोप की मंडियों में पहुँचता था।

मारवाड़ी भाषा राजस्थानी भाषा का अंग है। जो कि गुजराती भाषा से मिलती-जुलती है। मारवाड़ रियासत के लोग अंतर्देशीय व्यापारियों के रूप में और बाद में औद्योगिक उत्पादन और अन्य कारोबारी क्षेत्रों में निवेशकों के रूप में एक बेहद सफल वाणिज्यिक समुदाय रहा है। वे देश के कई बड़े कारोबारी समूहों को नियंत्रित करते हैं। यह समुदाय पूरे भारत और नेपाल में फैला है, लेकिन ऐतिहासिक रूप से कलकत्ता और मध्य-पूर्वी भारत के पहाड़ी इलाकों में अधिक केंद्रित थे। अब मारवाड़ी सम्पूर्ण देश में व्यवसायी समुदाय के रूप में जाना जाता है। अंग्रेजों के भारत में आने के बाद से उनकी बॉम्बे, मद्रास और कलकत्ता प्रेसीडेंसी में उनसे व्यावसायिक टक्कर लेने हेतु पहुँचे। तब से यह कम्युनिटी इन स्थानों पर कारोबारी सिरमौर बने हुए हैं। मारवाड़ के माहेश्वरी, जैन, अग्रवाल समुदाय के साथ मिलकर देश के कारोबार का नेतृत्व करते हैं। इनकी बुद्धि परंपरा गत रूप से इनके घरों और समुदायों में संस्कारों से विकसित होती है। आज़ादी के बाद मारवाड़ियों, गुजरातियों, सिंधियों, अग्रवालों ने संपूर्ण देश में एक कारोबारी तंत्र विकसित किया है। जो दुनिया को टक्कर देने में सक्षम है।

जयपुर से जोधपुर की दूरी 310 किलोमीटर है। वैसे इतनी दूरी ट्रेन द्वारा छः घंटों में तय की जाती है परंतु जयपुर से दस बजे चली गाड़ी सात बजे जोधपुर पहुँचती है। इस ट्रैक पर अधिक ट्रेन नहीं चलती इसलिए प्रत्येक स्टेशन पर रुकती चलती है। जयपुर से ट्रेन तक़रीबन चालीस किलोमीटर

चलने के बाद सांभर स्टेशन आ गया। उसके पहले से सांभर झील के नज़ारे दिखने लगे। साँभर नमक के उत्पादन के कारण काफी प्रसिद्ध है। इसका प्राचीन नाम 'शाकम्भरी' है। महाभारत के आदि पुराण में इसका उल्लेख है। स्कंदपुराण ने इसके आसपास के प्रदेश को 'शाकंभर सपादलक्ष' की संज्ञा दी है। यहाँ की खुदाई में प्राप्त यवन यौधेय, और हिंद-समानी मुद्राएँ एवं उसी समय के मकान और अन्य वस्तुएँ भी इसकी प्राचीनता की द्योतक हैं।

साँभर कई सदियों तक चौहानों की राजधानी रही और साँभर के हाथ से निकल जाने पर भी चौहान राजा 'संभरीशव' (शाकंभरीराज) कहलाते रहे। अजयराज चौहान ने संवत् 1170 के लगभग साँभरी से बदलकर अजमेर को अपना राजनगर बनाया। पृथ्वीराज की पराजय के बाद यहाँ मुसलमानों का आधिपत्य हुआ। औरंगज़ेब की मृत्यु होने के बाद सन् 1708 में जयपुर और जोधपुर के राजाओं ने इस पर अधिकार किया। अब इसका महत्व मुख्य रूप से साँभर नमक के कारण है।

साँभर में शाकंभरी देवी के मंदिर का उल्लेख पृथ्वीराजविजय में भी है। नगर का नाम शाकंभरी देवी के नाम से 'साँभर' हो गया है। सांभर झील में चार मौसमी नदियों, मेंढा, रूपनगढ़, खारियान और खंडेल और कई नदियों और नालों का पानी आता है। यह पानी झील की तलछट के साथ प्रतिक्रिया करके खारा पानी बन जाता है, जिसे वाष्पित होने में 50 दिन लगते हैं और पीछे क्रिस्टलीकृत नमक रह जाता है। झील के नीचे की गाद में जमा घुलनशील सोडियम यौगिक, नदियों में वार्षिक बाढ़ के कारण आए पानी के वाष्पीकरण से जमा हुए हैं। नमक की चादरें, जो दूर से देखने पर बर्फ जैसी लगती हैं, अक्सर झील के तल को ढक लेती हैं, जो आमतौर पर गर्म महीनों में सूखा रहता है।

जयपुर से आगे पूरे क्षेत्र में तेज बारिश होती रही। खेतों में ज्वार और कपास की फसल लहराते दिखी। खेतों के बीच में साँगरी पेड़ बहुतायत से लगे हैं। जिसकी पत्तियों और फलियों की सब्ज़ी यहाँ के बाशिंदे बड़े चाव से खाते हैं।

दोपहर में ट्रेन में हल्की नींद निकाली। जब चार बजे नींद खुली तो हमारी बोगी में तीन-चार सवारियां दिख रही थीं। जोधपुर आने वाला था।

उठते से ही चाय की ज़रूरत महसूस हुई। लेकिन अंतिम स्टेशन के पहले कोई वेंडर दिख नहीं रहा था। मायूसी से बैठकर इंतज़ार करने के अलावा कोई चारा नहीं था। पाँच बजे के आसपास ट्रेन जोधपुर स्टेशन के चार नंबर प्लेटफार्म पर लगी। पैदल पुल चढ़कर एक नंबर प्लेटफार्म से बाहर निकले। मित्र कैलाश कुछ साथियों के साथ मिले। उनके साथ गेस्ट हाऊस पहुँच स्नान करके बढ़िया चाय पीकर अगले दिन का घूमने का कार्यक्रम तय किया।

पूरे साल चमकते सूर्य वाले मौसम के कारण जोधपुर को "सूर्य नगरी" भी कहा जाता है। यहाँ स्थित मेहरानगढ़ दुर्ग को घेरे हुए हजारों नीले मकानों के कारण इसे "नीली नगरी" के नाम से भी जाना जाता था। यहाँ के पुराने शहर का अधिकांश भाग इस दुर्ग को घेर कर बसा है। सूर्य नगरी के नाम से प्रसिद्ध जोधपुर शहर की पहचान यहाँ के महलों और पुराने घरों में लगे छितर के पत्थरों से होती है, पन्द्रहवी शताब्दी का विशालकाय मेहरानगढ़ दुर्ग, पथरीली चट्टान पहाड़ी पर, मैदान से 125 मीटर ऊंचाई पर विद्यमान है। आठ द्वारों व कई बुर्जों से युक्त यह दस किलोमीटर लंबी ऊंची दीवार से घिरा है।

सोलहवीं शताब्दी का मुख्य व्यापारिक केन्द्र, किलों का शहर जोधपुर, अब राजस्थान का दूसरा बड़ा शहर है। पूरे शहर में बिखरे वैभवशाली महल, किले और मंदिर, एक तरफ जहाँ ऐतिहासिक गौरव को जीवंत करते हैं वही दूसरी ओर उत्कृष्ट हस्तकलाएं लोक नृत्य, संगीत और प्रफुल्ल लोग शहर में रंगीन समां बांध देते हैं। जोधपुर अपने राजवाड़ी खानपान और मेहमान नवाजी, थार रेगिस्तान, दुर्ग, पार्क, ऐतिहासिक किला और मंदिरों के लिए प्रसिद्ध है, जो शैलानियों को अपने तरफ आकर्षित करता रहता है।

जोधपुर शहर के लोग बहुत मिलनसार और सदैव दूसरों की मदद के लिये तत्पर रहते हैं, उलझी हुई घुमावदार गलियाँ में पटरियों पर लगी दुकानों हैं। कलात्मक रूप से बनी हुई रंगबिरंगी पोशाकें पहने हुए लोगों को देखकर प्रतीत होता हैं कि जोधपुर की जीवनशैली असाधारण रूप से सम्मोहित करने वाली है। औरतें घेरदार लहंगा और तीन चौथाई लंबाई की बांह वाली आगे व पीछे के हिस्सों को ढकने वाली जैकेट पहनती हैं। आमतौर से पहने जाने वाली ढ़ीली ढ़ाली और कसी, घुड़सवारी की पैंट जोधपुरी ने यहीं से अपना

नाम पाया। जोधपुर के कपडो मैं जोधपुरी कोट और जोधपुरी पगड़ी पूरे भारत में प्रसिद्ध है। पुरुषों द्वारा पहनी हुई रंगीन पगड़ियाँ शहर की फिजा में अलग रंग बिखेर देती हैं।

लोग सुबह के नाश्ते में दूध के साथ फीणी खाने का आनंद लेते हैं और अपने साथियों को भी खिलाते हैं। यहाँ के लोग इसे चाव से खाते-खिलाते हैं। राजस्थान के जोधपुर शहर की फीणी अपने आप में अनूठी स्वाद के लिए प्रसिद्ध है। यह देश में ही नहीं विदेश में भी पहचान रखती है। जोधपुर में संतोषी माता का मंदिर है जहाँ पर संतोषी माता प्रकट हुई थी। हर शुक्रवार को हजारों की तादात में लोग यहाँ पहुंचते हैं। तब यहाँ विदेशों से भी लोग माता के दर्शन करने यहाँ आते हैं।

04 सितंबर 2024 को मेहरानगढ़ का किला घूमने की योजना है। लेकिन रात से ही बहुत तेज बारिश हो रही है। मारवाड़ इलाके में बहुत कम बारिश होती है परंतु जब से जयपुर से ट्रेन चली है, घनघोर बारिश का आलम है। मेहरानगढ़ क़िला का निर्माण जोधपुर के संस्थापक राजा राव जोधा ने 1459 में करवाया था। यह किला समुद्र तल से 450 फीट ऊंची पहाड़ी पर स्थित है।

सुबह नौ बजे तेज बारिश के बीच टैक्सी से निकलने लगे तो बारिश झमाझम होने लगी। भोपाल से इतनी दूर आकर बारिश के भय से होटल के कमरे में बैठे रहना समझदारी नहीं होगी। किला देखने जाना ही है। छतरी साथ में थी। फिर भी धारण किए हुए परिधान गीले होने की स्थिति में बदलने के लिए एक निकर, टीशर्ट और स्लीपर पिट्ठू बैग में रख लिए। हमारे स्थानीय साथी ने रास्ते में जोधपुर का प्रसिद्ध प्याज बड़ा चखने हेतु टैक्सी रोकी। अधिक तेज बारिश को देखकर हमने टैक्सी में ही कपड़े उतारकर निकर, टीशर्ट और स्लीपर धारण कर लिए। अब हम एक छतरी के साथ मेहरानगढ़ की सैर को तैयार थे।

हमारा सामना नागौरी दरवाजे से हुआ। नागौरी दरवाजे का निर्माण महाराजा अभय सिंह ने अपने शासन काल (1724-1749) में कराया था। इस ओर से नागौर शहर जाया जाता था, इसलिये इसका नाम नागौरी दरवाजा पड़ गया था। इस नागौरी दरवाजे से आगे जोधपुर का विश्व प्रसिद्ध

मेहरानगढ़ दुर्ग ज़्यादा दूर तो नहीं बचा था, लेकिन दुर्ग तक पहुँचने के लिये चढाई पर लगातार चढना पड़ रहा था। हम सीधे से दिखते घुमावदार मार्ग पर चलते रहे। जब किला थोड़ी ही दूर था तो किले से ठीक पहले वाहनों की पार्किंग दिखाई देनी लगी। इस पार्किंग के सामने ही एक तालाब बना हुआ था जिसमें बरसात का जमा किया हुआ पानी था। हम तालाब से आगे बढे तो किले का प्रवेश द्धार दिखाई दिया। टैक्सी रुकने के स्थान से पहाड़ी पर नागौरी दरवाजा दिख रहा था। रास्ते पर पानी के तेज बहाव में उतर कर चलने लगे।

टिकट लेकर किले में प्रवेश करने से पहले, यहाँ की ऊँचाई से जोधपुर शहर की एक झलक देखने को मन मचल उठा। जैसे ही पहाड़ी के एक छोर से शहर पर पहली नजर डाली तो आँखे जहाँ तक देख पा रही थी बारिश की धुंध में नीली-नीली दीवारे दिखाई दे रही थी। यह सुन रखा था कि जयपुर गुलाबी शहर, जैसलमेर सुनहरा शहर व जोधपुर को नीला शहर कहा जाता है। अब जाना कि इस प्रदेश को "रंगीला राजस्थान" क्यों कहा जाता है।

यहाँ से आगे खड़ी चढाई का सामना करना पड़ा। तेज चलते ही साँस फूकनी की तरह चलने लगी। लेकिन यह चढाई मुश्किल से पाँच मिनट में ही समाप्त हो जाती है। इसके बाद एक बार फ़िर सामने जोरदार चढाई दिख रही थी। ऊपर किले की खड़ी ईमारते थी जिनके झरोखे दिखाई दे रहे हैं। आगे चलने पर एक और संकरा दरवाजा आ गया। एक घुमावदार मार्ग से आगे जाने पर किले के मुख्य भाग में प्रवेश किया।

दरवाजे से आगे चलने पर उल्टे हाथ पर विशाल दीवार के अलावा कुछ नहीं है, जबकि सीधे हाथ पर राजा महाराजा के रहने के लिये शानदार पत्थर की नक़्क़ाशी वाले महल हैं। अत: हम सीधे चलते रहे, आगे जाने पर पाया कि आगे थोडा सा खुला मैदान भी है यहाँ सौनिकों के रहने के लिये बैरिक भी बने हुए थे। जहाँ पर इस महल की सुरक्षा करने के लिये सैनिक रखे जाते थे। थोडा और आगे चलने पर हमें किले की चारदीवारी पर रखी हुई बहुत सी तोपे दिखाई देनी लगी। वहाँ से आगे मोतीमहल में घुसे।

मेहरानगढ़ किला के मोतीमहल में बैठ कभी महारानियाँ रॉयल दरबार में होने वाली कारवाही देखा करती थीं। यह शीशमहल कांच का बना हुआ है

इसके अंदर शानदार कांच का बारीकी से काम किया गया है। फूल महल के चारो ओर फ्लावर की खूबसूरत पेंटिंग की गयी है जो कभी शाही मनोरंजन और नाच गाने का महल हुआ करता था। अंत में पालकी खाना है, जहाँ सोने चांदी से मढ़ी पालकिया देखीं।

किले का यह हिस्सा राजा-रानी का निजी हिस्सा था, यहाँ आम जनता नहीं जा सकती थी। आगे अन्दर प्रवेश करते ही दो-तीन मंजिल अन्दर ही अन्दर ईधर-उधर घुमा-फ़िरा कर एक विशाल प्रांगण में पहुँचा दिया गया। जहाँ से हमें संग्रहालय देखने के लिये बारी-बारी से अलग-अलग कमरों में जाना पड़ा। हर कमरे में राजा-रानी का कुछ ना कुछ सामान रखा था। पालकी से लेकर, घोडे पर बैठने का सामान, कपड़े, हथियार, तलवार, भाले आदि कई तरह के हथियार यहाँ पर प्रदर्शित किये गये हैं।

इस संग्रहालय में सबसे अच्छी चीज लोहे का बुर्का जैसा दिखाई देने वाला परिधान था। इस लोहे के बुर्के को पहनकर जब कोई राजा लडाई लडता था तो उस पर हल्के-फुल्के वार से कुछ फ़र्क नहीं पड़ता था। इस लोहे के बुर्के का वजन लगभग पच्चसी किलो के आसपास था जिसे कोई हल्का फुल्का मानव तो पहनकर चल भी नहीं सकता था लडाई लडना तो दूर की बात रहती होगी।

इस संग्रहालय को देखने के बाद किले से बाहर निकलने के लिये चल दिये। जैसे ही किले से बाहर आने के लिये बीच वाले मुख्य दरवाजे तक पहुँचे तो वहाँ दीवार पर बने हुए हथेलियों के निशान दिखे। इन हथेलियों के निशानों के बारे में बताया जाता है कि लडाई लडते समय जब सैनिक शहीद हो जाते थे उनकी महिलाएँ अपनी आबरु बचाने के लिये अपनी जान दे देती थी। इस कार्य को जौहर कहा जाता था। इसे करने के लिये बताया जाता है कि किले में आग का एक विशाल ढेर जलाया जाता था। और औरते उस आग के ढेर में कूदकर अपनी जीवन लीला समाप्त कर देती थी। वे अपनी हथेलियों के निशान दीवार पर छाप देती थीं।

आमिर खान अभिनीत फिल्म “ठग्स ऑफ हिंदोस्तान” की शूटिंग का आखिरी चरण जोधपुर के भव्य ऐतिहासिक मेहरानगढ़ किले में शूट हुआ

था। निर्देशक विजय कृष्ण आचार्य ने बताया था, "इस तरह की फिल्म के परिदृश्य को कुछ हद तक वास्तविक से भी बड़ा बनाने की ज़रूरत होती है। मुझे मेहरानगढ़ में हिंदुस्तान का स्वाद मिला।" किले में पुराने ज़माने का आकर्षण और गुणवत्ता थी, ख़ासकर रात में, क्योंकि उस पर रोशनी की व्यवस्था थी। प्रोडक्शन डिज़ाइनर सुमित बसु ने कहा, "असली चुनौती खंडहरों से वर्तमान समय की कहानी बयां करना था। एक भी पत्थर को कोई नुकसान नहीं पहुँचाया गया।"

चुनौतियों के बारे में बात करते हुए, मानुष नंदन ने कहा, "सबसे बड़ी चुनौती यह थी कि हम किले के अंदर कोई बड़ा ट्रक नहीं ले जा सकते थे। किला इतना विशाल है, लेकिन सभी द्वार बहुत छोटे हैं। पता चला कि उन दिनों युद्ध के दौरान हाथियों को अंदर आने से बचाना था, इसलिए इतने छोटे प्रवेश द्वार बनाए गए थे।"

इसके अलावा, किले में होने वाले पर्यटन को भी कोई बाधा नहीं आई, उन्होंने कहा, "हमें कभी कोई समस्या नहीं हुई, न तो पर्यटकों से और न ही प्रबंधन से।"

इसके अलावा, निर्देशक ने एक मज़ेदार बात भी बताई। उन्होंने कहा, "हमें फिरंगी चाहिए थे। हमने कुछ विदेशी पर्यटकों से, जो राजस्थान में किला देखने आए थे, कुछ दृश्यों में काम करने के लिए कहा। उन्हें भी फिल्म का हिस्सा बनकर बहुत मज़ा आया।"

इन बातों का मजा ले रहे थे तभी वहाँ माहेश्वरियों का एक समूह मिला। साथियों को माहेश्वरियों की कहानी बताई। पश्चिमी राजस्थान के मारवाड़ में जैसलमेर और जोधपुर में सूखी-पथरीली ज़मीन है। वर्षा भी कम होती थी। यहाँ के माहेश्वरी सम्पूर्ण भारत और विदेशों में सफल कारोबारियों के रूप में प्रसिद्ध हैं। इनकी भी एक राजपूती कहानी प्रचलित है। मारवाड़ इलाक़े के खण्डेला राज्य में चौहान वंश के खड़गल सेन का राज्य था उनकी रानी का नाम चम्पावती था। उनकी 24 उपरानियाँ भी थीं परंतु वे निसंतान थे। एक बार छः ऋषि उनके दरबार में आए। उन्होंने राजा को शिव-पार्वती की उपासना का मंत्र दिया। फलस्वरूप उनके यहाँ सुजान कुँवर नामक राजकुमार

हुआ। कुछ समय पश्चात सुजान कुँवर जैनी मुनियों की संगत में जैन हो गया। वह 72 उमरा के साथ उत्तर दिशा में सूरजकुंड गया जहाँ वे छः ऋषि यज्ञ कर रहे थे। उससे अनजाने में यज्ञ वेदी खंडित और दूषित हो गई। ऋषियों के अभिशाप से वे सब 73 लोग पत्थर के हो गए।

राजा ने सदमे में प्राण त्याग दिए इनकी 24 में से 16 रानियों ने राजा के साथ ही सती धर्म का पालन किया। बाक़ी 8 रानियाँ ने उमरा की 72 पत्नियों के साथ सूरजकुंड पहुँचकर शिव-पार्वती की पूजा अर्चना की। पार्वती जी, जो कि महेश की पत्नी माहेश्वरी भी कहलातीं हैं, उन्होंने शिव से उन सुजान कुँवर और 72 उमरा को अभिशाप मुक्ति की प्रार्थना की। शिव ने उनको अभिशाप मुक्त किया परंतु यह शर्त रखी कि वे अब राजपूत नहीं वैश्य होंगे। अब से धन्धा करेंगे। उनकी तलवार-ढाल तराज़ू-बाँट में बदल गईं। वे माहेश्वरी कहलाए। 1803 में मारवाड़ में महाअकाल पड़ा तो माहेश्वरी मारवाड़ से पूर्व की तरफ़ पूरे भारत में फैल गये।

राजस्थान में जोधपुर शिक्षा के क्षेत्र में बहुत आगे हैं। दूर-दूर से विद्यार्थी यहाँ पढ़ने आते हैं। जोधपुर को चार्टर्ड अकाउंटेंट की खान कहा जाता है। पूरे भारत में सबसे ज़्यादा चार्टर्ड अकाउंटेंट यहीं से निकलते हैं। शिक्षा के लिये यहाँ पर विकल्प मौजूद है। यहाँ विश्व प्रसिद्ध भारतीय प्रौद्योगिकी संस्थान (IIT), राष्ट्रीय विधि विश्वविद्यालय (NLU) एम्स, सेंट्रल एरिड ज़ोन रिसर्च इंस्टीट्यूट (CAZRI), शुष्क वन अनुसंधान संस्थान (AFRI), डॉ सर्वपल्ली राधाकृष्णन राजस्थान आयुर्वेद विश्वविद्यालय, कृषि विश्वविद्यालय जोधपुर, राष्ट्रीय फैशन प्रौद्योगिकी संस्थान, सरदार पटेल पुलिस विश्वविद्यालय स्थित हैं। इनके अलावा जयनारायण व्यास विश्वविद्यालय तथा साथ ही बालिकाओं के कमला नेहरू महिला महाविद्यालय है।

उत्कृष्ट हस्तशिल्पों के समृद्ध संग्रह का रंगीन प्रदर्शन देख कर जोधपुर के बाजारों में खरीददारी करना एक उत्साहपूर्ण अनुभव है। बंधेज का कपड़ा, कशीदाकारी की हुई ऊँट की खाल, मखमल आदि की जूतियां आकर्षक रेशम की दरियां मकराना के संगमरमर से बने स्मृतिचिन्ह, उपयोगी व सजावटी वस्तुओं की विस्तृत किस्में आदि इन बाजारों में मिलती हैं। अनगिनत त्योहारों,

समृद्ध अतीत और शाही राज्य की संस्कृति का उत्सव वर्ष में एक बार विशाल पैमाने पर मारवाड़ समारोह के रूप में मनाया जाता है।

जोधपुर को राजस्थान की न्यायिक राजधानी कहा जाता है, राजस्थान का उच्च न्यायालय भी जोधपुर में ही स्थित है। जोधपुर पूरे विश्व से जुड़ने के लिये हवाई अड्डा भी मौजुद है। पूरे राजस्थान के प्रसिद्ध विभाग जैसे मौसम विभाग, नार्कोटिक विभाग सी बी आइ, कस्टम, वस्त्र मन्त्रालय आदि मौजूद है। जोधपुर अपने खान पान और मेहमान नवाजी के लिए प्रसिद्द है।

राव जोधा पार्क पार्क मेहरानगढ़ किले के किनारे पर स्थित है इसको बनाने का मुख्य उद्द्श्य इस स्थान की प्राकृतिक परिस्थिति से पर्यटकों को आकर्षित करना है। इसमें पौधों की लगभग अलग-अलग 200 प्रकार की प्रजातियां है जो दिखने में एकदम नर्शरी सा प्रतीत होता है रेगिस्तान में पाए जाने बाले पौधों फूलो इत्यादि को संजोया गया है। पार्क में थोड़ा आराम करके उम्मेद भवन की तरफ़ रूख किया।

जोधपुर में लंबा चौड़ा उम्मेद भवन वास्तव में बहुत ही खूबसूरत इमारत है। यह वर्तमान में एक हेरिटेज होटल बन चुकी है। हालांकि, होटल के एक हिस्से को आगंतुकों के लिए खुला रखा गया है ताकि वे राजस्थान में शाही परिवारों की कुछ दुर्लभ प्राचीन वस्तुओं को देख सकें। उम्मेद महल 20 वीं शताब्दी में महाराजा उम्मेद सिंह ने बनवाया था। संग्रहालय में कई पेंटिंग और राजघरानों की निजी संपत्ति प्रदर्शित हैं। यहाँ एक कार संग्रहालय भी है जिसमें प्रदर्शन के लिए कुछ यूनिक कार भी हैं। आप शाही वास्तुकला की एक झलक पाने के लिए इस जगह के चारों ओर घूम सकते हैं। इसके अतिरिक्त, आप होटल में रुक भी सकते हैं और इसकी सुंदरता का पूरा आनंद उठा सकते हैं। भवन के आसपास घूमकर संग्रहालय का आनंद लिया। तब तक बारिश रुक चुकी थी। नीला चटक आसमान दिखने लगा था। नज़दीक के एक रेस्टोरेंट में लंच निपटा कर मंडोर उद्यान देखने निकले।

मंडोर उद्यान जोधपुर के मुख्य शहर से कुछ ही मिनटों की दूरी पर स्थित है। राव जोधा के राज परिवार को बेहतर सुरक्षा के लिए मेहरानगढ़ किले में स्थानांतरित करने से पहले यह उद्यान राजकीय निवास था। मंडोर

गार्डेन में बहुत सारे फलदार पेड़ भी लगाये गए हैं। यहाँ देसी विदेशी सैलानी और स्कूलों कॉलेजों के भ्रमण दल भी खूब आते हैं। यानी पिकनिक और सैर सपाटे के लिए यह जगह ख़ास है। कई फिल्मों व विज्ञापनों की शूटिंग भी होती है, अगर आप इसे ऊंची पहाड़ी से देखते हैं तो आपको इसका खूबसूरत नजारा नजर आता है। यहाँ जोधपुर राजवंश के राजाओं की छतरियां हैं। बीस रुपये की टिकट से एक टॉय ट्रेन द्वारा गेट से छतरियों तक चक्कर लगाया। ट्रेन में बैठकर छतरियों के नज़दीक उतर गए। घनी हरियाली के बीच घूम फिर टॉय ट्रेन से ही वापस आकर कायलाना झील घूमने चल दिए।

जोधपुर में कायलाना झील 1872 में शासक प्रताप सिंह द्वारा बनाई गई थी। यह झील पहले जोधपुर के लोगों के लिए पीने के पानी का एक महत्वपूर्ण स्रोत थी। लोग झील की सैर कर रहे थे और पिकनिक मना रहे थे। ठंड के दिनों में विभिन्न प्रवासी पक्षी भी सर्दियों के दौरान इस जगह की यात्रा करना पसंद करते हैं झील से जुड़ा माचिया सफारी पार्क जोधपुर में एक बहुत अच्छा पर्यटन स्थल है। पार्क को पैदल घूमा। झील के पानी को रोक पेड़ों को रोपकर पार्क विकसित किया गया है। पार्क घूमते शाम के पाँच बज चुके थे। साढ़े छह बजे तक होटल वापस पहुँच गए।

05 सितंबर 2024 को ओसिया रेतीले ड्यून्स पर ऊँट सवारी करने जाना है। ओसवालों की उत्पत्ति के लिए प्रसिद्ध ओसिया जोधपुर से 65 किमी की दूरी पर स्थित है। यह देशी विदेशी पर्यटकों को मन्दिरों एवं स्मारको की स्थापत्य कला के कारण आकर्षित करता है। ओसिया में एक तरफ मन्दिरों का समूह तथा दूसरी तरफ रेगिस्तान है। इस प्राचीन बस्ती की यात्रा के दौरान बीच-बीच में पड़ते हुए रेगिस्तानी विस्तार व छोटे-छोटे गांव अतीत के लहराते हुए भू-भागों में ले जाते हैं।

ओसिया देवपुरा जाने वाली सड़क पर है। अभी देवपुरा मेला का समय है। श्रद्धालु बस, ट्रक, लॉरी और ट्रैक्टरों के अलावा पैदल भी देवपुरा जा रहे हैं। एकतरफा रेला है। उनके हाथों में झंडे और डंडे के साथ एक बैग है। जगह-जगह पर कारसेवक भोजन, चाय, पानी लिए तीर्थयात्रियों की सेवा में तत्पर हैं।

ओसियां के पास बांध टूट जाने से सड़कों पर पिंडली भर पानी भरा है। एक तरफ़ की सड़क जलमग्न है दूसरी तरफ़ से वाहन पानी उछालते निकल रहे हैं। रास्ते में स्टेट बैंक की बालरवा शाखा दिखी। अभी सुबह के ग्यारह बजे हैं। बैंक में स्टाफ आ चुका है। ग्राहकों हेतु गेट नहीं खुला है। पिछले गेट से शाखा प्रबंधक से मिले। उन्होंने आदरपूर्वक ज्वार की रोटी और कढ़ी का नाश्ता कराया। उसके बाद चाय पीकर ओसियां को निकल लिए।

रेगिस्तान घूमने जाये और ऊट सवारी न करे ऐसा हो ही नहीं सकता इसीलिए तो जोधपुर आने बाले पर्यटक हमेशा ओसियान सैंड ड्यून्स ऊट की सवारी करने के लिए ज़रूर जाते हैं। हम जैसलमेर में ऊँट सवारी कर चुके थे। ओसियां में हमने जिप्सी पर ख़तरनाक यात्रा का जोखिम उठाया। सीधी चढ़ाई और सीधे ढलान पर अचानक रेतीले किनारों पर तिरछी जीप पर बैठे कलेजा मुँह को आने लगता है। जिप्सी सवारी से रुके तभी तीन-चार बच्चे ट्रिक फोटोग्राफी को आ धमके। उन्होंने हम लोगों के मोबाइल से डबल फोटो के साथ कई किस्म के फोटो निकाले। ड्यून से वापस सड़क पर पहुंचे तो एक मेजबान गर्म मुंगोड़ों और चटपटी चटनी लिए तैयार खड़े थे। उसके बाद बढ़िया चाय का सेवन करके मंदिरों के दर्शन को निकले।

ओसिया को मंदिरों की स्थापत्य कला की दृष्टि से दो भागो मे विभक्त किया गया है। पचायतन प्रकार के मन्दिर एवं एकायतन प्रकार के मन्दिर। वर्तमान में ओसियां में 18 स्मारक एवं दो बावडी स्थित हैं। मन्दिरों में एक महावीर का जैन व शेष हिन्दू मंदिर है। इनमें सूर्य मंदिर, हरिहर के तीन मन्दिर, विष्णु के तीन मन्दिर, पीपला माता का मन्दिर, शिव मन्दिर, एक भग्न मंदिर, भगवान महावीर का जैन मंदिर तथा सबसे विशाल सच्चियाय माताजी का मन्दिर है। इन स्मारकों में सच्चियाय माताजी मन्दिर एवं जैन मन्दिर को छोड्कर सभी मन्दिर व स्मारक राजस्थान सरकार के पुरातत्व विभाग के अधीन है।

सच्चियाय माताजी महिषासुर मर्दिनी का स्वरूप है। सत्य वचन एवं मनोकामना पूर्ण करने वाली माने जाने के कारण सच्चिका कही जाती है। सच्चियाय माताजी की मूर्ति काले प्रस्तर की चतुर्भुज मूर्ति है। मूर्ति के हाथो मे

तलवार ढाल ध्वजा एवं त्रिशूल धारण किये हुए है। यहा पर वर्ष में दो मेले चैत्र नवरात्रि एवं शरद नवरात्रि मे लगते हैं। जैन धर्म के एक समुदाय की उत्पत्ति ओसियां से होने के कारण ओसवाल सच्चियाय माताजी को कुल देवी के रूप में मानते हैं। श्री गुरु जम्भेश्वर भगवान का मंदिर भी है। गुरु जम्भेश्वर भगवान का मंदिर ओसियां रेलवे स्टेशन के पास है।

बिश्नोई गुडा गांव जोधपुर शहर से 25 किलोमीटर की दूरी पर पड़ता है एक प्राकृतिक गांव जहा के लोगो का जीवन आज भी पूरी तरह से प्रकृति पर निर्भर है। अमिता देवी बिश्नोई और खेजरेला शहीद स्मारक जो 363 बिश्नोई को समर्पित है जिन्होंने पेड़ो को बचाने के लिए अपने प्राण दिए थे। वहाँ जाने का बहुत मन था लेकिन समय की कमी से जाना से जाना संभव नहीं था। यह वही जगह है, जहाँ शिकार के आरोप में सलमान ख़ान एंड कंपनी पर न्यायालय प्रकरण विचाराधीन है।

सड़क पर बेशुमार भीड़ का कारण पूछा तो ज्ञात हुआ कि दो दिन बाद बीज त्योहार है याने रामदेवरा का जन्म दिवस महोत्सव। रामदेवरा जैसलमेर ज़िले में स्थित एक गाँव है। रामदेवरा रेलवे स्टेशन से बाबा रामदेव जी समाधि की दूरी मात्र 700 मीटर है रेलवे स्टेशन से पैदल मात्र 7 मिनट का रास्ता है रेलवे स्टेशन के मैन गेट के सामने सीधा रास्ता पर है। गाँव का नाम पहले रूणिचा था अब रामदेव जी पर रामदेवरा पड़ा है, जिन्होंने सन् 1384 में समाधी ली थी जो तंवर वंश राजपूत समाज में द्वारकाधीश भगवान के अवतारी थे। मान्यता है कि आज भी बाबा रामदेव वंशज तंवर राजपूत गांव के पास में ही ढ़ाणीयो में उतर में निवास करते हैं। बाबा रामदेव जी समाधि के पास ही पर्चा बावड़ी मंदिर के पीछे की तरफ रामसरोवर तालाब है वर्तमान में मंदिर गादीपति राव भोंम सिंह जी तंवर है वर्तमान में सरपंच समन्दर सिंह तंवर है मंदिर का संचालन देखरेख बाबा रामदेव सेवा समिति द्वारा किया जाता है भादवा मेला में सारी सुविधाएं, खर्चा पंचायत समिति द्वारा किया जाता है मेले के अंदर जेबकतरों से सावधान रहें मंदिर में गोद ली हुई डालीबाई की समाधि भी है। यहाँ बारह महीने ही रेल बस कार यात्री, जत्था, संघ जय बाबा री के जयकारे लगाते हुए आते हैं यात्रियों के ठहरने के लिए

गेस्ट हाउस, धर्मशाला, होटल आदि है। प्रतिवर्ष करोड़ों श्रद्धालू रामदेवरा आते हैं। भाद्रपद महीने में देश के कौने-कौने से प्रतिदिन लाखो श्रद्धालू बाबा के दर्शन करने के लिए पैदल आते हैं। इसके कई गुना बस और ट्रेन से पहुंचते हैं। बीज यानी जन्मदिन पर पंद्रह से बीस लाख लोग पहुँचे हैं।

हमारा अगला पड़ाव एक स्थानीय छोटे राजा साहिब की ड्योढ़ी पर रात का खाना और पूरी रात विश्राम करने का था। एक घंटा चलकर एक क़िला नुमा होटल के दरवाजे पर दस्तक दी तो साफ़ा बाँधे एक ऊँचा चौकीदार बन्दूक हाथ में किए गेट खोलने आया। उसने इस तरह के व्यवहार किया मानो ख़ुद राजा साहिब पधारे हैं। होटल में मालिश इत्यादि उपरांत गरम पानी से स्नान करके एक घंटा आराम फ़रमाया, फिर रात्रि की महफ़िल जवान हुई। बहुत बड़े खुले मखमली मैदान में मेज़ और चार कुर्सियाँ लगी थीं। चौदहवीं का चाँद क़िले की सपील से झाँक रहा था। थोड़ी देर में चाँद खुलकर आसमान में आ गया। परस शुरू हुई। सभी प्रकार के शानदार राजस्थानी व्यंजन चखे जाने लगे। रात्रि बारह बजे महफ़िल बर्ख़ास्त हुई। किले नुमा होटल में रात गुजारकर सुबह जोधपुर पहुँचे।

4

श्रीनाथ जी के दरबार में

नाथद्वारा से श्याम देवपुरा जी से संदेश प्राप्त हुआ कि भोपाल के साहित्यकार सुरेश पटवा को "हिंदी भाषा शिरोमणि" मानद उपाधि के साथ 2100.00 सम्मान राशि सहित "रामरघुनाथ स्मृति सम्मान" प्रदान किया जाएगा। भोपाल के प्रभुंदयाल मिश्र को "हिंदी साहित्य शिरोमणि" के साथ "आचार्य डॉ. नारायण शास्त्री सम्मान", जबकि अटल बिहारी हिंदी विश्व विद्यालय के प्रमुख प्रो. खेमसिंह डहेरिया को "साहित्य वाग्विभूति" मानद उपाधि के साथ "डॉ. दाऊदयाल गुप्ता स्मृति सम्मान", और मनीष दुबे को "हिंदी साहित्य विभूषण" मानद उपाधि से अलंकृत किया जाएगा।

नाथद्वारा निवासी स्वर्गीय भगवती प्रसाद देवपुरा ने 1937 में हिंदी भाषा और हिंदी साहित्य को समर्पित साहित्य मण्डल नामक एक अनोखी संस्था स्थापित की थी, जो हिंदी भाषा, साहित्य और कला को समर्पित है। वर्तमान में संस्था का संचालन उनके सुपुत्र श्याम देवपुरा भलीभाँति कर रहे हैं।

ज्ञातव्य है कि साहित्य मंडल नाथद्वारा पिछले 86 वर्षों से "हिंदी लाओ देश बचाओ" आंदोलन चला रहा है। यह संस्था देश के 2000 से अधिक साहित्यकारों और कलाकारों को सम्मानित कर चुका है। मण्डल बहुत छानबीन करके साहित्य सम्मान हेतु चयन करता हैं। इसके लिए उनकी एक

समिति हिंदी साहित्य के विकास और उन्नयन पर नज़र रखती है। सुरेश पटवा नगर की अनेकों साहित्यिक संस्थाओं से जुड़कर एक योद्धा की तरह हिंदी साहित्य सेवा में रत हैं। वैदिक साहित्य के अध्येता प्रभुदयाल मिश्र सनातन अध्यात्म विषय के पिपासु शोधकर्ता हैं। हिंदी सेवा मनीषी प्रोफ़. खेमसिंह डहेरिया हिंदी के उपयोग को अंतरराष्ट्रीय स्तर पर प्रचार-प्रसार हेतु संकल्पित हैं। जबकि मनीष दुबे रामायण में इंजीनियरिंग विज्ञान विषय पर विषद शोध को समर्पित हैं। इन कारणों से इनका नाथद्वारा में सम्मान किया जाना निश्चित हुआ।

भोपाल से नाथद्वारा पहुँचने के लिए सीधी ट्रेन नहीं होने के कारण, पहले भोपाल-जयपुर रेल से चितौड़गढ़ तक आरक्षण करवाया, उससे आगे चित्तौड़गढ़ से मावली तक के लिए खजुराहो-उदयपुर रेल पकड़ना होगा। मावली से नाथद्वारा 48 किलोमीटर है। वहाँ साहित्य मंडल का वाहन मिलेगा। उससे नाथद्वारा पहुँचेंगे।

हम सामान्यतः वातानुकूलित रेल के सफ़र में जीन्स और टी-शर्ट पहनना पसंद करते हैं। इसके तीन कारण हैं, एक तो जींस सफ़र में आरामदायक, दूसरा कपड़े की बेशरम मज़बूती, तीसरा पहनने वाले की उम्र भी कम दिखना और चौथा इन्हें लंबे समय तक लथेड़ा जा सकता है। कभी-कभी तो पूरी यात्रा ही एक जीन्स से पूरी हो जाती है। फोटो उतरवाने को बस शर्ट-टी-शर्ट भर बदलते रहो। यात्रा के बाद घर लौटकर साथ लेकर गए तह किए हुए पतलून को तकलीफ़ दिये बग़ैर वापस कैबिनेट में रख दीजिये। किफ़ायत और सहूलियत का यह अजीब प्रयोग कई बार सफल रहा है।

सूटकेस जमाते समय विचार आया कि वातानुकूलित डिब्बे में पानी पीते जाओ तो निस्तार को कई बार जाना पड़ता है। जीन्स में एक परेशानी होती है कि केवल जिप खोलकर काम नहीं बनता, मियानी पर कसी फिटिंग होने से पहले बेल्ट खोलो, फिर बटन खोलो, फिर जिप खोलो। भारी परेशानी होती है। इस बार सोचा जीन्स की जगह यात्रा में पतलून पहनी जाये। इस काम के लिए एक पतलून अलग रख भी दी। फिर ख़्याल आया कि यार, क्या हम परेशानी झेलने में कम हैं। परेशानी से बचना है तो यात्रा ही क्यों की जाए।

लिहाज़ा भले ही निस्तार में थोड़ी मेहनत करनी पड़े, इस यात्रा में भी दुविधा को दरकिनार कर पतलून की जगह परंपरागत जीन्स पहनना ही निर्णायक रहा।

होटल के कमरे में रुकते समय हाफपेंट और गोल गले की टी-शर्ट पहनने की आदत है। तीनों टी-शर्ट पुरानी हो चली थीं। सोचा, नई मंगवा ली जाएँ। अमेजान पर ख़रीद कर बुलवा भी लीं, लेकिन थोड़ी कस रही थीं। उनकी साईज़ बिटिया को ठीक आईं तो उसने रख लीं। हमने फिरसे एक नंबर बड़ी टी-शर्ट बुलवाईं। वे यात्रा पर प्रस्थान के दिन ही आनी थीं। उनके इंतज़ार में हम तो टी-शर्ट रखना भूल ही चुके थे। 13 सितम्बर 2023 को साढ़े चार बजे भोपाल-जयपुर रेल से चित्तौड़गढ़ के लिए निकलना था। साढ़े तीन बजे उबर ऐप पर टैक्सी बुक की, परंतु वह दस मिनट तक नहीं पहुँचा तो दिल की धड़कन तेज होने लगी कि कहीं रेल ना छूट जाये। उबर को निरस्त करके ओला टैक्सी बुक की तो उसे भी पहुँचने में दस मिनट लग गये। हम जब तैयार होकर टैक्सी का इंतज़ार कर रहे थे, तभी टी-शर्ट की पार्सल आ गई। बिल्ली के भाग से छींका टूटा, हमने टी-शर्ट लेकर बैग में रखी ही थी और टैक्सी दरवाज़े पर आ गई।

घर से टैक्सी चार बजे निकली। स्टेशन पहुँचने में बीस-पच्चीस मिनट लगने थे, लेकिन कई जगह सड़क टूटी होने से देरी हो रही थी। आगे एक स्कूल बस जगह-जगह बच्चों को उतारते बहुत धीरे चल रही थी। उसे पार करने की जगह नहीं थी। इसी बीच टैक्सी ड्राइवर का फ़ोन आ गया तो वह बातचीत में व्यस्त हो गया। उसे गाड़ी जल्दी निकालने को कहने पर वह सिर हिला देता। हालाँकि उसने गाड़ी निकालने और गति में कोई समझौता नहीं किया। फ़ोन पर बातें करते हुए भी तेज़ी बरकरार रखी।

गाड़ी रवाना होने को आठ मिनट बचे थे, तभी सीढ़ी के नज़दीक टैक्सी रुकवाकर भागे। गाड़ी पाँच नंबर से जाना था, लेकिन ब्रिज से देखने पर लगा कि छै नंबर पर खड़ी है। पाँच-छै के चक्कर में गाड़ी चूक सकते थे। ट्रेन में पहुँच चुके सहयात्री प्रभु दयाल मिश्र जी को फ़ोन घुमाया। उन्होंने कहा कि गाड़ी पाँच नंबर पर है। पाँच नंबर पर नीचे उतरे तो एक नई समस्या खड़ी थी

कि हमारी बोगी ए-1 सबसे आगे है कि सबसे पीछे ? फिरसे प्रभु दयाल जी को परेशान करके बोगी की स्थिति पूछी तो उन्होंने सबसे पीछे बताया। लेकिन पीछे सिर्फ़ चार बोगी दिख रही थीं, उनमें वातानुकूलित बोगी नहीं थी। हम तेज़ी से आगे की तरफ़ भागे। पंद्रह बोगी पार करके हमारी बोगी थी। बीच में सोचते रहे कि यदि गाड़ी चल दी तो किसी भी बोगी में चढ़ जाएँगे। गाड़ी अंदर से जुड़ी रहती है। अंदर ही अंदर सीट पर पहुँच जाएँगे। ख़ैरियत रही कि सीट पर पहुँचते ही गाड़ी चल दी। थोड़ा थमकर गहरी सांस लेकर ख़ुद को संयत और पानी पीकर संतुलित हुए।

रेल ने नियत समय पर प्लेटफार्म छोड़ दिया। हृदयराम नगर निकलने के बाद खेतों में पावस ऋतु का जादू देखते ही बनता है। एक इंच ज़मीन भी हरियाली से रिक्त नहीं है। नदी, नाले, पोखर, कुए, बावड़ी सब लबालब भरे हैं। ज़मीन तो ज़मीन जीव-जंतु भी सृजन भूख मिटाने में तल्लीन हैं। सिहोर और शुजालपुर तक पावस के नज़ारे देखते रहे। शुजालपुर के बाद रात घिरने लगी थी। उसके बाद अकोदिया, कालीसिंध, बेरछा और मक्सी आया। साढ़े आठ बजे ट्रेन उज्जैन पहुँची। तब तक भूख लगने लगी थी। घर से भोजन लेकर चले थे, आराम से आनंदपूर्वक ग्रहण किया।

उसके बाद लेटकर उज्जैन के बारे में सोचने लगे कि उज्जयिनी की ऐतिहासिकता का प्रमाण 600 ईसा पूर्व से मिलता है। तत्कालीन समय में जो सोलह जनपद थे उनमें अवंति जनपद भी एक था। अवंति उत्तर एवं दक्षिण इन दो भागों में विभक्त था। उत्तरी भाग की राजधानी उज्जैन तथा दक्षिण भाग की राजधानी महिष्मति (महेश्वर) थी। उस समय चंद्रप्रद्योत नामक सम्राट सिंहासनारूढ थे। प्रद्योत के वंशजों का उज्जैन पर ईसा की तीसरी शताब्दी तक प्रभुत्व था। मौर्य साम्राज्य के अभ्युदय पर चंद्रगुप्त ने इसे मगध साम्राज्य में मिला लिया था। चंद्रगुप्त के पौत्र (बिन्दुसार के पुत्र) अशोक उज्जयिनी के राज्यपाल नियुक्त हुए। बिन्दुसार की मृत्योपरान्त अशोक उज्जयिनी से ही शासन की बागडोर अपने हाथों में लेकर मगध सम्राट बने। सम्राट अशोक के पश्चात उज्जयिनी ने दीर्घ काल तक अनेक गुप्त सम्राटों का उतार चढ़ाव देखा। सातवीं शताब्दी में उज्जैन कन्नौज के हर्षवर्धन साम्राज्य में विलीन हो गया।

सातवीं सदी में सन् 647 ई. में हर्ष वर्धन की मृत्यु के पश्चात नवी शताब्दी तक उज्जैन परमारों के आधिपत्य में आया जो गयारहवीं शताब्दी तक कायम रहा इस काल में उज्जैन की उन्नति होती रही। इसके पश्चात उज्जैन चौहान और तोमर राजपूतों के अधिकारों में आ गया।

सन् 1235 ई. में सुल्तान शमशुद्दीन इल्तुतमिश विदिशा विजय करके उज्जैन पहुँचा। उस क्रूर शासक ने उज्जैन को न केवल बुरी तरह लूटा और प्राचीन मंदिरों एवं पवित्र धार्मिक स्थानों का वैभव भी नष्ट किया। मुग़ल काल में 1560 से 1707 तक उज्जैन उनके मालवा सूबा का हिस्सा रहा आया। सन् 1737 ई. में उज्जैन सिंधिया वंश के अधिकार में आया, उनका सन 1880 ई. तक एक छत्र राज्य रहा जिसमें उज्जैन का सर्वांगीण विकास होता रहा। राणोजी सिंधिया ने महाकालेश्वर मंदिर का जीर्णोध्दार कराया। उज्जयिनी में आज भी अनेक धार्मिक पौराणिक एवं ऐतिहासिक स्थान हैं जिनमें भगवान महाकालेश्वर मंदिर, गोपाल मंदिर, चौबीस खंभा देवी, चौसठ योगिनियां, नगर कोट की रानी, हरसिध्दिमां, गढ़ की कालका, साँदिपनी आश्रम, काल भैरव, विक्रांत भैरव, मंगलनाथ, सिध्दवट, गज लक्ष्मी मंदिर, बृहस्पति मंदिर, नवगृह मंदिर, भूखी माता, भर्तृहरि गुफा, बाबा मत्स्येंद्रनाथ समाधि, कालिया देह पैलेस, कोठी महल, घंटाघर, जन्तर मंतर, चिंतामन गणेश, महादेव मंदिर, सप्त सागर, नव नारायण आदि प्रमुख हैं।

रेलगाड़ी नियत समय पर ठीक आठ बजे उज्जैन पहुँच गई। उज्जैन स्टेशन आने के पूर्व सहयात्री प्रभुंदयाल मिश्र जी, मनीष दुबे जी और ख़ेमसिंह डहेरिया जी से मुलाक़ात करने की इच्छा हुई। उनकी सीट बी-3 बोगी में थीं। हम ट्रेन के भीतर से ही चार बोगी पार करके उनके मिलने पहुँचे। वे तीनों साथी चर्चा में व्यस्त थे। पहले चौंके, फिर खुश हुए। हमने प्रभुंदयाल मिश्रा जी को अपनी पुस्तक "हिंदू प्रतिरोध गाथा" और ख़ेमसिंह डहेरिया जी को "सगरमाथा से समुंदर" तक भेंट की। तब तक ट्रेन उज्जैन स्टेशन पहुँच गई। उज्जैन स्टेशन पर प्रभुंदयाल मिश्र और मनीष दुबे हमारे साथ हमारी बोगी तक छोड़ने आए। उज्जैन में ख़ासी भीड़ थी। राजस्थान के कई स्थान से लोग महाकालेश्वर दर्शन को आए थे, वे यात्री लौट रहे थे। ट्रेन खचाखच भर गई।

ट्रेन उज्जैन से चलकर एक घंटे में सवा नौ बजे नागदा पहुँची। नागदा दिल्ली-मुंबई रेलवे लाइन पर एक प्रमुख रेलवे जंक्शन है। भोपाल से जयपुर जाने वाली ट्रेन नागदा से चित्तौड़गढ़, भीलवाड़ा और अजमेर होकर जयपुर पहुँचती है। एक दूसरी लाईन भी नागदा से कोटा, सवाई माधोपुर होकर जयपुर पहुँचती है।

नागदा उज्जैन जिले में चम्बल नदी के तट पर दिल्ली और मुंबई दोनों से ठीक 694 किमी की समानांतर दूरी पर स्थित औद्योगिक शहर है। चंबल के किनारे पर्याप्त जल और भूमि उपलब्ध होने के साथ-साथ भारत के दो सबसे बड़े महानगरों के बीच की स्थिति ने घनश्याम दास बिड़ला को आकर्षित किया। उन्होंने विस्कोस आधारित कपड़ा मिल डालने के बारे में सोचा। नागदा में ग्रासिम की निर्माण इकाई एशिया में विस्कोस स्टेपल फाइबर और दुनिया की रंगीन फाइबर की सबसे बड़ी निर्माता है। इसी कारण वर्तमान में नागदा विस्कोस फाइबर की विनिर्माण इकाई, एक थर्मल पावर प्लांट और एक रासायनिक संयंत्र के साथ एक प्रमुख औद्योगिक शहर है। इस यात्रा में आदि शंकराचार्य पर लिखी एक पुस्तक का अध्ययन करते रहे। द्वितीय श्रेणी वातानुकूलित डिब्बे मे अध्ययन हेतु खूब समय और वातावरण मिलता है। हमारी आदत रही है कि इसका उपयोग एक पूरी किताब पढ़ने में किया जाय।

हमारी ट्रेन साढ़े दस बजे रतलाम पहुँची। रतलाम शहर मध्यप्रदेश, गुजरात और राजस्थान के संधि स्थल पर स्थित है। इस क्षेत्र पर पहले 420 ईस्वी के दौरान भील राजा व्याग्ररात के अधीन वारिका कबीले का शासन था और वहीं से मंदसौर स्तंभ में अंकित "रालम" शब्द की उत्पत्ति हुई थी। रालम से ही रतलाम व्युत्पन्न बताया जाता है तो शहर के नाम के बारे में एक अन्य प्रचलित राय यह है कि यह नाम रत्नपुरी से आया है। इतिहासकार बताते हैं कि रतलाम नाम शासक महाराजा रतन सिंह के नाम पर रखा गया था, जिसे पहले "रत्नपुरी" कहा जाता था और इसका मतलब रत्नों का शहर था।

रतलाम मुख्य रूप से मुग़ल सम्राट शाहजहाँ द्वारा रतन सिंह राठौड़ को उपहार में दिया गया था। क़िस्सा यूँ है कि मुग़ल बादशाह हाथियों की लड़ाई के शौकीन थे, इसलिए उन्होंने एक भव्य आयोजन किया। उन्होंने सभी प्रमुख

राजपूताना वंशों को इस कार्यक्रम में भाग लेने के लिए आमंत्रित किया। इस अवसर पर शामिल होने के लिए राठौड़ वंश से रतन सिंह को भी आमंत्रित किया गया था। एक हाथी उन्मत्त हो कर शाहजहाँ की ओर चला गया। कोई भी उनकी मदद के लिए आगे नहीं बढ़ा। रतन सिंह बहुत बहादुर थे। उन्होंने हाथी पर चढ़कर अंकुश कर उसे नियंत्रित कर लिया। शाहजहाँ बहादुरी के इस कार्य से बहुत प्रभावित हुआ और धन्यवाद के प्रतीक के रूप में उसे "रत्नपुरी" शहर उपहार में दे दिया।

महाराजा रतन सिंह 1652 से 1658 तक महाराजा थे। उनकी मृत्यु के बाद, राम सिंह महाराजा बने और 1682 तक शासन किया। किंवदंतियों में पाया जाता है कि, रतन के रत और राम सिंह के राम के योग से रतराम हुआ, वही रतराम कालांतर में रतलाम हो गया। उसके बाद राठौड़ वंश के राजाओं की एक लंबी सूची है जिन्होंने रतलाम पर शासन किया। राठौड़ों के इस लंबे समय तक चले शासन ने शहर को एक राजसी आकर्षण प्रदान किया है। रतलाम के आसपास फैली कई इमारतें इस गौरवशाली काल की देन हैं। शहरी हवाओं में वीरता और गौरव का असली स्वाद महसूस किया जा सकता है। ऐसे कई निर्माण हैं जो एक समृद्ध अतीत का प्रतीक हैं। यह शहर भारत के मानचित्र पर एक महत्वपूर्ण जंक्शन के रूप में स्थापित है। राठौड़ वंश के शासन के बाद, रतलाम मध्य भारत की मालवा एजेंसी के हिस्से के रूप में ब्रिटिश शासन के अधीन आ गया।

ब्रिटिश शासन के दौरान रतलाम भी एक रियासत थी। नए शहर की स्थापना कैप्टन बोर्थविक ने वर्ष 1829 में की थी। यह चौड़ी सड़कों और अच्छी तरह से निर्मित घरों से सुसज्जित था। अपनी केंद्रीय भौगोलिक स्थिति के कारण, यह ब्रिटिश शासन के दौरान मध्य भारत में एक वाणिज्यिक केंद्र विकसित होने लगा। यहाँ से बड़े पैमाने पर अफ़ीम, तम्बाकू और नमक का व्यापार होता था। यह मालवा में सट्टा सौदेबाजी के लिए भी प्रसिद्ध था। 1872 में खंडवा तक रेलवे लाइन खुलने से पहले, रतलाम से बेहतर कोई मार्ट नहीं था। इंदौर का आर्थिक विकास बाद में हुआ। आज़ादी के बाद 1949 में रतलाम शहर को फिर से पुनर्गठित किया गया। यह 4861 वर्ग

किमी में फैल गया। वर्तमान में रतलाम छह तहसीलों अर्थात् आलोट, जावरा, पिपलौदा, रतलाम, सैलाना और बाजना में विभाजित किया गया है।

रतलाम के बाद मंदसौर आया। मंदसौर का प्राचीन नाम दशपुर था। आदिवासी भील राजाओं ने यहाँ कई सदियों तक शासन किया। यहाँ पशुपतिनाथ मंदिर और अफ़ीम की खेती बहुत प्रसिद्ध है। ट्रेन का अगला पड़ाव नीमच पड़ा। नीमच को 31 मई 1998 में मध्य प्रदेश का स्वतंत्र जिला घोषित किया गया था। प्रारंभ में यह मंदसौर जिले का हिस्सा था। ब्रिटिश शासन के दौरान यहाँ एक छावनी स्थापित की गई थी। 1857 में आंदोलन में भाग लेने के लिए नीमच की सैन्य टुकड़ी ने भी बग़ावत का झंडा उठा कर दिल्ली कूच किया था। आजादी के बाद सीआरपीएफ अर्थात क्रेन्दीय रिजर्व पुलिस बल की पैरा मिलिटी छावनी में परिवर्तित कर दिया गया। नीमच को सीआरपीएफ की जन्मस्थली माना जाता है। 3879 वर्ग किलोमीटर में फैला यह जिला सुखानंद महादेव, ऑक्टरलोनी इमारत, नीलकंठ महादेव, आंत्री माता मंदिर, जीरन का किला और भादवा माता मंदिर आदि के लिए विख्यात है। मंदसौर के समान नीमच में भी बड़े पैमाने पर अफीम का उत्पादन होता है।

नीमच के बाद अगले स्टेशन निम्बाहेड़ा से राजस्थान लग जाता है। इस इलाक़े में भीलों की मुख्य आबादी है। अर्वाचीन काल में भील शासकों का शासन मुख्यत मालवा, दक्षिण राजस्थान, गुजरात, ओडिशा और महाराष्ट्र में था। भील जनजाति भारत समेत पाकिस्तान तक विस्तृत रूप से फैली हुई है। प्राचीन समय में भील जनजाति का शासन शिवी जनपद कहलाता था, जिसे वर्तमान में मेवाड़ इलाक़ा कहते हैं। मेवाड़ रियासत और मेयो कॉलेज के राज चिन्ह पर भील योद्धा का चित्र अंकित है।

भीलों का अपना एक लम्बा इतिहास रहा है। कुछ इतिहासकारो ने भीलों को द्रविड़ों से पहले का भारतीय निवासी माना तो कुछ ने भीलों को द्रविड़ ही माना है। भील को पुराणों में निषाद, व्याघ्र, किरात, शबर और पुलिंद कहा गया है। आज भी पूरे हिमालय में भिल्ल महापुरुषों के स्मारक बने हुए है। भिलंगना क्षेत्र में भील्लेश्वर महादेव मंदिर भीलों से ही संबंधित है।

मध्यकाल में भील राजाओं की स्वतंत्र सत्ता थी। करीब 11 वी सदी तक भील राजाओं का शासन विस्तृत क्षेत्र में फैला था। इतिहास में अन्य जनजातियों जैसे कि मीना आदि से इनके अच्छे संबंध रहे है। अजमेर स्थित ख्वाजा मोइनुद्दीन चिश्ती की दरगाह के खादिम भील पूर्वजों के वंशज है। लाखा भील व टेका भील नामक दो भाइयों ने ख्वाजा मोइनुद्दीन चिश्ती के शिष्य बनने के बाद इस्लाम कबूल कर अपना नाम फखरुद्दीन व मोहम्मद यादगार रखा। अजमेर में मौजूद समस्त ख़ादिम इन दोनों भाइयों के वंशज हैं। जिन्होंने इस चकाचौन्द भरी जिंदगी में आकर अपने पूर्वजों को भुला दिया है और खुद की नस्ल बदल कर सैयद बताने लगे हैं। 6 वीं शताब्दी में एक शक्तिशाली भील राजा का पराक्रम देखने को मिलता है जहाँ मालवा के भील राजा हाथी पर सवार होकर विंध्य क्षेत्र से होकर युद्ध करने जाते हैं। भील पूजा और हिन्दू पूजा पद्धति में काफी समानतऐ मिलती हैं। मौर्यकाल में पश्चिम और मध्य भारत में भील जनजाति के अंतर्गत 4 नाग राजा, 7 गर्धभिल भील राजा और 13 पुष्प मित्र राजाओं की स्वतंत्र सत्ता का पता चलता है।

एक शक्तिशाली भील राजा हुए जिनका नाम राजा मांडलिक रहा। राजा मांडलिक ने ही गुहिल वंश अथवा मेवाड़ के प्रथम संस्थापक राजा गुहादित्य को अपने इडर राज्य मे रखकर संरक्षण किया। गुहादित्य राजा मांडलिक के राजमहल मे रहता और भील बालको के साथ घुड़सवारी करता। राजा मांडलिक ने गुहादित्य को कुछ जमीन और जंगल दिए। आगे चलकर वही बालक गुहादित्य इडर साम्राज्य का राजा बना। गुहिलवंश की चौथी पीढ़ी के शासक नागादित्य का व्यवहार भील समुदाय के साथ अच्छा नहीं था इसी कारण भीलों और नागादित्य के बीच युद्ध हुआ और भीलों ने इडर पर पुनः अपना अधिकार कर लिया। बप्पा रावल का लालन - पालन भील समुदाय ने किया और बप्पा को रावल की उपाधि भील समुदाय ने ही दी थी। बप्पारावल ने भीलों से सहयोग पाकर अरबों से युद्ध किया। खानवा के युद्ध में भील अपनी आखरी सांस तक युद्ध करते रहे। मेवाड़ और मुग़ल काल के दौरान भीलों को रावत, भोमिया और जागीरदार के पद प्राप्त थे यह लोग आम लोगो से भोलई नामक कर वसूला करते थे। मालवा पर भील राजाओं

ने लंबे समय तक शासन किया। आगर, झाबुआ, ओम्कारेश्वर, अलीराजपुर पर भील राजाओं ने शासन किया। मध्यप्रदेश राज्य गठन के पूर्व यहाँ भील सैना प्रशिक्षण केंद्र था। मालवा की मालवा भील कॉर्प थी। इंदौर स्थित भील पल्टन का नाम बदलकर पुलिस प्रशिक्षण विद्यालय रखा है।

रात दो बजकर तीस मिनट पर चित्तौड़गढ़ पहुँचने वाली ट्रेन आधा घंटा पहले ही पहुँच गई। हमने दो बजकर पंद्रह मिनट का अलार्म लगाया था। दो बजे प्रभु दयाल जी का फ़ोन आया "उठिये, हम चित्तौड़गढ़ पहुँच गए हैं।" हड़बड़ाकर सामान समेट नीचे उतरे। बाक़ी सहयात्रियों के साथ चाय सेवन करके एक नंबर प्लेटफार्म पर वेटिंग रूम में पहुँच आराम किया। वहाँ प्रभु दयाल जी ने "उद्धव गीता" पुस्तक भेंट की। एक घंटा इंतज़ार के बाद खजुराहो-उदयपुर ट्रेन एक नंबर प्लेटफार्म पर समय पूर्व पहुँच गई। ट्रेन चलते ही चित्तौड़गढ़ को घेरकर बहने वाली बनास नदी दिखी। नाथद्वारा इसी के किनारे बसा है। हम मावली स्टेशन पर उतरे। ट्रेन निर्धारित समय पर मावली पहुँची। स्टेशन पर देश के विभिन्न स्थानों से आए दस साहित्यकार और कलाकार भी मिल गये। साहित्य मंडल ने मावली से नाथद्वारा पहुँचने हेतु वाहन की व्यवस्था की थी। स्टेशन से थोड़ा चलने पर एक मिनी बस खड़ी मिली। उसमें बैठे, बस के ड्राइवर ने बताया कि एक और रेलगाड़ी आने वाली है। उससे भी कुछ साहित्यकार आ रहे हैं। उसके बाद बस चलेगी। मैनपुरी से सेनानिवृत्त बातूनी अवधूत पधारे थे। उन्होंने मोबाइल पर सुंदरकांड लगा दिया। चालीस मिनट सुंदरकांड में डूबते उतराते रहे। दूसरी गाड़ी आने पर बस ठसाठस भर गई। अधिकांश साहित्यकार उत्तर प्रदेश और बिहार के विभिन्न नगरों और क़स्बों से थे। आधा लगेज डिक्की में, कुछ ऊपर और मिनी बस में अंदर लाद कर चले। उनींदी सवारियाँ नींद खुलते ही पूछतीं कितनी दूर है, कब तक पहुँचेंगे। सुबह सात बजे नाथद्वारा पहुंचते ही श्याम देवपुर जी ख़ुद स्कूटी से बस को राह दिखाते चलते रहे। उन्होंने एक धर्मशाला की सी जगह पर सवारियों को उतरवा दिया। लोगों को कमरा आवंटित करने लगे। भोपाल से पधारी सवारियों को गोपी वल्लभ होटल में ठहरा दिया।

बनास नदी के किनारे बसा नाथद्वारा राजस्थान के राजसमन्द ज़िले में स्थित एक नगर है। यह इसी नाम की तहसील का मुख्यालय भी है। नाथद्वारा

पुष्टिमार्गीय वैष्णव सम्प्रदाय की प्रमुख पीठ है। यहाँ नंदनंदन आनन्दकंद श्रीनाथजी का लगभग 400 से अधिक वर्ष पुराना मन्दिर भव्य मन्दिर है जो करोड़ों पुष्टिमार्गीय वैष्णवों की आस्था का प्रमुख केंद्र है। प्रतिवर्ष देश-विदेश से लाखों वैष्णव श्रद्धालु आकर यहाँ के प्रमुख उत्सवों का आनन्द उठा भावविभोर होते हैं।

नाथद्वारा अरावली की सुरम्य उपत्यकाओं के मध्य विश्वप्रसिद्ध झीलों की नगरी उदयपुर से उत्तर में 48 किलोमीटर राष्ट्रीय राजमार्ग संख्या 8 पर स्थित है। नाथद्वारा के निकटवर्ती रेल्वे स्टेशन मावली (28) एवं उदयपुर (48) से देश के प्रमुख शहरों के लिए ट्रेन सेवा उपलब्ध है। नाथद्वारा के निकटवर्ती हवाई अड्डे डबोक-उदयपुर (48) से देश के प्रमुख शहरों के लिए वायुयान सेवा उपलब्ध है।

नाथद्वारा चारों तरफ़ पहाड़ियों से गिरी घाटी में स्थित है। वर्षाकाल में झरने जलप्रपात अनुपम छटा बिखेरते हैं। यहाँ कुछ मुख्य दर्शनीय स्थल में श्रीविट्ठलनाथजी का मन्दिर एवं श्रीहरिरायमहाप्रभुजी की बैठकजी (मन्दिर के निकट पुष्टिमार्ग की प्रथम पीठ), श्रीवनमालीलालजी का मन्दिर एवं मीरा मन्दिर (मन्दिर के निकट), श्रीनाथजी की गौशाला (नाथूवास में, मन्दिर से 2 किमी दूर), श्रीनाथजी गौशाला से 2 किमी दूर मावली रोड़ पर ब्रजदर्शन म्युजियम, लालबाग एवं संग्रहालय (मन्दिर का बाग, 2 किमी दूर, राष्ट्रीय राजमार्ग पर) पर प्रकृति की गोद में सुरम्य स्थली, जहाँ गणेशजी का सुन्दर मन्दिर है साथ ही सूर्यास्त का अलौकिक नजारा देखा जा सकता है।

यहाँ पहुँच मन में जिज्ञासा उत्पन्न होना स्वाभाविक है कि सनातन धर्म के वैष्णव संप्रदाय में पुष्टि मार्ग साधना क्या है ? भारतीय दर्शन पढ़ते समय जो थोड़ी बहुत जानकारी मस्तिष्क में मौजूद है। वही साथियों से साझा की। महाप्रभु श्रीवल्लभाचार्य जी का भक्ति साधन मार्ग पुष्टिमार्ग कहलाता है। चित्त का इष्ट में तन्मय होना ही सेवा का स्वरूप है। पुष्टिमार्ग के अनुसार सेवा दो प्रकार से होती है - नाम-सेवा और स्वरूप-सेवा। स्वरूप-सेवा भी तीन प्रकार की होती है - तनुजा, वित्तजा और मानसी। शास्त्रों के अनुसार मनुष्य

तीन प्रकार से समाज की सेवा कर सकता है। तन से, धन से अथवा मन से, प्रभु ने जिस भी लायक आपको बनाया है, उसी अनुसार समाज सेवा करने का सौभाग्य अवश्य प्राप्त करना चाहिए।

- तनुजा सेवा अथवा तन से सेवा - तन से हम समाज की अनेक तरह से सेवा कर सकते हैं। कहीं कोई समाज सेवा का कार्य चल रहा हो तो वहाँ जुड़कर अपनी सामर्थ्य के अनुसार कोई भी कार्य कर सकते हैं। किसी प्यासे को पानी पिला देना, किसी असहाय को उसके गंतव्य तक पहुँचा देना, कभी-कभी किसी सार्वजनिक स्थल पर साफ सफाई कर देना या कम से कम समय मिलने पर वृक्षारोपण ही कर देना। ये सारी सेवाएँ तन द्वारा की जानें वाली समाज सेवा ही हैं।
- वित्तजा सेवा अर्थात् धन से सेवा - किसी भी सामाजिक अथवा पारमार्थिक कार्य में धन की अहम भूमिका होती है। पानी पीने के लिए प्याऊ की व्यवस्था करना, यथा सामर्थ्य अन्न दान - वस्त्र दान करना। निःशुल्क चिकित्सा प्रदान करना, निःशुल्क विद्यालयों का निर्माण करने के साथ-साथ धार्मिक कार्यक्रमों का आयोजन जैसे अनेकानेक सेवा कार्य धन से ही संभव हो पाते हैं।
- मानसी सेवा अथवा मन से सेवा - तन और धन की असमर्थता में भी हम मन से समाज की सेवा कर सकते हैं। समाज के हित का चिंतन, उचित परामर्श और सदैव समाज सेवा में निरत लोगों की प्रशंसा और उनका आत्मबल और मजबूत हो ऐसी बात करना भी आपके द्वारा की जाने वाली मानसी सेवा ही है। साथ ही साथ अगर ज़्यादा कुछ न कर सको तो प्रभु के समक्ष रोज सर्व मंगल की कामना के लिए प्रार्थना करना भी आपके द्वारा समाज की मानसी सेवा ही है।

भक्तिरस के आचार्यो ने केवल मन के भावों द्वारा की जाने वाली इष्ट परिचर्या 'मानसी सेवा' कहलाती है। मानसी सेवा के दो प्रकार होते हैं - मर्यादा-मार्गीय और पुष्टिमार्गीय। मर्यादा-मार्गीय पद्धति का आचरण करने वाला साधक जहाँ अपनी ममता और अहं को त्यागता है, वहीं पुष्टि-मार्गीय मानसी-सेवा पद्धति

वाला साधक अपने शुद्ध प्रेम के द्वारा श्रीकृष्ण भक्ति में लीन हो जाता है और उनके अनुग्रह से सहज में ही उनकी कृपा प्राप्त कर लेता है।

पुष्टि मार्ग के आरम्भ और विकास का दार्शनिक इतिहास है। आधुनिक हिंदू धर्म के संस्थापक आदि शंकराचार्य माने जाते हैं। उन्होंने ओंकारेश्वर में ज्ञान प्राप्त करके वेदान्त मार्ग प्रशस्त किया। जिसमें मुख्य दार्शनिक सिद्धांत था कि पूरा जगत ब्रह्म का विस्तार है। हर चर-अचर में ब्रह्म उपस्थित होता है। जिसे अद्वैतवाद सिद्धांत कहा गया। बाद में रामानुज, निम्बार्क, माधव आदि दार्शनिक हुए उन्होंने कहा कि यदि जगत ब्रह्म का विस्तार है तो हर बुरी चीज़ के भी ब्रह्म ज़िम्मेदार होगा। ऐसा नहीं हो सकता। उन्होंने द्वैतवाद का सिद्धांत प्रतिपादित किया कि ब्रह्म सर्वोच्च सत्ता है, पुरुष और प्रकृति उसके विस्तार हैं। पुरुष-प्रकृति ब्रह्म से अलग होते ही स्वतंत्र सत्ता हैं लेकिन ब्रह्म के अधीन हैं। इसलिए आदमी अपनी प्रकृति के वशीभूत अपने अच्छे बुरे कर्म के लिए ज़िम्मेदार हैं। दक्षिण भारत में अलवर संतों ने इन सिद्धांतों पर धर्म साहित्य लिखे और भक्ति आंदोलन का प्रादुर्भाव हुआ। ऐसे ही एक संत थे वल्लभाचार्य।

श्रीवल्लभाचार्यजी (1479-1531) भक्तिकालीन सगुणधारा की कृष्णभक्ति शाखा के आधारस्तंभ एवं पुष्टिमार्ग के प्रणेता थे। उनका प्रादुर्भाव विक्रम संवत् 1535, वैशाख कृष्ण एकादशी को दक्षिण भारत के कांकरवाड ग्रामवासी तैलंग ब्राह्मण श्रीलक्ष्मणभट्टजी की पत्नी इलम्मागारू के गर्भ से चम्पारण छत्तीसगढ़ में हुआ। उन्हें वैश्वानरावतार (अग्नि का अवतार) कहा गया है। वे वेदशास्त्र में पारंगत थे। श्रीवल्लभाचार्यजी के मतानुसार तीन स्वीकार्य सत्ता हैं-

ब्रह्म, जगत् और जीव।
ब्रह्म के तीन स्वरूप वर्णित हैं-
आधिदैविक, आध्यात्मिक एवं अंतर्यामी रूप।

पुष्टि मार्ग में अनंत दिव्य गुणों से युक्त पुरुषोत्तम श्रीकृष्ण को ही परब्रह्म स्वीकारते हुए उनके मधुर रूप एवं लीलाओं को ही जीव में आनंद के

आविर्भाव का स्रोत माना गया है। जगत् ब्रह्म की लीला का विलास है। संपूर्ण सृष्टि लीला के निमित्त ब्रह्म की आत्म-कृति है। जीव के तीन प्रकार हैं। पुष्ट जीव, मर्यादा जीव, प्रवाह जीव

भगवान श्रीकृष्ण के अनुग्रह को पुष्टि कहा गया है। भगवान के इस विशेष अनुग्रह से उत्पन्न होने वाली भक्ति को 'पुष्टिभक्ति' कहा जाता है। पुष्ट जीव भगवान के अनुग्रह पर निर्भर रहते हुए नित्यलीला में प्रवेश के अधिकारी बनते हैं। जो वेदोक्त विधियों का अनुसरण करते हुए भिन्न-भिन्न लोक प्राप्त करते हैं, मर्यादा जीव हैं, और जो जगत्-प्रपंच में ही निमग्न रहते हुए सांसारिक सुखों की प्राप्ति हेतु सतत् चेष्टारत रहते हैं, प्रवाह जीव हैं।

भगवान् श्रीकृष्ण भक्तों के निमित्त व्यापी वैकुण्ठ में नित्य क्रीड़ाएं करते हैं। इसी व्यापी वैकुण्ठ का एक खण्ड है- गोलोक, जिसमें यमुना, वृन्दावन, निकुंज व गोपियां सभी नित्य विद्यमान हैं। भगवद्सेवा के माध्यम से वहाँ भगवान की नित्य लीला-सृष्टि में प्रवेश ही जीव की सर्वोत्तम गति है। प्रेमलक्षणा भक्ति उक्त मनोरथ की पूर्ति का मार्ग है, जिस ओर जीव की प्रवृत्ति मात्र भगवद्नुग्रह द्वारा ही संभव है।

श्री मन्महाप्रभु वल्लभाचार्यजी के पुष्टिमार्ग का यही आधारभूत सिद्धांत है। पुष्टि-भक्ति की तीन उत्तरोत्तर अवस्थाएं हैं- प्रेम, आसक्ति और व्यसन। मर्यादा-भक्ति में भगवद्प्राप्ति शमदमादि साधनों से होती है, किंतु पुष्टि-भक्ति में भक्त को किसी साधन की आवश्यकता न होकर मात्र भगवद्कृपा का आश्रय होता है। मर्यादा-भक्ति स्वीकार्य करते हुए भी पुष्टि-भक्ति ही श्रेष्ठ मानी गई है। यह भगवान में मन की निरंतर स्थिति है। पुष्टिभक्ति का लक्षण यह है कि भगवान के स्वरूप की प्राप्ति के अतिरिक्त भक्त अन्य किसी फल की आकांक्षा ही न रखे। पुष्टिमार्गीय जीव की सृष्टि भगवत्सेवार्थ ही है।

सर्वदा सर्वभावेन भजनीयो ब्रजाधिपः।
तस्मात्सर्वात्मना नित्यं श्रीकृष्णः शरणं मम।

ब्रह्म के साथ जीव-जगत् का संबंध निरूपण करते हुए उनका मत था कि जीव ब्रह्म का सदंश (सद् अंश) है, जगत् भी ब्रह्म का सदंश है। अंश एवं अंशी में

भेद न होने के कारण जीव-जगत् और ब्रह्म में परस्पर अभेद है। अंतर मात्र इतना है कि जीव में ब्रह्म का आनंदांश आवृत्त रहता है, जबकि जड़ जगत में इसके आनन्दांश व चैतन्यांश दोनों ही आवृत्त रहते हैं।

श्रीशंकराचार्य के अद्वैतवाद के विपरीत श्रीवल्लभाचार्य के अद्वैतवाद में माया का संबंध अस्वीकार करते हुए ब्रह्म को कारण और जीव-जगत को उसके कार्य रूप में वर्णित कर तीनों शुद्ध तत्वों का ऐक्य प्रतिपादित किए जाने के कारण ही उक्त मत शुद्धाद्वैतवाद कहलाया, जिसके मूल प्रवर्तक आचार्य श्री विष्णुस्वामीजी हैं। वल्लभाचार्य द्वारा प्रतिपादित शुद्धाद्वैतवाद दर्शन के भक्तिमार्ग को पुष्टिमार्ग कहते हैं।

उनके अनुसार ब्रह्म माया से अलिप्त है, इसलिये शुद्ध है। माया से अलिप्त होने के कारण ही यह अद्वैत है। यह ब्रह्म सगुण भी है और निर्गुण भी। सामान्य बुद्धि को परस्पर विरोधी प्रतीत होने वाली बातों का ब्रह्म में सहज अन्तर्भाव हो जाता है। वह अणु से भी छोटा और सुमेरु से भी बड़ा है। वह अनेक होकर भी एक है। यह ब्रह्म स्वाधीन होकर भी भक्त के अधीन हो जाता है। विशिष्टाद्वैत की तरह शुद्धाद्वैतवादी ने भी ब्रह्म के साथ साथ जगत को भी सत्य बताया है। कारणरूप ब्रह्म के सत्य होने पर कार्यरूप जगत मिथ्या नहीं हो सकता। ब्रह्म की प्रतिकृति होने के कारण जगत की त्रिकालाबाध सत्ता है। जीव और जगत का नाश नहीं होता, सिर्फ़ आविर्भाव और तिरोभाव होता है।

पुष्टिमार्ग शुद्धाद्वैत के दर्शन को ही भक्ति में ढालता है। पुष्टि का शाब्दिक अर्थ है 'पोषण'। श्रीमद्भागवत में ईश्वर के अनुग्रह को पोषण कहा गया है- "पोषणं तदनुग्रहः"। वल्लभाचार्य के अनुसार, "कृष्णानुग्रहरूपा हि पुष्टिः कालादि बाधक"। अर्थात् कालादि के प्रभाव से मुक्त करने वाला कृष्ण का अनुग्रह ही पुष्टि है। पुष्टिमार्गी भक्ति का मूलाधार भगवतकृपा और उनके प्रति पूर्ण समर्पण है। भक्त के भगवान की ओर ध्यान ले जाने के पहले ही भगवान भक्त पर अपनी कृपा वर्षा कर देता है। कृष्ण की मुरली द्वारा गोपियों पर कृपा वर्षा होती है। कृष्ण की यह मुरली अनुग्रह संचारिका है। पुष्टिमार्ग में भक्त स्वयम् को पूर्णतया भगवान के आसरे छोड़ देता है।

पुष्टि मार्ग में भक्ति की भी तीन प्रकार की अवधारणाएँ हैं- प्रवाह पुष्टि भक्ति, मर्यादा पुष्टि भक्ति और शुद्ध पुष्टि भक्ति। 'प्रवाह पुष्टि भक्ति' के अन्तर्गत जन्म मरण के चक्र में बँधा भक्त ईश्वर का स्मरण करता हुआ क्रमिक मोक्ष प्राप्त करता है। 'मर्यादा पुष्टि भक्ति' के अन्तर्गत भक्त शास्त्रों से ब्रह्म ज्ञान प्राप्त करने के बाद भगवान की ओर उन्मुख होता है और मोक्ष की ओर बढ़ता है। 'शुद्ध पुष्टि भक्ति' में भक्त स्वयं को पूर्णतया भगवान की शरण में समर्पित कर देता है। यहाँ भगवान अपने बच्चे की तरह भक्त का पालन करते हैं। भगवान के चरणों में पूर्णतया समर्पित भक्त भगवान के स्नेह का भाजन बनता है। शुद्ध पुष्टि भक्त की मुक्ति सबसे शुद्ध, सरल और सुगम होती है। भगवान की शरण मे आते ही भक्त के सारे दुःख दूर हो जाते हैं। पुष्टि मार्गी भक्ति को माधुर्य भक्ति, प्रेमाभक्ति या रागानुगा भक्ति कहते हैं। इस भक्ति में श्रंगार के स्वरूप का आध्यात्मिक रूपांतर होता है। यहाँ भगवान कृष्ण भक्त के एकमात्र अवलंबन होते हैं, जबकि जीव और गोपियाँ आश्रय। भक्ति के विकास के तीन चरण होते हैं- प्रेम, आसक्ति और व्यसन। व्यसन इस प्रेम की चरम अवस्था है, जहाँ पहुँचकर भक्त को भगवान के सिवा कुछ नज़र नहीं आता।

किंवदंती है कि श्रीनाथजी भगवान कृष्ण के एक रूप हैं, जो सात साल के बच्चे के रूप में प्रकट हुए थे। श्रीनाथ जी की मूर्ति पहले मथुरा के निकट गोकुल में स्थित थी। परंतु जब औरंगजेब ने इसे तोडना चाहा, तो वल्लभ गोस्वामी जी ने इसे राजपूताना ले आए। जिस स्थान पर मूर्ति की पुनः स्थापना हुई, उस स्थान को नाथद्वारा कहा जाने लगा। श्रीनाथजी मंदिर भगवान के श्रृंगार के लिए प्रसिद्ध है, जिसमें मूर्ति को हर दिन एक नई पोशाक पहनाई जाती है। मूर्ति के विभिन्न रूपों के दर्शन के लिए मारवाड़ी भक्त दुनिया भर से यहाँ पहुंचते हैं।

नाथद्वारा शब्द दो शब्दों का समूह है. नाथ+द्वार, जिसमे नाथ का अर्थ भगवान से है। और द्वार का अर्थ चौखट या दरवाजा होता है। इस प्रकार नाथद्वारा का अर्थ "भगवान की चौखट" हुआ। यहाँ भगवान कृष्ण को ठाकुर जी बुलाते हैं। ठाकुर जी शब्द का शाब्दिक अर्थ नेता या मुखिया होता है। चूंकि कृष्ण को ब्रज का मुखिया माना जाता था, इसलिए कृष्ण को ठाकुर

जी बुलाया जाता है। महाप्रभु वल्लभाचार्यजी ने आप श्री का प्रथम श्रृंगार करके जिस दिन सेवा प्रणाली व्यवस्थित की उस दिन आपका एक और नाम 'गोपालजी' रखा। इसी कारण गोवर्धन की तलहटी में स्थित वर्तमान जतीपुरा ग्राम को गोपालपुर कहा जाने लगा था। श्रीनाथजी मंदिर को 'श्रीनाथजी की हवेली' के रूप में भी जाना जाता है। इस मंदिर का निर्माण गोस्वामी दामोदर दास बैरागी ने 1672 में करवाया था।

*

हम लोग 2023 के सितंबर माह की 15 तारीख़ को सुबह नहा धोकर साढ़े आठ बजे श्री नाथद्वारा जी के दर्शन हेतु लाईन में लग गये। दर्शन पट सुबह नौ बजे खुलना थे। क़रीब दो सौ कदम दूर सैंडल उतार कर चलते रहे, पचास कदम चलकर मोबाईल जमा किया, फिर घेरदार रेलिंग में चलकर लोगों के पीछे खड़े हो गये। ठीक नौ बजे सायरन बजा और गेट खोल दिये गये। भीड़ तेज़ी से भागने लगी। जल्दबाज़ी की कोई ज़रूरत नहीं होती फिर भी भीड़ का यही तरीक़ा होता है। हम स्वाभाविक चाल से चलकर दर्शन दीर्घा में बढ़ते रहे। जब उस स्थान पर पहुँचे जहाँ से श्रीनाथ जी के दर्शन होते हैं, वहाँ से लोग आगे खिसकने को तैयार नहीं हो रहे थे। सुरक्षा कर्मियों की सख़्ती के बाद खिसकना शुरू हुए। हमने भी दर्शन किए। उसके बाद गणेश टेकरी गए।

नाथद्वारा की गणेश टेकरी पहाड़ी पर विश्व की सबसे ऊंची महादेव की प्रतिमा अद्भुत है। शिव ध्यान मुद्रा में जैसे यहाँ विराजमान हैं, उस रूप में उनके कहीं और दर्शन मुश्किल ही हैं। मूर्ति के सामने आधुनिक लेजर लाइटें लगाई गई हैं। इस मूर्ति को मिराज ग्रुप ने तैयार कराया है। इसमें ऊपर तक जाने के लिए चार लिफ्ट और एलिवेटर लगाए गए हैं। इनके माध्यम से भगवान शिव के कंधे के नजदीक लगे त्रिशूल के दर्शन कर सकते हैं। इसके साथ ही ऊपर जलाभिषेक की व्यवस्था भी है। मूर्ति के सिर में पानी के दो बड़े टैंक बनाए गए हैं। इनमें एक टैंक का इस्तेमाल भगवान शिव की जटाओं से गंगा जल निकालने के लिए किया जाता है और दूसरे टैंक के पानी को स्थानापन्न व्यवस्था के लिए रखा जाएगा।

मूलरूप से राजस्थान के पिलानी के रहने वाले मूर्तिकार नरेश कुमार ने भगवान शिव की विश्व की सबसे ऊंची मूर्ति मानेसर में तैयार की है। मूर्तिकार का दावा है कि मूर्ति इतनी मजबूत है कि ढाई हजार साल तक इसी तरह खड़ी रहेगी। पहले 251 फीट ऊंची शिव प्रतिमा बनाना तय किया गया था, लेकिन बाद में इसकी ऊंचाई 351 फीट करने का निर्णय लिया गया। इतनी ऊंचाई पर तैयार होने के बाद गंगा की जलधारा लगाने के विचार को प्रारूप देने से इसका आकार 369 फीट तक पहुंच गया। देश की सबसे ऊंची इस प्रतिमा है 30,000 टन धातु (पंचधातु) का प्रयोग किया गया। 90 इंजीनियरों और 900 कारीगरों की मदद से तैयार हुई 20 किलोमीटर दूर से ही नजर आ जाती है। प्रतिमा प्रांगण से प्रतिमा के ठीक सामने 25 फीट ऊंचे और 37 फीट चौड़े नंदी भी हैं। 300 करोड़ रुपये खर्च किए गए भगवान शिव की इस मूर्ति को तैयार करने में 10 साल पहले संत मोरारी बापू ने नींव रखी थी। दो साल कोराना काल में निर्माण रुका रहा 250 किलोमीटर प्रति घंटे की रफ्तार से चलने वाली आंधी और ओलों का भी कोई असर नहीं होगा।

साहित्य मंडल द्वारा आयोजित हिंदी समारोह की शुरुआत सुबह देश भर से पधारे साहित्यकारों के नाश्ता से हुई। उसके बाद बैंड बाजे के साथ नाथद्वारा बस्ती में जुलूस निकाला गया। जुलूस के बाद दोपहर का भोज हुआ। मंचीय प्रस्तुतियों का दौर दो बजे प्रारंभ हुआ। कलाकारों द्वारा दो घंटे कत्थक नृत्य की प्रस्तुति हुई। उसके बाद तीन शिक्षाविदों ने हिंदी की वर्तमान स्थिति पर आलेख प्रस्तुत किए। अंत में देश भर से आमंत्रित साहित्यकारों को सम्मानित किया गया।

साहित्य मंडल के कार्यक्रम में साहित्यकारों के सम्मान का तरीक़ा अत्यंत गरिमामय और मन को प्रसन्न कर देने वाला है। सम्मानित होने वाले साहित्यकारों को मंचस्थ अतिथियों के सामने दायें और बाएँ दो पंक्तियों में बिठा लिया जाता है। फिर संगठन के एक कार्यकर्ता उनका तिलक करते हैं। उसके बाद दूसरा कार्यकर्ता उन्हें शाल उढ़ाता है, फिर एक अन्य कार्यकर्ता उन्हें श्रीफल देता है, अगला उन्हें श्री जी का प्रसाद भेंट करता है, इसके बाद श्री जी की फ्रेम की हुई फोटो प्रदान की जाती है। एक व्यक्ति उनके साहित्यिक अवदान का पाठ करता है। फिर साहित्यकारों को सम्मान पत्र

भेंट किया जाता है। अंत में सम्मानित साहित्यकार से दो शब्द बोलने को कहा जाता है। पूरे सम्मान समारोह में किसी तरह की जल्दबाज़ी देखने को नहीं मिली। इससे सुंदर सम्मान समारोह अब तक कहीं देखने को नहीं मिला।

संस्था के प्रधानमन्त्री श्याम देवपुरा ने अपनी टीम के साथ मिलकर दो दिवसीय वृहद् आयोजन में 54 साहित्यकारों की श्री नाथद्वारा में ठहरने-भोजन की निशुल्क व्यवस्था कर उन्हें गरिमापूर्वक सम्मानित किया। 14 और 15 सितम्बर पूरे दिन साहित्य मंडल के कार्यकर्ता समर्पित भाव से अनथक ऐसी साहित्य सेवा करते रहे मानों उनकी बेटी की शादी हो। 14 तारीख़ की रात को इंतज़ामकर्ता श्याम देवपुरा जी के दाहिने पैर पर स्टील की थालियों का ढेर गिर गया। इन्हें डॉक्टर के पास ले जया गया। डॉक्टर ने स्टिच करने को कहा। लेकिन श्याम जी पट्टी बँधवा कर 15 की सुबह साहित्यकारों को नाश्ता परोसने लगे। पूरा दिन सम्मान कार्यक्रम आयोजित करते रहे। शाम को जैसे बिटिया की बारात बिदा की जाती है, उस तरह दो बस बुला कर सभी को होटलों से निकलवा बस में बिठा उन्हें रात के खाने का पैकेट देकर बिदा किया। धन्य हैं देवपुरा जी।

हम एक घंटा में नाथद्वारा से सात बजे मावली पहुँचे। हमारी ट्रेन दस बजे आने वाली थी। दो नंबर प्लेटफार्म पर बातें करते समय गुज़ारा, नौ बजे साथ लाए पैकेट खोल भोजन किया। इतने में ट्रेन आ गई। उसमें बैठ साढ़े ग्यारह बजे चित्तौड़गढ़ पहुँचे। वातानुकूलित वेटिंग रूम में एक बजे रात तक पहलू बदलते रहे। उसके बाद ट्रेन पहुँचने वाले दो नंबर प्लेटफार्म पर अड्डा जमाया। दो बजे रात को भोपाल जाने वाली ट्रेन में सवार हो गये।

5

आबू के पथरीले पहाड़

एक दिन राजस्थान का नक़्शा देखते हुए मस्तिष्क में विचार आया कि गुजरात की सीमा पर ठेठ दक्षिण राजस्थान के सिरोही ज़िले में स्थित माउंट आबू पौराणिक इतिहास के नज़रिए से एक महत्वपूर्ण पर्यटन स्थल है। सिरोही ज़िला उत्तर में राजस्थान के पाली, पूर्व में उदयपुर, पश्चिम में बाड़मेर और दक्षिण में गुजरात के पालनपुर जिलों से घिरा है।

पौराणिक आख्यान के अनुसार जब परशुराम ने क्षत्रियों का विनाश कर दिया, तब समाज में अव्यवस्था फैलने लगी और लोग कर्तव्य भ्रष्ट होने लग गये। इससे देवता बड़े दुखी हुए और उन्होंने आबू पर्वत पर एक विशाल यज्ञ किया। इस यज्ञ के दौरान अग्निकुण्ड से चार योद्धाओं ने जन्म लिया जिनसे आगे चलकर प्रतिहार, चौलुक्य, चाहमान तथा परमार अग्नि वंशीय क्षत्रिय की उत्पत्ति हुई। अग्निकुण्ड से उत्पन्न इन वीर पुरुषों को देश तथा धर्म की रक्षा की शपथ दिलवाई गई। इन्हीं चारों वीरों से अग्निकुल राजपूत वंशजों की शुरुआत मानी जाती है। मध्य युग के दौरान राजस्थान और अन्य बाहरी स्थानों पर राजपूती रियासतों की स्थापना इन्हीं वंशों की शाखाओं ने की थी। त्रेता युग में अग्निकुल क्षत्रियों के पहले इक्ष्वाकु-रघुकुल में सूर्यवंशी राजा राम हुए थे। उसके बाद द्वापर युग में चंद्रवंशी कुल में श्री कृष्ण सहित कौरव-पांडव हुए थे। पुराणों में क्षत्रियों के अग्निकुल का आविर्भाव माउंट आबू पर मिलता है।

कवि चंद बरदाई द्वारा लिखित पृथ्वीराज रासो के अनुसार भी एक बार ऋषियों ने आबू पर्वत पर यज्ञ करना आरंभ किया तो राक्षसों ने मल-मूत्र तथा हड्डियां आदि अपवित्र वस्तुएं डालकर यज्ञ को भ्रष्ट करने की चेष्टा की। इस पर महर्षि वसिष्ठ ने यज्ञ की रक्षा के लिये मंत्र सिद्धि से चार पुरुषों को उत्पन्न किया जो कालांतर में प्रतिहार, परमार, चौलुक्य और चौहान कहलाये। वीर गाथा काल के कवि नैणसी तथा सूर्यमल्ल मिश्र ने भी कुछ हेर-फेर के साथ इस कथानक को अपने ग्रंथों में लिखा है।

यदि हम भारतीय इतिहास के आलोक में राजपूतों की उत्पत्ति को समझने की चेष्टा करें तो हम पाएंगे कि हूण आक्रांताओं द्वारा गुप्त वंश का विनाश कर दिए जाने से देश का बहुत सा हिस्सा विदेशी यवनों के हाथों में चला गया था। उनका सामना करने हेतु देश में छोटे-छोटे राजकुल उत्पन्न हो गए थे। उसके बाद हर्षवर्द्धन ने इन राजकुलों को नियंत्रित कर उत्तर भारत के विशाल क्षेत्र पर शासन किया थे। 648 ईस्वी में उसकी मृत्यु के साथ ही उसका राज्य नष्ट हो गया। अतः उत्तर भारत में छोटे-छोटे देशी एवं विदेशी यवन राजाओं का उदय हुआ। अधिकांश विदेशी राजा वैष्णव धर्म को नहीं मानते थे। इसलिए ब्राह्मणों एवं आर्य क्षत्रियों को समाज की रक्षा की चिंता हुई और आबू पर्वत में एक सम्मेलन आयोजित करके चार आर्य वीर पुरुषों का चयन करके उन्हें जिम्मेदारी दी गई कि वे भारत से विदेशी अनार्य राजाओं का शासन समाप्त करके आर्य राजकुलों की स्थापना करें तथा आर्य संस्कृति एवं धर्म को नष्ट होने से बचाएं।

डॉक्टर मोहन लाल गुप्ता के अनुसार पुराणों में आए आबू पर्वत के यज्ञ के वर्णन के आधार पर चारण तथा भाट इन चारों राजपूत वंशों अर्थात् चौहान, चौलुक्य, प्रतिहार एवं परमारों को अग्निवंशीय मानते हैं। पृथ्वीराज विजय, हम्मीर रासो, हम्मीर महाकाव्य आदि ग्रंथों में चौहानों को सूर्यवंशीय बताया गया है। चौहानों के एक भी शिलालेख में यह नहीं कहा गया है कि वे अग्निवंशी हैं। प्रत्येक शिलालेख में चौहानों ने स्वयं को सूर्यवंशी लिखा है।

डॉ. गौरीशंकर हीराचंद ओझा ने भी चौहानों को सूर्यवंशीय क्षत्रिय माना है जिन्हें गोत्रोच्चार में चंद्रवंशीय माना जाता है। डॉ. दशरथ शर्मा चौहानों को

ब्राह्मणों से उत्पन्न हुआ मानते हैं। चाहमानों का एक अत्यंत प्राचीन शिलालेख राजा रायपाल के समय का मिला है। इसे सेवाड़ी अभिलेख कहते हैं। इस अभिलेख में चाहमानों को इंद्र का वंशज बताया गया है।

कुछ प्रमाणों के आधार पर चौहानों का सम्बन्ध मोरी वंश से जोड़ा जाता है जो प्राचीन मौर्य राजकुल के वंशज थे तथा चित्तौड़गढ़ के आसपास शासन करते थे। कर्नल टॉड ने इन्हें विदेशी माना है तथा अपने कथन के समर्थन में कहा है कि चाहमानों के रस्म और रिवाज मध्य एशियाई जाति के रस्म और रिवाज जैसे हैं। डॉ. स्मिथ तथा क्रुक ने भी इसी मत को स्वीकार किया है किंतु ओझा इस मत को स्वीकार नहीं करते।

इस तरह राजस्थान के गौरवशाली इतिहास में राजपूतों के योगदान को दृष्टिगत रखते हुए यह सहज इच्छा उत्पन्न हुई कि माउंट आबू और सिरोही घूमने चला जाये। 02 नवंबर 2023 को दिन के बारह बजे हैदराबाद-जयपुर ट्रेन में बैठ भोपाल से चितौड़गढ़ होते हुए माउंट आबू यात्रा के लिए रवाना हुए। ट्रेन उज्जैन, रतलाम, मंदसौर, नीमच और निम्बाहेड़ा होते हुए तय समय से आधा घंटे पूर्व साढ़े दस बजे सिसोदिया वंशी राणाप्रताप के पूर्वजों द्वारा बसाए चित्तौड़गढ़ पहुँच गई।

मित्र कैलाश मेश्राम चित्तौड़गढ़ स्टेशन पर मिले। उनके साथ हेरिटेज होटल "प्रताप" पहुँच एक घंटा गप्प सप्प करके गहरी नींद के आगोश में चले गये। सुबह नींद खुली, खिड़की खोलकर बाहर देखा तो चित्तौड़गढ़ क़िले के ठीक बीच में सातों घोड़ों से जुता सूरज का रथ पहाड़ी के पीछे से निकलता आ रहा था। अपने गौरवशाली ऐतिहासिक दुर्ग के साथ प्राकृतिक सौंदर्य भी चित्तौड़गढ़ की पहचान और विरासत है। शायद यह राजस्थान का इकलौता शहर है जहाँ दो नदियां का संगम होता है। मध्य प्रदेश की तरफ़ से गंभीरी नदी आती है तो उदयपुर जिले से बेड़च नदी आती है। गंभीरी नदी शहर के बीच ही चंदेरिया-भोईखेड़ा में बेड़च नदी में समाहित होती है। 04 नवंबर 2023 को आराम करते हुए राजस्थान और ख़ास तौर से सिसोदिया वंश का इतिहास पलटा, साथ में राजस्थान का भूगोल भी ध्यान पूर्वक समझा। इतिहास और भूगोल मिलकर यात्रा वृतांत को धार प्रदान करते हैं। इनका विशद ज्ञान स्मृति

में रखा जाय तो यात्रा का आनंद कई गुना बढ़ जाता है। चितौड़गढ़ से टैक्सी द्वारा उदयपुर होकर माउंट आबू 270 किलोमीटर दूरी पर है।

हवाई जहाज़ से आने वालों के लिए उदयपुर के नज़दीक डिबोक हवाई अड्डा से माउंट आबू 185 किलोमीटर है। उदयपुर से माउंट आबू पहुँचने के लिए बस या टैक्सी की सेवाएँ ली जा सकती हैं। माउंट आबू जाने के लिए रेल से आने वालों को समीपस्थ रेलवे स्टेशन आबू रोड से माउंट आबू 28 किलोमीटर की दूरी पर है जो अहमदाबाद, दिल्ली, जयपुर और जोधपुर से जुड़ा है। माउंट आबू देश के सभी प्रमुख शहरों से सड़क मार्ग द्वारा भी जुड़ा है। दिल्ली के कश्मीरी गेट बस अड्डे से माउंट आबू के लिए सीधी बस सेवा है। राजस्थान राज्य सड़क परिवहन निगम की बसें दिल्ली के अलावा अनेक शहरों से माउंट आबू के लिए अपनी सेवाएँ उपलब्ध कराती हैं।

04 नवम्बर को दोपहर दो बजे चित्तौड़गढ़ से माउंट आबू के लिए टोयोटा इटियोस सेडान कार से रवानगी डाली। सेडान कार अपने आप में काफ़ी आरामदायक होती है। खूब पसरकर बैठने की जगह होती है। गति तो ऐसी कि हवा से बातें कर रही हो। यदि ड्राइवर कुशल चालक हो तो फिर कहने ही क्या और उस पर सड़क सिक्स लेन हो तो मन को हवाई जहाज़ होते देर नहीं लगती। इत्तफ़ाक़ से ड्राइवर कमल एक कुशल चालक है। वाहन की गति पर पूरा नियंत्रण रखता है।

हम चित्तौड़गढ़ से चले तो सामने एक बोर्ड पर दूरियों का भूगोल लिखा था, उदयपुर 120, अहमदाबाद 350, मुंबई 830 दूर हैं। उदयपुर से एक रास्ता अहमदाबाद निकल जाता है। दूसरा रास्ता भीलवाड़ा, अजमेर होता हुआ जयपुर जाता है। उसी रास्ते से एक रास्ता दायाँ कटकर माउंट आबू को जाता है।

साँवलिया सेठ

चित्तौड़गढ़ से 40 किलोमीटर चलने पर बाईं तरफ़ मुड़कर 25 किलोमीटर चलकर इस इलाक़े में प्रसिद्ध मंडफिया स्थित तीर्थ साँवलिया सेठ आया। साँवलिया सेठ राजस्थान, गुजरात और मालवा का प्रसिद्ध तीर्थस्थल है। हमने

स्टेट बैंक की मंडफिया शाखा के दरवाज़े पर टैक्सी रोकी। शाखा प्रबंधक भले मानुष थे। वे चायपान रूपी आरंभिक आवभगत के पश्चात हमें साथ लेकर मंदिर दर्शन कराने को चल दिये। उन्होंने इस स्थान की महत्ता बताई कि चित्तौड़गढ़ जिले के इस मंडफिया ग्राम स्थित श्री सांवलिया सेठ का मंदिर करीब 450 साल पुराना है। मेवाड़ राजपरिवार द्वारा इस मंदिर का निर्माण करवाया गया था। यह चित्तौडग़ढ़ रेलवे स्टेशन से 41 किमी एवं डबोक एयरपोर्ट-उदयपुर से 65 किमी की दूरी पर स्थित है।

जूते उतार कर मंदिर प्रांगण में प्रवेश किया। अधिक भीड़ नहीं होने के कारण बहुत आसानी से दर्शन हो गये। मंदिर के पुजारियों से इस मंदिर के बारे में जो जानकारी मिली, उसके अनुसार सांवरिया सेठ धाम वर्ष 1840 जब गहरवार जाट को अपने खेतों की जुताई करते समय भगवान कृष्ण की तीन मूर्ति मिली थी, से अस्तित्व में है। सबसे छोटी मूर्ति भोलाराम गुर्जर द्वारा मंडफिया ग्राम ले जाई गई जिसे उन्होंने अपने घर के बरामदे में स्थापित करके पूजा आरंभ कर दी। दूसरी मूर्ति चित्तौड़गढ़-उदयपुर मार्ग पर चालीसवें किलोमीटर पर मंदिर बनाकर स्थापित कर दी गई। तीसरी मूर्ति निकालते समय खण्डित हो गई जिसे वापस उसी जगह पधरा दिया गया। कालांतर में सभी जगह भव्य मंदिर बन गए। तीनों मंदिरों की ख्याति भी दूर-दूर तक फैली।

ऐसी मान्यता है कि भगवान श्री सावलिया सेठ का सम्बन्ध मीरा बाई से है। किवदंतियों के अनुसार सांवलिया सेठ मीरा बाई के वही गिरधर गोपाल है, जिनकी वह पूजा किया करती थी। तत्कालीन समय में संत-महात्माओं की जमात में मीरा बाई इस मूर्ति के साथ भ्रमणशील रहती थी। बाद में, दयाराम नामक संत की एक जमात थी जिनके पास ये मूर्तियां थी। बताया जाता है की जब औरंगजेब की सेना मंदिरों में तोड़-फोड़ कर रही थी तब मेवाड़ पहुंचने पर मुग़ल सैनिकों को इन मूर्तियों के बारे में पता लगा। मुग़लों के हाथ लगने से पहले ही संत दयाराम ने प्रभु-प्रेरणा से इन मूर्तियों को बागुंड-भादसौड़ा की छापर में एक वट-वृक्ष के नीचे गड्ढा खोदकर छुपा दिया। किवदंतियों के अनुसार कालान्तर में सन 1840 मे मंडफिया ग्राम निवासी भोलाराम गुर्जर

नामक ग्वाले को सपना आया कि भादसोड़ा-बागूंड गांव की सीमा के छापर में भगवान की तीन मूर्तिया जमीन मे दबी हुई हैं। उस जगह पर खुदाई की गयी तो सपना सही निकला और वहाँ से एक जैसी तीन मूर्तिया प्रकट हुईं। सभी मूर्तियां बहुत ही मनोहारी थीं। देखते ही देखते ये खबर सब तरफ फैल गयी और आस-पास के लोग प्राकट्य स्थल पर एकत्रित होने लगे।

राजस्थान के सांवलिया सेठ मंदिर का नाम भारत देश के धनाढ्य मंदिरों की सूची में शामिल है। तिरुवनंतपुरम के पद्मनाभ स्वामी मंदिर, तिरुमला के तिरुपति बालाजी मंदिर, शिरडी के साई बाबा मंदिर की तरह यहाँ भी लाखों भक्त आते हैं और करोड़ों रुपए का चढ़ावा चढ़ाते हैं। राजस्थान में सबसे ज़्यादा चढ़ावा इसी मंदिर में आता है। भगवान सांवरिया सेठ का भंडार प्रतिमाह की शुक्ल चतुर्दशी तिथि पर खोला जाता है। बैंक वालों ने बताया कि औसत आंकड़े के अनुसार हर महीने करीब 10 करोड़ रुपए की धनराशि निकलती है।

सांवलिया सेठ मंदिर की महिमा इतनी फैली कि उनके भक्त वेतन से लेकर व्यापार तक में उन्हें अपना हिस्सेदार बनाने लगे। मान्यता है कि जो भक्त खजाने में जितना देते हैं सांवलिया सेठ उससे कई गुना ज़्यादा भक्तों को वापस लौटाते हैं। व्यापार जगत में उनकी ख्याति इतनी है कि लोग अपने व्यापार को बढ़ाने के लिए उन्हें अपना बिजनेस पार्टनर बनाते हैं।

श्री सांवलिया जी मंदिर का भंडारा या दानपात्र माह में एक बार खोला जाता है। यह चतुर्दशी को खुलता है और इसके बाद अमावस्या का मेला शुरू होता है। होली पर यह डेढ़ माह में और दीपावली पर दो माह में खोला जाता है। सांवलिया सेठ मंदिर में कई एनआरआई भक्त भी आते हैं। ये विदेशों में अर्जित आय में से सांवलिया सेठ का हिस्सा चढ़ाते हैं। इसलिए भंडारे से डॉलर, अमरीकी डॉलर, पाउंड, दिनार, रियॉल आदि के साथ कई देशों की मुद्रा निकलती है।

गुजरात के विश्वप्रसिद्ध अक्षरधाम मंदिर की तर्ज पर पिछले कई बरसों से श्री सांवलिया सेठ मंदिर का नव-निर्माण जारी है। इसमें मुख्य मंदिर के दोनों ओर बरामदों में दीवारों पर बेहद आकर्षक पच्चीकारी की गई है।

अक्षरधाम की तरह यहाँ भी मंदिर के बीच खाली मैदान में संगीतमय फव्वारा लगाया जा रहा है। यहाँ उत्तर-पश्चिमी भारत के राज्य जैसे मध्य प्रदेश, गुजरात, महाराष्ट्र, दिल्ली और उत्तर प्रदेश से लाखों की संख्या में श्रद्धालु आते हैं। 1961 से ही इस प्रसिद्ध स्थान पर देवझूलनी एकादशी पर विशाल मेले का आयोजन हो रहा है।

सांवलियाजी मंदिर परिसर एक भव्य सुंदर संरचना है जो गुलाबी बलुआ पत्थर में निर्मित है। मंदिर के गर्भगृह में सेठ सांवलिया जी की काले पत्थर की बनी भगवान कृष्ण मूर्ति स्थापित है। सांवलिया सेठ मंदिर की वास्तुकला प्राचीन हिंदू नागरी मंदिरों से प्रेरित है। मंदिर की दीवारों और खम्भों पर सुंदर नक्काशी की गयी है जबकि, फर्श गुलाबी, शुद्ध सफेद और पीले बेदाग़ संगमरमरी रंगों से बना है।

साँवलिया सेठ के दर्शन करके राजस्थान के दक्षिण-पश्चिम में स्थित माउंट आबू की तरफ़ यात्रा आरंभ हुई। वहाँ से उदयपुर 102 किलोमीटर प्रदर्शित हो रहा था। रास्ते में रुककर चाय पीने की इच्छा ज़ाहिर की तो ड्राइवर ने मंगलवाड टोल प्लाजा के नज़दीक सड़क किनारे एक चाय की दुकान पर गाड़ी रोकी। सड़क किनारे अच्छी चाय पीने का एक तरीक़ा है कि बिना शक्कर की ताजी चाय बनवाई जाय तो मानमाफ़िक चाय मिल जाती है। आप चाहें तो बाद में अपने हिसाब से उसमें थोड़ी शक्कर मिला सकते हैं। बनी बनाई रखी चाय के साथ दिक़्क़त यह होती है कि सुबह पहले घान की चाय में बाद की बनी चाय मिलती जाती है और उसे कई बार गरम करने से उसका स्वाद अजीब सा हों जाता है।

मंगलवाड टोल प्लाजा से उदयपुर शहर की दूरी चालीस किलोमीटर थी। वहीं से उदयपुर में विस्तारित अरावली पर्वत श्रंखला के पहाड़ दिखने लगे। उदयपुर का हवाई अड्डा शहर से 20 किलोमीटर पहले इसी मार्ग पर डबोक नामक स्थान पर है। उदयपुर में ऊँचे पहाड़ों और उसके बाद तक़रीबन 100 किलोमीटर तक विस्तारित बियाबान पहाड़ियों के कारण डबोक के समतल धरातल पर हवाई अड्डा बनाना उपयुक्त समझा गया। उदयपुर शहर में घुसने के पहले बाईं तरफ़ हिंदुस्तान जिंक लिमिटेड फैक्ट्री की ऊँची मीनारें

धुआँ उगलती दिखी। उसी से लगा औद्योगिक क्षेत्र और फिर औद्योगिक श्रमिकों की गंदी बस्तियाँ, उनसे निकलते गंदे नालों की बजबजाती गंदी बस्तियों के बीच दस मंज़िला फ्लैट की उठती बिल्डिंग देखते आगे बढ़े तो आगे जयपुर, अजमेर, भीलवाड़ा से अहमदाबाद को जाती सड़क पर दाहिने मुड़ गये। उससे थोड़ा आगे एक सड़क दाहिनी तरफ़ कटकर नाथद्वारा और उससे आगे हल्दीघाटी जाती है।

वही सड़क उसके आगे दूसरी सड़क गोगुन्दा पहुँचती है। यह गोगुन्दा वही जगह है, जहाँ राणा उदयसिंह के पुत्र राजकुमार प्रताप को मेवाड़ का ताज पहनाया गया था। गोगुन्दा कस्बा उदयपुर से पिंडवाड़ा हाईवे पर 35 किलोमीटर दूरी पर है। गोगुन्दा पहले एक झाला राजपूत रियासत थी। यह अरावली की पहाड़ियों में स्थित है। यहीं पर सन 1572 में महाराणा प्रताप का राज्याभिषेक हुआ था। चित्तौड़गढ़ और उदयपुर हाथ से निकल जाने के बाद वे यहाँ से मेवाड़ का राज्य संभालते थे। इसे ही महाराणा प्रताप ने अपनी राजधानी बनाया था। यह स्थान हल्दीघाटी के नजदीक पड़ता है।

अरावली घाटियाँ दिल्ली की रायसीना हिल्स से आरम्भ होकर माउंट आबू तक विस्तारित पर्वत की टूटी-फूटी श्रंखला हैं। इन्हीं पर्वतों के गर्भ से कोटा स्टोन से लेकर विभिन्न रंग के संगमरमरी पत्थर निकलते हैं। इसी जगह से पिंडवाड़ा तक 100 किलोमीटर की सघन घाटियाँ शुरू होती हैं। यही वह इलाक़ा है जहाँ राणा प्रताप उस समय के शक्तिशाली बादशाह अकबर की सेनाओं से सुरक्षित रहकर इन घाटिओं से गुरिल्ला छापामार युद्ध थोड़े समय तक नहीं, अपितु 15 सालों तक करते रहे, जबकि उनका भाई शक्तिसिंह मुग़लों से जा मिला था। इन सघन घाटियों में किसी को ढूँढना नामुमकिन है, क्योंकि ये घाटी प्रत्येक दो-तीन किलोमीटर पर चारों दिशाओं में नई घाटियों में गुम हो जाती हैं। राणा प्रताप के सहयोगी भीलों के राजा और सरदार इनके चप्पे-चप्पे से वाक़िफ़ थे। उदयपुर से एक सौ किलोमीटर तक ना खेत, ना खलिहान, बस भीलों की दो-चार झोपड़ियों के दर्शन होते हैं, जो वनोपज और मवेशियों ख़ासतौर से भेड़ों और बकरियों पर निर्भर रहते हैं। पिंडवाड़ा तक बियाबान पहाड़ियों से गुज़र रहे थे। तभी ड्राइवर ने बताया कि अब तो हाईवे बन जाने से गाड़ियाँ तेज़ी से निकल जाती हैं। पहले सिंगल सड़क पर भीलों

के लुटेरे यात्रियों को लूट लेते थे। लूटने के अलावा भील यात्रियों की तरीक़े से पिटाई मरम्मत भी करते थे। उनका मानना था कि वे फोकट का कुछ भी नहीं खाते इसलिए मारपीट की मेहनत से कमाई करते हैं।

पिंडवाड़ा के बाद उड़वारिया तक चालीस-पचास किलोमीटर का मैदानी भाग आता है। वहाँ खेत दिखने लगते हैं। खेतों में अरंडी और सौंफ की फसल लगी है। यहीं से सिरोही ज़िला लगता है। तक़रीबन पचास किलोमीटर चलकर ऊँचे पहाड़ों की तलहटी में आबू रोड बसा है। शुरू में एक पुल से गुज़रते समय पता चला कि हम बनास नदी के ऊपर से गुजर रहे हैं। यह नदी माउंट आबू पर्वत से निकल कर कई नालों नदियों को समेटते हुए पूर्वी राजस्थान स्थित कोटा में चंबल से मिल जाती है। यहाँ अहमदाबाद से जयपुर रेल ट्रैक का एक स्टेशन आबू-रोड है। तब तक शाम के छै बजने लगे थे। हल्की भूख भी लगने लगी थी। सड़क किनारे एक होटल पर रुककर हल्दीराम की पैकेट बंद मूँग दाल के साथ चाय सेवन की, हालाँकि समोसा-कचौड़ियों और चाट की अनेकों दुकानें थीं। यात्रा के दौरान तबियत ठीक रखने के लिए समोसा-कचौड़ियों से परहेज़ कारगर होता है। इसलिए अंगड़ाई लेती जिह्वा को समझा बुझा कर संयत कर लिया।

अब हम राजस्थान और गुजरात की सीमा पर अरावली पर्वत के पश्चिमी छोर पर सिरोही ज़िले में स्थित माउंट आबू की तलहटी में पहुँच चुके थे। बनास नदी का एक हिस्सा माउंट आबू पर्वत की श्रेणियों से रिसते जल से काफ़ी रूप में प्रवाहित होता है। नदी के प्रवाह को रोक कर अस्तित्व में आई, माउण्ट आबू के मध्य में स्थित 'नक्की लेक' मानव निर्मित झील कही जाती है। जिसे 'होप ऑफ फॉरेस्ट' अर्थात् वन की आशा के रूप में जाना जाता है। जो बनास नदी में जाकर मिलती है। बनास नदी का दूसरा हिस्सा अरावली रेंज के खमनोर पहाड़ियों से निकलता है, और सवाई माधोपुर जिले में चंबल से मिलता है।

माउण्ट आबू समुद्र तल से 4000 फुट की ऊँचाई पर स्थित राजस्थान का एकमात्र पहाड़ी पर्यटन स्थल है। अरावली श्रेणियों के अत्यंत दक्षिण-पश्चिम छोर पर ग्रेनाइट शिलाओं के रूप में स्थित आबू पर्वत पश्चिमी बनास

नदी की लगभग 10 किमी संकरी घाटी द्वारा अन्य श्रेणियों से पृथक् हो जाता है। यह अपनी प्राकृतिक सुंदरता, आरामदायक जलवायु, हरी भरी पहाड़ियों, झीलों, सुंदर जैन मंदिरों और अनेक धार्मिक स्थानों के लिए प्रसिद्द है।

इस शहर का प्राचीन नाम अर्बुदांचल था। एक किंवदंती के अनुसार आबू नाम 'आरबुआदा' के नाम पर पड़ा था। आरबुआदा एक शक्तिशाली सर्प था, जिसने एक गहरी खाई में भगवान शिव के पवित्र वाहन नंदी बैल की जान बचाई थी। इस स्थान पर साक्षात भगवान शिव ने भील दंपत्ति आहुक और आहूजा को दर्शन दिए थे। माउंट आबू प्राचीनकाल से ही साधु संतों का तपस्या स्थली रहा है। पौराणिक कथाओं के अनुसार हिन्दू देवी देवता इस पवित्र पर्वत पर भ्रमण करते हैं। महर्षि वशिष्ठ ने असुरों के विनाश के लिए यहाँ यज्ञ का आयोजन किया था। जैन धर्म के चौबीसवें र्तीथकर भगवान महावीर भी यहाँ आए थे। इसलिए माउंट आबू जैन अनुयायियों के लिए एक पवित्र माना जाता है।

सिरोही जिले में स्थित अरावली की पहाड़ियों की सबसे ऊँची चोटी पर बसे माउंट आबू की भौगोलिक स्थिति और वातावरण राजस्थान के अन्य शहरों से भिन्न व मनोरम है। यह स्थान राज्य के अन्य हिस्सों की तरह गर्म नहीं है। अरावली पर्वत का सर्वोच्च शिखर, जैनियों का प्रमुख तीर्थस्थान तथा राज्य का ग्रीष्मकालीन शैलावास है। पर्वत के ऊपर तथा पार्श्व में अवस्थित ऐतिहासिक स्मारकों, धार्मिक तीर्थमंदिरों एवं कलाभवनों में शिल्प-चित्र-स्थापत्य कलाओं की स्थायी निधियाँ हैं। यहाँ की गुफा में एक पदचिह्न अंकित है जिसे लोग भृगु का पदचिह्न मानते हैं। पर्वत के मध्य में संगमरमर के दो विशाल जैनमंदिर हैं।

1190 में आबू पर्वत का शासन भील राजा जेतसी के हाथो में था। बाद में आबू भीम देव द्वितीय के शासन में रहा। फिर माउंट आबू चौहान राज्य का हिस्सा बना। बाद में सिरोही के महाराजा ने माउंट आबू को अंग्रेजों को पट्टे पर दे दिया। ब्रिटिश शासन के दौरान माउंट आबू मैदानी इलाकों की गर्मियों से बचने के लिए गुजरात और राजपूत रियासतों में पदस्थ अंग्रेज एजेंट्स का पसंदीदा स्थान था।

प्राकृतिक सुषमा और विभोर करनेवाली वनस्थली का पर्वतीय स्थल 'आबू पर्वत' ग्रीष्मकालीन पर्वतीय आवास स्थल और पश्चिमी भारत का प्रमुख पर्यटन केंद्र है। हर समय सैलानियों की हलचल चाहे शरद हो या ग्रीष्म देलवाड़ा मंदिर यहाँ का प्रमुख आकर्षण है। माउंट आबू से 15 किलोमीटर दूर गुरु शिखर पर स्थित इस मंदिर का निर्माण ग्यारहवीं और तेरहवीं शताब्दी के बीच हुआ था। यह शानदार मंदिर जैन तीर्थंकरों को समर्पित हैं। देलवाड़ा के मंदिर और मूर्तियाँ भारतीय स्थापत्य कला का उत्कृष्ट उदाहरण हैं। देलवाड़ा के मंदिरों से 8 किलोमीटर उत्तर पूर्व में अचलगढ़ किला व मंदिर तथा 15 किलोमीटर पर अरावली पर्वत शृंखला की सबसे ऊँची चोटी गुरु शिखर स्थित हैं। इसके अतिरिक्त माउंट आबू में नक्की झील, गोमुख मंदिर, माउंट आबू वन्यजीव अभयारण्य आदि भी दर्शनीय हैं।

हमारा वाहन शाम को पाँच बजे के लगभग आबू रोड़ पहुँच गया। आबू रोड़ स्टेशन गुजरात-राजस्थान को जोड़ने वाली पश्चिम रेल्वे की रेल लाईन पर स्थित है। जयपुर और उदयपुर से रेल द्वारा आबू रोड़ पहुँचा जा सकता है। जहाँ से आबू पर्वत की 25 किलोमीटर चढ़ाई शुरू होती है। हमने एक चाय की दुकान पर रुककर आबू रोड़ का जायज़ा लेना ठीक समझा। हमने चाय पीना शुरू ही किया था तभी माउंट आबू तरफ़ से आने वाली सड़क पर जीप और कारों पर एक बड़ा जुलूस आता दिखा। उनके झंडों पर भाआपा लिखा था। यह समझते देर नहीं लगी कि राजस्थान में विधान सभा चुनाव का माहौल गरमाया हुआ है, जहाँ कांग्रेस और भाजपा के बीच सीधी टक्कर है। लेकिन यह भाआपा कौन सी नई पार्टी है। जुलूस में एक झंडे पर "भारतीय आदिवासी पार्टी" लिखा दिखा। तब यह गुत्थी सुलझी। किसी समय संपूर्ण राजस्थान में भीलों का आधिपत्य था। वे राजपूतों के उदय के बाद से पश्चिमी पहाड़ियों में सिमटते चले गये। इन्हें भी राजनीतिक भविष्य की तलाश है। भीलों के उदीयमान युवकों ने दोनों पार्टियों से अलग एक नई पार्टी गठित की है। ताकि उनके इलाक़े में कुछ विधायक चुनकर आ जाएँ तो सरकार बनाने वाली पार्टी से मिलकर वे सत्ता में भागीदारी का दावा कर सकें।

आबू पर्वत से जुलूस की शक्ल में लगातार भीड़ उतरते देख हमने भी अपना वाहन रोक रखा। भीड़ पूरी तरह से गुजरने के बाद हमने क़रीब साढ़े

छै बजे आबू पर्वत की चढ़ाई शुरू की। समुद्र तल से 4000 फुट ऊँचाई की चढ़ाई एकदम आरंभ होती है। चार-पाँच किलोमीटर चढ़ने के बाद पहाड़ों और घाटियों के मनभावन दृश्य दिखना शुरू हो जाते हैं। जो माउंट आबू के पठार तक साथ चलते हैं।

माउंट आबू राजस्थान का एक मात्र हिल स्टेशन होने की वजह से यहाँ पर पर्यटकों की काफी भीड़ है। दक्षिणी गुजरात में कोई पहाड़ी क्षेत्र न होने से, यह गुजरातियों का भी पसंद का हिल स्टेशन है। एक लोकप्रिय जैन तीर्थ स्थल होने की वजह से यहाँ बड़ी संख्या में शुद्ध-शाकाहारी रेस्तरां उपलब्ध हैं। यहाँ के स्थानीय राजस्थानी भोजन के अलावा पंजाबी और चीनी व्यंजन परोसने वाले कई रेस्तरां हैं, जिसमे से ज़्यादातर शहर के बीच स्थित हैं।

हम गूगल पर स्टेट बैंक के गेस्ट हाऊस का पता डाल कर खोजते हुए एक पहाड़ी पर पहुँचे। गूगल मैप उसी जगह को हमारा गंतव्य बता कर शांत हो गया। लेकिन गेस्ट हाऊस कहीं नज़र नहीं आ रहा था। बहुत ढूँढने पर एक पुराने ताले पड़े गेट के पीछे स्टेट बैंक का धुँधला मोनो दिखाई पड़ा। केयर टेकर को फ़ोन घुमाया तो उसने कहा कि यह गेट बंद रहता है, आप लोग तिब्बत बाज़ार के सामने वाले गेट से अंदर आ सकते हैं। इस तरह हम रात आठ बजे ठिकाने पर लगे। नहा धोकर थोड़ा आराम किया। फिर खाना खाकर स्थानीय बाज़ार घूमने निकले। सड़क पर पर्यटक अरबी घोड़ों पर सवारी करते दिखते और कभी-कभी घोड़े मालिक तेज़ी से घोड़े दौड़ाते निकल जाते थे। घोड़ों की टापों से ओ पी नैयर के फ़िल्मों की गीत याद आने लगे।

हमने 05 नवंबर को अचलगढ़, देलवाड़ा और गुरु शिखर घूमने का कार्यक्रम बनाया। हमारा टैक्सी ड्राइवर कई बार माउंट आबू आ चुका था। उसे सभी रास्ते पता थे। हम अचलगढ़ के लिए निकले। रास्ते में कई दुकानें और स्टाल गर्म चाय और भोजन परोसते दिखीं। पूरे रास्ते स्नैक्स, चिप्स और पानी की बोतल जैसे पैकेज फूड भी आसानी से मिल रहे थे।

हम ओरियो नामक ग्राम पहुँचे। वहाँ प्रजापिता ब्रह्मकुमारी का शांति वन नामक स्थान आया। अंदर प्रवेश करते ही हमें एक उपदेशक अगुआई कर बड़े से खुले बरामदे में ले गया। वहाँ और भी पर्यटक आ गये। तब उसने

प्रवचन आरंभ किया। उसके पीछे की दीवार पर सतयुग, त्रेता, द्वापर और कलियुग के समय की गणना के रंगीन दृश्य प्रदर्शित थे। आत्मा-परमात्मा की कुछ बातें बताकर उसने पूछा- आप लोगों के शरीर में आत्मा कहाँ स्थित होती है। समूह ने कोई जवाब नहीं दिया। तब उसने ख़ुद की भृकुटी पर उँगली रखकर बताया कि आत्मा यहाँ स्थित होती है। उसने हम लोगों से भी पुष्टि चाही तो हमने कहा- वेदान्त दर्शन अनुसार "सर्व खल्विदं ब्रह्म" अर्थात् आत्मा तो प्रत्येक अणु अर्थात् कण-कण में रहती है।

उसने हमारी बात पर कोई ध्यान दिए बग़ैर, ख़ुद का रटा रटाया प्रवचन जारी रखा। थोड़ी देर में हमारे सहित अन्य मौजूद पर्यटक भी वहाँ से खिसक लिए। हमें जाते हुए दूर से दिख रहा था, उपदेशक ने इस बात का ध्यान दिए बग़ैर कि कितने लोग उसे सुन समझ रहे हैं, तय प्रवचन पूरा करके ही दम लिया।

यह पार्क अरावली पहाड़ियों की दो चोटियों - गुरु शिखर और अचल गढ़ - के बीच स्थित है। ब्रह्माकुमारीज़ शांति वन सुंदर और शांत दोनों है; एक प्राकृतिक वातावरण जहाँ मौन और माधुर्य साथ-साथ है। हमें लगा प्रवचन कर्ताओं की फ़िज़ूल बातों से बचकर इस पार्क का आनंद अधिक उपयुक्त है। वही हमने किया। यह ब्रह्माकुमारीज मुख्यालय से लगभग आठ किलोमीटर दूर प्राकृतिक सुंदरता का एक नखलिस्तान है। इस जगह के आकर्षण का एक हिस्सा यह है कि इसकी देखभाल समर्पित ब्रह्मा कुमार और कुमारियों द्वारा की जाती है।

पार्क के मैदान में आगे बढ़ने पर, हमारा स्वागत एक रॉक गार्डन द्वारा किया गया। जो विभिन्न प्रकार के रंगीन पौधों से भरा है। भूदृश्य में एक बाग और एक फलदार कोने के साथ-साथ पुष्प क़तार शामिल हैं जिनमें सजावटी झाड़ियाँ, कोलियस, जेरेनियम, हिबिस्कस, पर्वतारोही लताएं और एक उत्कृष्ट गुलाब उद्यान हैं। पार्क के चारों ओर भ्रमण के अलावा, आगंतुक एक लघु वीडियो फिल्म देख सकते हैं, जो मानव आत्मा की सहज सुंदरता और राजयोग ध्यान से संबंधित दिलचस्प अवधारणाओं पर प्रकाश डालती है। यदि कोई ध्यान का अनुभव प्राप्त करना चाहता है, तो ऐसा करने के लिए

यहाँ उपयुक्त स्थानों का विकल्प मौजूद है: एक घास की झोपड़ी, एक पत्थर की गुफा, एक बांस की ध्यान झोपड़ी और पार्क के शांतिपूर्ण वातावरण में कई शांत स्थान। खेल के मैदान, पिकनिक क्षेत्र, झूले और पैदल रास्ते मनोरंजन के लिए भी पर्याप्त स्थान प्रदान करते हैं। वहाँ से हम लोग अचलगढ़ पर्वत पर पहुँचे।

अचलगढ़

अचलगढ़ किला 8 किलोमीटर उत्तर पूर्व में स्थित हैं। हमने मिले पर चढ़ने हेतु चार सौ रुपये में जीप तय की। बहुत ही सकरा रास्ता था। एक ही जीप ऊपर चढ़ सकती थी। वह जब वापस आती तब दूसरी चढ़ती। जीप हमको ऊपर छोड़ कर नीचे चली गई। ड्राइवर ने मोबाईल नंबर देकर कहा कि फ़ोन करने पर वह लेने आ जाएगा। अचलगढ़ किला मेवाड़ के राजा राणा कुम्भा ने एक पहाड़ी के ऊपर बनवाया था। पहाड़ी की तलहटी में 15वीं शताब्दी में बना भगवान शिव का अचलेश्वर मंदिर है। कहा जाता है कि यहाँ भगवान शिव के पैरों के निशान हैं। समीप ही 16वीं शताब्दी में बने काशीनाथ जैन मंदिर भी हैं।

यह किला मूल रूप से परमार वंश के शासकों द्वारा बनाया गया था और बाद में 1452 ईस्वी में महाराणा कुंभा द्वारा इसका पुनर्निर्माण, नवीनीकरण कर इसका नाम अचलगढ़ रखा गया, जो उनके शासनकाल के दौरान बनाए गए 32 किलों में से एक था। किला अब जर्जर हालत में है। किले के पहले द्वार को हनुमानपोल के नाम से जाना जाता है। इसमें ग्रे ग्रेनाइट के बड़े ब्लॉकों से निर्मित दो टावर हैं। कुछ चढ़ाई के बाद किले का दूसरा द्वार चंपापोल है। क़िले से चारों तरफ़ वीरान पथरीली पहाड़ियाँ दिखती हैं। एक भी समतल खेत या मैदान नहीं हैं।

अचलेश्वर महादेव मंदिर किले के ठीक बाहर है; वहाँ शिव के पैर के अंगूठे की पूजा की जाती है और वहाँ पीतल का नंदी स्थित है। मंदिर के पास एक तालाब के चारों ओर तीन पत्थर की भैंसें खड़ी हैं। किले में एक जैन मंदिर हैं। जिसका निर्माण 1513 में हुआ था। मंदिर में मौजूद लोगों ने बताया कि

स्वामी महावीर ने इस जगह पर अचल होकर तपस्या की थी इसलिए इस पर्वत का नाम अचलगढ़ पड़ा। मंदिर में दर्शन करके बाहर निकले। वहाँ एक ग्रामीण एकतारा पर फ़िल्मी धुन निकाल रहा था। उससे मीरा के भजन की धुन निकालने को कहा तो वह बोला- नहीं आती। हमने "पायो जी मैंने राम रतन धन पायो" गुनगुना कर बताया तो उसने भी धुन निकाल कर सुनाई। कुछ देर उससे बातें करके हमने जीप के ड्राइवर को फ़ोन लगाया तो वह हमको लेने आ गया। नीचे उतर कर गुरु शिखर पर चढ़ने चल दिए।

गुरु शिखर

गुरु शिखर, माउंट आबू में पर्यटकों द्वारा घूमे जाने वाले सबसे ख़ास पर्यटन स्थलों में से एक है। बता दें कि अगर आप बस्ती के तेज और व्यस्त जीवन की चिल्लपों से बचना चाहते हैं तो आपके लिए गुरु शिखर से अच्छा स्थान शायद ही कोई होगा। माउंट आबू से लगभग 15 किलोमीटर की दूरी पर स्थित गुरु शिखर आबू में अरावली रेंज की सबसे ऊँची चोटी है।

पहले हमारा मन शिखर पर जाने का नहीं हो रहा था। जीप ड्राइवर 1600/- किराया बता रहा था। जब वह 1200/- में तैयार हुआ, तो मन फिर गया। गुरु शिखर की यात्रा करने के लिए हमको 15 किलोमीटर की फोर व्हील जीप ड्राइव के बाद, चोटी पर जाने के लिए कुछ सीढ़ियां चढ़नी पड़ीं। गुरु शिखर की समुद्र तल से 1722 मीटर उंचाई है, जिसकी वजह से यहाँ से अरावली रेंज और माउंट आबू के हिल स्टेशन का मनमोहक दृश्य नज़र आता है। इस शिखर पर माउंट आबू वेधशाला और गुरु दत्तात्रेय का गुफा मंदिर स्थित है, जिसमे भगवान विष्णु की पूजा होती है। माउंटअबू वेधशाला में 1.2 मीटर इंफ्रारेड टेलीस्कोप है। यह वेधशाला अनुकूल मेघ परिस्थितियों की वजह से यहाँ स्थित है। इस वेधशाला को विशेष रूप से आकाशीय पिंडों के ग्राउंड-आधारित अवलोकनों का अध्ययन करने के लिए बनाया गया है। यह वेधशाला इसरो की सबसे महत्वपूर्ण संरचना में से एक है।

इसका नाम गुरु दत्तात्रेय के नाम पर रखा गया था जिसके बारे में ऐसा कहा जाता है वो एक साधू के रूप में इस चोटी पर निवास करते थे। वे

भगवान ब्रह्मा, विष्णु और शिव के संयुक्त अवतार के रूप में जाने जाते हैं। इस शिखर के ऊपर गुफा को मंदिर के रूप में बदल दिया गया है। गुरु का नाम दत्तात्रेय दो शब्दों से मिलकर बना हुआ है, आत्रेय और दत्ता। आत्रेय का अर्थ है अत्रि का पुत्र, अत्रि हिंदू पौराणिक कथाओं के एक ऋषि और सती अनुसूया के पति हैं। यहाँ पर एक मंदिर भी स्थित है जो दत्तात्रेय की माता अनसूया को समर्पित है। यह जगह दत्तात्रेय और स्वामी रामनाथ चरणों का घर है। किसी भी पर्यटन कार्यक्रम को तय करते समय यह कोशिश रहती है कि दूर के स्थानों का भ्रमण पहले कर लिया जाए तो नज़दीक स्थलों को घूमने हेतु अधिक समय मिलता है और रब तक भीड़ भी कम हो जाती है। दूसरा फ़ायदा यह होता है कि दोपहर तक बस्ती में पहुँच कर लंच निपटा स्थानीय स्थलों को सुकून से देखा जा सकता है। अब वापसी यात्रा में देलवाड़ा जैन मंदिर समूह का रुख़ किया।

देलवाड़ा जैन मंदिर

देलवाड़ा मंदिर या देलवाड़ा मंदिर, पाँच मंदिरों का एक समूह है। जैन धर्म के तींथकरों को समर्पित इन मंदिरों का निर्माण ग्यारहवीं और तेरहवीं शताब्दी के बीच हुआ था। मंदिरों के लगभग 48 स्तम्भों में नृत्यांगनाओं की आकृतियां बनी हुई हैं। देलवाड़ा के मंदिर और मूर्तियां निर्माण कला का उत्तम उदाहरण हैं। 'विमलशाही मंदिर' प्रथम तींथकर को समर्पित सर्वाधिक प्राचीन है जो 1031 ई. में बना था। यह मंदिर 1231 ई. में वास्तुपाल और तेजपाल नामक दो भाईयों द्वारा बनवाया गया था। सफेद संगमरमर से पूर्ण रूप से तराशा गया यह मंदिर गुजरात के चौलुक्य राजा भीम प्रथम के मंत्री विमल शाह द्वारा 1031 ई में बनाया गया था। यह मंदिर जैन तीर्थंकर आदिनाथ को समर्पित है। यह मंदिर एक गलियारे से घिरे हुए खुले आंगन में स्थित है जिसमें तीर्थंकरों की छोटी-छोटी मूर्तियां हैं। समृद्ध पच्चीकारी वाले गलियारे, खंभे, मेहराबों, और मंदप या मंदिर के पोर्टिकों को यहाँ आश्चर्यजनक रूप से देखा जा सकता है। छतों पर कमल कलियों, पंखुड़िकाओं, फूलों और जैन पुराणों के दृश्यों की नक़्क़ाशियां उत्कीर्ण होती हैं। गुडा मंडप, मन्दिर का एक मुख्य आकर्षण है जिसमे श्री आदिनाथ की कई छवियाँ उकेरी गई है।

बाईसवें र्तीथकर नेमीनाथ को समर्पित 'लुन वासाही मंदिर' भी काफी लोकप्रिय है। लूना वसाही मंदिर लूना वसीह मंदिर भगवान नेमीनाथ को समर्पित है। इस भव्य मंदिर का निर्माण 1230 में दो पोरवाड़ भाइयों, वस्तुपाल और तेजपाल ने किया था, जो गुजरात के वाहेला के शासक थे। विमल वसीह मंदिर के बाद उनके दिवंगत भाई लूना के स्मरण में इस मंदिर का निर्माण किया गया।

इन मंदिरों की अद्भुत कारीगरी देखने योग्य है। अपने ऐतिहासिक महत्व एवं संगमरमर पत्थरों पर बारीक़ नक्काशी की जादूगरी के लिए पहचाने जाने वाले राज्य के सिरोही जिले के इन विश्वविख्यात मंदिरों में शिल्प-सौन्दर्य का ऐसा बेजोड़ खजाना है जिसे दुनिया में और कहीं नहीं देखा जा सकता। इस मंदिर में आदिनाथ की मूर्ति की आंखें असली हीरे की बनी है तथा इनके गले में बहुमूल्य रत्नों का हार है। इन मंदिरों में तीर्थंकर के साथ हिंदू देवी देवताओं की प्रतिमाएं भी स्थापित की गई हैं। मंदिरों का एक उत्कृष्ट प्रवेश द्वार है।

मन्दिर के मुख्य हॉल, जिसे रंग मंडप कहा जाता है, में 360 छोटे छोटे तीर्थंकरो की मूर्तियों के लिए जाना जाता है। इस मन्दिर के हथिशाला या हाथी कक्ष की विशेषता 10 सुंदर संगमरमर के हाथियों पर बड़ी बारीकी से पालिश करके उन्हें वास्तविक रूप में दिया गया है।

गुडा मंडप में 22वें तीर्थंकर नेमिनाथ की काली संगमरमर की मूर्ति है। मंदिर के बाईं ओर एक बड़ा काला कीर्थी स्तंभ स्थित है जिसे मेवाड़ के महाराणा कुंभ ने बनवाया था।

पित्तलहार मंदिर अहमदाबाद के सुल्तान दादा के मंत्री भीम शाह ने बनवाया था। प्रथम तीर्थंकर ऋषभदेव (आदिनाथ) की विशाल धातु प्रतिमा जो पांच धातुओं में ढाली गयी है, को मंदिर में स्थापित किया गया है।

इस प्रतिमा के निर्माण में मूल धातुओं का प्रयोग किया गया है, अत: इसका नाम पित्तलहार है। इस मंदिर में मुख्य गर्भगृह, गुड मंडप और नवचौक है। मन्दिर में स्थित शिलालेख के अनुसार 1468-69 ईस्वी में 108 मूडों (चार मेट्रिक टन) वजनी मूर्ति प्रतिष्ठित की गई थी।

भगवान पार्श्वनाथ को समर्पित मंदिर मांडलिक तथा उसके परिवार द्वारा 1458-59 में बनाया गया था। भगवान पार्श्वनाथ जैन धर्म के 23वें तीर्थंकर थे। यह एक तीन मंजिला इमारत हैं, जो देलवाड़ा के सभी मंदिरों में सबसे ऊंची है। गर्भगृह के चारों मुखों पर भूतल पर चार विशाल मंडप हैं। मंदिर की बाहरी दीवारों पर ग्रे बलुआ पत्थर में सुंदर शिल्पाकृतियां हैं जिनमें दीक्षित, विधादेवियां, यक्ष, शब्दांजियों और अन्य सजावटी शिल्पांकन शामिल हैं, जो खजुराहो और कोणार्क के मंदिरों की तुलना में दिखते हैं।

श्री महावीर स्वामी मंदिर मन्दिर 1582 में बनी एक छोटी सी संरचना है जो भगवान महावीर को समर्पित है। छोटा होने के कारण यह दीवारों पर नक्काशी से युक्त एक अद्भुत मंदिर है। इस मन्दिर के ऊपरी दीवारों पर चित्र सिरोही के कलाकारों द्वारा 1764 में चित्रित किया गये हैं।

हर साल धार्मिक महत्व की इस तीर्थ-यात्रा पर हजारों की संख्या में भक्त आते हैं। यह प्राचीन मंदिर अपने आकर्षक आकर्षण से पर्यटकों को भी आकर्षित करता है। ऐसा माना जाता है कि जो कारीगर संगमरमर का काम पूरा करते थे उन्हें एकत्र किए गए धूल के अनुसार भुगतान किया जाता था जिससे वे और अधिक परिष्कृत डिजाइन तैयार करते थे। उत्कृष्ट रूप से उत्कीर्णित इन मंदिरों को राजस्थान के सर्वाधिक लोकप्रिय आकर्षणों में से एक माना जाता है। इन मंदिरों की असाधारण शिल्पकारिता और वास्तुकला की समान रूप से सराहना की जाती है।

अर्बुदा देवी मंदिर

मां अर्बुदा देवी का मंदिर मांउट आबू से 3 कि.मी. दूर एक पहाड़ी पर स्थित है। अर्बुदा देवी, अधर देवी और अम्बिका देवी के नाम से प्रसिद्ध है। यह मंदिर एक प्राकृतिक गुफा में प्रतिष्ठित है। बताया जाता है कि इस मंदिर की स्थापना साढ़े पांच हजार वर्ष पूर्व हुई थी। सफेद संगमरमर से बना यह छोटा सा मन्दिर एक ऊँची और विशाल पहाड़ी के बीचोंबीच में स्थित है और बहुत भव्य और आकर्षक लगता है।

अष्टमी की रात्रि यहाँ महायज्ञ होता है जो नवमी के सुबह तक पूर्ण होता है। नवरात्रों में यहाँ निरंतर दिन-रात अखंड़ पाठ होता है। पौराणिक मान्यता के अनुसार इस स्थान पर मां पार्वती के होंठ गिरे थे। तभी से यह स्थान अधर देवी के नाम से जाना जाता है। अर्बुदा देवी की पूजा छठे दिन माता कात्यायनी के स्वरूप में की जाती है।

अर्बुदा देवी मंदिर तक जाने के लिए 365 सीढ़ियों का रास्ता है। रास्ते में सुंदर नजारों की भरमार है। जिसकी वजह से सीढियां कब खत्म हो जाती हैं पता ही नही चलता। ऊपर पहुंचने के बाद यहाँ के सुंदर दृश्य और शान्ति मन मोह लेती है और सारी थकान पल भर में ही दुर हो जाती है। हम सीढ़ियाँ चढ़कर के मां के दर्शनों के लिए आगे बढ़े। मन्दिर में प्रवेश के लिए गुफा के संकरे मार्ग में होकर बैठकर जाना पड़ा।

किंवदन्ती है कि अर्बुदा देवी ने यहीं यज्ञ कुण्ड की ज्वाला से परमार और परिहार राजपूतों के आदि अग्नि वंश के राजपूतों को प्रकट किया। अतः यह देवी इन राजपूतों की कुलदेवी कहलाई। यहाँ पर अर्बुदा देवी का चरण पादुका मंदिर भी स्थित है। माता के चरण पादुका के नीचे उन्होंने बासकली राक्षस का संहार किया था। मां कात्यायनी के बासकली वध की कथा पुराणों में मिलती है।

पौराणिक कथा के अनुसार दैत्य राजा कली जिसको बासकली के नाम से जाना जाता था। उसने हजारों वर्ष तप करके भोलेनाथ को प्रसन्न कर उनसे अजेय होने का वर प्राप्त किया। बासलकी वरदान प्राप्त कर घमंडी हो गया। उसने देवलोक में इंद्र सहित सभी देवताओं को कब्जे में कर लिया। देवता उसके आतंक से दुखी होकर जंगलों में छिप गए। देवताओं ने कई वर्षों तक तप करके मां अर्बुदा देवी को प्रसन्न किया। माता ने बासकली राक्षस को अपने चरणों से दबा कर उसे मुक्ति प्रदान की। उसके पश्चात यहा मां के चरण पादुका की पूजा होने लगी। स्कंद पुराण के अर्बुद खंड में माता के चरण पादुका की महिमा खूब गायी गई है। पादुका के दर्शन मात्र से ही मोक्ष यानि सदगति मिलने की बात भी कही गई है।

ब्रह्मकुमारी राजयोग

पहाड़ों की ठंडी ऊंचाइयों में ब्रह्मा कुमारी का अंतर्राष्ट्रीय मुख्यालय 'मधुबन' स्थित है। यह एक जीवंत सामाजिक प्रयोगशाला है जहाँ अभ्यास करने वाले योगियों का एक बड़ा अंतरराष्ट्रीय परिवार हर साल आता है। जब कोई योगी मधुबन के पवित्र परिसर के अंदर कदम रखता है, तो उसे एक आध्यात्मिक ऊर्जा महसूस होती है जो शांति और आंतरिक आनंद का अनुभव कराती है जो कहीं और नहीं मिलती है। हमारे पहुंचते ही एक साध्वी स्वागत करके साथ हो ली। पहले बाबा की कुटी और शांति की मीनार दिखाने ले गई। बाबा की कुटी वह स्थान है जहाँ प्रजापिता ब्रह्मा के संस्थापक ने गहन ध्यान किया, ताकि दुनिया की सभी आत्माओं में शांति की सूक्ष्म किरणें फैलें। टॉवर ऑफ़ पीस वह स्थान है जहाँ संस्थापक के नश्वर अवशेषों को दफनाया गया था।

माउण्ट आबू, राजस्थान के अरावली पर्वत श्रृंखला की ऊंची चोटी पर बसा हुआ पर्वतीय स्थल जो वर्ष 1950 में कराची, पाकिस्तान से स्थानान्तरित आदि संगठन को मनन चिन्तन और शान्ति का अनुभव कराने वाला एक आदर्श स्थान साबित हुआ। किराये पर लिये गये मकान में कुछ साल रहने के बाद इस संगठन ने वर्तमान स्थान पर स्थानान्तरण किया। जो प्रजापिता ब्रह्माकुमारी ईश्वरीय विश्व विद्यालय (ब्रह्माकुमारीज़ एक ईश्वरीय विश्व विद्यालय) के नाम से स्थापित हुआ। ब्रह्माकुमारीज़ का यह मुख्यालय मधुबन के नाम से जाना जाता है।

सन 1880 में एक गांव के विनम्र स्कूल मास्टर के घर में ब्रह्मा बाबा दादा लेखराज कृपलानी का जन्म हुआ। लेखराज का पालन-पोषण हिन्दू धर्म के रीति रिवाजों के अनुसार हुआ। बहुत छोटी उम्र में अनेकानेक काम करने के बाद उन्होंने हीरे-जवाहरातों का व्यवसाय शुरू किया, जिसमें उन्होंने एक हीरा विक्रेता के रूप में बाद में बहुत नाम कमाया। पांच बच्चों के पिता दादा लेखराज अपने समाज का भी नेतृत्व करते थे। जो अपने सामाजिक कार्यों के लिए जाने जाते थे। सन 1936 में उम्र के उस पड़ाव में जब सामान्यत: सभी लोग सेवा निवृत्ति की तैयारी करते हैं तब उन्होंने वास्तव में अपने जीवन के एक सक्रिय और आकर्षक पड़ाव में प्रवेश किया। गहरी आध्यात्मिक

समझ और साक्षात्कारों की श्रृंखला के पश्चात् उन्होंने एक सशक्त आकर्षण को महसूस किया और अपने व्यवसाय को समेट कर अपना समय, शक्ति और धन को इस विद्यालय की स्थापना खर्च किया जो बाद में ब्रह्माकुमारीज़ ईश्वरीय विश्व विद्यालय बना। सन 1937 से 1938 के बीच में उन्होंने 8 युवा बहनों की एक व्यवस्थापकीय ट्रस्ट कमेटी बनाई और अपनी सर्व चल-अचल सम्पत्ति इस को समर्पित कर दी।

भारत भर में अनेक ब्रह्माकुमारी सेवाकेन्द्रों के स्थापना में मार्गदर्शन करते हुए 18 जनवरी 1969 को उन्होंने अपना भौतिक देह त्याग दिया। मधुबन में स्थित शान्ति स्तम्भ उनके जीवन और कार्यों की एक श्रृद्धांजलि के रूप में स्थापित किया गया जो एक सामान्य मनुष्य से महानता को प्राप्त करना और जीवन के गहन सत्यों को छूने की चुनौती स्वीकार करने का अद्भुत मिसाल साबित हो रहा है।

फिर यूनिवर्सल पीस हॉल में प्रवेश किया, जिसे ओम शांति भवन के नाम से भी जाना जाता है। यह मधुबन का मुख्य सभागार है। बताया गया कि ल में 3,000 लोग बैठते हैं, और इसमें 16 भाषाओं में एक साथ अनुवाद की सुविधा है। 1983 में खोला गया, यह हॉल प्रमुख अंतरराष्ट्रीय सम्मेलनों का स्थल रहा है और प्रतिदिन 8,000 से अधिक पर्यटक यहाँ आते हैं।

मधुबन सालाना कम से कम 35,000 आवासीय मेहमानों की मेजबानी करता है और यह लगभग 500 स्थायी निवासियों का घर है जो 42 विभागों में काम करते हैं, जो दुनिया भर से आने वाले आगंतुकों की भौतिक और आध्यात्मिक ज़रूरतों को पूरा करते हैं। विभाग आवास, कपड़े धोने, परिवहन, उद्यान, ऑडियो-विज़ुअल सिस्टम, बिजली आपूर्ति, स्वच्छता आदि की देखभाल करते हैं। रसोई एक समय में 4,000 लोगों के लिए भोजन तैयार कर सकती है।

उसके बाद ज्ञान सरोवर देखने पहुँचे। ब्रह्मा कुमारीज़ ने 1991 में अपनी सहयोगी संस्था, 'वर्ल्ड रिन्यूवल स्पिरिचुअल ट्रस्ट और राजयोग एजुकेशन एंड रिसर्च फाउंडेशन' के साथ मिलकर ब्रह्मा कुमारीज़ द्वारा स्थापित उच्च शिक्षा संस्थान एकेडमी फॉर ए बेटर वर्ल्ड के लिए परिसर का निर्माण शुरू किया।

इसका उद्देश्य था समाज के सभी वर्गों तक संस्था की पहुंच के लिए प्रशिक्षण सुविधा प्रदान करना। कुछ ही वर्षों में, माउंट आबू में संस्था के मुख्यालय के पास की 28 एकड़ भूमि एक शांत, ग्रामीण परिवेश में एक आधुनिक गाँव परिसर में तब्दील हो गई। अकादमी, जिसे हिंदी में ज्ञान सरोवर विद्यापीठ के नाम से जाना जाता है, मानवीय, नैतिक और आध्यात्मिक मूल्यों और सिद्धांतों के विकास और व्यावहारिक कार्यान्वयन पर आवासीय कार्यक्रम और पाठ्यक्रम प्रदान करती है।

सिरोही

आज भोपाल वापसी यात्रा शुरू करनी है। रास्ते में सिरोही घूमने का मन होने लगा। यही कोई तीस साल पहले देश के बँटवारे से जुड़े साहित्य की श्रृंखला पढ़ने के जुनून में हमने यशपाल का "झूठा सच", भीष्म साहनी का "तमस" उपन्यास और ख़ुशवंत सिंह की किताब "ट्रेन टू पाकिस्तान" पढ़ी थी। कुछ सालों बाद प्रख्यात लेखिका कृष्णा सोबती के उपन्यास 'गुजरात पाकिस्तान से गुजरात हिंदुस्तान' पढ़ने को मिली। जिसमें वे एक रियासती स्कूल में प्राचार्या बनकर सिरोही पहुँचती हैं।

उन्होंने लिखा है कि उन बदनसीब लोगों के लिए बँटवारे से पहले उनका प्यारा हिंदुस्तान अखंड था। जिनके कदम अपने ही आजाद मुल्क से उखड़कर विस्थापित शरणार्थियों के भेष में अपने ही मुल्क में पड़े। यह उपन्यास उन उखड़े और दर-ब-दर लोगों की रूहों का अक्स है, जो अपने ही मुल्क में बेदख़ल होकर अपने ही मुल्क में शरणार्थी बनने पर मजबूर हुए। यही वह समय था जब भारत की आजादी ने उन उजड़े हुए लोगों के क़िस्से नये सिरे से लिखना शुरू किए। जिसका मकसद अपने औपनिवेशिक अतीत को धोकर स्वाभिमान के साथ नई ज़िंदगी शुरू करना था। 'रियासतों का विलय' शुरू हो रहा था।

बँटवारे के दौरान अपने जन्म स्थान पाकिस्तानी गुजरात और लाहौर को यह कहकर कि 'याद रखना, हम यहाँ रह गए हैं', वे दिल्ली पहुँची ही थीं कि यहाँ के हिंदुस्तानी गुजरात ने उन्हें आवाज दी और अपनी स्मृतियों

को सहेजते-सँभालते वे अपनी पहली नौकरी करने सिरोही पहुँच गईं, जहाँ उनमें अपने स्वतंत्र देश का नागरिक होने का अहसास जगा। व्यक्ति की खुद्दारी और आत्मसम्मान को जाँचने-परखने के लिए सामन्ती ताम-झाम का एक बड़ा फलक मिला। और मिले सिरोही रियासत के नाबालिग दत्तक पुत्र महाराज तेज सिंह– जो भारत के अतीत, वर्तमान और भविष्य के बीच सहमा खड़ा अपनी शिक्षिका से पूछ रहा था, 'मैम, बेदखल का मतलब क्या होता है?'

उपन्यास पढ़ते समय मन में इच्छा हुई थी कि काश सिरोही जा पाते। सिरोही जिला दक्षिणी राजस्थान के मारवाड़ क्षेत्र में स्थित है। यहाँ स्थित कई मंदिरों के कारण यह देवनागरी के रूप में भी जाना जाता है। जिले का नाम सिरनवा पहाड़ियों से पड़ा है, जिनके पश्चिमी ढलान पर यह खड़ा है। सिरोही राष्ट्रीय राजमार्ग 14 पर स्थित है जो गुजरात और पाली को जोड़ता है। स्टेट हाईवे 19 सिरोही को जालोर से जोड़ता है। आबू रोड शहर का मुख्य वित्तीय केंद्र है।

सिरोही शहर दक्षिणी राजस्थान में एक जाना माना नाम है। सिरोही जिला पांच तहसीलों से मिलकर बनता है- अबू रोड, शोगंज, फिरसे, पिंडवाड़ा और सिरोही। शहर के पश्चिमी छोर पर "सिरनवा" हैं, जिनकी तलहटी में सिरोही बसा है। कर्नल जेम्स टॉड ने अपनी पुस्तक "ट्रेवल्स इन वेस्टर्न इंडिया" में इसके बारे में लिखा है कि सिरोही नाम रेगिस्तान (रोही) के सिर (सिर) से लिया गया था। इसके नाम की उत्पत्ति के बारे में एक और कहानी यह है कि यह "तलवार" से निकला है। सिरोही राज्य के शासक देवड़ा चौहान अपनी बहादुरी और प्रसिद्ध तलवारों के लिए लोकप्रिय थे।

1405 में, राव सोभा जी (जो चौहान के देवड़ा वंश के पूर्वज राव देवराज से वंश में छठे स्थान पर थे) ने सिरनवा पहाड़ी के पूर्वी ढलान पर एक शहर शिवपुरी की स्थापना की, जिसे खूबा कहा जाता है। राव सोभा जी के पुत्र, श्रीशथमल ने सिरनवा हिल्स के पश्चिमी ढलान पर वर्तमान शहर सिरोही की स्थापना की थी। पुराण परंपरा में, इस क्षेत्र को "अरबुध प्रदेश" और अरबुंदचल यानी अरबद + अंचल के रूप में जाना जाता है।

आबू रोड से उदयपुर के रास्ते में पिंडवाड़ा से लगभग 5 किलोमीटर दक्षिण में, अजारी गाँव है। अजारी गाँव से 2 किलोमीटर दूर, महादेव और सरस्वती का मंदिर देखने का सौभाग्य मिला। यहाँ का दृश्य सुरम्य है, खजूर के पेड़ों के साथ शहद-कंघी और पास में एक छोटा सा नाला है। छोटी-छोटी पहाड़ियाँ एक अद्भुत पृष्ठभूमि बनाती हैं जो इस स्थान को एक अच्छा पिकनिक स्थल बनाती हैं। मंदिर ऊँची दीवार से घिरा है। कहा जाता है कि मार्कंडेय ऋषि ने यहाँ ध्यान लगाया था। मंदिर में भगवान विष्णु और देवी सरस्वती के छोटे चित्र हैं। निकटवर्ती तालाब जिसे आमतौर पर गया-कुंड कहा जाता है, जहाँ लोग नश्वर अवशेषों का विसर्जन करते हैं। सिरोही के इतिहास पर बातें करते बढ़ चले। शहर में घुसने के पहले ही एक ढाबे पर चाय-नास्ता निपटाया।

स्वतंत्रता के बाद भारत सरकार के केंद्र सरकार और सिरोही राज्य के मामूली शासक के बीच एक समझौते पर हस्ताक्षर किए गए थे। समझौते के अनुसार, सिरोही राज्य का प्रशासन 5 जनवरी, 1949 से 25 जनवरी, 1950 तक बॉम्बे सरकार द्वारा संभाला गया था। प्रेमा भाई पटेल पहले बॉम्बे राज्य के प्रशासक थे। सिरोही जिले की आबू रोड और देलवाड़ा तहसील को 1 नवंबर, 1956 को राज्य संगठन आयोग की सिफारिश के बाद बॉम्बे राज्य से राजस्थान में आ गया।

कर्नल टॉड ने माउंट आबू को "हिंदुओं का ओलंपस" कहा क्योंकि यह पुराने दिनों में एक शक्तिशाली राज्य था। यह आबू सहित चंद्र गुप्त मौर्य के साम्राज्य का एक हिस्सा बना, जिसने ईसा पूर्व 4 वीं शताब्दी में शासन किया था। अबू का यह क्षेत्र क्रमिक रूप से खसरात्रों, शाही गुप्तों, वैसा वंश का वंशज था, जिसके सम्राट हर्ष का आभूषण था।, चौरस, सोलंकी और परमार। परमार से, जालोर के चौहानों ने आबू में राज्य लिया।

जालोर में चौहान शासकों की छोटी शाखा लांबा ने वर्ष 1311 ई। में अबू को परमार राजा से छीन लिया और इस क्षेत्र का पहला राजा बन गया जिसे अब सिरोही राज्य के नाम से जाना जाता है। बनास नदी के किनारे स्थित चंद्रावती का प्रसिद्ध नगर, सिरोही का किला दिखने लगा।

सिरोही में राजनीतिक जागृति की शुरुआत 1905 में गोविंद गुरु की संप्रदाय से हुई जिन्होंने सिरोही, पालनपुर, उदयपुर और पूर्व इदर राज्य के आदिवासियों के उत्थान के लिए काम किया। 1922 में मोतीलाल तेजावत ने सामंती प्रभुओं द्वारा उत्पीड़ित रोहिड़ा जनजातियों को एकजुट करने के लिए ईकी आंदोलन का चलाया। इस आंदोलन को राज्य के अधिकारियों ने बेरहमी से दबा दिया। यह पहली बार था जब व्यापारियों ने एक संघ बनाया और राज्य का विरोध किया।

पत्रकार भीमाशंकर शर्मा पाडिव, विरधी शंकर त्रिवेदी कोजरा और समरथ सिंह सिंघी सिरोही के नेतृत्व में 1934 में सिरोही राज्य प्रजा मंडल की स्थापना बॉम्बे के विले पार्ले में की गई थी। बाद में श्री गोकुलभाई भट्ट 1938 में प्रजामंडल में शामिल हुए। उन्होंने 7 अन्य लोगों के साथ 22 जनवरी 1939 को सिरोही में प्रजा मंडल की स्थापना की। स्वतंत्रता की इन गतिविधियों के बाद, आंदोलन को भारतीय राष्ट्रीय कांग्रेस से मार्गदर्शन मिला। 1947 में भारत की स्वतंत्रता के साथ भारत की रियासतों के एकीकरण की प्रक्रिया शुरू हुई। सिरोही राज्य को 16 नवंबर 1949 को राजस्थान राज्य में मिला दिया गया था। देवरा वंश के कुल 37 राजाओं ने सिरोही पर शासन किया था और वर्तमान पूर्व राजा देवड़ा वंश का 38 वां वंशज है। सिरोही में जैन मंदिरों की बहुतायत है। नगर का एक चक्कर लगाकर चित्तौड़गढ़ का रास्ता पकड़ा। रात्रि ग्यारह बजे ट्रेन पकड़ कर दूसरे दिन बारह बजे भोपाल पहुँचे।

6

शेरों का शामियाना

पर्यटन के स्वर्ग राजस्थान में, मेवाड़, मारवाड़, मेवात, शेखावट, इत्यादि इलाक़ों का भ्रमण कर चुके थे। राजस्थान का दक्षिण-पश्चिम इलाक़ा मध्यप्रदेश की सीमा पर स्थित हाड़ौती इलाक़ा बहुत दिनों से पर्यटन लक्ष्य पर था। इस क्षेत्र का नाम हाड़ा चौहान राजपूतों के नाम पर हाड़ौती पड़ा है, जो चौहान राजपूतों के वंश की एक शाखा है। इतिहास बताता है कि 1192 में मुहम्मद गोरी के हाथों पृथ्वीराज चौहान की पराजय उपरांत चौहान राजपूत देश के पहाड़ी इलाकों में बस गए, जहाँ कुतुबुद्दीन ऐबक की दिल्ली सल्तनत की पहुँच कठिन थी। आज के राजस्थान और मध्यप्रदेश की सीमा पर चंबल किनारे ऐसा ही बियाबान जंगली जानवरों से भरा इलाका था।

चौहानों की एक शाखा हाड़ा इस क्षेत्र में 12वीं शताब्दी में आकर यहाँ बस गई। उनका नेता हाड़ा देव था। हाड़ा देव ने बूँदी पर 1242 में और कोटा पर 1264 में क़ब्ज़ा जमाया। एक समय पर हाड़ा का संयुक्त राज्य वर्तमान ज़िलों बाराँ, बूँदी, कोटा, सवाई माधोपुर और झालावड़ तक फैला हुआ था। हाड़ा से ही हाड़ौती बना है।

भौगोलिक रूप से दक्षिण-पूर्वी राजस्थान स्थित हाड़ौती क्षेत्र पूर्व में मालवा पठार, उत्तर-पश्चिम में अरावली पर्वतमाला और पश्चिम में मारवाड़ पठार, मध्य प्रदेश की सीमा पर स्थित है। प्रमुख नदी चंबल नदी है, जिसकी

सहायक नदियाँ कालीसिंध, पार्वती, परवन और चापी हैं। मिट्टी जलोढ़ है। इसके पश्चिम में मेवाड़, उत्तर पश्चिम में अजमेर हैं। इसके दक्षिण में मालवा और पूर्व में गिर्द क्षेत्र हैं।

हाड़ौती इलाक़े की मोटी-मोटी जानकारी कर्नल जेम्स टॉड की पुस्तक "एनल्स एंड एंटीक्विटीज ऑफ राजस्थान" से लेकर यात्रा की तैयारी शुरू कर दी। कर्नल जेम्स टॉड को राजस्थान के इतिहास का पितामह कहा जाता है। वे 1805 के आसपास राजस्थान आए। वे 24 साल राजस्थान के विभिन्न इलाक़ों में रहे। जोधपुर महाराजा ने उनको कई ऐतिहासिक पुस्तकें दी। बाद में लंदन जाकर वर्ष 1829 में "सेंट्रल एंड वेस्टर्न राजपूत स्टेट्स ऑफ़ इंडिया" किताब भी लिखी थी। ये दोनों किताबें कोटा क़िले से बहुत पहले ख़रीद कर रखीं थीं। उन्हें निकाला और हाड़ौती का अध्ययन कर डाला। पर्यटन पूर्व स्थान की भौगोलिक और ऐतिहासिक जानकारी घूमने के आनंद को बढ़ाती है। अन्यथा खाया-पिया की औपचारिकता भर पर्यटन हो जाता है। इसलिए थोड़ा इतिहास देखते हैं।

*

चौहान राजपूतों की 24 शाखाओं में हाड़ा चौहान एक शाखा है। इतिहासकार कर्नल जेम्स टॉड को हासी के किले में मिले से एक शिलालेख पर हाड़ाओं को चन्द्रवंशी लिखा है। सोमेश्वर के बाद उसका पुत्र राय पिथौरा या पृथ्वीराज चौहान राजसिंहासन पर बैठा। पृथ्वीराज चौहान 1192 में शहाबुद्दीन मोहम्मद गौरी से परास्त हुआ। तत्पश्चात चौहानों के हाथ से दिल्ली-अजमेर का राज्य जाता रहा। चौहान शाखाएँ यत्र-तत्र फैलती बिखर गईं। कुतुबुद्दीन ऐबक से हारकर नाडोल के चौहान जब 1208 में भीनमाल गये, उसी समय उस वंश के माणिक्यराय द्वितीय नामक वीर ने मेवाड़ के दक्षिण पूर्व में अपना राज्य स्थापित किया और बम्बावदा को अपनी राजधानी बनाया। माणिक्यराय की छठीं पीढ़ी में हरराज या हाडाराव नामक एक बड़ा प्रतापी वीर उत्पन्न हुआ। उसी हाड़ाराव के नाम पर चौहानवंश की इस शाखा का नाम हाड़ावंश पड़ा है, जिसमें कोटा-बूँदी-झालावाड़ राज्यों की स्थापना की थी।

हाड़ौती शब्द 'हाड़ा' से बना है। हाड़ा शब्द की व्युत्पत्ति के सम्बन्ध में विद्वानों में मतभेद रहा है। अनेक किंवदन्तियाँ इस सम्बन्ध में प्रचलित हैं, परन्तु दो अधिक प्रचलित हैं। उनमें से एक किंवदंती "अस्थि" शब्द से सम्बन्ध रखती है और दूसरी "हिडि" धातु से सम्बन्धित है। पहली अस्थि सम्बन्धित किंवदन्ती यह है कि बीसलदेव चौहान के पोते व अनुराग के बेटे इस्तपाल महमूद गजनी की सेना के साथ युद्ध करते हुए गंभीर रूप से घायल हो गए और उनकी तमाम हड्डी-पसली जर्जरित हो गई, उनके कटे हुए अंगों (हाड़ों) को एक स्थान पर एकत्रित किया गया। उस समय उनकी कुलदेवी ने आकर उन पर अमृत छिड़क दिया, जिससे वे पुनर्जीवित हो गये। इसी समय से उनके वंशजों को हाड़ा कहा जाने लगा।

प्रसिद्ध पुरातत्त्वेत्ता श्री गौरीशंकर हीराचन्द ओझा इसे मनगढ़ंत मानते हैं। वे कहते हैं कि भाटों ने "हाड़ा" शब्द को हाड़ (हड्डी) से निकला हुआ अनुमान कर हड्डी के संस्कृत रूप अस्थि से अस्थिपाल नाम गढ़कर अस्थिपाल से हाड़ा नाम की उत्पत्ति होना मान लिया है। उनके अनुसार ''हाड़ा'' शब्द का सम्बन्ध अस्थि से न होकर 'हरराज' से है। 'हरराज' हाड़ा वंश के मूल पुरुष से है जिसका उल्लेख मैनाल के शिलालेख और नेणसी की ख्यात में मिलता है। विक्रम संवत 1445 के मैनाल के शिलालेख में कोटा बूँदी के हाड़ा अपना मूल पुरुष हरराज और "नैणसी" हाड़ा को बताते हैं।

चौदहवीं शताब्दी के आस-पास 'हाड़ी' और 'हाड़ा' शब्द का प्रयोग परवर्ती अपभ्रंश में और देशी भाषाओं में घुमक्कड़ या घूमने वालों के लिये प्रयुक्त होता था। हाड़ा राजपूतों के पूर्वज अपने स्वाभिमान की रक्षा करते तथा उपयुक्त अवसर की तलाश में साहस, बल और भूमि अधिग्रहण से अपनी जीविकोपार्जन करते थे।

एक कहावत प्रचलित है "चौहटे च्यंतामणि चढ़ी, हाड़ी भारत हाथि।" अतएव उन लोगों को 'हाड़ा' अमिधा प्रदान की गई थी। इस मत में ओझा का मत भी समविष्ट हो सकता है। क्योंकि वे यह मानते हैं, कि 'हाड़ा' नाडोल से मेवाड़ के पूर्वी हिस्से में आये। फिर उनका अधिकार बम्बावदे पर हुआ। वहाँ की छोटी शाखा के वंशज देवा ने अपने पराक्रम के बल पर बूँदी का राज्य मीणों से छीन लिया, तब से उनकी विशेष उन्नति हुई और उन्होंने अपने

राज्य का विस्तार किया। 17वीं शताब्दी का हाड़ाओं का सबसे विश्वसनीय प्राचीन काव्य 'सुर्जन चरित्र' है एवं हाड़ाओं के इतिहास की एक प्रमाणिक कृति है। इसमें हाड़ाओं का मूल पुरुष पृथ्वीराज चौहान तृतीय के छोटे भाई माणिक्यराज को माना है। सुर्जन चरित्र का माणिक्यराज और हरराज एक ही व्यक्ति है, इससे ही हाड़ाओं की उत्पत्ति मानी है, हरराज से हाड़ा होना अधिक युक्तिसंगत लगता है।

पृथ्वीराजस्य तस्यैब समो भ्राता जयत्यजः।
माणिक्यराजो मतिमानं येन बुभुजे महीम।

इसके बाद इसके पुत्रों चण्डराज, भीमराज, विजयराज, रयण, केल्हण, गंगदेव और देवी सिंह का उल्लेख है। देवी सिंह को बूँदी राज्य का संस्थापक माना जाता है समकालीन फारसी स्रोतों और खातों से स्पष्ट है कि पृथ्वीराज चौहान के छोटे भाई का नाम हरराज था। हरराज ने कुछ समय तक अजमेर के आस-पास मुसलमानों से संघर्ष किया और बाद में ऊपरमाल क्षेत्र में चला गया। इस क्षेत्र से कई लेख चौहानों के मिल चुके हैं। कालान्तर में ऊपरमाल में हाड़ाओं का अधिकार हो गया। बम्बावदा में इनका अधिकार लम्बे समय तक था। इस प्रकार हरराज के ऊपरमाल क्षेत्र में रहने एवं वहाँ के वंशजों द्वारा निरन्तर राज्य करने की बात से यह प्रमाणित है कि हाड़ा उसके ही वंशज थे। हाड़ा से ही हाड़ौती शब्द बना है।

''हाड़ौती'' शब्द का प्रयोग प्रदेश तथा बोली दोनों के लिये होता है। कर्नल टॉड के अनुसार बूँदी राज्य की स्थापना के साथ ही हाड़ौती प्रदेश का निर्माण हो गया था, जिसमें कोटा और बूँदी का समावेश होता है। डॉ. मथुरालाल शर्मा द्वारा "वंश भास्कर" के आधार पर आषाढ़ बुदी नवमी सन 1241 ई. को राव देवा का बूँदी पर अधिकार स्थापित करना माना जाता हैं। यह तो स्वाभाविक है कि हाड़ा राजपूतों द्वारा प्रशासित यह भू भाग तभी से हाड़ौती कहलाने लगा।

कोटा संग्रहालय में दो मोहरें रखी हुई हैं, नॉन पर पर इस प्रकार लिखा हुआ है।

'मोहरें एजेन्सी हाड़ौती सन 1860'

"मोहर कचहरी एजेन्ट हाड़ौती अज तरफ गवर्नर जनरल नाजिम आजम मुमालिका महकमा सरकार दौलत मदार अंग्रेज बहादुर कं. 1929 सन।"

इन दोनों मोहरों से शासन सुविधा के लिये हाड़ौती शब्द को गढ़ लेने की बात उचित सी प्रतीत होती है। बूँदी और उसका निकटवर्ती प्रदेश (कोटा सहित) दीर्घकाल तक हाड़ा राजवंश द्वारा शासित होने के कारण हाड़ौती के नाम से विख्यात है। बूँदी के डिंगल कवि और इतिहासकार सूर्यमल्ल मिश्रण ने इस क्षेत्र ''हड्डवती'' या "हाड़ौती" के सम्बन्ध में इस प्रकार लिखा हैः-

हड्डन करि विख्यात हुव हड्डवती यह देश,
चहुवान कुल चक्र को रवि जह राम नरेश।

सन 1518 ई. के कुंभलगढ़ के शिलालेख में भी हाड़ौती शब्द का उल्लेख ''हाड़ावाटी" मिलता है। "हाड़ावटी देशपतीन स जित्वा तन्मण्डल चात्मवशीचकार।"

यह प्रयोग हाड़ावती शब्द का डिंगल भाषागत चारणी का प्रयोग है। जिसमें ट-वर्गीय ध्वनियों का प्रचुरता से प्रयोग मिलता है। डिंगल राजस्थान की शताब्दियों पूर्व से काव्य भाषा रही है और राजस्थान में इसे महत्त्वपूर्ण स्थान प्राप्त रहा है। अतः राजदरबार के वातावरण में संपृक्त "हाड़ावटी" शब्द का शिलालेख में प्रयुक्त होना स्वाभाविक लगता है, जो कालान्तर में हाड़ाउती या हाड़ौती रूप धारण कर गया। विभिन्न साक्ष्यों से प्रतीत होता है कि हाड़ा राज्य की बूँदी में स्थापना के साथ ही शासन सुविधा की दृष्टि से किसी नामकरण की आवश्यकता हुई होगी, तभी से पण्डितों या चारणों द्वारा दिया गया नाम ''हाड़ावती या हाड़ावटी'' प्रचलित हो गया।

वर्तमान राजस्थान का कोटा, बूँदी व चितौड़ जिले का पूर्वी भाग विशुद्ध हाड़ौती भाषी क्षेत्र है। कोटा जिले की शाहबाद तहसील में मिश्रित हाड़ौती बोली जाती है, जिसे डांगी बोली कहा जाता है। दक्षिण में असनावर, अकलेरा

आदि झालावाड़ जिले की तहसीलों में भी हाड़ौती बोली जाती है, यद्यपि असनावर में मालवी का प्रभाव बढ़ता जाता है। खानपुर तहसील हाड़ौती भाषी है। अब राष्ट्रभाषा का प्रचार बढ़ता जा रहा है और इसलिये शिक्षित व्यक्ति आपस में हिन्दी का व परिवार में हाड़ौती का प्रयोग करने लगे हैं। डॉ. ग्रियर्सन ने 1894 से 1920 ई. तक भारत भर की भाषाओं तथा बोलियों का सर्वेक्षण किया तथा वहाँ की बोलियों की प्रचलित नामों को अपनाया। उन्होंने हाड़ौती बोली शब्द का प्रयोग अपने ग्रन्थ में किया है।

हाड़ौती का व्यवहार बोलचाल में ही रहा है। साहित्य में इसका प्रयोग होने के कोई प्रमाण नहीं मिलते हैं। वंश भास्कर के रचयिता सूर्यमल्ल मिश्रण बूँदी के निवासी थे, उन्होंने अपनी रचना 1841 ई. में आरम्भ की। उन्होंने इसमें संस्कृत, प्राकृत, डिंगल, ब्रज तथा मरुदेशीय भाषा का प्रयोग किया है। हाड़ौती नरेशों का गुणगान करने वाले इस कवि ने हाड़ौती भाषा को अपने ग्रन्थ में स्थान नहीं दिया है। इससे सहज ही शंका हो जाती है कि हाड़ौती नाम की किसी बोली का नामकरण उस समय तक नहीं हुआ होगा। हाड़ौती बोली में सबसे प्रथम मुद्रित ग्रन्थ बाईबिल के 'न्यू टेस्टामेन्ट' का हाड़ौती अनुवाद है। यह ग्रन्थ 1808 ई. के आस-पास मुद्रित हुआ था। इस तरह की प्राथमिक जानकारी के साथ हाड़ौती यात्रा आरम्भ होती है।

*

यह तय किया कि हाड़ौती यात्रा ख़ुद के नए ख़रीदे ऑटोमैटिक वाहन "वॉक्स वैगन-टाईगुन" से की जाय। परिवार के तीनों सदस्य कुशलता पूर्वक वाहन चला सकते हैं। इसलिए बारी-बारी से 100-100 किलोमीटर ड्राइविंग करके एक दिन में 300 किलोमीटर की यात्रा तय की जा सकती है। यदि आप ड्राइवर रखते हैं तो उसे रोज 300 किलोमीटर वाहन चलाना दूभर तो नहीं लेकिन कठिन अवश्य होता है। दूसरा मसला यह रहता है कि आपके परिवार के सदस्य उसके सामने आपसी नौकझोंक और यहाँ तक कि आपसी तकरार नहीं कर पाते, जो कि प्रत्येक परिवार का अनिवार्य हिस्सा होता है। कई बार तो तकरार इस हद तक बढ़ती है कि उसे टकराव कहा जा सकता है। परिवार

के भेद एक पराए व्यक्ति के सामने खुलने लगते हैं। वह परिवार की मूर्खताओं पर मन ही मन खुश होता है। सबसे बड़ी बात तो यह होती है कि परिवार के सदस्यों को आपस में उलझता देख उनके प्रति उसके मन में सम्मान शेष नहीं रहता तो वह भी उद्दंडता पर उतारू होने लगता है। फिर उसके पीने-खाने पर भी आपका नियंत्रण नहीं रह जाता। जब वाहन ऑटोमैटिक हो तो ड्राइविंग भी बहुत आनंददायक होती है।

भोपाल से रणथम्भोर उत्तर दिशा में तक़रीबन 500 किलोमीटर दूरी पर स्थित है। इतनी दूरी दो दिन में आराम से तय की जा सकती है। वैसे तो आजकल सड़क ठीक होने से इतनी दूरी की यात्रा का समय 10-12 घंटे है, जिसे एक दिन में भी पूरा किया जा सकता है। गाड़ी कितनी भी तेज चलाएँ, 50 किलोमीटर प्रति घंटा औसत से अधिक नहीं निकलता है। इसलिए अनावश्यक तेज वाहन चलाना ख़तरे को न्यौतना है। फिर आपको केवल सड़कें नहीं नापना है। यात्रा का आनंद भी लेना है। जब योजना को अंतिम रूप दे रहे थे, तब भारतेंदु हरिशचंद्र की पंक्तियां दिमाग़ में कुलबुलाने लगीं-

लीक-लीक गाड़ी चले, लीकहि चले कपूत,
लीक छाड़ि तीनों चलें, शायर सिंह सपूत।

अपन आतिशी शायर तो हैं ही, और जब नाराज़ होकर दहाड़ते हैं तो बिलकुल सिंह लगते हैं, फिर सपूत सिद्ध होने में किसी प्रमाण की ज़रूरत नहीं है। लोग कहते हैं हमने बैंक में नौकरी लगने के बाद लीक से हटकर कुनबे को पार लगाया है। लिहाज़ा लीक पर चलने का प्रश्न ही उपस्थित नहीं होता।

हमने भोपाल से उत्तर दिशा में चलने के बजाय दक्षिण दिशा से यात्रा शुरु की। तो हमारा वाहन होलिका दहन के दिन 24 मार्च 2024 को सुबह 09 बजे उत्तर दिशा की तरफ़ न जाकर उल्टा दक्षिण दिशामुख होकर चल दिया। इस दिशा से भोपाल से रणथम्भोर तक़रीबन 800 किलोमीटर पड़ने वाला था। आप सोच रहे होंगे कि यह उल्टी चाल कैसी चली जा रही है। इस चाल में रहस्य हैं। पहला रहस्य ठीक 260 किलोमीटर पर ओंकारेश्वर ज्योतिर्लिंग पड़ाव था। सामान्यतः लोग भोपाल से ओंकारेश्वर पहुँचने का जो

रास्ता चुनते हैं, वह इंदौर से होकर जाता है। वह तक़रीबन 280 किलोमीटर पड़ता है। जबकि हनुमन्तिया होकर यह दूरी 260 किलोमीटर है।

होली की छुट्टी होने से अधिकांश लोग सपरिवार गृहनगर की तरफ़ भागते नज़र आ रहे थे। छुट्टी का दिन होने से मण्डीदीप का ट्राफ़िक भी नहीं था। सौम्या को वाहन चलाने की ड्यूटी पर तैनात कर, बाजू की सीट पर पसर कर नज़ारा देखने का आनंद लेना शुरू किया। बीच-बीच में उसे इशारों से ड्राइविंग हिदायतें भी देते रहे। भोपाल से ओबैदुल्लागंज टोल नाका पार करके पूरन होटल पर पोहा-जलेबी का नाश्ता करने रुके। चाय पीने के बाद एक मीठा पत्ता पान थोड़ा अधिक पिपरमिंट के साथ मुँह में दबाने से ड्राइविंग का मज़ा कुछ अलग हो जाता है। सफ़र की बाक़ी ज़रूरी औपचारिकताओं को निपटा कर सौम्या ने फिरसे ड्राइविंग सीट सँभाली। उन्हें इस क्षेत्र का भूगोल बताना शुरू किया।

जब नर्मदा नदी मण्डला ज़िले से जबलपुर ज़िले में प्रवेश करती करती है, वहाँ तक सतपुड़ा के आग़ोश में बहती है। जबलपुर ज़िले की सीमा से नरसिंहपुर ज़िले में प्रवेश करते ही नर्मदा झाँसी घाट से दक्षिणी तट पर सतपुड़ा का साथ छोड़कर उत्तरी तट से विंध्याचल का दामन थाम कर चलने लगती है। उसका यह साथ रायसेन और सीहोर ज़िले तक चलता है। देवास ज़िले में यह संग छूट जाता है। जो फिर इंदौर और खंडवा ज़िलों में स्थापित होता है।

ओबैदुल्लागंज से विंध्याचल घाटियाँ शुरू होती हैं। मंडीदीप और ओबैदुल्लागंज रायसेन ज़िले के हिस्से हैं। रातापानी अभयारण्य से सीहोर ज़िला लगता है। जो नर्मदा नदी के उत्तरी किनारे तक चला गया है। ओबैदुल्लागंज का फ्लाईओवर पार करके आगे निकले तो बाईं तरफ़ दूर पर भीमबैठका शैलचित्र पहाड़ नज़र आ रहे हैं। आगे बढ़ने पर सागौन के घने वन के बीच देलावाड़ी जंगल कैम्प और सागौन होटल पड़े। वहीं से बाईं तरफ़ एक रास्ता कटकर रानी कमलापति के राज्य के गिन्नौरगढ़ फोर्ट जाता है। गौतमपुर गाँव से शुरू पहाड़ घाट डोंगरी गाँव पर जाकर समाप्त हुए। थोड़ी देर में रेहटी जोड़ आ गया। इस जोड़ पर नर्मदापुरम से बाया गाँव होकर एक

रास्ता आ रहा था, जो सीधा नसरुल्लागंज तरफ़ जा रहा था। वहीं एक रास्ता भोपाल की कोलार रोड़ से आकर भी मिलता है। और एक ओबैदुल्लागंज से आया है, जिससे हम यहाँ तक पहुँचे हैं।

रहटी पार करके आगे बढ़े तो सतराना गाँव के बीच से कोलार नदी नर्मदा से मिलने जाती दिखी। कोलार बाँध पर पानी रोक लिया है इसलिए नदी सूखी है। वहाँ से नर्मदा नदी के घाट नौ-दस किलोमीटर हैं। यहाँ से ड्राइवर की ड्यूटी बदल कर मम्मा मैडम की तैनाती हुई, पहाड़ी घाट समाप्त हो चुके थे। इसलिए मैडम की ड्राइविंग ट्रेनिंग आरंभ हुई। शुरू में थोड़ी मुश्किलों के बाद रवानगी आ गई। नसरुल्लागंज तक कोई परेशानी नहीं आई। उसके बाद ट्राफ़िक अधिक होने से वाहन निगाहवानी में संभल कर चलवाना पड़ा। तहसील कार्यालय पर नसरुल्लागंज शब्द को पोत कर भैरूँदा लिखा देख सौम्या ने पूछा - स्थान का नाम क्यों बदल दिया है।

हमने बताया - जब समय की नदी में इतिहास के पानी का सैलाब उमड़ता है, वह घटनाओं का पानी उतरने पर धरा पर निशान छोड़ जाता है। मनुष्य समाज उन्हीं निशानों को नाम देकर पुकारने लगता है। सत्रहवीं सदी के आरंभ में भोपाल में दोस्त मुहम्मद नाम के एक अफ़ग़ान सरदार ने रियासत क़ायम की थी। उसके उत्तराधिकारियों को नवाब कहा जाता था। उन्होंने वर्तमान सीहोर, भोपाल और रायसेन ज़िलों के इलाक़ों को अपने अधीन कर लिया। कालांतर में कुछ इलाक़ों को आबाद किया था। तब ओबैदुल्लागंज, नसरुल्लागंज, बेगमगंज, बिलकिसगंज, सुल्तानपुर, इस्लामपुर नाम की बस्तियाँ आबाद हुईं थीं। जिनमें से कुछ जगहों पर पहले से ही कुछ बस्तियाँ बसी थीं जैसे- इस्लामपुर के पहले वहाँ जगदीशपुर बसा था। नसरुल्लागंज भी पहले भैरूँदा था। अब इतिहास फिर एक करवट ले रहा है इसलिए कतिपय राजनीतिक कारणों से नाम बदले जा रहे हैं। नसरुल्लागंज का नाम भैरूँदा कर दिया गया है। ये देखो इसी बस्ती के नज़दीक से जामनेर नदी नर्मदा की ओर जाती दिख रही है। उसके बाढ़ के पानी ने भी कई निशान छोड़े हैं।

सौम्या ने फिर पूछा - आपने बताया था कि यहाँ नर्मदा नदी है। कहीं दिख नहीं रही है।

हमने बताया - सड़क की दाहिनी तरफ़ देखो, विंध्याचल की पहाड़ियाँ दिख रही हैं, अब बाईं तरफ़ देखो तो आपको खेत दिखेंगे। कभी ये खेत भी पहाड़ियाँ थीं। समय के सैलाब के साथ दाहिनी तरफ़ के पहाड़ों से बहकर आए मिट्टी कपे ने इन बाईं तरफ़ की पहाड़ियों को पाटना शुरू किया। मनुष्य ने इनके ऊपर हल चलाकर कर इन्हें खेती के लिए समतल कर लिया। इस तरह इस सड़क से 10-12 किलोमीटर तक विस्तारित खेतों पर खड़ी गेहूँ की कटाई होते दिख रही है। यहाँ का शरबती गेहूँ महानगरों में "सीहोर-गेहूँ" के नाम से ऊँचे दामों में बिकता है। इन खेतों के पार नर्मदा नदी बहती है।

वो देखो सामने से एक ट्रैक्टर में भूसा लदा चला आ रहा है। ये खेतों की क़तार नर्मदा के उत्तरी किनारे पर जाकर थमती है। सदियों पहले खेतों के आसपास लोगों ने झोपड़ियाँ बना ली होंगी, जिन्हें हम अब गाँव के नामों से पुकारते हैं। कई गाँव मिलकर एक पंचायत होती है। कई पंचायत मिलकर एक अनुभाग अर्थात् ब्लॉक होता है और कई अनुभाग होकर एक तहसील बनती है। नसरुल्लागंज भी किसानी रूप से सीहोर ज़िले की एक समृद्ध तहसील है। वो देखो इसकी मंडी में गेहूँ का भंडार दिख रहा है। नर्मदा के उस पार हरदा ज़िले की सिवनी-बनापुरा तहसील का इलाक़ा है। हमने वहाँ एक साल नौकरी की थी और छात्र जीवन में चतरखेड़ा गाँव में कुश्ती लड़ने जाया करते थे।

लंबे रूट पर नये वाहन का ईंधन औसत देखा तो दंग रह गये, गाड़ी 20 किलोमीटर प्रति लीटर का औसत निकाल रही थी, वह भी वातानुकूलित परिचालन में। नसरुल्लागंज पार करते-करते दो बजने लगे थे। पेट में चूहे भी उछलकूद मचाने लगे। घर से भोजन साथ लेकर चले थे। पता नहीं यात्रा में भूख जल्दी-जल्दी क्यों लगती है। एक आम के पेड़ की घनी छाया में गाड़ी रोककर लंच निपटाया। कमर सीधी कर चल दिये। आधा घंटा चलकर उम्दा सी दिखती दुकान पर ताजा चाय से सुस्त बदन में चुस्ती भरकर फिर चल दिये।

सीहोर ज़िला की सीमा पूर्व दिशा में नर्मदा के किनारे बुधनी से आरंभ होकर किनारे-किनारे ही नसरुल्लागंज तक चलती है। नसरुल्लागंज इस रास्ते पर सीहोर ज़िले की अंतिम बस्ती है। इसके बाद देवास ज़िला लगता है।

जिसकी पहली तहसील खातेगाँव पड़ती है। उसी से जुड़ी एक अन्य तहसील कन्नौद है। सौम्या ने पूछा - यह कैसा नाम है, खातेगाँव। क्या इस गाँव के सभी लोग खाते ही रहते हैं।

हमारे अंदर का इतिहासकार पुरुष जाग कर शुरू हो गया - मराठों के इस क्षेत्र में आने के पूर्व इस गाँव का नाम हरिगंज था। जब होलकर मराठा सरदार ने इस इलाक़े पर आधिपत्य जमाया तो लगान वसूली हेतु खातेदार अर्थात् अकाउंटेंट को यहाँ रखा। किसान अपने खसरा-खतौनी लेकर लगान जमा करने खातेदार के पास आते थे। तब कहते थे कि खाते गाँव जा रहे हैं। इस प्रकार कालांतर में हरिगंज बदलकर खातेगाँव हो गया।

यह बस्ती अब देवास ज़िले के आखिरी छोर पर स्थित प्रमुख व्यापारिक केंद्र है। खातेगाँव इंदौर बैतूल राष्ट्रीय राजमार्ग पर स्थित है, जो सीधा इंदौर को अमरावती और जलगांव होते हुए नागपुर से जोड़ता है। इसके अलावा पास ही स्थित संदलपुर, खातेगाँव को दो अन्य अलग मार्गों से जोड़ता है; एक रेहटी के रास्ते भोपाल की ओर, तो दूसरा रेहटी के ही रास्ते सलकनपुर, बुधनी होते हुए होशंगाबाद को जोड़ता है।

खातेगाँव से नेमावार का नर्मदा घाट 36 किलोमीटर है। यहाँ पौराणिक संदर्भ बिखरे हैं, नेमावार को नर्मदा का नाभि क्षेत्र कहा जाता है। किंवदंती है कि परशुराम का जन्म ऋषि जमदग्नि के पुत्र रूप में रेणुका के गर्भ से इसी क्षेत्र में हुआ था। परशुराम ने अत्याचारी क्षत्रिय राजा सहस्रअर्जुन का वध महेश्वर में किया था जो कि नेमावार से दो सौ किलोमीटर की दूरी पर स्थित है।

नेमावार घाट से नर्मदा पार करते ही हरदा जिला लग जाता है। नेमावार से दस किलोमीटर उत्तर में बीजलगाँव घाट है, वहाँ चौड़ा पाठ होने से नर्मदा बहुत उथली होकर बहती है। जब अलाउद्दीन ख़िलजी विदिशा से दक्षिण भारत गया था तब उसकी तोपों ने यहीं से नर्मदा पार की थी। उसके बाद उत्तर से दक्षिण जाने हेतु मुग़ल और मराठा सेनाएँ भी इसी जगह से नर्मदा नदी पार करने लगे थे। चौमासे में दोनों तरफ़ फ़ौजी चौकी पर सेना तैनात रहती थीं। हमने हमारी नर्मदा परिक्रमा के दौरान बीजलगाँव में रात गुजारी थी और स्नान करते समय खुद अपनी आँखों से तोपों के अवशेष देखे थे।

अगली बड़ी बस्ती सतवास आई। वहाँ भोपाल-सीहोर होते हुए आष्टा से एक रास्ता आकर जुड़ता है। उस रास्ते से भी ओंकारेश्वर पहुँचा जा सकता है। बीच रास्ते में ख़ूबसूरत पर्यटन स्थल हनुमन्तिया टापू है। यह टापू इंदिरा सागर बाँध निर्माण से अस्तित्व में आया है। पहले यहाँ खंडवा ज़िले की हरसूद नाम की बस्ती थी। बाँध बनाया गया तो यह 700 वर्ष पुरानी बस्ती जुलाई 2004 में सरोवर के डूब में निमग्न हो गई। इसके निवासियों को विस्थापित कर छनेरा में बसाया गया। यह इतना आसान नहीं था। शुरू में आंदोलन का उददेश्य बांध को रोककर पर्यावरण विनाश तथा इससे लोगों के विस्थापन को रोकना था। बाद में आंदोलन का उद्देश्य बांध के कारण विस्थापित लोगों को सरकार द्वारा दी जा रही राहत कार्यों की देख-रेख तथा उनके अधिकारों के लिए न्यायालय में जाना पड़ा।

जन जातियों के अधिकारों की समर्थक गैर सरकारी संस्था अंक वाहनी के नेता अनिल पटेल ने जनजातिय लोगों के पुनर्वास के अधिकारों को लेकर 1980- 87 के दौरान हाई कोर्ट व सर्वोच्च न्यायालय में लड़ाई लड़ी। सर्वोच्च न्यायालय के आदेशों के परिणामस्वरूप गुजरात सरकार ने दिसम्बर 1987 में एक पुनर्वास नीति घोषित की।

समाज सेविका मेघा पाटकर द्वारा 1989 में चलाए गये नर्मदा बचाओ आंदोलन ने सरदार सरोवर परियोजना तथा इससे विस्थापित लोगों के पुनर्वास की नीतियों के क्रियांवयन की कमियों को उजागर किया है। आंदोलन की यह भी मांग थी कि जिन लोगों की जमीन ली जा रही है, उन्हें अपने लिए न केवल उचित भुगतान का अधिकार होना चाहिए बल्कि परियोजना के लाभों में भी भागीदारी होनी चाहिए।

हमारी यात्रा दो बजे खंडवा ज़िले की तहसील पुनासा पहुँची। चौराहे पर एक ठीक सी दिखती चाय की दुकान पर चाय बनवाई। इसी दौरान लोगों से बतियाते हुए आसपास की जानकारी से समृद्ध होने लगे।

इन्दिरा सागर बांध के निर्माण से उत्पन्न मेड के कारण एक विशाल झील का जन्म हुआ। बाँध से अस्तित्व में आया, हनुमन्तिया टापू मध्यप्रदेश पर्यटन का जल पर्यटन गन्तव्य है। टापू को इसका नाम एक स्थानीय गाँव के नाम से

प्राप्त हुआ जो कि खण्डवा जिले की मूँदी तहसील में स्थित है। इस टापू पर पर्यटकों के लिए सभी आवश्यक सुविधाएं उपलब्ध है, जैसे आवास, उत्तम सड़क मार्ग, आदि। जल क्रीड़ा अर्थात् वाटर स्पोर्ट की विभिन्न सुविधाओं से युक्त दो-तीन दिन हेतु एक अच्छा पड़ाव हो सकता है। टापू पर मध्यप्रदेश पर्यटन विकास निगम का एक होटल "हनुवन्तिया टुरिस्ट कॉम्प्लेक्स" है।

पुनासा से पूर्व में हनुवन्तिया 45 किलोमीटर और पश्चिम में ओंकारेश्वर 55 किलोमीटर है। हमारा हनुमन्तिया रुकने का पूर्व निर्धारित कार्यक्रम नहीं था, फिर भी मन ललचा रहा था। मन तो सलकनपुर को भी ललचा रहा था। यात्रा में कई बार ऐसा होता है, परंतु मन पर लगाम लगा कर पूर्व निर्धारित कार्यक्रम मुताबिक़ चलना ही उत्तम होता है।

भारत सरकार की दीर्घकालीन नीतियों के अन्तर्गत इंदिरा सागर, ओंकारेश्वर, महेश्वर और सरदार सरोवर बाँधों से हरदा, खंडवा, खरगोन, देवास, धार, इंदौर, बड़वानी और नर्मदा नगर ज़िलों में बिजली और सिंचाई हेतु नहरों के जाल बिछा कर रोज़गार और परिसंपत्ति निर्माण प्रमुख उद्देश्य हैं। इन बांध के कारण ही इलाके के लाखों किसानों के जीवन में खुशहाली आई है। किसानों को सिंचाई के लिए पानी उपलब्ध कराने के साथ ही यहाँ प्रतिवर्ष करीब 1100 मेगावाट बिजली पैदा की जाती है।

मध्यप्रदेश राज्य सरकार और राष्ट्रीय जलविद्युत ऊर्जा निगम (NHPC) के ज्वाइंट वेंचर से बनी कंपनी "नर्मदा हाइड्रो इलेक्ट्रिक डेवलेपमेंट कारपोरेशन" ने इंदिरा सागर बांध का निर्माण किया है। बाँध के सामने गाड़ी खड़ी करके उसे देर तक निहारा। बिजली उत्पादन स्टाफ़ से थोड़ी बातचीत करके आगे का रास्ता पकड़ा। अब वाहन चालन का जिम्मा सौम्या का था।

चालक को हिदायत दी कि पुनासा से सनावद तक मूँड़ी और सिधवॉरकुट जंगल में वन विभाग का उतार चढ़ाव भरा एकल रास्ता है। इस तरह के रास्ते पर वाहन चलाने की टेक्निक बहुत आसान है। अपनी साईड पकड़ कर चलो, कोई ओवरटेक नहीं, गति पर पूरा नियंत्रण रहे। सनावद से भीड़भाड़ इलाक़ा शुरू हुआ तो हमने ड्राइविंग का जिम्मा लिया। सनावद से ओंकारेश्वर के लिए दाहिनी तरफ़ मुड़कर मोरटक्को के बाजू से निकल ओंकारेश्वर पहुँचना है।

रास्ते में अंग्रेजों द्वारा डाली गई खंडवा से अजमेर मीटर गेज रेल लाईन क्रॉस करना पड़ी। अंग्रेजों ने भारत में रेल लाईन डालने के लिए नीतिगत निर्णय के तहत ब्रिटिश सूबों में ब्रिटिश कंपनी ब्रॉड गेज़ लाईन डालती थी। होलकर और सिंधिया जैसी बड़ी मालदार रियासतों से रक़म उगाहकर मीटर गेज़ लाईन डालते थे। उन्होंने खंडवा कमिश्नरी से राजपूताना एजेंसी अजमेर तक यह रेल लाईन डाली थी। जिसे ब्रॉड गेज़ होने का इंतज़ार है।

मध्य प्रदेश पर्यटन निगम की होटल टेम्पल व्यू में हमारा कमरा आरक्षित है। चार बजे होटल पहुँच तय किया कि कमरे से शाम सात बजे ज्योतिर्लिंग दर्शन को चल देंगे। यह होटल मांधाता पर्वत के सामने वाले पर्वत पर स्थित है। कमरे से दो बड़े पर्वतों के बीच से नर्मदा प्रवाहमान दिख रही है। नावों के इंजिन की फटफटाहट दोनों पर्वतों से टकरा कर प्रतिध्वनि पैदा कर रही है। कमरे की खिड़की से सामने देखा तो मांधाता पर्वत पर आदि शंकराचार्य की 108 फुट प्रतिमा हस्थदंड लिए खड़ी है। उसके उत्तर दिशा में ओंकारेश्वर ज्योतिर्लिंग मंदिर से घंटों की ध्वनि गूँज रही है और दक्षिण दिशा में पश्चिम मुख शिव प्रतिमा है। जितने समय कमरे में रुके यही दर्शन मिलते रहे।

ओंकारेश्वर ज्योतिर्लिंग दर्शन दस बजे तक खुलने की जानकारी मिल चुकी थी। साथ में यह भी पता चल गया कि आज पूर्णिमा होने से दर्शन हेतु भारी भीड़ होगी। दो घंटों के आराम के समय में ओंकारेश्वर के बारे में बातें होती रहीं। चाय की चुस्कियों के दौरान सौम्या ने प्रश्न दागा - इसे ओंकारेश्वर क्यों कहते हैं ?

- हमने पहले ॐ का शाब्दिक अर्थ बताया कि ॐ शब्द ब्रह्म है, वही कारण है बाक़ी सब परिणाम है अर्थात् दर्शन की कारण-कार्य (cause-effect theory) समझाई। यह संसार परिणाम है, जीव भी परिणाम है, इसका कारण परमात्मा "ब्रह्म" है। वही पुरुष और प्रकृति में प्रकट है। यही वेदान्त का अद्वैतवाद है।
- ॐ, में दो स्वर अ उ और एक व्यंजन म है। अ उ म अर्थात् अकार, उकार, और मकार जो प्रकृति के तीन गुणों के अर्थात् अकार सतोगुण, उकार रजोगुण तथा मकार तमोगुण के प्रतीक हैं। ॐ के ऊपर बिंदी

तीनों गुणों से परे निर्गुण ब्रह्म की प्रतीक है। पूरा ॐ पुरुष प्रकृति का संयोजन है। शास्त्रों में वर्णित है कि ॐ की ध्वनि ब्रह्माण्ड में गूँजती रहती है। वैदिक शास्त्रों में ओम की महिमा कही गई है। मारकंडे पुराण में है कि मानव को ॐ रूपी धनुष पर अपनी आत्मा रूपी बाण को लक्ष्य करके ईश्वर की ओर साधना चाहिए। ओम ब्रह्मांड में सदैव गुंजायमान रहता है। जीव उसके उच्चारण द्वारा इस ब्रह्मांड की गूंज से जुड़ असीम आनंद से जुड़ सकता है। फिर व्यावहारिक अर्थ बताया कि ॐ या ओंकार परमात्मा के मुख से निकलने वाला पहला शब्द है जिसने इस संसार की रचना में प्राण फूँके।

- शास्त्र कहते हैं, जब साधक ॐ के उच्चारण का जाप करता है तो वो सांसारिक गुण-दोष से परे निर्गुणता को प्राप्त होता हैं। ॐ के जाप, सही उच्चारण से शारीरिक ऊर्जा को आध्यात्मिक ऊर्जा में, और उस आध्यात्मिक ऊर्जा को ब्रह्मांड ऊर्जा से जोड़ जीव अस्तित्व के परम आनंद को प्राप्त कर सकता है। ॐकार शिव अनादि अनंत हैं। गुरुनानक देव जी ने भी "एक ॐकार" को ही ईश्वर माना है।

सौम्या – और ज्योतिर्लिंग?

- दर्शन के अनुसार "ब्रह्म" एक तेजस्वी सत्य है। द्वैतवाद सिद्धांत में ब्रह्म ने स्वयं को दो भाग- पुरुष और प्रकृति में विभक्त कर संसार की रचना की। वाल्मीकि रामायण के बालकाण्ड में एक कथा वर्णित है कि शिव तेज स्वरूप ब्रह्म हैं। शिव का उमा देवी से विवाह उपरांत पुरुष-प्रकृति युगल एक आनंद गुफा में प्रवेश कर गये। बहुत दिन हो गये, दानव उत्पात मचाने लगे। देवता ब्रह्मा जी को लेकर गुफा के द्वार पर पहुँच शम्भु (स्वयं-भू) जाप की ध्वनि से उन्हें पुकारने लगे। शिव गुफा द्वार पर आये तभी उनका तेज स्खलित हो गया। यह प्रश्न उठा कि इस तेज को धारण करने की क्षमता किस में है। अंततः वह बीज रूप तेज पृथ्वी को धारण करना पड़ा। उससे कार्तिकेय का जन्म हुआ। तेज का बचा अंश पृथ्वी को बारह जगह से भेदकर शिवलिंग रूप में प्रकट हुआ। उन्हीं स्थानों पर ज्योतिर्लिंग स्थापित हैं। उन्हें द्वादश ज्योतिर्लिंग कहा जाता है।

ओंकार मांधाता मध्य प्रदेश राज्य के खंडवा ज़िले में नर्मदा नदी में एक ॐ आकार के द्वीप पर बसा हुआ है। ओंकारेश्वर मन्दिर भगवान शिव के बारह ज्योतिर्लिंग में से एक है। यह नर्मदा नदी के बीच मन्धाता या शिवपुरी नामक द्वीप पर स्थित है। यह भगवान शिव के बारह ज्योतिर्लिंगओं में से एक है, सदियों पहले कोली जनजाति ने इस जगह पर लोगो की बस्तियां बसाई और अब यह जगह अपनी भव्यता और इतिहास प्रसिद्ध है।

इस मंदिर में शिव भक्त कुबेर ने तपस्या की थी जिसे शिव ने देवताओ का धनपति बनाया था। कुबेर के स्नान के लिए शिवजी ने अपनी जटा के बाल से कावेरी नदी उत्पन्न की थी। यह नदी कुबेर मंदिर के बाजू से बहकर नर्मदाजी में मिलती है, जिसे छोटी परिक्रमा करने वाले भक्तप्रत्यक्ष देख सकते हैं। यही कावेरी नदी ओमकार पर्वत का चक्कर लगाते हुए संगम पर वापस नर्मदाजी से मिलती हैं, इसे ही नर्मदा कावेरी का संगम कहते है।

सुबह नौ बजे भोपाल से चलकर नर्मदा किनारे बसी बस्तियों से लगे खेतों में फसल कटाई, आम की बोरों की ख़ुशबू, पलाश की लालिमा और मंडियों की तरफ़ गेहूँ बोरों से लदे ट्रैक्टरों के बीच चार बजे ओंकारेश्वर नाके पहुँचे। वहाँ चौबीस घंटे पार्किंग हेतु तीस रुपये की पर्ची कटाई।

वहाँ से दाहिनी तरफ़ एक रास्ता विष्णुपुरी नामक बस्ती से होकर दक्षिणी घाट पहुँचता है। रास्ते के छोर पर नर्मदाजी पर पक्का घाट है। तीर्थयात्री नर्मदा सेतु अथवा नौका द्वारा नर्मदा को पार करके मान्धाता द्वीप में पहुँचते हैं। द्वीप पर शिवपुरी में भी पक्का उतरी घाट है। यहाँ नर्मदा के दोनों घाट को कोटितीर्थ या चक्रतीर्थ माना जाता है। पाँच मंज़िला ओंकारेश्वर मन्दिर कुछ ऊँचाई पर है। यहीं स्नान करके यात्री सीढ़ियों से ऊपर चढ़कर ऑकारेश्वर-मन्दिर में दर्शन करने जाते हैं।

मध्य प्रदेश टूरिज्म का होटल नाके से बाईं तरफ़ थोड़ा चलकर एक पहाड़ी ओर है, जहाँ से शिवपुरी और मांधाता पर्वत बहुत सुंदर दृश्य उपस्थित करता है। साढ़े चार बजे होटल के कमरे में पहुँच स्नान करके आराम किया।

शाम को साढ़े छै बजे तैयार होकर पैदल ही ओंकारेश्वर ज्योतिर्लिंग दर्शन को चल दिये। होटल से बाहर निकल थोड़ा चले फिर एक तेज ढलान पर

नीचे उतरने लगे। ढलान तीखा था, थोड़े चलने में ही घुटनों और मांसपेशियों में दर्द होने लगा। अभी तो दो किलोमीटर नीचे उतर सेतु पार करके मांधाता पर्वत पर पहुँच फिर नीचे उतर कर तक़रीबन एक किलोमीटर चलकर मंदिर पहुँचना था। जैसे-जैसे बढ़ते गये वैसे-वैसे भीड़ भी बढ़ती जा रही थी। एक दुकान से फूल माला और प्रसाद तय करके जूते रखने की जुगाड़ में थे। तभी अचानक अमरावती से मराठी श्रद्धालुओं का बड़ा जत्था आ पहुँचा। जब तक जूते खोलते तब तक वह जत्था दर्शन की क़तार में लग चुका था। इतनी भारी भीड़ देख कर मन बैठने लगा। हमने दोनों साथियों से कहा कि तुम लोग पंक्ति में लग जाओ और जब भीड़ कुछ कम होने लगे तब हमें फ़ोन कर देना, हम भी दर्शन को आ जाएँगे।

प्रसाद वाले की दुकान से थोड़ा हटकर एक लोहे की बेंच पर तीन लोग बैठे थे। हम उनसे थोड़ी जगह निकाल बैठकर यात्रा वृतांत लिखने लगे। आधा घंटा बाद वो लोग उठ कर गये तो कानपुर का एक परिवार आकर खड़ा हुआ। उनके दो साथी उसी बैंच पर बैठे। उनके साथ के युवा साथी किसी जुगाड़ की तहत दर्शन की संभावना तलाश रहे थे। दो पण्डे उनके पास आए और सौदा तय होने लगा। शुरुआती बातचीत पाँच हज़ार से कम होते-होते दो हज़ार में पूरे परिवार को पिछले दरवाज़े से दर्शन कराना तय हुआ। भक्तों के मुखिया ने पूछा- कैसे ले जाओगे, पुलिस लगी है। पण्डे बोले- उनका हिसाब भी इसी में है, आप चलिए। लेकिन पंडों ने लाईन में आगे बढ़ने के पहले ही रक़म ढीली करवा ली। ये लाईन में लगवाने वाले पांडे थे, उन्होंने भक्तों का चार्ज दर्शन करवाने वाले पंडों को दे दिया।

वे सभी श्रद्धालु पण्डों के पीछे चल दिये। हम खड़े होकर कुछ देर सोचते रहे। फिर अन्यमनस्क से उनके साथ हो लिए। पण्डों को क्या पता कि हम उनके साथ हैं भी या नहीं। इस तरह तथाकथित पिछली लाईन में जाकर लगे। मुखिया ने रकम पण्डे के हाथ में रखी। दूसरा पण्डा पुलिस वालों से बात कर रहा था। रकम ढीली कर पहला पण्डा भी उससे जा मिला। इस तरह सद्भावना पूर्ण मिलीभगत से दुर्लभ दर्शन की राह आसान होती दिखी। थोड़ी ही देर में वहाँ भी भीड़ बढ़ने लगी। वह पंक्ति भी तक़रीबन एक किलोमीटर

चल कर धीरे-धीरे खिसकने लगी। मालूम पड़ा कि कई पण्डे और पुलिस वाले इस तथाकथित पिछले दरवाज़ा निष्काम कर्मयोग साधना में रत हैं। उमड़ती माया को उपेक्षापूर्वक निहारते मुद्रा फल ग्रहण करते हैं। वहाँ भी भीड़ में धक्कामुक्की होने लगी। हमने सोचा यार वापस निकलते हैं। लेकिन वापस निकलने का कोई जरिया नहीं था। हम दो तरफ़ लोहे के एंगल के बीच सैंडविच थे। आगे-पीछे लोगों के पेट और पीठ सटे थे। प्यास लगने लगी। यह तो अच्छा हुआ कि निस्तार की हूक नहीं उठी। नहीं तो बहुत मुश्किल हो जाती। आगे बढ़े तो दिखा मन्दिर के अहाते में पंचमुख गणेशजी की मूर्ति है।

इस विशेष पंक्ति में शुरू में चार-पाँच लोग एकसाथ आगे बढ़ रहे थे। आधा घंटा बाद तीन-चार लोग ही खिसक पा रहे थे। फिर एक ही भक्त के बढ़ने योग्य जगह रह गई। चींटी की तरह खिसकना शुरू हुआ। एक दरवाज़े से आठ-दस सीढ़ी चढ़कर ऊपर पहुँचे तो दाहिनी तरफ़ से बहुत भारी भीड़ आती दिखी। वह मुख्य दरवाज़े से आए भक्तों की भीड़ थी। उनका रेला इतना तेज और भरपूर था कि हमारी लाईन का बढ़ना रुक गया। दर्शन का स्थान आठ कदम रह गया था। लेकिन दस मिनट तक खड़े रहे। प्रथम तल पर ओंकारेश्वर लिंग विराजमान हैं। श्रीओंकारेश्वर का लिंग अनगढ़ है। यह लिंग मन्दिर के ठीक शिखर के नीचे न होकर एक ओर हटकर है। लिंग के चारों ओर जल भरा है। मन्दिर का द्वार छोटा है। ऐसा लगा जैसे गुफा में जा रहे हों। पास में ही पार्वतीजी की मूर्ति है। ओंकारेश्वर मन्दिर में सीढ़ियाँ चढ़कर दूसरी मंजिल पर जाने पर महाकालेश्वर लिंग के दर्शन होते हैं। यह लिंग शिखर के नीचे है। पुजारी की नज़र रुकी लाईन पर पड़ी तो उन्होंने मुख्य भीड़ को रोककर हमें दर्शन करने को आगे बढ़ाया। परंतु दस सेकंड भी दर्शन नहीं करने दिया। चलते-चलते दर्शन करके बाहर निकल गये।

मंदिर का कला विधान देखा। प्रथम तल पर जो नन्दी की मूर्ति है, उसकी हनु के नीचे एक स्तम्भ दिखाई देता है। ऐसा स्तम्भ नन्दी की अन्य मूर्तियों में विरल ही पाया जाता है। दूसरी मंजिल खुला प्रांगण है। उसके बाद महाकालेश्वर लिंग के ऊपर छत समतल न होकर शंक्वाकार है और वहाँ अष्टभुजाकार आकृतियां भी नहीं हैं। प्रथम और द्वितीय तलों के शिवलिंगों

के प्रांगणों में नन्दी की मूर्तियां स्थापित हैं। तीसरी मंजिल पर सिद्धनाथ लिंग है। चौथी मंजिल पर गुप्तेश्वर लिंग है। पांचवीं मंजिल पर ध्वजेश्वर लिंग है।

तीसरी, चौथी व पांचवीं मंजिलों पर स्थित लिंगों के ऊपर स्थित छतों पर अष्टभुजाकार आकृतियां बनी हैं जो एक दूसरे में गुंथी हुई हैं। तृतीय तल के प्रांगण में नन्दी की मूर्ति नहीं है। यह प्रांगण केवल खुली छत के रूप में है। वहाँ से नर्मदा घाट और बाँध का सुहावना नज़ारा दिखता है। चतुर्थ एवं पंचम तलों के प्रांगण नहीं हैं। वह केवल ओंकारेश्वर मन्दिर के शिखर में ही समाहित हैं। इस प्रकार दर्शन पूरे हुए।

जूता स्टैंड पर पाँच रुपये देकर जूता पहनना शुरू किया तभी सौम्या का फ़ोन आया कि बहुत अधिक भीड़ में दम घुटने लगा है, आपको इस तरह की भीड़ में नहीं आना चाहिए। हमने बताया कि हम तो जुगाड़ से दर्शन करके फ़ुरसत हो चुके हैं।

हम मंदिर प्रांगण से नीचे उतर एक चाय की दुकान पर बैठे। हल्दीराम की नमकीन मूंगफली दाना चाय के साथ सेवन किया। थकेमाँदे शरीर में जान वापस लौटी। चारों तरफ़ कोल्ड ड्रिंक और पानी की ख़ाली बोतलों का अंबार लगा था। गंदगी बज़बजा रही थी। दुकानदार से निस्तार की जगह पूछी तो उसने तीसरे बिजली खंभे से आगे एक गली की तरफ़ इशारा किया। उस अंधेरी गली में ज़रूरी काम निपटाया। एक दुकानदार से पूछा कि पुजारियों, पण्डों और पुलिसवालों की मिलीभगत यहाँ अकूत धन लूट रहे हैं। प्रशासन इसे व्यवस्थित करके भक्तों को नागरिक सुविधाएँ और सहज दर्शन क्यों नहीं उपलब्ध कराते। उसने बताया कि एक कर्तव्य निष्ठ कलेक्टर साहिब ने कोशिश आरंभ की थी तो प्रशासन ने नेतागीरी के दबाव में आकर उन्हें कम मलाई वाला ज़िलाधीश बना कर चलता किया। जय शंभु और जय श्रीराम का हुंकार लगाते इन वोट बैंक सांडों को कोई नियंत्रित नहीं कर सकता है।

हमारे दर्शन के दो घंटे बाद रात दस बजे हमारे साथी दर्शन लाभ लेकर लौटे। परंतु खुश थे कि भोले बाबा के दर्शन हो गये। उन्होंने बताया, वह मराठी जत्था उन्हें सम्भाल कर आगे बढ़ाता रहा था। एक अस्सी वर्षीय मराठी जनाना सौम्या का हाथ पकड़ उसे भीड़ की दबोच से बचाती चलती रही।

इस प्रकार ओंकार बाबा के दर्शन पूरे हुए। अहसास हुआ कि आज भी लोक प्रशासन से अधिक संवेदनशील हैं। लोक में भक्ति भाव है, प्रशासन में शक्ति ताव है। भक्ति दर्शन में मग्न है, शक्ति अर्थ पूजा में संलग्न है।

होटल लौटकर भोजन करने बैठे तो सौम्या ने कहा - ओंकार मांधाता में ओंकार जी की कथा तो आपने सुना दी, अब मांधाता पर भी आपके प्रवचन हो जायें।

बिटिया की व्यंगोक्ति को निर्विकार भाव से ग्रहण करते हुए हमने कहा -

- सुनो पुत्री, पुराणों में राजा मान्धाता के जन्म की कथा बहुत ही रोचक ढंग से आती है। रघुवंशी श्रीराम के एक पूर्वज मान्धाता के पिता का नाम युवनाश्व था। उन्होंने कई सहस्त्र यज्ञ कर धर्मपालन की पराकाष्ठा कर दी थी। किन्तु उनकी कोई संतान नहीं थी। जिसकी वजह से वो बहुत दुखी रहते थे। इसलिए राजकाज मंत्रियों को सौंप वन में जाकर रहने लगे थे। नज़दीक में भार्गव ऋषि का आश्रम था। भार्गव ऋषि उनको पुत्र प्राप्ति का यज्ञ करने की बात मान व्यवस्था करने लगे। युवनाश्व को एक दिन वन में बहुत प्यास लगी। उन्होंने हर तरफ पानी की खोज की किन्तु उन्हें कहीं भी पानी ना मिला। वो जल ढूँढते ढूँढते ऋषि के आश्रम तक चले आये। दोपहर के समय सभी ऋषिगण सो रहे थे इसलिए उन्होंने उन्हें जगाना उचित ना समझा।
- उन्होंने देखा कि वहाँ पर एक बर्तन में पानी रखा हुआ है। वो मंत्रित जल उनकी संतान प्राप्ति हेतु उनकी पत्नी के लिए था, उन्होंने उस बर्तन का पानी पी लिया। इतने में ऋषि आ गये। उन्होंने कहा- तुमने यह जल पी लिया है अब अपने पुत्र को तुम ही जन्म दोगे। नियत समय पर उनके अंग से एक पुत्र का जन्म हुआ।
- जब देवराज इंद्र को इस अद्भुत घटना का पता लगा तो कुतूहलवश उसे देखने पृथ्वी पर आ गये। देवराज बालक के पास खड़े थे तभी ब्राह्मण ने पूछा – "कि यह बालक किसका दूध पियेगा।" यह सुनकर इंद्र ने अपना अंगूठा बच्चे के मुंह में डाल दिया और कहा कि 'मा धता'। यानी

वो बालक इंद्र से तृप्त होगा। इंद्र मन के स्वामी हैं। इस कारण सबने मिलकर बालक का नाम मान्धाता रखा। कहते हैं कि मान्धाता के सिर्फ सोचने से उसको सभी शास्त्र याद आ गए। सबसे शक्तिशाली देवास्त्र भी उसके पास चले आये। मान्धाता ने तीनों लोकों को मात्र एक दिन में ही जीत लिया था।

- उन्होने कई सहस्त्र यज्ञ करवाये। अपने यज्ञबल की सहायता से उन्होंने इंद्र का आधा सिंहासन तक हासिल कर लिया था। एक बार जब रावण के साथ मान्धाता का युद्ध हुआ था तो मान्धाता ने अकेले ही रावण की पूरी सेना का विनाश कर दिया था। जिसकी वजह से रावण ने उनके ऊपर रौद्रास्त्र चला दिया था। जिसको मान्धाता ने अग्न्यास्त्र से रोक दिया। इसके बाद रावण ने उनपर गंधर्व अस्त्र का प्रयोग किया जिसको मान्धाता ने अपने ब्रम्हास्त्र से काट दिया। इसके बाद रावण ने पाशुपतास्त्र का आवाहन किया जिसकी वजह से पूरी सृष्टि में भय की स्थिति उत्पन्न हो गयी। किन्तु ऋषियों के कहने पर रावण ने पाशुपतास्त्र का उपयोग नहीं किया।
- उत्तरकाण्ड में बताया गया है कि जब मान्धाता ने पूरे स्वर्ग को जीतने की तैयारी की तो सारे देवता घबरा गये। तब इंद्रदेव ने मान्धाता ने कहा कि क्या तुम सम्पूर्ण विश्व को जीत चुके हो। जिसके जवाब में मान्धाता ने कहा सम्पूर्ण विश्व में कोई ऐसा नहीं है जो उनसे जीत सके। तब इंद्रदेव ने कहा कि तुम रावण को नहीं हरा पाए। मान्धाता ने कहा कि मैं रावण को पराजित कर चुका हूँ। क्योंकि रावण के पास अमृत कलश है जिसकी वजह से मैं उसके प्राण नहीं ले सकता। इसके बाद इंद्र ने कहा अभी एक व्यक्ति और हैं जिसको तुम नहीं हरा पाए हो।

मान्धाता के पूछने पर इंद्रदेव ने बताया –

मधु दैत्य का पुत्र लवणासुर तुम्हे अपना राजा नहीं समझता। पहले जाकर उसको अपने अधीन करो फिर स्वर्ग जीतने के लिये आना। यहाँ इंद्रदेव ने बहुत बड़ी चाल चली। सिर्फ उसको ही पता था कि लवणासुर के पास भगवान शिव का एक शूल होने के कारण उसे कोई पराजित नहीं कर सकता। मान्धाता

को इस बात का कोई ज्ञान नहीं था। मान्धाता ने क्रोधित होकर लवणासुर पर आक्रमण कर दिया। जिसमें लवणासुर की लगभग सारी सेना मारी गयी और वो खुद बहुत जख्मी हो गया। आखिरकार उसने भगवान शिव का शूल मान्धाता पर चला दिया। उस अमोघ शूल के प्रहार से मान्धाता की वहीं मृत्यु हो गयी। इंद्र ने बहुत चतुराई से मान्धाता से मुक्ति पाई। लवणासुर का वध आगे चलकर भगवान श्रीराम के छोटे भाई शत्रुघ्न ने उसके शिव शूल विहीन होने पर किया था।

*

होटल पहुँच कर रात्रि भोजन उपरांत खिड़की से बाहर देखा तो सामने की पहाड़ी पर पूर्णिमा की दूधिया चाँदनी में शंकराचार्य का पुतला चमक रहा था। सेतु से एक रास्ता पुतले तक जाता है। जिस पर रोशनी की क़तार त्रिशूल से होती पुतले तक और उससे आगे शिव मूर्ति तक दिख रही है। सौम्या ने पूछा – शंकराचार्य का जन्म कलाड़ी में हुआ और इन्होंने केदारनाथ में देह त्यागी थी तो इनका पुतला ओंकारेश्वर में स्थापित क्यों किया है।

- आदि शंकराचार्य (788-820 ई.पू.) का जन्म केरल के कोच्चि के पास कलाड़ी में हुआ था। भारत में वह समय राजनीतिक, सामाजिक और आध्यात्मिक बिखराव का काल था। समूचा समाज धार्मिक रूप से आडम्बर, पाखंड, हिंसा और तंत्रमंत्र की गिरफ़्त में था। जनसामान्य में भक्ति का उद्भव नहीं हुआ था। षड्दर्शन आपस में टकरा रहे थे, उनमें समन्वय नहीं था।
- आदि शंकराचार्य बचपन से ही प्रतिभाशाली थे। उनके बारे में कहा जाता है कि उन्होंने दो वर्ष की अल्प आयु में वेदों, उपनिषदों, रामायण, महाभारत का गहन अध्ययन कर लिया था। वे 7 वर्ष की आयु में संन्यास धारण कर सन्यासियों के साथ एक युवा भिक्षु के रूप में ओंकारेश्वर पहुँचे थे, जहाँ उनकी भेंट गुरु गोविंद भगवद्पाद से हुई थी। चार वर्षों तक यहाँ रहे और यहाँ अध्ययन कर शिक्षा ग्रहण की।

- वैदिक दर्शनों में प्राचीन षड्दर्शन (छः दर्शन) सांख्य, योग, न्याय, वैशेषिक, पूर्वमीमांसा और उत्तरमीमांसा प्रसिद्ध हैं। इनके प्रणेता क्रमशः कपिल, पतंजलि, गौतम, कणाद, जैमिनि और बादरायण थे। इनमें उस समय अंतिम उत्तरमीमांसा के प्रणेता बादरायण माने जाते हैं। शंकर ने इस दर्शन का परिष्कार करके इसे वेदान्त दर्शन नाम दिया अर्थात् जहाँ वेदों का ज्ञान संपूर्ण होकर उनका अंत मान लिया गया। उन्होंने 12 वर्ष की उम्र में ओंकारेश्वर छोड़ दिया और पूरे देश की यात्रा पर निकल पड़े।
- आदि गुरु शंकराचार्य 16 वर्ष की अवस्था में 100 से भी अधिक ग्रंथों की रचना कर चुके थे। जगद्गुरु शंकराचार्य ने भारत के चार भागों में चार मठों की स्थापना की, वे मठ हैं- श्रृंगेरी पीठ, ज्योतिषपीठ बदरिकाश्रम, पुरी गोवर्धन पीठ और द्वारिका शारदा पीठ।
- उनकी सबसे बड़ी देन "ज्ञानयोग" है, जिसकी अनुभूति और सैद्धांतिक विचार का ज्ञान सतत अध्ययन, गुरु विमर्श और चिंतन-मनन से यहीं इसी मांधाता पर्वत पर हुआ था। जिसने सनातन धर्म का परिष्कार किया। सामने दिख रही 108 फीट ऊंची प्रतिमा 'स्टेच्यू ऑफ वननेस' यानि एकात्मवाद की मूर्ति कही जाती है। यह पूरी दुनिया में शंकराचार्य की सबसे ऊची प्रतिमा है। ओंकारेश्वर को शंकराचार्य की दीक्षा स्थली माना जाता है। यहाँ वे अपने गुरु गोविंद भगवत्पाद मिले और यहीं चार वर्ष रहकर उन्होंने विद्या अध्ययन किया था। इसलिए उनकी प्रतिमा की स्थापना का स्थान इससे अधिक उपयुक्त कहीं और हो नहीं सकता।

आदि गुरु शंकराचार्य का जीवनकाल मात्र 32 साल का रहा, लेकिन इस ऑल जीवनावधि में उन्होंने सनातन धर्म और वैदिक ज्ञान को वेदान्त के रूप में पुनः जीवित कर दिया। उनके द्वारा बताए मार्ग आज भी संतों और सनातन धर्म में आस्था रखने वाले भक्तों का मार्गदर्शन करते हैं। बातें करते-करते शयन का समय हो गया। रात्रि विश्राम के बाद अगले दिन अस्सी किलोमीटर चलकर इन्दौर पहुँचना है।

25 मार्च को सुबह आदि शंकराचार्य स्टैच्यू के दर्शन किए। होटल की तरफ़ से उपलब्ध नाश्ता में पूड़ी और आलू की सब्ज़ी का सेवन किया। दोपहर बारह बजे इंदौर के लिये निकले। साथियों को जिज्ञासा उत्पन्न हुई कि इन्दौर क्या "In door" से निकला है। उन्हें बताया नहीं भाई, घर-घर सामान बेचने वाली "In door" तो अभी-अभी बनी है। इन्दौर बहुत पुराना शहर है। यह इन्दूर से इन्दौर हुआ है। इन्दूर भी इंद्रपुर से आया है। मुग़ल साम्राज्य के बादशाह औरंगज़ेब की 1707 ईस्वी में मृत्यु के बाद अराजकता के माहौल में मालवा सहित पूरे उत्तर भारत में छोटे राज्यों का उदय हुआ। सैकड़ों राज्य अस्तित्व में आ गये। मालवा के विखंडन से उज्जैन भी एक छोटा सा राज्य रह गया। इसके पड़ौसी राजा इंद्र सिंह ने उज्जैन पर आक्रमण करने हेतु काह्न नदी (कान या खान) के निकट डेरा डाला। वे इस जगह की प्राकृतिक हरियाली से बहुत प्रभावित हुए। नज़दीक ही काह्न और सरस्वती के संगम पर शिवलिंग स्थापित कर 1731 ई. में इन्द्रेश्वर मंदिर का निर्माण किया।

इस प्रकार इन नदियों के संगम पर ही इंद्रपुर की स्थापना की गई। काह्न और सरस्वती नदियों का अस्तित्व बारिश के दिनों में दिखाई देता है। बाक़ी समय ये नाला बनकर शहर की गंदगी समेटती हैं। कान्ह नदी देवास और इन्दौर के बीच काकरी पहाड़ियों से निकलती है जो शिप्रा नदी का स्रोत भी है। यह बाद में सरस्वती में मिलती है, जो आगे शिप्रा, फिर चंबल, फिर यमुना अंततः प्रयाग में गंगा नदी में समा जाती है।

कई वर्षों बाद जब पेशवा बाजीराव ने इन्द्रपुर पर अधिकार कर मराठा सूबेदार 'मल्हार राव होलकर' को प्रशासक रख दिया। उन्होंने इसी जगह को ठिकाना बनाया। उन्होंने इन्द्र और पुर को मिलाकर इन्दूर कहा। तब से मराठा दस्तावेज में इसे इन्दूर कहा जाने लगा। ब्रिटिश राज के दौरान यह नाम अपने वर्तमान रूप इंदौर में बदल गया। यह एक प्रकार से मालवा की अघोषित राजधानी और घोषित रूप से मध्यप्रदेश की वाणिज्यिक राजधानी है। बीच में 1947 से 1956 में मध्यप्रदेश बनते तक छह महीने "मध्य भारत" की राजधानी रहती थी। बाक़ी छह माह ग्वालियर बतौर राजधानी हुआ करता था।

अभी तक भोपाल से ओंकारेश्वर तक, हम नर्मदा के किनारे से मालवा की दक्षिण सीमा पर चल रहे थे। हम बाँध के नज़दीक से गुजरते नर्मदा सेतु से दक्षिण तट पर पहुँचे थे, अब पुनः उत्तरी तट पर मोरटक्का से बड़वाह पहुँचेंगे। निमाड़ से मालवा में पहुँच जाएँगे। नर्मदा नदी निमाड़ और मालवा की विभाजक रेखा है।

अब ठेठ मालवा के पठार में दाखिल होने जा रहे हैं। मोरटक्का के पास नर्मदा का पुल आ गया है। इस तरफ़ का इलाक़ा निमाड़ है, जो निमाड़ी सांस्कृतिक विरासत के लिए जाना जाता है। नर्मदा के दक्षिण में खंडवा ज़िला पूर्वी निमाड़ और खरगोन पश्चिमी निमाड़ कहलाते हैं। नर्मदा पार करके दूसरी तरफ़ पहुँचते ही इन्दौर ज़िला की बड़वाह बस्ती दिख रही है। बड़वाह तरफ़ के घाटों पर भक्तों का नहाना धोना चल रहा है। बड़वाह बस्ती से ही एक रास्ता महेश्वर जाता है। उसके आगे बड़वानी आता है, जो कवि प्रदीप और जॉनीवॉकर की जन्मभूमि है। वहाँ से आगरा-बॉम्बे रोड़ गुज़रती है।

आज धुलेड़ी का दिन है, हमको रास्ते भर धुड़ैली की धूम मिलती रही। बड़वाह में वाहन में ईंधन भरवाया। पेट्रोल पम्प पर भाँग शराब में धुत्त युवकों द्वारा उनके वाहनों में भी ईंधन भरवाए जा रहे थे। हमें भय था कि हुरियारे कहीं हमारी गाड़ी पर भी रंग गुलाल न डालें। लेकिन कुछ हुआ नहीं। हम इन्दौर तरफ़ बढ़ते रहे। रास्ते में एक ढाबानुमा रेस्टोरेंट में रुककर चाय निस्तार इत्यादि से फ़ारिग होकर आगे बढ़े।

विंध्याचल पहाड़ियों का तक़रीबन दस किलोमीटर घाट आरंभ हुआ। बीच में तीखा घाट होने से साथियों को ड्राइविंग के तरीक़े बताते चले कि इन घाटों पर ओवरटेक और तेज गति घातक हो सकती है। वाहन अचानक रोकने से वह पीछे लुढ़कने लगता है तब हैंड ब्रेक और पैडल ब्रेक का एक साथ उपयोग होता है। साथ में गाड़ी को निचले गियर में रखना भी ज़रूरी है। ऑटोमैटिक वाहन होने से गियर स्वचालित होता है। ब्रेक और एक्सलेरेटर का ध्यान रखना होता है। जैसे-जैसे इंदौर नज़दीक आता जा रहा था, हुड़दंगों की भीड़ बढ़ती जाती थी। होटल प्रेसिडेंट का पता गूगल मैप पर सेट करके तीन बजे के लगभग होटल कमरे में पहुँच आराम किया। धुलैडी होने से इंदौर

में कुछ भी खुला नहीं था। होटल में ही डिनर करके पैदल घूमने निकले। खाने-पीने के ठिकाने खुलने लगे थे। अगले दिन सुबह छह बजे उज्जैन के किए निकलना था इसलिए रात को जल्दी ही बिस्तर में घुस आराम किया।

*

26 मार्च को सुबह छह बजे महाकाल दर्शन हेतु उज्जैन के लिए निकल लिये। रास्ते पर ट्राफ़िक नगण्य होने से सवा आठ बजे महाकाल मंदिर पार्किंग में थे। जूतों को गाड़ी में ही निकाल आगे बढ़े तो प्रसाद बेचने वाले ने माथे पर महाकाल लिख दिया। उसी से प्रसाद लेकर दर्शन हेतु क़तार में लग गये। आधा घंटा चलते रहे। जब गर्भ गृह के नज़दीक पहुँचने वाले थे, तभी सुरक्षा कर्मियों ने कहा कि मोबाईल सुरक्षित अभिरक्षा में जमा करवा दीजिए। लिहाज़ा उसी लाईन में लगे। आधा घंटा तक लाईन आगे नहीं बढ़ रही थी। दर्शनार्थी हल्ला करने लगे। सुरक्षा कर्मियों ने जानकारी दी कि सर्वर डॉउन होने से मोबाईल पर्ची नहीं निकल रही हैं। जब हल्ला हंगामा में बदलने लगा तब एक पुलिस अफ़सर ने सभी दर्शनार्थियों को मोबाईल सहित दर्शन को जाने देने की अनुमति दे दी। तब तक पीछे से आने वालों की भीड़ आगे बढ़ चुकी थी। मन मारकर चुपचाप उनके पीछे हो लिये। गर्भ गृह में जाने की अनुमति किसी को भी नहीं दी जा रही थी। कुछ लोगों ने फोटो उतारे तो उनके मोबाईल जप्त करने की झंझटें होने लगीं। अंततः पंद्रह मिनट चलकर महाकाल बाबा के दर्शन दूर से ही किए। हम दर्शन करके कोटा के लिये निकल लिये।

रास्ते में साथियों ने उज्जैन के इतिहास के बारे में जानना चाहा तो उन्हें विस्तार से बताया कि अब हम उज्जैन में महाकालेश्वर ज्योतिर्लिंग दर्शन उपरांत मालवा का पठार पार करके राजपूताना में प्रवेश करेंगे। पहले मालवा का इतिहास समझो। मालवा क्षेत्र भौगोलिक रूप से ज्वालामुखी से उपजा अंचल है। मध्य प्रदेश के पश्चिमी भाग तथा राजस्थान के दक्षिणी-पूर्व में स्थित यह क्षेत्र राजा भोज के काल से ही एक स्वतंत्र राजनीतिक इकाई रहा है। यद्यपि इसकी राजनीतिक सीमाएँ समय-समय पर परिवर्तित होती रही

तथापि इस क्षेत्र में मालवा की विशिष्ट सभ्यता, संस्कृति एवं भाषा का विकास हुआ है। इसे प्राचीनकाल में 'मालवा' या 'मालव' के नाम से जाना जाता था। पश्चिमी मध्य प्रदेश का यह क्षेत्र मालवा कहलाता है।

आर्यों के गुर्जर, प्रतिहार, क्षुद्रक, जाट, मालव नाम के कई कबीले भारत आये थे। मालव आर्यों के एक कबीले का नाम था। वे पंजाब के इलाक़ों में बसा करते थे। आज भी पंजाब में मालवा नाम का एक इलाक़ा है। मालव जनजाति का उल्लेख सर्वप्रथम ई. पू. चौथी सदी में मिलता है। मालव आरंभ में पंजाब तथा राजपूताना क्षेत्रों के निवासी थी, लेकिन सिकंदर से पराजित होकर वे अवन्ति और उसके आस-पास के क्षेत्रों में बस गये। उन्होंने दशार्ण तथा अवन्ति को अपनी राजनीतिक गतिविधियों का केंद्र बनाया। दशार्ण की राजधानी विदिशा थी तथा अवन्ति की राजधानी उज्जयिनी थी। कालांतर में यही दोनों प्रदेश मिलकर मालवा कहलाये। इस प्रकार एक भौगोलिक घटक के रूप में 'मालवा' का नाम लगभग प्रथम ईस्वी सदी में मिलता है। मालवा पर क़रीब 547 वर्षो तक भील राजाओ का शासन रहा, जिनमें राजा धन्ना भील प्रमुख रहे। मौर्य शासक चंद्रगुप्त मौर्य के समय के शासक राजा गरिमध्वज भील थे, वे अपनी बहादुरी और शौर्य के लिए जाने जाते थे। चन्द्रगुप्त मौर्य के मालवा आक्रमण के दौरान उनका सामना भील राजा से हुआ, लेकिन चाणक्य की नीति के फलस्वरूप दोनों राजाओं में मित्रता हो गई। सम्राट अशोक युवा अवस्था में अवन्ति के राजपाल थे। पिता बिंदुसार की मृत्यु होने पर सम्राट कर हासिल करके हेतु अशोक ने यहीं से अभियान आरंभ किया था। राजा धन्ना भील के ही एक उत्तराधिकारी ने 730 ईस्वी में भारत के सम्राट को चुनौती दी थी, इस प्रकार मालवा उस समय एक शक्तिशाली राज्य था।

मालवा प्रदेश के अंतर्गत संपूर्ण पश्चिमी मध्य प्रदेश का विस्तृत भू-भाग आता है, जो दक्षिण में नर्मदा किनारे तक विस्तारित विंध्य श्रेणी, पूर्व में बुंदेलखण्ड, उत्तर में गुना-शिवपुरी क्षेत्र और राजस्थान तथा पश्चिम में गुजरात और अरावली पर्वतमाला से घिरा है। वर्त्तमान में इसके अंतर्गत धार, झाबुआ, रतलाम, नीमच, देवास, इंदौर, उज्जैन, मंदसौर, सीहोर, शाजापुर, रायसेन, राजगढ़ तथा विदिशा जिले आते हैं।

हिंदू धार्मिक ग्रंथ में महाकाल को भगवान शिव का परम रूप माना जाता है, जो सभी तत्वों का विनाशक है। ऐसा माना जाता है कि उससे परे कुछ भी नहीं है, कोई तत्व नहीं, कोई आयाम नहीं, यहाँ तक कि समय भी नहीं। इसीलिए उसे 'महा' अर्थात समय या 'काल' से भी बड़ा कहा जाता है। काल को समय या मृत्यु भी कहा जाता है। उज्जैन में महाकाल मंदिर है। जिसे अवन्तिका नाम से सप्त नगरियों में गिना जाता है।

अयोध्या मथुरा माया काशी कांची अवन्तिका।
पुरी द्वारावती ह्येता: सप्तैता: मोक्षदायिका: ।

अर्थात् - अयोध्या, मथुरा, हरिद्वार, काशी, कांची, उज्जैन और द्वारका, ये सात पुरियां कल्याण करने वाली एवं मोक्ष देने वाली है।

पवित्र सिप्रा नदी के दाहिने तट पर स्थित उज्जयिनी को भारतीय राष्ट्र की सांस्कृतिक पहचान का केंद्र "मणिपुर कमल" बताया गया है। यह भारत की उन सात प्राचीन पुरियों में से एक है जिन्हें मोक्ष प्रदान करने वाला माना जाता है। प्राचीन विश्व की यमोत्तारा नाम की मध्याह्न रेखा इस स्थान से होकर गुजरती थी। प्राचीन ग्रंथों में इसका अलग-अलग नाम दिया गया है। ऐसे कुछ नाम हैं अवंतिका, उज्जैन, प्रतिकल्पा, कनकश्रृंगा, अमरावती, शिवपुरी, चूड़ामणि, कुमुदवती आदि। महाकवि कालिदास ने इसे महान विशाला कहा है जबकि प्राचीन एकल-नाटक "भानस" इसे सार्वभौम शहर के रूप में वर्णित करते हैं। साधु-संत और वैज्ञानिक जैसे सांदीपनि, महाकात्यायन, भास, भर्तृहरि और राजा विक्रमादित्य के दरबार के नौ रत्न जिनमें कालिदास, अमरसिंह-वराहमिहिर, शूद्रक, बाणभट्ट, मयूर, राजशेखर, पुष्पदंत, हरिसेन, वल्लभाचार्य का उज्जैन से घनिष्ठ संबंध रहा है।

इसे कृष्ण-बलराम, चंदा प्रद्योत, वत्स के राजा उदयन, मौर्य राज्यपाल अशोक, सम्राट संप्रति, योद्धा राजा विक्रमादित्य, महाक्षत्रप चष्टन और रुद्रदामन, परमार शासक मुंजराज-भोजदेव और जैसे महान राजनीतिक व्यक्तित्वों की विशेष आत्मीयता से ऊंचा उठाया गया है। उदयादित्य, मुग़ल गवर्नर सवाई जय सिंह- आमेर के राजा, महादाजी सिंधिया आदि। उज्जैन

मुग़ल सम्राटों अकबर, जहाँगीर और शाहजहाँ का विश्राम स्थल रहा था। अवंतिका कई तीर्थों का शहर रहा है, जहाँ तीर्थयात्री स्नान करते हैं, धार्मिक उद्देश्यों के लिए दान देते हैं, और दिवंगत पूर्वजों के लिए तर्पण और श्राद्ध करते हैं। ऐसे तीर्थ क्षिप्रा और उसकी सहायक नदियों, सप्त सागर (सात झीलें), तड़ाग (टैंक), कुंड और वापिस (कुओं) के तट पर स्थित हैं। इन तीर्थों पर बड़े आकार के और सुरम्य घाटों की एक श्रृंखला स्थित है, जिनमें प्रमुख हैं त्रिवेणी, गौ, नृष्म, पिशाचमोचन, हरिहर, केदार, प्रयाग, ओखरा, भैरव, गंगा, मंदाकिनी, सिद्ध तीर्थ। प्रत्येक बारह वर्ष के अंतराल पर सिंहस्थ पर्व के पवित्र अवसर पर लाखों साधु और तीर्थयात्री यहाँ स्नान करते हैं। हालाँकि पूरा भारत एक सांस्कृतिक राष्ट्र है, फिर भी सबसे उल्लेखनीय धार्मिक स्थल चार धाम हैं, अर्थात् उत्तर में बदरी-केदार, पूर्व में पुरी, दक्षिण में रामेश्वर और पश्चिम में द्वारिका, मुख्य देवता बद्री-विशाल, जगन्नाथ, रामेश्वर और भगवान कृष्ण। इन सभी धामों के केंद्र में अवंतिका है जो लघु रूप में एक धार्मिक भारत का प्रतिनिधित्व करती है, उत्तर में क्षेत्रपाल दार्दुरेश्वर, पूर्व में पिंगलेश्वर, दक्षिण में कायावरोहणेश्वर और पश्चिम में बिल्वेश्वर है। न केवल अवंती क्षेत्र के बल्कि संपूर्ण सांस्कृतिक भारत के प्रमुख देवता क्षेत्राधिपति महाकालेश्वर हैं। प्राचीन काल में उज्जयिनी एक महाकाल वन (जंगल) में स्थित थी।

बहुप्रसिद्ध अवंती क्षेत्र इसका एक हिस्सा था। स्कंद पुराण के अवंती खंड में बताया गया है कि प्राचीन काल में कई ऋषियों, ऋषियों, देवी-देवताओं, यक्ष, किन्नरों आदि ने इस वन में तप किया था। यह वह वन था जहाँ भगवान शिव ने अपनी दिव्य शक्ति से कई अलौकिक कर्मों का प्रदर्शन किया, इस प्रकार अपने महादेव नाम को उचित ठहराया। इस वन में हजारों शिव लिंग विद्यमान थे और उनकी पूजा की जाती थी, इस क्षेत्र में, महाकाल ने ब्रह्मा का सिर काटने और उनके कपाल (माथा) को कुचलने के बाद तपस्या की थी, महाकाल वन और अवंतिका दोनों भगवान को बहुत प्रिय रहे हैं। इसलिए, वह इस क्षेत्र का शाश्वत चेतन शरीर है, इस तथ्य के कारण, अवंतिका को सभी तीर्थों में सर्वश्रेष्ठ माना जाता है। यह वह महाकाल वन था जहाँ भगवान विष्णु, ब्रह्मा के अनुरोध पर, सभी प्राणियों के कल्याण के लिए कुश घास के आसन पर बैठे थे, इसलिए, इस शहर को कुशस्थली के नाम से भी जाना

जाता था। यह क्षेत्र दिव्य त्रिमूर्ति-ब्रह्मा, विष्णु और महेश को बहुत प्रिय रहा है।

जहाँ तक उज्जयिनी नाम का सवाल है, पौराणिक किंवदंतियों में बताया गया है कि एक त्रिपुर राक्षस, ब्रह्मा से आशीर्वाद पाकर देवताओं और उनके अनुयायियों के प्रति बहुत क्रूर और अत्याचारी हो गया था। अंततः, सभी दिव्य शक्तियों ने भगवान शिव से त्रिपुरा के बुरे कार्यों से उनकी रक्षा करने का अनुरोध किया। भगवान शिव ने देवी रक्तदंतिका की पूजा की और उन्हें प्रसन्न करने के बाद महान हथियार महापाशुपतास्त्र प्राप्त किया, जिसके प्रहार से राक्षस मारा गया। इस विजय के परिणामस्वरूप यह शहर उज्जयिनी या उज्जैन के रूप में लोकप्रिय हो गया। मत्स्य पुराण के अनुसार, राक्षस अंधका का वध भी भगवान शिव ने इसी महाकाल वन में किया था। यह वह क्षेत्र भी रहा है जहाँ प्रसिद्ध भक्त प्रह्लाद को भगवान विष्णु और भगवान शिव से अभय प्राप्त हुआ था। राक्षसों पर भगवान शिव की विजय के परिणामस्वरूप, महलों के प्रवेश द्वारों और शिखरों को सोने की पट्टियों से सजाया गया था, जिसके कारण उज्जयिनी को कनकश्रृंगा यानी सोने के शिखरों का शहर भी कहा जाता था। जैसे-जैसे समय बीतता गया, टाउनशिप के तेजी से विकास और विस्तार के कारण इस वन का क्षेत्र कम होता गया। कालिदास की कथा के अनुसार, महाकाल मंदिर के चारों ओर केवल एक उपवन मौजूद था, जो क्षिप्रा की सहायक नदी गंधावती की हवाओं से ठंडा हो जाता था।

महाकाल मंदिर सबसे पहले कब अस्तित्व में आया, यह बताना मुश्किल है। हालाँकि, इस घटना को प्रागैतिहासिक काल का बताया जा सकता है। पुराण बताते हैं कि इसकी स्थापना सबसे पहले प्रजापिता ब्रह्मा ने की थी। छठी शताब्दी में राजा चंदा प्रद्योत द्वारा राजकुमार कुमारसेन की नियुक्ति का उल्लेख मिलता है।

महाकाल मंदिर का उल्लेख कई प्राचीन भारतीय काव्य ग्रंथों में भी मिलता है। इन ग्रंथों के अनुसार यह मंदिर अत्यंत भव्य था। इसकी नींव एवं चबूतरा पत्थरों से निर्मित किया गया था। मंदिर लकड़ी के खंभों पर टिका हुआ था। गुप्त काल से पहले मंदिरों पर कोई शिखर नहीं थे। मंदिरों की

छतें अधिकतर सपाट होती थीं। संभवतः इसी तथ्य के कारण, रघुवंशम में कालिदास ने इस मंदिर को 'निकेतन' के रूप में वर्णित किया था। राजा का महल मंदिर के आसपास था। मेघदूतम् के आरंभिक भाग में कालिदास ने महाकाल मंदिर का आकर्षक वर्णन किया है।

ऐसा प्रतीत होता है कि यह चंडीश्वर मंदिर तत्कालीन कला एवं स्थापत्य कला का अनुपम उदाहरण रहा होगा। यह पता लगाया जा सकता है कि उस शहर के मुख्य देवता का मंदिर कितना शानदार था, जिसमें बहुमंजिला सोना चढ़ाया हुआ महल और इमारतें और शानदार कलात्मक भव्यता थी। मंदिर प्रवेश द्वारों से जुड़ी ऊंची प्राचीरों से घिरा हुआ था। गोधूलि के समय चमचमाते दीपकों की जीवंत कतारें मंदिर-परिसर को रोशन कर देती थीं।

उज्जैन के बारे में बातें करते, हम आगर पार करके राजस्थान की सीमा में घुसकर झालावाड़ ज़िले में प्रवेश कर चुके हैं। हमारे दाहिनी तरफ़ 30 से 40 किलोमीटर की दूरी पर नरसिंहगढ़ के नज़दीक पहाड़ों से निकली कालीसिंध नदी और उसके समानांतर 40 से 50 किलोमीटर पूर्व दिशा से आष्टा के नज़दीक पहाड़ों से निकली पार्वती नदी कोटा तरफ़ बह रही हैं। वहीं हमारी यात्रा की पश्चिम दिशा में महू के जंगलों से निकली चंबल साथ चल रही है। चंबल और कालीसिंध झालावाड़ ज़िले में समानांतर बहकर कोटा में मिल जायेंगी। दोनों मिलकर चंबल आगे सवाई माधोपुर ज़िले में प्रवेश करेगी। वहीं रणथम्भोर पार्क के जलग्रहण क्षेत्र में पार्वती नदी से मिलती है। चंबल कोटा में पढ़लिख कर समृद्ध होकर मध्यप्रदेश के शिवपुर कला ज़िले में प्रवेश करती है। चंबल नदी पार करते ही आप मध्य प्रदेश में पहुँच जाते हैं।

कर्नल जेम्स टॉड ने राजस्थान का विस्तृत इतिहास लिखा है। भूगोल के साथ इतिहास की जुगाली यात्रा वृतांत को और अधिक रोचक बना देगी। तो चलिए इतिहास की गलियों में घूमकर फिर वापस आते हैं। कर्नल जेम्स टॉड 20 मार्च 1782 में इंग्लैंड में पैदा हुए। अंग्रेज अधिकारी के रुप में भारत आए तथा यहाँ पर करीब 24 साल रहे। बताया जाता है कि करीब 5 वर्ष तक उदयपुर आकर राजस्थान के इतिहास के बारे में तथ्य आदि जमा किए। वो राजस्थान 1805 के आसपास आए। जोधपुर के महाराज ने भी उनको

कई ऐतिहासिक पुस्तकें दी। बाद में लंदन जाकर वर्ष 1829 में "एनल्स एंड एंटीक्विटीज ऑफ राजस्थान अथवा सेंट्रल एंड वेस्टर्न राजपूत स्टेट्स ऑफ़ इंडिया" लिखी है। इस रचना में सर्वप्रथम 'राजस्थान' शब्द का प्रयोग हुआ। जबकि कालीराम कायस्थ ने 1794 में ही तारीखे राजस्थान ग्रंथ लिख दिया। इसको नसबुल अंसाब भी कहा जाता है।

कर्नल जेम्स टॉड से पहले भी राजस्थान का इतिहास लिखा जा चुका था एवं राजस्तान शब्द का प्रयोग भी हो चुका था। हालांकि कर्नल जेम्स टॉड को राजस्थान के इतिहास का जनक कहा जाता है। यहाँ तक कहा जाता है कि सर्व प्रथम उन्होंने अपनी रचना में राजस्थान शब्द का प्रयोग किया। लेकिन 1794 में जयपुर के महाराज प्रताप सिंह के कहने पर लेखक कालीराम कायस्थ ने फारसी में तारीखे राजस्थान ग्रंथ लिखा। बताया जाता है कि मौलाना अबुल कलाम आजाद अरबी फारसी शोध संस्थान में रखे दुर्लभ ग्रंथ के शीर्षक से साबित भी हो रही है। शोध संस्थान में इसकी मूलप्रति मौजूद है। दूसरी प्रति कहीं नहीं है। इसमें रजवाडों आदि का इतिहास लिखा गया है। इस ग्रंथ में राजस्तान शब्द का प्रयोग हुआ है। हालांकि शोध संस्थान में फारसी सहित वहाँ के ग्रंथों के बारे में जानकारी रखने वालों की निरंतर कमी होती जा रही है। इसके कारण इस महत्वपूर्ण ग्रंथ के बारे में भी कोई स्पष्ट जानकारी नहीं दे पा रहा है। हालांकि इसमें राजस्तान शब्द का प्रयोग हुआ, ये बात कही जाती रही है। जिस शोकेस में ये दुर्लभ ग्रंथ रखा है, उसके नीचे उसके लेखक एवं लेखनी काल आदि के बारे में जानकारी के साथ ही इसका नाम तारीखे राजस्थान लिखा है। जो स्पष्ट करता है कि जेम्स टॉड से पहले भी राजस्तान शब्द का प्रयोग हो चुका लगता है। लेकिन इसपर विशेष शोध की जरुरत के साथ ही इस दुर्लभ ग्रंथ का आमफहम की जबान में तरजुमा कराए जाने की भी आवश्यकता है।

हमने जैसे ही मध्य प्रदेश का इलाक़ा पार किया। तब तक दिन के बारह बज चुके थे। मार्तण्ड महाराज चरम धूप से सिर के ऊपर चमक रहे थे। कार के बाहर का तापमान 38 डिग्री पर था। कार के भीतर 20 डिग्री पर यात्रा चलती रही। सड़क के दोनों तरफ़ टेसू के अनगिनत पेड़ शोख़ियाँ बिखेर रहे

थे। खेतों से फसल कट चुकी थी। गेहूँ और चना की खूँट दिख रही थीं। जिन्हें जानवर चर रहे थे। कुछ खेतों में खूँट जलाकर राख में बदल दिया था। सड़क किनारे एक ठीक से दिखते होटल नुमा ढाबे पर चाय पीकर फिर चल दिये। हमको कोटा तक कुल 265 किलोमीटर चलना था। बीच में रुककर दोपहर का भोजन भी निपटाना था। यह सोच ही रहे थे तभी झालावाड़ टोल नाका के ठीक पहले एक ढाबा पर बहुत से वाहन रुके दिखे। लंबी यात्रा में यह ध्यान रखने वाली बात है कि जिस ढाबे पर अधिक लोग दिख रहे हों, वहीं ठीक ठाक खाना मिलने की संभावना रहती है। गाड़ी रोककर बाहर निकलने को हुए तो तेज गर्मी में निकलने का मन नहीं हो रहा था। लेकिन निकल कर ऊपर स्टील छत के नीचे तपते तंदूर की गर्मी को आत्मसात् कर कुर्सियों पर बैठे। पूछने पर पता चला कि यहाँ रोटी नहीं रोटडा मिलेगा। हमारी छह रोटियों के बराबर एक बड़ा टिक्क को रोटडा कह रहे थे। सब्ज़ी के नाम पर सेव-टमाटर यहाँ की लोकप्रिय सब्ज़ी है। ट्रक ड्राइवर 120 रुपये में तीन रोटडा और असली घी के साथ जितनी चाहो उतनी सेव-टमाटर सब्ज़ी और अंत में एक गिलास मठा। यह मीनू हमारी सीमा से बाहर था। 18 रोटियों के बराबर 3 रोटडा न हमारे पेट के लिए सही था और ना हाज़मे के लिए। 80 रुपये की एक प्लेट सब्ज़ी और तीनों के लिये एक-एक रोटडा ऑर्डर कर दिया। खूब घी डलवा कर भोजन किया। रोटडा बहुत स्वादिष्ट होने से तीन आधा प्लेट सब्ज़ी के साथ पार्सल करवा लिए। एक रोटडा 40 रुपये, इस प्रकार 320 रुपयों में तीनों का खाना हो जाना था। खाने निपटा कर बिल देने लगे तब पता चला 470/- देना है। हिसाब पूछा तो ज्ञात हुआ कि एक रोटडा पर घी के दस रुपये लगते हैं। जनाब, हम समझे थे घी मुफ़्त का मिल रहा है। तीनों मिलकर 150 का घी पी गये।

राजस्थान में घुसने पर हमको मालव लोगों द्वारा पंजाब से इस क्षेत्र में आने का रास्ता पता चलता है। किसी समय महेश्वर से कोटा तक मालवा इलाक़ा हुआ करता था। झालावाड़ प्राचीन मालवा प्रदेश का हिस्सा था। हम बता आये हैं कि ईसा से कई सौ वर्ष पूर्व मालव जाति उत्तर-पश्चिमी भारत में रहा करती थी। जब सिकन्दर ने भारत पर आक्रमण किया तो पश्चिमी भारत के छोटे-छोटे जनपदों को अपना मूल स्थान छोड़कर दक्षिण पूर्व की ओर

जाना पड़ा। मालव जाति भी अपना पुराना स्थान छोड़कर उस क्षेत्र में आ गई जिसे बाद में मालवा के नाम से जाना गया। वाल्मीकि कृत 'रामायण' और वेद व्यास रचित महाभारत में भी मालव जाति का उल्लेख आया है। 'विष्णु पुराण' के अनुसार मालव का मूल निवास स्थान पूर्वी विंध्याचल की परियात्रा पहाड़ियों में था।

छठी शताब्दी में रचित 'वृहतसंहिता' में जिस भू भाग के लिये मालवा प्रदेश कहा गया है वह आज के मालवा से अलग था। सातवीं सदी में चीनी यात्री ह्वेनसांग भारत आया। उसने मालवा तथा उज्जैन को अलग-अलग क्षेत्रों में वर्णित किया है। उसने मालवा को उज्जैन के पश्चिम में बताया है। संभवत उस समय मालवा क्षेत्र गुजरात की सीमा में था। मालवों की एक शाखा ने नगर नामक क्षेत्र पर अपना अधिकार किया जो वर्तमान कोटा नगर से 72 किमी उत्तर में थी। यहाँ से मालवों के सिक्के बड़ी संख्या में मिले हैं, ये सिक्के ईसा की चौथी शताब्दी तक के हैं।

यूनानी लेखकों के अनुसार मालवों ने रावी नदी के दोनों किनारों पर अपना निवास बनाया। पाणिनी के शिष्य अपिसाली ने "क्षुद्रक मालवा" संयुक्त जनपद का उल्लेख किया है। डॉ. स्मिथ ने "अर्ली हिस्ट्री ऑफ इण्डिया" में दर्शाया है कि कुरुक्षेत्र युद्ध में मालवों ने कौरवों की तरफ से लड़ाई लड़ी थी। बाद के काल खण्ड में मालव राजपूताना, अवन्ति तथा माही नदी घाटी के आस-पास पाये जाते थे। सिकन्दर को भारत आक्रमण के समय क्षुद्रकों तथा मालवों से युद्ध करना पड़ा था। ये दोनों ही जातियाँ युद्धजीवी थी। सिकन्दर को भारत में पैर रखते ही मल्लोई जाति से प्रथम साक्षात्कार करना पड़ा था। मल्लोई की मित्रता सिवोई गणराज्य से थी। उस समय मालवों के नगर चेनाब और उनकी राजधानी पंजाब में रावी नदी के तट पर थी। मल्लोई की राजधानी के एक युद्ध में सिकन्दर बुरी तरह घायल हो गया और मृत्यु के काफी नजदीक पहुँच गया। उस समय मालवों की सेना में एक लाख योद्धा थे। मालव, शिवि तथा अन्य जनपदों ने सिकन्दर के पास अपने राजदूत भेजे। मालवों के राजदूत ने सिकन्दर से कहा कि "वह दूसरों से ज़्यादा स्वतन्त्रता व स्वायत्तता चाहते हैं और मालव जाति उसी दिन से स्वतन्त्र हैं, जिस दिन

से भगवान ने उनका निर्माण किया"। सिकन्दर के लौट जाने के बाद मालव भटिण्डा होते हुए कर्कोट नगर की तरफ बढ़े। स्वतन्त्रता बनाये रखने के आश्वासन पर मालव अपने निवास पंजाब को छोड़कर मालवा व राजपूताना में चले गये।

कर्कोटनगर (टोंक) से प्राप्त ब्राह्मी लिपि के जो सिक्के मिले हैं जिन पर 'मालवा जय' और 'मालवा गणस्य' लिखा हुआ है। ईसा से 57 वर्ष पूर्व मालवों को एक युद्ध में बड़ी भारी विजय मिली। इसी विजय की स्मृति में ये सिक्के ढाले गये तथा अलग से एक संवत स्थापित किया गया, जिसे विक्रम संवत कहा गया। इससे 800 वर्ष पहले से मालव संवत चला करता था। मालवों में प्रसिद्ध राजा विक्रमादित्य हुए जिन्होंने मालवा के साथ उज्जैन में भी शासन किया। सन 119 ई. में शकों के राजा नहपान ने मालवों को परास्त कर दिया। बाद में गौतमीपुत्र सातकर्णी के हाथों नहपान मारा गया। अतः मालव पुनः स्वतन्त्र हो गये। कुछ ही समय बाद रुद्रमन प्रथम ने पूरा मारवाड़ गुजरात, मालवा, सिन्ध और कठियावाड़ जीत लिया। रुद्रमन की मृत्यु के बाद 225 ई. सन के आस-पास मालवों ने अपनी स्वतन्त्रता को एक बार फिर से प्राप्त किया। मालवों के नेता श्री सोम ने स्वतन्त्रता की घोषणा का सूचक षष्ठी यज्ञ किया। तीसरी शती में मालवों ने और प्रगति की तथा मेवाड़ का सारा क्षेत्र मालवों के अधीन आ गया परन्तु चौथी शताब्दी के आते-आते मालव राज्य को समुद्र गुप्त की अधीनता स्वीकार करनी पड़ी, किन्तु इससे उनकी स्वतन्त्रता नष्ट नहीं हुई। दूसरी सदी से सातवीं शताब्दी के बीच के काल खण्ड में उत्तरी भारत में क्षत्रिय, गुप्त तथा हर्षवर्धन ने अपनी सर्वोच्च सत्ता कायम की। मालव लोग इन बड़ी सत्ताओं के अधीन रहकर किसी न किसी तरह अपना आस्तित्व तथा स्वन्त्रता बनाये रखने में सफल रहे।

झालावाड़ से हाड़ौती क्षेत्र लग गया। हम झालावाड़ से गुज़रते हुए इसके इतिहास पर चर्चा करते चल रहे हैं। बौद्धों को समर्पित मौर्य साम्राज्य के पतन के बाद स्थानीय रजवाड़ों का उदय होने लगा था। गंगधार से विक्रम संवत 480 (423ई.) में नरवर्मन के पुत्र विश्वर्मन के समय का एक शिलालेख मिला है जिसमें कहा गया है कि नरवर्मन के मन्त्री मयूराक्षक ने यहाँ एक मन्दिर

बनवाया। उसी ने गारगृट नामक नगर बसाया जो अब गंगधार कहा जाता है। वि.सं. 795 (738 ई.) का एक शिलालेख कोटा नगर से 4 किलोमीटर दूर स्थित एक शिवमन्दिर से प्राप्त हुआ है। इसमें यह कहा गया है कि यह पूरा क्षेत्र मौर्य राजा धवल के अधीन था। उसने यह क्षेत्र अपने मित्र शिवगण को प्रदान किया। 689 ई. के चन्द्रावती अभिलेख के अनुसार यह क्षेत्र दुर्गण के अधीन था और इस क्षेत्र में वोपक ने एक मन्दिर बनवाया। वि.सं. 770 (713 ई.) का एक लेख चित्तौड़ स्थित मानसरोवर तालाब के किनारे मिला है उसमें कहा गया है कि इसके आस-पास का सारा क्षेत्र मौर्य राजा 'मान' के अधीन था। आठवीं शताब्दी के बाद मौर्य राजा उज्जैन के अधीन हो गये और वे उनके अधीन रहकर छोटे-छोटे राज्यों के जागीरदार बने रहे। इन मौर्य राजाओं ने बौद्ध धर्म को खूब बढावा दिया। कोलवी, विनायगा, हाथी गौड़ तथा गुनाई में मिली पाँच दर्जन से भी अधिक बौद्ध गुफाएँ इस बात का पर्याप्त प्रमाण प्रस्तुत करती हैं कि इस क्षेत्र में बौद्ध धर्म को प्रश्रय मिला और उसका कुछ विस्तार भी हुआ। उज्जैन के हिन्दू राजाओं ने वैष्णव धर्म का प्रचार किया जिनके कारण बौद्ध यहाँ से पलायन कर गये तथा जनता पुनः वैष्णव बन गई। आठवीं शताब्दी और उसके बाद के अनेक शिव मन्दिर चन्द्रावती में प्राप्त हुए हैं। कुछ बौद्धों को हिन्दू धर्म में लेकर क्षत्रियों का दर्जा दिया गया जो आगे चलकर राजपूतों में विलीन हो गये।

दसवीं शताब्दी के आस-पास इस क्षेत्र में राजपूतों का उत्कर्ष हुआ और झालावाड़ क्षेत्र परमारों के अधीन चला गया। झालरापाटन से प्राप्त विक्रम सम्वत 1199 (1142 ई.) के शिलालेख में परमार राजा नरवर्मनदेव, यशोवर्मदेव तथा आठ मन्त्रियों के नाम दिये गये हैं। 1235 ई. में अल्तमश ने उज्जैन जीत लिया तब से झालावाड़ भी मुसलमानों के अधीन चला गया और 1401 ई. तक दिल्ली के अधीन रहा। 1401 ई. से 1531 ई. तक दिलावर खाँ यहाँ का स्वतंत्र शासक बन गया और झालावाड़ दिल्ली के हाथों से निकल गया। इसके बाद यह गुजरात, मालवा तथा माण्डू के अधीन रहे। माण्डू के सुल्तान मुहम्मद खिलजी तथा बाज बहादुर भी इसके शासक रहे। 1562 ई. में कोटा के राव सुर्जन हाडा ने केसर खाँ तथा डोकर खाँ को परास्त करके इस क्षेत्र को कोटा राज्य में शामिल कर लिया।

मुग़ल इतिहासकार अबुल फजल के अनुसार मुग़लशासन काल में झालावाड़ मालवा सूबे के अन्तर्गत ही रहा। 1420 ई. में माण्डू के सुल्तान ने राघवदेव झाला को मालवा के सुल्तान होसंग की तरफ से गुजरात के सुल्तान अहमदशाह से मोर्चा लेने के उपलक्ष्य में झालावाड़ का परगना जागीर में दिया। गंगधार के बाहर दलसागर तालाब के किनारे पर एक 1658 ई. का शिलालेख मिला है जिससे ज्ञात होता है कि राघवदेव के वंशज नरहरदास को जहाँगीर ने अनेक परगने प्रदान किये और नरहरदास ने गंगधार को अपनी राजधानी बनाया। नरहरदास का वंशज दयालदास धर्मत की लड़ाई में 105 राजपूतों सहित मारा गया। दयालदास का स्मारक 1699 ई. में प्रतापसिंह ने बनवाया, जो आज भी सुरक्षित है। झालावाड़ का डग कस्बा पूर्व में राठौड़ राजकुमार जसवंतसिंह के अधिकार में था। उसके पुत्र मानसिंह ने काफी कीर्ति अर्जित की। मानसिंह के पुत्र कल्याणसिंह ने 1611 ई. में कल्याण सागर तालाब बनवाया। 1665 ई. में मुग़ल गर्वनर होंशदार खाँ ने डग जीत लिया उसके पुत्र हिदायत खाँ ने 1685 ई. में डग का नाम बदल कर हिदायत नगर रख दिया। 1715 ई. में यह क्षेत्र मल्हार राव पवार के अधीन चला गया। 1728 ई. में जयपुर नरेश सवाई जयसिंह ने यह क्षेत्र अपने अधिकार क्षेत्र में लेकर मिश्रीमल को यहाँ का हाकिम नियुक्त किया। 1736 ई. में यह क्षेत्र पुनः पवारों के हाथ में चला गया तथा पवार आनन्द राव यहाँ का राजा बना। उसके मन्त्री अवघूत राव ने केशवराय का मन्दिर बनवाया। 1801 ई. में यह पूरा क्षेत्र माधवराव उम्मेदसिंह के अधीन आ गया। उस समय कोटा की वास्तविक सत्ता जालिम सिंह के पास थी। जालिम सिंह ने अनेक पड़ोसी राज्यों से परगने पट्टें पर प्राप्त किये और आय व प्रतिष्ठा बढ़ाई। उसने कई पुराने नगरों की दशा सुधारी तथा नये नगर स्थापित किये। झालरापाटन शहर की सुन्दरता का सारा श्रेय जालिम सिंह को जाता है। यह नगर उस समय भारत के सुन्दरतम नगरों में गिना जाता था। 1791 ई. में उसने झालावाड़ नगर बसाया। 1824 ई. में जालिम सिंह की मृत्यु हो गई और उसका पुत्र माधोसिंह उसका उत्तराधिकारी बना। इसी बीच कोटा महाराव उम्मेद सिंह की भी 1821 ई. में मृत्यु हो गई। उम्मेदसिंह की मृत्यु के बाद रामसिंह कोटा के राजा बने। 1834 ई. में कोटा नरेश रामसिंह व

जालिम सिंह के पौत्र मदनसिंह के बीच झगड़ा हुआ। अंग्रजों ने कोटा नरेश से बातचीत करके कोटा राज्य में से जालिम सिंह के शासनाधिकार वाले क्षेत्रों को निकाल कर एक स्वतंत्र राज्य झालावाड़ की स्थापना कर दी। इस नये राज्य में 17 परगने थे, जिनकी वार्षिक आय 12 लाख रुपये थी। मदनसिंह को इस राज्य का प्रथम शासक नियुक्त किया गया। 8 अप्रैल 1838 को झालावाड़ नरेश मदनसिंह तथा अंग्रेज सरकार के बीच एक सन्धि हुई जिसके अनुसार मदनसिंह की राजराणा की उपाधि स्वीकार की गई। उसका दर्जा राजपूताना के दूसरे राजाओं के समान माना गया। उसके वंशजों को ही झालावाड़ राज्य का वास्तविक उत्तराधिकारी माना गया। इस सबके बदले में मदनसिंह ने अंग्रेजों को अपना राज्य का संरक्षक माना तथा उनसे बिना पूछे किसी राज्यों से शत्रुता अथवा मित्रता न करने का वचन दिया। झालावाड़ राज्य द्वारा अंग्रेजों को सालाना 80 हजार रुपये कर तथा आवश्यकता पड़ने पर सैन्य सहायता भी देने का वचन दिया गया। 1845 ई. में मदनसिंह की मृत्यु के बाद उसका पुत्र पृथ्वीसिंह झालावाड़ की गद्दी पर बैठा।

1857 ई. के विद्रोह में पृथ्वी सिंह ने अंग्रेजों की मदद की तथा उनके शरणागत अंग्रेजों की जान बचाई। जिसके पुरस्कार स्वरूप 1862 ई. में पृथ्वीसिंह को उत्तराधिकारी गोद लेने का अधिकार दिया गया। पृथ्वीसिंह के कोई पुत्र नहीं था। अतः उसने अपना उत्तराधिकारी गोद लेना चाहा। इस पर कोटा नरेश ने आपत्ति उठाई कि मदनसिंह के वंशजों में से किसी के भी पुत्र नहीं होने पर झालावाड़ राज्य पुनः कोटा को लौटाया जाना चाहिए, किन्तु अंग्रेजों ने कोटा नरेश को यह कह कर शान्त कर दिया कि झालावाड़ का राजा राजस्थान के दूसरे राजाओं के समान ही संप्रभुता रखता है। अतः कोटा राज्य का झालावाड़ राज्य पर कोई अधिकार नहीं है। इस प्रकार 1873 ई. में पृथ्वीसिंह ने काठियावाड़ के बड़वान से बखतसिंह नामक बालक को गोद लिया जो उसी परिवार से था जिस परिवार से पृथ्वीसिंह के पूर्वज काठिवाड़ से चलकर राजस्थान आये थे। 29 अगस्त 1875 को महाराज राणा पृथ्वीसिंह की मृत्यु हो गई। राणा पृथ्वीसिंह की रानी के गर्भवती होने के कारण उत्तराधिकार कुछ समय के लिये अनिश्चित रहा, परन्तु जून 1876 तक रानी के कोई बालक पैदा नहीं होने पर 24 जून 1876 को बख्तसिंह जालिम सिंह (द्वितीय) के नाम से

झालावाड़ राज्य का राजा बना। अंग्रेजों ने भी उसे झालावाड़ राज्य का राजा स्वीकार कर लिया। 1881 ई. में अंग्रेजों ने झालावाड़ राज्य से नमक की सन्धि की। इसके अनुसार झालावाड़ राज्य न तो स्वयं नमक बना सकता था और न किसी अन्य राज्य से नमक मंगा सकता था। पूरे राज्य में केवल ब्रिटिश कम्पनियों का ही नमक प्रयोग में लाया जा सकता था। इसके बदले में अंग्रेज सरकार झालावाड़ के राजा को 7000 रुपये तथा प्रत्येक जागीरदार को 250 रुपये महिना चुकाने लगी। नवम्बर 1883 ई. में बख्तसिंह के वयस्क होने पर 21 फरवरी 1884 ई. को राज्य के सारे अधिकार उसे सौंप दिये परन्तु यह शर्त रखी गई की कोई भी महत्त्वपूर्ण निर्णय करने से पहले महाराजा के लिये पॉलिटिक्ल एजेंट की सहमति प्राप्त करना तथा कोई भी प्रशासनिक बदलाव लाने के लिये पूरी तरह एजेंट पर निर्भर रहना आवश्यक था। जालिम सिंह ने उस समय तो ये बातें स्वीकार कर ली, परन्तु अंग्रेजी एजेन्ट द्वारा राज्यों के मामलों में हस्तक्षेप करना उसे पसंद नहीं आया और शीघ्र ही उसका अंग्रेजों से झगड़ा हो गया। तब सितम्बर 1887 से उसके नाबालिक रहते समय की गई व्यवस्था पुनः लागू कर दी जिसके तहत पॉलिटिक्ल एजेन्ट एक काउंसिल के माध्यम से सरकारी कामकाज चलाता था। यह व्यवस्था 1892 ई. तक चालू रही। जालिम सिंह ने अंग्रेजों से पुनः वायदा किया कि वह अंग्रेजों की इच्छानुसार ही शासन करेगा। इस पर अंग्रेजों ने 1894 ई. में राज्य के सारे अधिकार उसे सौंप दिये परन्तु स्वाभिमानी जालिम सिंह अधिक समय तक अंग्रेजों को खुश नहीं रख सका। अन्त में 22 मार्च 1896 को जालिम सिंह को राजा के पद से हटा दिया।

अंग्रेजों ने 1838 की सन्धि को पुनर्स्थापित किया जिसके तहत जालिम सिंह प्रथम के वंशज राजा की सन्तान को ही झालावाड़ का उत्तराधिकारी माना गया था। अतः इस सन्धि की आड़ में शाहाबाद, खानपुर, अकलेरा तथा मनोहरथाना आदि सारे क्षेत्रों को मिलाकर एक नया राज्य बनाया गया तथा जालिम सिंह प्रथम की सेवाओं का आदर करने का बहाना लेकर उसके परिवार के भरण-पोषण के लिये फतहपुर के ठाकुर छत्रशाल के पुत्र कुंवर भवानीसिंह को इस नये राज्य का राजा बनाया गया। इस प्रकार जनवरी 1899 को परगनों का स्थानान्तरण हो गया तथा झालावाड़ का नवीन किन्तु

खण्डित राज्य अस्तित्व में आया। 6 फरवरी 1899 को भवानीसिंह नये झालावाड़ राज्य का राजा बना तथा उसे राज चलाने की पूरी शक्तियाँ दी गई। भवानीसिंह को अपना उत्तराधिकारी गोद लेने के अधिकार भी दिये गये तथा राज्य द्वारा 30 हजार रुपया वार्षिक शुल्क ब्रिटिश सरकार को दिया जाना निश्चित हुआ। इस राज्य में देशी सिक्कों का प्रचलन बन्द कर दिया गया तथा सिक्के एवं कानून अंग्रेजों द्वारा बनाये गये ही चल सकते थे। नमक नीति वही पुरानी वाली रखी गयी किन्तु इसके बदले राज राणा के 7000 रुपया के स्थान पर 2500 रुपया वार्षिक ही देना तय हुआ। अक्टूबर 1900 में झालावाड़ राज्य में ब्रिटिश पोस्टल पद्धति लागू की गई। भवानी सिंह ने राज्य के आधुनिकीकरण में कई कार्य करवाये।

झालावाड़ में उसने नगरपालिका की स्थापना की। कई स्कूल चालू कर निःशुल्क शिक्षा की व्यवस्था की। महिला शिक्षा को बढ़ावा देने के लिये उसने राजकोष से महिलाओं को साड़ियाँ देना प्रारम्भ किया। 1904 में दरबार ने नागदा-मथुरा रेल के निर्माण और कार्य के लिये बिना शुल्क भूमि हेतु सहमति दी। राज्य के पिछड़े लोगों के कल्याण के लिये कई काम करवाये। उसने कोटा राज्य को लौटाये गये परगने प्राप्त करने के सारे प्रयास किये किन्तु वह असफल रहा और 1929 ई. में मृत्यु को प्राप्त हुआ। भवानीसिंह की मृत्यु के बाद उसका पुत्र राजेन्द्र सिंह झालावाड़ राज्य का महाराज राणा बना। वह एक पढ़ा लिखा युवक व कवि था। हरिजनों के कल्याण के लिये उसने बहुत काम किया। उसके शासन काल में पुलिस व सेना की व्यवस्था में परिवर्तन किया गया। हाइकोर्ट का निर्माण करवाया गया तथा झालावाड़ और झालरापाटन में बिजली लगवायी गई। सड़कों व सिंचाई व्यवस्था में सुधार किया गया। छोटी कालीसिन्ध नदी पर गंगधार के पास पुल बनवाया गया। सितम्बर 1943 में राजेन्द्र सिंह की मृत्यु हो गयी तथा उसका पुत्र हरिशचन्द्र झालावाड़ की गद्दी पर बैठा। उसके शासन काल में लोकप्रिय सरकार का गठन हुआ। स्वतन्त्रता प्राप्ति के बाद कोटा, बूँदी, टोंक, शाहपुरा, डूंगरपूर, बासवाड़ा, प्रतापगढ, किशनगढ़ तथा कुशलगढ़ नामक 10 रियासतों ने मिलकर एक संघ बनाने की घोषणा की। इस संघ का राजप्रमुख कोटा नरेश को तथा प्रधानमंत्री गोकुलनाथ असावा को बनाया गया। 25 मार्च 1948

को केन्द्रीय मन्त्री एनवी गाडगिल ने इस संघ का उद्घाटन किया। बाद में इस संघ का विलय राजस्थान में हो गया। केन्द्र सरकार ने इस नये प्रान्त में जिलों के निर्माण के लिये एक कमेटी गठित की। इस कमेटी ने कोटा नामक संभाग का निर्माण करके उसमें कोटा, बांरा, सिरौंज, झालावाड़, बूँदी तथा टोंक नामक जिले उसके अधीन रखे। झालावाड़ जिले में गंगधार, डग, पचपहाड़, झालरापाटन, असनावर, बाकानी, अकलेरा, मनोहरथाना, पिड़ावा तथा झालावाड़ तहसीलों को रखा गया। अक्टूबर 1949 ई. में इस जिले में बांरा परगने की खानपुर तहसील को भी शामिल किया गया। 1956 ई. में मध्य भारत की सुनेल नामक तहसील को भी झालावाड़ जिले में स्थानान्तरित कर दिया गया। वर्तमान झालावाड़ जिला आजादी के पहले के झालावाड़ राज्य से 6 गुना बड़ा है किन्तु 1938 ई. के झालावाड़ राज्य से अब भी छोटा है।

*

चार बजे होटल पहुँच कर पहले नहाना हुआ, फिर चाय पीकर जेम्स टॉड की किताब लेकर हाड़ौती का इतिहास खंगालना आरंभ किया। सीसोद गाँव के ठाकुर राणा हम्मीर सिसोदिया वंश के प्रथम शासक थे। राणा हम्मीर सिंह (1314–78), या हम्मीरा जो 14वीं शताब्दी में मेवाड़ के एक योद्धा थे। इन्हें मेवाड़ का उद्धारक कहा जाता है। राणा हम्मीर आरिसिंह के पुत्र तथा लक्ष्मणसिंह के पौत्र हैं, जिन्होंने अपनी सैन्य क्षमता के आधार पर मेवाड़ की मुक्ति हेतु खैरवाड़ा (उदयपुर) नामक स्थान को मुख्य केंद्र बनाया। मेवाड़ की विषम परिस्थितियों के होते हुए भी इन्होंने चित्तौड़ पर विजयश्री प्राप्त की। इस प्रकार 1326 ई. में राणा हम्मीर को पुनः चित्तौड़ प्राप्त हुआ। मेवाड़ राज्य के इस शासक को 'विषम घाटी पंचानन' अर्थात् सकंट काल मे सिंह के समान नाम से जाना जाता है, राणा हम्मीर को विषम घाटी पंचानन की संज्ञा राणा कुम्भा ने कीर्ति स्तम्भ प्रशस्ति में दी।

उन्हीं राणा हम्मीर ने भैंसरोर (मेवाड़) में एक हाड़ा (चौहान) सरदार देवी सिंह को बूंदी के भील प्रमुख पर हमला करने के लिए पर्याप्त बल प्रदान किया, हाड़ा चौहान देवी सिंह ने भीलों से उनके राज्य का नियंत्रण छीन लिया।

बूंदी के आसपास के क्षेत्र में स्पष्ट रूप से विभिन्न मूल निवासियों का निवास था। बूंदी और इसी नाम की रियासत का नाम पूर्व चौहान राजा हाड़ा राव देवदा (देवी सिंह) के नाम पर रखा गया था। बूंदी को पहले बूंदा-का-नल के नाम से जाना जाता था, नल का अर्थ है "संकीर्ण रास्ते।" राव देवा हाड़ा ने इस क्षेत्र पर शासन किया, 1342 ई. में इस क्षेत्र का नाम बदलकर हरावती या हरोती या हाड़ौती रख दिया। कालांतर में उसी बूंदी राज्य के विभाजन से कोटा राज्य का जन्म हुआ था।

कोटा राजस्थान के दक्षिण-पूर्वी क्षेत्र के केंद्र में स्थित है, जिसे व्यापक रूप से हाड़ौती यानि हाड़ाओं की भूमि के नाम से जाना जाता है। यह शहर चम्बल नदी के किनारे मालवा पठार का एक भाग बनाते हुए एक ऊँची ढलान वाली मैदानी भूमि पर स्थित है। शहर का सामान्य ढलान उत्तर की ओर है। शहर के दक्षिणी भाग की तुलनात्मक रूप से पथरीली, बंजर और ऊँची भूमि उत्तर में समतल कृषि भूमि की ओर बढ़ती है। मुकुंदरा पहाड़ियाँ शहर के दक्षिण-पूर्व से उत्तर-पश्चिम धुरी तक फैली हुई हैं। जो चंबल का किनारा बनाती चलती हैं।

कोटा में नहरों के माध्यम से सिंचाई सुविधाओं के साथ उपजाऊ भूमि और हरियाली है। चंबल पर बने बांध से दो मुख्य नहरें; बायीं मुख्य नहर (बूंदी की ओर) कहलाती है और दायीं मुख्य नहर (बारां की ओर) कोटा बैराज द्वारा निर्मित जलाशय से निकलती है। इन नहरों की सहायक नदियाँ राजस्थान और मध्य प्रदेश के आसपास के क्षेत्रों में एक नेटवर्क बनाती हैं और इन क्षेत्रों को सिंचाई समृद्ध करती हैं।

अप्रैल में कोटा गरम होता है इसलिए शाम को सात बजे कोटा भ्रमण का कार्यक्रम संपन्न करना तय किया। किशोर सागर झील पर मौसम सुहावना होने से घूमने वालों की भीड़ के साथ चाट और आइसक्रीम ठेलों की चहल-पहल हो जाती है। वहाँ दुनिया के सात आश्चर्यों की अनुकृति पर्यटकों के आकर्षण का केंद्र है।

किशोर सागर झील के नजदीक कई टूरिस्ट स्पॉट हाल ही में विकसित किए गए हैं। यह विकास इस इलाके में 10 से 15 साल के बीच ही हुआ है।

इससे पहले यहाँ पर केवल किशोर सागर तालाब और उसमें बना हुआ जग मंदिर के साथ छत्र विलास गार्डन हुआ करता था, लेकिन नगर विकास न्यास ने इस पूरे इलाके को विकसित करते हुए टूरिस्ट हब बना दिया है। जिसमें 7 से आठ अलग-अलग टूरिस्ट पैलेस हैं, जहाँ पर घंटों बिता सकते हैं। इनमें से दो से तीन टूरिस्ट स्पॉट का निर्माण तो इसी साल पूरा हुआ है। यहाँ पर राजकीय संग्रहालय, छत्र विलास गार्डन, किशोर सागर तालाब की पाल, कला दीर्घा, हाट बाजार, किशोर सागर तालाब, बाराहदरी, सालिम सिंह की हवेली, पानी में तैरते हुए घोड़े और सेवन वंडर पार्क बने हुए हैं। इसके अलावा यहाँ पर नौकाविहार का लुफ्त भी उठा सकते हैं।

कोटा नगर विकास न्यास ने सालिम सिंह की हवेली का निर्माण जैसलमेर के पीले पत्थर से करवाया है। यह निर्माण भी किशोर सागर तालाब की पाल पर हुआ है। जिस तरह से जैसलमेर में बनी हुई सालम सिंह की हवेली में झरोके और पत्थर का काम हुआ है, वैसा ही काम यहाँ पर है। जैसलमेर की बेजोड़ स्थापत्य कला की हूबहू छवि है। इसमें आकर्षक झरोखे, मेहराब, छतरियां, झूमर, तोडियां, आकर्षक लाइटिंग लुभावनी है।

कोटा में किशोर सागर तालाब की वल्लभबाड़ी के तरफ की पाल पर साल 2013 में सेवन वंडर पार्क में बुधवार प्रसिद्ध सात अजूबे एफिल टावर, पिरामिड, पीसा की झुकी हुई मीनार, कोलेजियम, स्टैचू ऑफ लिबर्टी, क्राइस्ट द रिडीमर और ताजमहल भी अनुकृतियां बिल्कुल हूबहू बनी हैं। लोग यहाँ फोटो खींचते और खिंचवाते दिखे। पूरी शाम इसी पार्क में गुज़ारी।

बताते हैं किशोर सागर तालाब में साजिदेहड़ा नाले का पानी डाला जाता था। पुराने परकोटे के चारों तरफ एक बड़ी खाई हुआ करती थी। जिससे पानी बहकर पहुंचता था। नहर बनने के बाद उसका पानी भी इस में आने लगा। नगर विकास न्यास ने हाल ही में पुराने हाट बाजार को भी पूरी तरह से विकसित किया है। यहाँ पर एक एयर कंडीशन लाइब्रेरी पर बना दी है। शांत माहौल में कोई पढ़ना चाहता है, तो उसके लिए एक जगह यहाँ पर बनी हुई है।

जग मंदिर के सौंदर्य बढ़ाने के लिए कई काम हुए है, लेकिन वहाँ पर टॉयलेट से लेकर कई चीजों का निर्माण होना चाहिए। इसके साथ ही

सौंदर्यकरण और मजबूती के लिए भी कार्य होना चाहिए। वहाँ पर जो खजूर के पेड़ थे, वहीं इसकी सुंदरता बढ़ाते थे, पेड़ सूख कर खराब हो गए हैं। ऐसे में इस तरह के पेड़ लगने चाहिए। यह पूरा जग मंदिर पानी पर ही है।

किशोर सागर तालाब की पाल पर संख्या में पर्यटक रोज घूमने आते हैं। यहाँ पर फाउंटेन और लाइटिंग के साथ बारादरी लोगों का मन मोह होती है। इसके साथ ही बारादरी सालिम सिंह की हवेली के सामने भी बनाई गई है। किशोर सागर तालाब की पाल पर वोटिंग का लुफ्त भी पर्यटक उठा सकते हैं। इसमें बड़ी नाव से लेकर कई तरह की बोट के विकल्प हैं। जिसमें शिकारा बोट भी शामिल हैं।

शहर और उसके आस-पास के कुछ लोकप्रिय पर्यटक आकर्षणों में चंबल गार्डन, चंबल रिवर फ्रंट, कोटा गढ़ पैलेस, उम्मेद भवन पैलेस, छत्र विलास गार्डन, महाराव माधो सिंह संग्रहालय, कोटा सरकार संग्रहालय, बृजराज भवन पैलेस, अभेड़ा महल, क्षार बाग, कोटा बैराज, खड़े गणेश जी मंदिर, शिव पुरी धाम, मां त्रिकुटा मंदिर, कंसुआ शिव मंदिर, दर्रा राष्ट्रीय उद्यान और जवाहर सागर बांध में शाही स्मारक हैं।

बूंदी

27 मार्च को कोटा की जन्मदात्री बूंदी रियासत घूमना तय किया। ताकि कोटा का महल शाम को देखा जा सके। सुबह आठ बजे होटल से निकल एक ठीक से दिखते रेस्टोरेंट में जलेबी-पोहा का नाश्ता कर सुबह की पहली चाय ग्रहण की। गूगल नक़्शा कोटा से बूंदी चालीस किलोमीटर दूरी बता रहा था। रास्ते भी दो बता रहा था। पहला जयपुर मार्ग से बिजोलिया होकर और दूसरा तलेरा होकर। तलेरा पर पहाड़ी हरियाली से होकर जाना निश्चित किया। बूंदी पहुँचने के पहले उसकी जानकारी एकत्रित की।

बूंदी टोंक जिले के उत्तर में और भीलवाड़ा के पश्चिम में तथा चित्तौड़गढ़ जिले के दक्षिण पश्चिम में स्थित है। बूंदी का दक्षिणी भाग भीलवाड़ा और कोटा के बीच एक दरार बनाता है और चित्तौड़गढ़ जिले को भी छूता है। चम्बल नदी बूंदी और कोटा क्षेत्रों को अलग करते हुए बूंदी की पूर्वी सीमा बनाती है।

चम्बल, यमुना नदी की सहायक नदी है। महाभारत, वनपर्व में अश्वनदी का चर्मण्वती में, चर्मण्वती का यमुना में और यमुना का गंगा में मिलने का उल्लेख है-

'मंजूषात्वश्वनद्या: सा ययौ चर्मण्वतीं नदीम्, चर्मण्वत्याश्च यमुनां
ततो गंगां जगमह, गंगाया: सूतविषये चंपामनुययौपुरीम्।'

चम्बल एक बारहमासी नदी है। यह नदी जानापाव पर्वत "बांगचु पॉइंट" महू से निकलती है। इसका प्राचीन नाम "चर्मण्वती" है। इसकी सहायक नदियाँ शिप्रा, सिन्ध (सिंध), काली सिन्ध, ओर कुनू नदी है। यह नदी मध्य प्रदेश के धार, उज्जैन, रतलाम, मन्दसौर से आगे राजस्थान के चित्तौड़ गढ़ के चौरासी गढ़ से कोटा तथा सवाई माधोपुर, धौलपुर से फिर मध्य प्रदेश के भिंड, मुरैना आदि जिलों से होकर बहती है। यह विन्ध्य रेंज में दक्षिण ढलान से होकर गुजरती है। चम्बल और उसकी सहायक नदियाँ उत्तर पश्चिमी मध्य प्रदेश के मालवा क्षेत्र के नाले मिलते हैं। जबकि इसकी सहायक नदी बनास, जो अरावली पर्वतों से शुरू होती है इसमें मिल जाती है। सवाई माधोपुर में चंबल बनास सीप नदी त्रिवेणी संगम बनाती हैं । चम्बल, कावेरी, यमुना, सिन्धु, पहुज भरेह के पास पचनदा में, उत्तर प्रदेश राज्य में जालौन (उरई) और इटावा जिले की सीमा पर शामिल पाँच नदियों के संगम पर समाहित होती है। चंबल राजस्थान की सबसे बड़ी नदी है। चम्बल नदी में सवाई माधोपुर तथा धौलपुर में बीहड़ (गहरे उबड़ खाबड़ खड्डे) पाए जाते हैं। चम्बल के अपवाह क्षेत्र में चित्तौड़, कोटा, बूँदी, सवाई माधौपुर, करौली, धौलपुर इत्यादि ज़िलों के इलाके शामिल हैं। यह नदी सवाई माधोपुर, करौली व धौलपुर से गुजरती हुई राजस्थान व मध्यप्रदेश 252 किलोमीटर की सीमा बनाते हुए चलती है। इस नदी पर चार जल विधुत परियोजना - गांधी सागर, राणा प्रताप सागर, जवाहर सागर और कोटा बैराज हैं।

पार्वती नदी की उत्पत्ति सीहोर ज़िले की विंध्याचल पश्चिमी श्रेणियों में सिद्दीकगंज ग्राम के पास घने जंगल से 610 मीटर की ऊँचाई पर होती है। नदी के उद्गम स्थल पर ही रामपुर नामक डेम बना हुआ है। यह नदी

सीहोर ज़िले से गुना ज़िले में प्रवेश करती है और फिर राजस्थान में प्रवेश कर बाराँ ज़िले से निकलकर सवाई माधोपुर ज़िले पाली ग्राम के निकट में चम्बल नदी में विलय होती है। इसके मार्ग का लगभग 18 किमी भाग मध्यप्रदेश व राजस्थान की सीमा निर्धारित करता है। पार्वती-चंबल पर राष्ट्रीय चम्बल अभयारण्य बना हुआ है। पार्वती नदी का महाभारत, भीष्मपर्व में भी उल्लेख है।

हम ऊपर देख चुके हैं कि बूंदी राज्य कैसे अस्तित्व में आया था। मुग़ल साम्राज्य में बूंदी राज्य की स्थिति बदलने लगी। राजा राव द्वारा रणथंभौर (मार्च 1569 ई.) को मुग़ल सम्राट अकबर को सौंपने से पहले बूंदी मेवाड़ राज्य का एक जागीरदार राज्य था। बूंदी 1544-85 ई. में जब राजा राव सुरजन वहाँ शासन कर रहे थे, मुग़ल सम्राट के संपर्क में आया । बाद में बूंदी मुग़लों का सहायक राज्य बन गया। राजा राव ने व्यापार के इतिहास में एक नये युग की शुरुआत की। अकबर ने उन्हें बनारस का राज्यपाल बनाया। अकबर ने उन्हें बूंदी और बनारस के पास कुछ जिले दिए। उन्होंने बूंदी का प्रशासन अपने सबसे बड़े बेटे दूदा राव सुरजन को सौंप दिया, जिनकी मृत्यु 1585 ई. में बनारस में हुई थी।

अकबर की सहायता से उसका दूसरा पुत्र राव भोज (1585-1607) उसका उत्तराधिकारी बना। उन्होंने अकबर के साथ उनके गुजरात अभियान में भाग लिया और इसकी उत्कृष्ट सेवा की सराहना करते हुए अकबर ने "भोज-बुर्ज" के निर्माण की पेशकश की। 1607 में राव भोज की मृत्यु के बाद राव रतन नये राजा बने। जहाँगीर ने उन्हें "सुरबुलंद राय" और "राम राज" की उपाधि से सम्मानित किया था।

1624 ई. में हाड़ा राज्य को 2 भागों- बूंदी और कोटा में विभाजित कर दिया गया। राव रतन को एक नई बस्ती रतनपुर मिली। बूंदी के इतिहास में उन्हें उनकी वीरता, दानशीलता और न्याय प्रेम के लिए याद किया जाता है।

1631 ई. में राव छत्रसाल, राव रतन के उत्तराधिकारी बने। वह गोपीनाथ के सबसे बड़े पुत्र और राव रतन के पोते थे। उन्होंने शाहजहाँ के लिए कई लड़ाइयाँ लड़ीं। मुग़लों के उत्तराधिकार के युद्ध के समय छत्रशाल ने

दारा शिकोह की ओर से युद्ध किया। 1658 ई. में धौलापुर के पास सामूगढ़ के युद्ध क्षेत्र में उनके सबसे छोटे बेटे भरत सिंह के साथ उनकी मृत्यु हो गई। अपने साहस और समर्पण के कारण वह राज्य के इतिहास में एक अमर नाम बन गये। उन्होंने पाटन में केशव राव का मंदिर और बूंदी में छत्र-महल का निर्माण कराया।

अनिरुद्ध सिंह का जन्म 1666 ई. में हुआ था और वह केवल 15 वर्ष के थे जब वह बूंदी की गद्दी पर बैठे। अनिरुद्ध अंबर राजा (राजा बिशन सिंह) के साथ राजकुमार मुअज्जम के अधीन उत्तर-पश्चिम में तैनात थे और 1702 ई. में उनकी मृत्यु हो गई।1702 ई. में अनिरुद्ध सिंह का उत्तराधिकारी उनका सबसे बड़ा पुत्र बुद्ध सिंह बना।

बुध सिंह ने जयपुर के युद्धक्षेत्र में राजकुमार मुअज्जम की ओर से लड़ाई लड़ी। और उनकी जीत के बाद, राजकुमार मुअज्जम द्वारा राव राजा की उपाधि उन्हें स्थानांतरित कर दी गई। और उसे इनाम में कोटा का राज्य भी दिया। बाद में शहजादा मुअज्जम ने भीम सिंह को कोटा का नया शासक बनाया। जय सिंह 2, जो उस समय जयपुर पर शासन कर रहे थे, उनकी सेना ने बूंदी पर एक आश्चर्यजनक हमला किया और बुध सिंह को घरेलू झगड़े के रूप में गद्दी से उतार दिया और बूंदी को कम से कम 4 बार जीता और खोया। कम से कम 14 वर्षों (1730-44 ई.) तक बूँदी सवाई जयसिंह पर निर्भर रहा। बुद्ध सिंह की 1739 ई. में एक निराश व्यक्ति के रूप में मृत्यु हो गई।

बुद्ध सिंह का पुत्र उम्मेद सिंह हाड़ा के सबसे बहादुर लोगों में से एक था। उन्होंने अपने राज्य के लिए कोटा, जयपुर और मराठाओं के खिलाफ लड़ाई लड़ी लेकिन लड़ाई हार गए। 1748 ई. में राजा ईश्वरी सिंह ने उन्हें बूंदी के शासक के रूप में मान्यता दी। उम्मेद ने अपनी सारी शक्ति अपने बेटे को सौंप भिक्षु बन गये। उम्मेद सिंह कला के एक महान संरक्षक थे और उन्होंने बूंदी में प्रसिद्ध "चित्रशाला या आर्ट गैलरी" का निर्माण किया... उनकी मृत्यु ई.1804 में हुई और उनके बेटे अरिजीत सिंह (1771-73) और बाद में उनके पोते बिशन सिंह उनके उत्तराधिकारी बने। बूंदी पर शासन (1773-1821 ई.)

1818 ई. में बूंदी अंग्रेजों की गुलामी में आ गया और बिशन सिंह अंग्रेजों का वफादार दोस्त बन गया। उन्होंने पिंडारियों के विरुद्ध युद्ध में अंग्रेजों को अपनी सेवाएँ प्रदान कीं। वह एक शक्तिशाली शिकारी था और कहा जाता है कि उसने लगभग सौ शेरों, बाघों और असंख्य सूअरों को मार डाला था।

बिशन सिंह के बाद राम सिंह बूंदी का उत्तराधिकारी बना। वह एक महान पंडित और कट्टर हिंदू रूढ़िवादी धार्मिक व्यक्ति के रूप में जाने जाते थे। 1950 में, राजस्थान के सभी छोटे राज्यों का वर्तमान राज्य में विलय हो गया और इससे बूंदी राजस्थान का वर्तमान राज्य बन गया।

*

हम दोपहर दो बजे बूंदी पहुँच चुके थे। शहर के बीच से गुज़र कर क़िले की तरफ़ बढ़ने लगे तो पुलिस ने रोक दिया और दस किलोमीटर का घेरा लेकर एक झील के किनारे से चक्कर लगा कर बूंदी क़िले के गेट पर पहुँचे।

यह किला 1345 ईस्वी में बनाया गया था इसमें एक विशाल प्रवेश द्वार से घुस किले के अंदर बुर्ज नामक एक विशाल युद्ध अभ्यास क्षेत्र देखा। एक तरफ़ ठोस चट्टान से घिरा एक बड़ा जलाशय देखा जिसका पानी सूखने की कगार पर था।

तारागढ़ किले से सटी पहाड़ियों के ऊपर अद्भुत संरचना इस स्थान की असाधारण शिल्प कौशल को प्रदर्शित करता बूंदी पैलेस है। पैलेस में अंदर घुसकर चित्रशाला देखी जो बूंदी महल का हिस्सा है और इसमें मंडप में कृष्ण की जीवनी को दर्शाने वाले लघु रंगीन भित्ति चित्र लुभाते हैं। छतर महल तक खड़ी राह से पहुँचे। महल में नौबत खाना, एक प्राचीन जल घड़ी वाला एक हजारी खंभा और दीवान-ए-आम है। रतन दौलत की उल्लेखनीय संरचना में नौ घोड़े हैं और एक हटिया पोल का निर्माण राव राजा रतन सिंह द्वारा किया गया था। राव अनिरुद्ध द्वारा छतरियों में शिवलिंग के साथ 84 स्तंभों वाला एक भव्य चौरासी स्तंभों वाला स्मारक देखकर नवल सागर झील पहुँचे जिसमें पानी के देवता वरुण को समर्पित एक आधा डूबा हुआ मंदिर है।

छः बजे के लगभग बूंदी बाज़ार पहुँचे। वहाँ सौम्या को अपनी सहेली की मम्मी को तोहफ़ा देने के लिए एक साड़ी ख़रीदनी थी। हमने कहा कि अंदर बाज़ार में टैक्सी कार नहीं घुस सकती। तुम अपनी मम्मी के साथ जाकर ले आओ। उन्हें यह भी हिदायत कर दी कि किसी बड़े शोरम में नहीं घुसना। भीड़ वाली दुकान से राजस्थानी चुनरी साड़ी लेना। यहाँ सस्ती और अच्छी मिलती हैं।

हम इन्हें बाज़ार के अंदर भेजकर एक गन्ने के रस की दुकान पर बैठ यात्रा वृतांत लिखने लगे। तभी दो पढ़ेलिखे से दिखते लड़के आकर बोले- अंकल हम लोग लोकसभा चुनाव के संदर्भ में सर्वे कर रहे हैं। आपके विचार जानना चाहते हैं। हमने उनसे राजस्थान में चुनाव की नब्ज़ टटोली। फिर उन्हें राष्ट्रीय स्तर पर चुनाव के बारे में बताया कि अब भाजपा का विजय रथ रुकने वाला है। उन्होंने पूछा- क्यों रुकने वाला है। हमने कहा- ज़िंदा लोकतंत्र किसी भी व्यक्ति या दल को दस सालों से अधिक नहीं देता। चाहे कितना भी अच्छा काम क्यों न करो। इसलिए इनकी सीट कम होने की संभावना है। आधा घंटे तक बातचीत होती रही। तब तक सौम्या उसकी मम्मी के साथ साड़ी ख़रीद कर वापस आ गईं। हम कोटा की तरफ़ लौट लिए। हमने दोपहर को भोजन नहीं किया था। केले लेकर गुज़ारा कर लिया था। रास्ते में एक ठीक से दिखते ढाबानुमा होटल पर रुक चपाती और छोले के सब्ज़ी से भूख शांत की और रात नौ बजे कोटा पहुँच होटल पहुँच अगले दिन सवाई माधोपुर चलने की योजना बनाना आरंभ कर दिया।

सवाई माधोपुर

सवाई माधोपुर भारत के राजस्थान राज्य के दक्षिणपूर्वी भाग में अरावली और विंध्य पर्वत श्रृंखलाओं के सम्मिलन पर स्थित है। जो उत्तरी भारत के सबसे बड़े राष्ट्रीय उद्यानों में प्रसिद्ध रणथंभौर राष्ट्रीय उद्यान का जिला मुख्यालय है। यह जयपुर और कोटा के बीच लगभग बराबरी पर स्थित है। जयपुर से लगभग 121 किलोमीटर दक्षिण-पूर्व में है। कोटा से उत्तर-पूर्व में 124 किलोमीटर दूरी पर है।

सवाई माधोपुर को जयपुर राज्य के महाराजा सवाई माधो सिंह प्रथम (1728-1768) द्वारा एक योजनाबद्ध शहर के रूप में 1763 में बसाया गया था। इसका प्रारंभिक इतिहास मुख्यतः रणथंभौर किले से जुड़ा हुआ है। यह किला एक दुर्जेय संरचना है जिसने राजपूत शासन के युग से लेकर मुग़ल काल और उसके बाद तक अनेक बदलावों को देखा है।

माना जाता है कि किले का निर्माण 8वीं शताब्दी में चौहान राजपूतों शुरू किया गया था। एक पहाड़ी के ऊपर इसकी रणनीतिक स्थिति ने आसपास के क्षेत्र की निगरानी के लिए एक सुविधाजनक स्थान प्रदान किया। सदियों से, किले में विभिन्न शासकों के अधीन कई संशोधन और विस्तार हुए, जो क्षेत्र के जटिल इतिहास को दर्शाते हैं। 1296 ई. में राव हम्मीर देव ने किले पर अधिकार कर लिया। किले की उल्लेखनीय विशेषताओं में तोरण द्वार, महादेव छतरी, 32 स्तंभों वाली छतरी, मस्जिद और गणेश मंदिर शामिल हैं।

गेस्ट हाऊस में रुकने की बजाय हम सीधे रणथंभौर क़िला देखने निकल गये। उसकी वास्तुकला राजपूत और मुग़ल शैलियों का मिश्रण है। विशाल पत्थर की दीवारें, बुर्ज और दरवाज़े राजपूतों के सैन्य कौशल को प्रदर्शित करते हैं। किले के अंदर महल, मंदिर और पानी के टैंक हैं जो मुग़ल वास्तुकला के प्रभाव को उजागर करते हैं। इसका अर्थ है कि इसका अधिकांश निर्माण सत्रहवीं सदी के दौरान हुआ होगा। किले के भीतर गणेश मंदिर आकर्षित करता है।

रणथंभौर किला अपने पूरे अस्तित्व में कई लड़ाइयों और राजनीतिक परिवर्तनों का गवाह रहा है। इसने पृथ्वीराज चौहान के शासनकाल के दौरान एक महत्वपूर्ण भूमिका निभाई और बाद में सम्राट अकबर ने इसे जीत लिया। किले के लचीलेपन और सामरिक महत्व को विभिन्न ऐतिहासिक वृत्तांतों और स्थानीय लोककथाओं में जीवंत किया गया है। यूनेस्को की विश्व धरोहर स्थलों की अस्थायी सूची में किले का शामिल होना इसके वैश्विक महत्व को रेखांकित करता है। रणथंभौर किला इतिहास प्रेमियों, वन्यजीव प्रेमियों और फोटोग्राफरों को समान रूप से आकर्षित करता है। किले के प्राचीन पत्थरों का आसपास के राष्ट्रीय उद्यान की हरी-भरी हरियाली के साथ

मेल एक सुरम्य वातावरण बनाता है। क़िले के अंदर त्रिनेत्र गणेश मंदिर प्रमुख आकर्षण है। 5वीं शदी में बना हुआ यह भारत के सबसे प्राचीन गणेश मंदिरों में से एक है। वहाँ पता चला कि चौथ माता जी का मंदिर सवाई माधोपुर जिला मुख्यालय से 22 किलोमीटर की दूरी पर "चौथ का बरवाड़ा" कस्बे में स्थित है। राजस्थान के सुप्रसिद्ध ग्यारह मंदिरों में शामिल श्री चौथ भवानी माता का मंदिर राजपूताना शैली में सफेद संगमरमर से निर्मित है। इस मंदिर की स्थापना महाराज भीमसिंह चौहान ने संवत 1451 में बरवाड़ा गाँव में अरावली पर्वत शृंखला के शक्तिगिरि पर्वत पर 1100 फुट ऊँचाई पर की थी। चौथ माता के लिए निम्न कथन प्रसिद्ध है:

चौरू छोड़ पचालो छोड्यो, बरवाड़ा धरी मलाण,
भीमसिंह चौहान कू, मां दी परच्या परमाण।

चौथ माता के दर्शन कर मंदिर में थोड़ा समय बिताया। नवरात्रि के समय व वर्षभर की चार बड़ी चतुर्थियों (करवा चौथ, वैशाखी चौथ, भाद्रपद चतुर्थी एवं माघ चतुर्थी) पर माता जी के विशाल मेले भरते हैं, जिनमें लाखों की तादाद में देश भर से दर्शनार्थी माता जी दर्शन हेतु पधारते हैं। रात्रि नौ बजे गेस्ट हाउस पहुँचे।

हमने इंदौर की होटल में बैठकर कोशिश की थी कि रणथम्भोर वन भ्रमण कैंटर बुक कर लिया जाय। लेकिन होली की छुट्टियाँ होने से भारी भीड़ के चलते जिप्सी या कैंटर में जगह ख़ाली नहीं थी। मजबूर होकर सवाई माधोपुर में स्टेट बैंक गेस्ट हाऊस के प्रबंधक को फ़ोन लगाकर कुछ व्यवस्था करने को कहा। उन्होंने किसी **मुहम्मद फ़रज़ान शेख़ का नंबर देकर कहा कि "आप इनसे बात कर लें"।**

मुहम्मद फ़रज़ान शेख़ को फ़ोन लगाने पर उसने हम लोगों की जानकारी लेकर रक़म जमा करने को कहा। रक़म जमा करने के दस मिनट बाद ही जंगल विभाग का आवंटन प्राप्त हो गया। राहत की सांस ली, अन्यथा पूरे कार्यक्रम का बट्टा बैठ जाता।

फ़रज़ान शाम को सात बजे गेस्ट हाऊस में मिलने आया। उसे गेस्ट हाऊस में भोजन कराया। भोजन के दौरान टाईगर रिज़र्व के बारे में उससे बहुत सी बातें पता चलीं। मुहम्मद फ़रज़ान शेख़ वल्द मुहम्मद शक़ील शेख़, 34 वर्षीय ग्रेजुएट है, उसने कस्टमर रिलेशनशिप में डिप्लोमा किया है। फिर सफारी टूर इंडिया नाम से एक संस्था स्थापित की है। उसने बताया कि वह पिता के साथ विदेशों से पधारे वन्य प्रेमियों को पार्क के गेट तक पहुँचाता था। उसके बाद वहीं घूमता-फिरता था। उसने एक दिन देखा कि पार्क की बुकिंग खुलते ही भीड़ टूट पड़ती है। कुछ लोग विदेशियों से भीड़ से अलग बात करके उनकी जानकारी और पैसे लेकर पिछले दरवाज़े से पार्क कार्यालय में जाकर बुकिंग करवा कर विदेशियों को टिकट लाकर देते हैं।

रणथंभौर राष्ट्रीय उद्यान राजस्थान के सवाई माधोपुर शहर से लगभग 13.5 किलोमीटर की दूरी पर स्थित है। अरावली और विंध्य पर्वत श्रृंखलाओं के जंक्शन पर स्थित, यह जंगली जानवरों को देखने के लिए सबसे बेहतरीन जगहों में से एक है। यह पार्क लगभग 400 वर्ग किमी के क्षेत्र में फैला है, और यदि सवाई मान सिंह अभयारण्य क्षेत्र के साथ जोड़ा जाए, तो यह लगभग 500 वर्ग किमी है।

रणथंभौर राष्ट्रीय उद्यान ऐसी संरचनाओं से भरा पड़ा है, जो आपको बीते युगों की याद दिलाती हैं। पहाड़ियों के बीच पूरे पार्क में कई जल निकाय बिखरे हुए हैं, जो गर्मियों में चिलचिलाती गर्मी के दिनों में जंगली जानवरों को पूरी राहत प्रदान करते हैं। एक विशाल किला, जिसके नाम पर पार्क का नाम रखा गया है, एक पहाड़ी के ऊपर स्थित है। पूरे जंगल में बीते युगों के कई खंडहर बिखरे हुए हैं, जो इसे प्राकृतिक, ऐतिहासिक और वन्य जीवन का एक अनूठा, अद्भुत और मिश्रित अनुभूति देते हैं। रणथंभौर राष्ट्रीय उद्यान में बाघ मानव आगंतुकों के सामने भी शिकार करने के लिए जाने जाते हैं। हमको कल सुबह पार्क घूमने जाना है फ़रज़ान ने बताया कि आज शाम ही चार नंबर की जोन में एश्वर्या नाम की शेरनी ने एक हिरण का शिकार पर्यटकों के सामने किया है। पार्क के गाइड लोगों के समूह में शिकार का वीडियो प्रसारित हो गया। अब यह पक्का है कि कल शेरनी के दर्शन होंगे ही। शेर शिकार करने के बाद आराम करते हैं। फिर सुस्ता कर उसे खाना शुरू करते हैं।

हमने फ़रज़ान से पूछा- शेर या शेरनी का नामकरण कैसे करते हैं। उसने बताया कि जो भी जानवर पर्यटकों के सामने बार-बार आता है वह हम गाइड लोगों में भी लोकप्रिय हो जाता है। हम लोग चर्चा करके उसका नाम रख देते हैं। उस समय जी भी फ़िल्मी हीरो या हीरोईन चर्चित होते हैं, उन्हीं के नाम से इनका नाम चल पड़ता है। अभी जो एश्वर्या शेरनी है उसकी ऋद्धि सिद्धि दो मादा हैं। नर शेर को शेरनी साथ में नहीं रखतीं उनका इलाक़ा अलग कर देती हैं। बच्चों के बड़े होने पर मादा भी अपना इलाक़ा अलग कर लेती हैं। इस पार्क में 10 जोन हैं। एक जोन में चार-पाँच इलाक़े हैं।

फ़रज़ान ने एश्वर्या की माँ मछली शेरनी का क़िस्सा बताया कि पार्क में एक मलिक तालाब है। उसमें एक बड़ा मगर रहता था। एक दिन मछली शेरनी का बच्चा पानी पी रहा था तो मगर ने उसे पानी में खींच ले गया। मछली शेरनी उस मगर पर टूट पड़ी मगर उसके बच्चे को छोड़ मछली से भीड़ गया। दोनों में दो घंटे घमासान होता रहा। आख़िर में मछली ने मगर को पस्त कर दिया। तब से मछली बहुत प्रसिद्ध हो गई। बीबीसी ने 2000 सन् में उस पर एक डाक्यूमेंट्री बनाई थी।

एक बार मछली ने 10 फीट लंबे मगरमच्छ का शिकार किया था। 11 बच्चों की माँ मछली को लाइफ टाइम अचीवमेंट अवॉर्ड मिल चुका है। इतना ही नहीं सरकार ने इस बाघिन पर एक डाक टिकट भी जारी किया है। उसे मछली नाम दिए जाने के पीछे भी एक रोचक कहानी है। उसकी माँ के चेहरे पर मछली के आकार का एक चिह्न था, इसलिए बाघिन को मछली नाम दिया गया।

अपने शांत स्वभाव और कैमरे के प्रति विशेष लगाव के कारण मछली रणथंबौर नेशनल पार्क का वर्षों से प्रमुख आकर्षण का केंद्र रही है। यहाँ तक कि उसके नाम का फ़ेसबुक पेज भी रहा है।

उसने 11 शावकों को जन्म दिया, जिनमें सात मादा और चार नर थे। इससे मछली के कुनबे में बढ़ोतरी हुई। पार्क में बाघों की संख्या के 60 फीसदी हिस्से का संबंध उसके वंश से ही था।

मछली अपने शिकार के तरीकों, ताकत और कौशल से भी जानी जाती है। एक बार उसने 10 फीट लंबे मगरमच्छ का शिकार किया था। दरअसल,

मगरमच्छ ने बाघिन के बच्चे पर हमला कर दिया था। दोनों के बीच जबर्दस्त टक्कर हुई और उसमें मछली को अपने कुछ दांत भी गंवाने पड़े। आखिरकार बाघिन ने इस विशाल मगरमच्छ को मौत के घाट उतार दिया। मछली अपने बच्चों को बड़े और ख़तरनाक जानवरों से बचाने के लिए भी मशहूर था।

11 बच्चों की माँ मछली को लाइफ टाइम अचीवमेंट अवॉर्ड मिल चुका है. इतना ही नहीं सरकार ने इस बाघिन पर एक डाक टिकट भी जारी किया है. ट्रैवल टूर ऑपरेटरों के अनुसार, यह हर साल करीब 65 करोड़ रुपये का बिजनेस देती है। बता दें कि दुनिया में सबसे ज़्यादा फोटो मछली के खींचे गए हैं।

बता दें कि एक रॉयल बंगाल टाइगर की उम्र 10 से 15 साल होती है. ऐसे में 20 साल की मछली वन विभाग की दया पर जी रही थी। चार में से दो शिकारी दांत पांच साल पहले ही टूट चुके थे, बचे हुए दो भी दो साल पहले गिर गए। वन विभाग उसे शिकार के रूप में बंधे हुए जानवर दे रहा था। जबकि कानूनन इस पर पाबंदी है, लेकिन मछली को जिंदा रखने के लिए यह ज़रूरी था। मछली की देखभाल के लिए एक गार्ड हमेशा मौजूद रहता था।

उसने बताया कि आज शाम को ही ज़ोन 04 में बाघिन ने शिकार किया है। वह अब पूरी रात आराम करेगी। कल सुबह शिकार को खाएगी। एक कैंटर आपको सुबह छह बजे सड़क पर लेने आएगी।

अगले दिन हम लोग सुबह चार बजे जाग गए। तैयार होकर सड़क पर पहुँच गए। जीप और कैंटर पर्यटकों को भरकर रणथम्भौर पार्क की तरफ़ तेज़ी से भाग रहे थे। बहुत इंतज़ार के बाद हमारा कैंटर आया। उसमें हमारी तीन सीट ही खाली थीं। किनारे की सीट पर पहले से ही लोग बैठे थे। हम लोग बीच में ख़ाली सीटों पर बैठे। ड्राइवर के अलावा एक गाइड भी था।

उसने गाइड टेप चालू किया। **रणथंभौर उद्यान की स्थापना 1955 में सवाई माधोपुर खेल अभयारण्य के रूप में की गई थी। 1973 में, इसे प्रोजेक्ट टाइगर रिजर्व घोषित किया गया था। 1 नवंबर, 1980 को रणथंभौर को राष्ट्रीय उद्यान घोषित किया गया था, जबकि इसके बगल**

में चंबल किनारे स्थित जंगलों का नाम सवाई मान सिंह अभयारण्य और केलादेवी अभयारण्य रखा गया।

उद्यान जोन में विभाजित किया गया है। कोर जोन 1-5 में बाघ स्वतंत्र रूप से घूमते हैं। उनके आवास की सुरक्षा और समर्थन के लिए, इन क्षेत्रों में वनों की कटाई और अन्य व्यावसायिक गतिविधियाँ निषिद्ध हैं। उद्यान के 06-10 'बफर जोन' भूमि का उपयोग स्थानीय लोगों द्वारा खेती या अन्य उद्देश्यों के लिए किया जा सकता है। जोन 3, 4, और 5 विशेष रूप से लोकप्रिय हैं और कई आगंतुकों द्वारा पसंद किए जाते हैं। गर्मियों के दौरान, झीलों और अन्य जल निकायों की उपस्थिति के कारण इन क्षेत्रों में बाघ अधिक आसानी से देखे जाते हैं। ये जोन गर्म मौसम में अपनी प्यास बुझाने के इच्छुक बाघों और अन्य जानवरों को आकर्षित करते हैं।

सफ़ारी लगभग साढ़े तीन घंटे सुबह और साढ़े तीन घंटे शाम को चलती है चूँकि ये सफ़ारियाँ बहुत लोकप्रिय हैं, इसलिए पहले से ही बुकिंग कराने की सलाह दी जाती है। पार्क हर सुबह उस दिन की शाम और अगली सुबह के स्लॉट के लिए एक निश्चित संख्या में सीटें भी आरक्षित करता है। आप अपनी सफारी के लिए सीटें ऑनलाइन बुक कर सकते हैं।

सुनिश्चित करें कि आप अपनी रणथंभौर सफारी पहले से ही बुक कर लें। इसकी लोकप्रियता के कारण, ऐसा करने में विफल रहने पर आपका पसंदीदा क्षेत्र, वाहन या यहाँ तक कि सीट भी नहीं मिल सकती है।

भरपूर पानी लाएँ। एक सफारी आम तौर पर लगभग साढ़े तीन घंटे तक चलती है। दूरबीन: यह देखते हुए कि जानवर दूर हो सकते हैं, दूरबीन ले जाने से आपके देखने का अनुभव बढ़ सकता है। भूरे, हरे और बेज जैसे मिट्टी के रंग के कपड़े चुनें। ये आपको परिवेश के साथ घुलने-मिलने में मदद करते हैं। लाल जैसे चमकीले रंगों से बचें, जो जानवरों को सतर्क कर सकते हैं और उन्हें पास आने से रोक सकते हैं।

सफ़ारी के दौरान सन हैट, स्कार्फ और मास्क ले जाएं। पार्क की जलवायु शुष्क है, और वहाँ काफी धूल हो सकती है। व्यवहार: संयमित और शांत रहें। हमेशा अपने मार्गदर्शक की बात सुनें। जानवरों को कभी भी भोजन न

दें। उनके पास पर्याप्त भोजन है, और उनकी जंगली प्रकृति को देखते हुए उन्हें खिलाना ख़तरनाक हो सकता है। अपनी सफारी के दौरान कूड़ा-कचरा फैलाने से बचें। इसके बजाय, निर्दिष्ट स्थानों पर कचरे का निपटान करें। अपने वाहन से न उतरें और हमेशा बैठे रहें। तेज आवाज या आवाज करने से बचें। यह जानवरों को रोक सकता है और देखने में बाधा डाल सकता है। पार्क के परिसर में धूम्रपान और शराब का सेवन प्रतिबंधित है।

सभी कैंटर और जिप्सी बहुत तेज गति से जोन 04 की तरफ़ भागी जा रही थीं, जहाँ बाघिन ने एक दिन पहले शिकार किया था। गाइड बोला – बाघिन ने पूरी रात शिकार के पास ही आराम किया होगा। आज सुबह ब्रेकफास्ट करेगी।

रास्ते में चिंकारे, भालू, कुत्ते, सियार दिखते थे, लेकिन ड्राईवर और गाइड को उसी जगह जल्दी पहुँच कर वहाँ पोजीशन लेना थी जहाँ से बाघिन दिखे। रणथम्भौर उद्यान सवाई माधोपुर से शिवपुरी सड़क पर स्थित है। इसी सड़क पर दस किलोमीटर चलकर कैंटर ज़ोन नंबर 04 की बीट में बाईं तरफ़ उतरने लगा। पहाड़ी रास्तों से पास्ट करके एक तालाब के किनारे पहुँचा, जहाँ वाहनों की क़तार लग चुकी थीं। हमारा कैंटर भी पहली क़तार के पीछे दूसरी क़तार में तिरछा खड़ा हुआ। ड्राइवर ने तिरछा करते करते इतना तिरछा किया कि हम पहली क़तार में पहुँच गए। सामने देखा तो एक बड़ा सा तालाब था।

गाइड ने तालाब के उस पार इशारा करके बताया कि “वह सामने शिकार पड़ा पड़ा है और उसके दाहिनी तरफ़ बाघिन सो रही है।” शिकार को दिख गया। बहुत देर तक बहुत ध्यान से देखने पर बाघिन के दर्शन भी हुए। अब लोगों की दूरबीन निकल आईं। विदेशी पर्यटक ज़ूम कैमरों से खटाखट फोटो निकालने लगे। हम लोग भी मोबाइल से जैसी बनी वैसी फोटो निकाल रहे थे।

हमारे पीछे एक विदेशी पर्यटक ने हमारे आगे आकर दूरबीन से देखना चाहा। हमने उन्हें खुदी से जगह बनाकर दे दी। मोहतरमा ख़ुश हो गईं। जब दूरबीन से देख रही थीं तब मन में एक जुगाड़ का ख़याल आया। क्यों ना उनकी दूरबीन से मोबाइल सटाकर फोटो निकाला जाय। उन्होंने दूरबीन दी

और हमारा ख़ुराफ़ाती दिमाग़ काम काम कर गया। फिर एक और प्रयोग दूरबीन से मोबाइल कैमरा ज़ूम करके वीडियो बनाया। उसमें एक व्यक्ति को खड़ा करके बाघिन का चित्र भी वीडियो ने आ गया। फिर तो दूरबीन मालकिन के भी कुछ वीडियो बना दिया। वह वीडियो देख कर बोली "इनक्रेडिबल"।

तब तक बाघिन जाग चुकी थी। उसने लेटे-लेटे ही शिकार की तरफ़ नज़र डाली। निश्चिन्त होकर फिर लेट गई। घोड़ी देर बाद फिर उठी और शिकार का एक चक्कर लगाकर उसे पुट्ठे की तरफ़ से कुतरने लगी। थोड़ी महनत मशक्कत के बाद सफल हुई और उसका नाश्ता शुरू हुआ। आधा घंटा तक खाती रही। पर्यटकों के कैमरे और मोबाइल खटाखट फोटो निकालते रहे। नाश्ते के बाद बाघिन तालाब के पानी में उतर लोर गई। जीभ से पानी पीकर सिर उठाकर पानी में डूबी रही। अब पर्यटकों ने निकलना शुरू कर दिया।

हमारी सवारी ज़ोन में 08-09 से गुज़री तो हरियाली हरे रास्ते में जंगली बिल्लियों के अलावा, रेगिस्तानी लोमड़ी, जंगली सूअर, पाम सिवेट, लंगूर, सांभर हिरण, चित्तीदार हिरण, चिकारा, काला हिरण, नीलगाय अनगिनत संख्या में दिखे। यात्रा एक तालाब पर जाकर थम गई। जहाँ डेजर्ट छिपकली, कोबरा, कछुआ, अजगर, कछुआ, रसेल वाइपर, स्नब नोज्ड मार्श मगरमच्छ दिखाने की भरसक कोशिश में अजगर और मगरमच्छ दिखे।

अब हम पक्षियों के इलाके में पहुँचने वाले हैं। रणथंभौर अधिक दिखने वाले वृक्ष 'ढोक' (एनोजिसस पेंडुला) 80% वनस्पति हैं। इन पेड़ों से ढँकी पहाड़ी ढलानों और घाटियों पर बेहतर मिट्टी निर्माण और जल धारण क्षमता के कारण हरियाली बनाए रखती है। ढोक के पेड़ों की पत्तियाँ हिरण, नीलगाय और मृग का पसंदीदा आहार बनती हैं। इसकी ऊँचाई लगभग 10-15 मीटर होती है।

पार्क में अन्य सबसे प्रमुख पेड़ बरगद और पीपल हैं। भारत का सबसे बड़ा बरगद का पेड़ रणथंभौर राष्ट्रीय उद्यान में शिकारगाह जोगी महल के ठीक पीछे स्थित है। नीम का पेड़, जो अपने औषधीय गुणों के लिए विश्व भर में जाना जाता है, रणथंभौर राष्ट्रीय उद्यान में प्रचुर मात्रा में हैं। आम और

जामुन, बेर और इमली भी खूब हैं। इसके अलावा, यहाँ जंगल की लौ के नाम से विख्यात छिला जैसे कई पेड़ हैं, जो जंगल को चमकीले नारंगी लाल रंग से जगमगाते एक शानदार नजारा पेश कर रहे थे।

इन पेड़ों पर अनगिनत पक्षियों के झुंड, उनमें कठफोड़वा, पाम स्विफ्ट कबूतर, सारस बुलबुल, तोते कोयल उल्लू थे। जो पर्यटक वाहनों के पहुंचते ही पर्यटकों के सिर और कंधों पर बेहिचक आ बैठे। पर्यटकों ने नमकीन सेव और चने खिलाना शुरू किया तो पक्षियों में छीनाझपटी होने लगी। खाने की चीजों की समाप्ति तक चलता रहा।

पर्यटकों ने भी साथ लाए नाश्ता निपटाया। सबके पास का पानी खत्म हो चुका था। गाइड ने बताया कि अब यहाँ पानी नहीं मिलेगा। हमने नज़र घुमाई तो थोड़ी दूर एक झोपड़ी दिखी। वहाँ पहुँचे तो कोई नहीं था। नज़दीक में एक सबमर्शिएबल पम्प था। जिसके मुँह से मोटा पाइप जुड़ा था। जिसका कनेक्शन झोपड़ी तक गया था। पर्यटक प्यास के मारे परेशान थे। हम झोपड़ी के गेट से कूद कर अंदर गए, पम्प का स्विच दबाया तो ज़मीन के अंदर का ठंडा पानी भलभला कर निकलने लगा। लोगों ने तबीयत से पानी पिया और बोतलें भर लीं। तभी नाकेदार आकर बोला – यह पानी जानवरों के लिए है। लोगों ने गुस्से से कहा – यदि पम्प बंद किया तो हम सबको जानवर ही समझना। वह बेचारा चुपचाप देखता रहा। पर्यटकों की पूरी संतुष्टि से बाद पम्प बंद किया।

पार्क घूमते हुए दिन के नौ बजने लगे थे। गाड़ियों ने वापसी यात्रा शुरू कर दी। बीट से निकलकर मुख्य मार्ग पर आकर सवाई माधोपुर की तरफ़ चल दिए। रास्ते में एक भालू का परिवार दिखा। बंदर और हिरणों की तो भरमार थी। जिधर नज़र डालो दिख रहे थे। नीलगाय भी दिखीं। दस बजे तक गेस्ट हाउस पहुँच कर स्नान किया, नाश्ता किया, थोड़ा आराम किया। अब लगेज पैक करके भोपाल वापिसी की यात्रा आरंभ करनी है।

सवाई माधोपुर से भोपाल चलना है। लेकिन जिस रास्ते से यहाँ पहुँचे थे। वह रास्ता न लेकर दूसरा रास्ता पकड़ना है। गूगल तीन रास्ते बता रहा था। एक तो वही जिससे आए थे, अर्थात् बूंदी-कोटा-झालवाड़-मंदसौर-

उज्जैन-भोपाल। दूसरा रास्ता बूंदी-कोटा-शिवपुरी-गुना-भोपाल। तीसरा रास्ता सवाई माधोपुर-शिवपुर-कला-शिवपुरी-गुना-भोपाल। तीसरा रास्ता रणथम्भौर अभ्यारण्य से होकर चंबल तक राजस्थान की सीमा और नदी पार करते ही मध्यप्रदेश का शिवपुर-कला जिला लग जाता है। जिस पर कूनो अभयारण्य से होकर गुज़रेंगे। यही रास्ता पकड़ लिया।

सवाई माधोपुर से शिवपुरी 180 किलोमीटर दूर है। हमने ड्राइवर सीट संभाली। चंबल नदी पार करके एक पेट्रोल पम्प पर टैंक फुल करवाया। उसके बाद गाड़ी के डैशबोर्ड पर चेतावनी के साथ "अगले दाहिने टायर में प्रेशर कम" संदेश दिखने लगा। नीचे उतरकर चैक किया तो प्रेशर ठीक लगा। थोड़ी दूर पर एक टायर पंक्चर दुकान दिखी। उससे भी प्रेशर चैक करवाया तो भी प्रेशर ठीक निकला। डैश मीनू में जाकर टायर प्रेशर फिरसे सेट करने पर मेसेज दिखना बंद हुआ। निश्चिंत होकर यात्रा प्रारंभ की। कूनो राष्ट्रीय अभयारण्य के बीच से होकर गुज़रने लगे तो निगाहें घुमाईं कि शायद नामीबिया से अभी-अभी आए चीते दिख जाएँ। एक ढाबे पर चाय पीने रुके। लोगों से चीतों के बारे में पूछा तो उन्होंने बताया रात में चीते अक्सर सड़क पर दिख जाते हैं। लेकिन अभी तक किसी को नुकसान नहीं पहुँचाया।

शिवपुरी पहुंचते-पहुंचते दिन के एक बजने लगा था। किसी ढाबे के स्थान पर अच्छे से रेस्टोरेंट में रुकने की सोचने लगे। तभी आगरा-बॉम्बे रोड पर वातानुकूलित रेस्टोरेंट दिख गया। एक घंटा रुककर खाना निपटाया। तंदूरी रोटियों के साथ छोले सब्ज़ी और दाल फ्राई का स्वाद अच्छा था।

शिवपुरी से गुना तक वाहन चलाने की ज़िम्मेदारी गाड़ी की मालिकन मैडम की थी। उन्होंने संभालते हुए 100 किलोमीटर गाड़ी चलाई। उसके बाद सौम्या की बारी गुना से भोपाल तक 210 किलोमीटर गाड़ी चलाने की थी। रास्ते में सात बजे ब्यावरा चौराहा पर एक ढाबे पर खाना खा लिया क्योंकि रात दस बजे भोपाल पहुंच कर कोई खाना बनाने से तो रहा। ठीक दस बजे रात्रि को अपने घर पहुंच कर एक ख़ूबसूरत यात्रा निर्विघ्न संपन्न हुई।

*

राजस्थान के प्रसिद्ध कवि कन्हैया लाल सेठिया की कविता "धर कूंचा धर मंजलां रै" पर इस यात्रा को पूरा करना मुझे लुभा रहा है।

बाळू म्हारी सोने री खान रै
इरो घणो करां म्है गुमान रै
आतो धोरा री मुसकान रै
निपजै मीठा बोर मतीरा रै
बैवे धर कूंचा धर मंजलां रै।

बाळु बाजरियाँ लहरावे रै
काचर लौट-पौट हो ज्यावै रै
आतो कोसा-कोस उड़ ज्यावै रै
जद चाळै बायरो झिणो रै
बैवे धर कूंचा धर मंजलां रै।

बाळू मैहके बिरखा मांई रै
जद भरयो भादवो गाजे रै
आतो घणी सोवणी लागै रै
जद चौमासे खैती निपजै रै
बैवे धर कूंचा धर मंजलां रै।

बाळु उंदाळे री रमझोळ रै
चालै आंध्यां घणी खेंखाती रै
आतो पसरै कोसां कोस रै
भर दै घर आंगणा गौर रै
बैवे धर कूंचा धर मंजलां रै।